杂谈数字里的中国文化

版权所有　翻印必究

图书在版编目（CIP）数据

杂谈数字里的中国文化/黄钰编． —广州：中山大学出版社，2019.11
ISBN 978-7-306-06703-6

Ⅰ. ①杂… Ⅱ. ①黄… Ⅲ. ①中华文化 Ⅳ. ①K203

中国版本图书馆 CIP 数据核字（2019）第 193245 号

Zatan Shuzili De Zhongguo Wenhua

| 出 版 人：王天琪
| 责任编辑：王延红
| 责任校对：叶　枫
| 封面设计：刘　犇
| 责任技编：何雅涛
| 出版发行：中山大学出版社
| 电　　话：编辑部 020-84111946，84110283，84111997，84110779
|　　　　　　发行部 020-84111998，84111981，84111160
| 地　　址：广州市新港西路 135 号
| 邮　　编：510275　　传　真：020-84036565
| 网　　址：http://www.zsup.com.cn　E-mail：zdcbs@mail.sysu.edu.cn
| 印　刷　者：佛山市浩文彩色印刷有限公司
| 规　　格：787mm×1092mm　1/16　22.25 印张　435 千字
| 版次印次：2019 年 11 月第 1 版　2019 年 11 月第 1 次印刷
| 定　　价：48.00 元

如发现本书因印装质量影响阅读，请与出版社发行部联系调换

目　　录

绪论

一、数字　/ 2
（一）数字缘起　/ 2
（二）数字的传播　/ 4
（三）算筹文化　/ 6
（四）汉字数字　/ 9
二、文化　/ 14

一

天人合一　/ 28
茶禅一味　/ 37

二

和合二仙　/ 48

三

三皇五帝　/ 56
三大宗教　/ 69
三不朽　/ 86
王国维"治学"（做人）三境界　/ 88
三希堂　/ 94

四

四方　/ 104
四象　/ 109
四大皆空　/ 112
四大瑞兽　/ 114

四大名著 / 121
四大美男 / 136
四大美女 / 143
四书 / 161

五

五经 / 191
五伦 / 220
五常 / 222
五福 / 227
五服 / 229
五行 / 231

六

六艺 / 235
六亲 / 245
六部（三省六部制） / 247

七

战国七雄 / 251

八

八股文 / 292
八大名窑 / 319

九

九五至尊 / 333
九州 / 336
九品中正制 / 339
九九重阳 / 343
九九消寒歌 / 347

后记

绪 论

　　文化是人类生存和发展的产物，永恒存在。在人类社会发展的历程中，文化的样态像百花园中绽放的花一样缤纷多彩。但无论文化的样态如何纷繁多样，都要有一定的物质作为支撑或载体。然而这些作为文化载体的物质的命运，却随着时代和社会文明的发展而不尽相同。某些固定或非固定形态的物质可能会成为某一社会历史时期的典型"物质"文化代表并历久弥新、生生不息，如商周的青铜器，汉代的画像砖，隋朝的大运河，唐、宋的诗词、瓷器、丝绸、茶叶，元、明、清的戏曲、小说、园林等。当然，有些物质可能随着社会文明的发展，面临着被革新、被替代，甚至被淘汰的命运，如水车、竹简、算盘、察举制、科举制等。尽管文化的样态会随着社会文明的发展或存或亡，但文化本身是永恒的。

　　数字，也是人类生存和发展的产物。也许数字的外在形态、书写样式、组合规则、文化意义会因时代、地区、国家、民族的不同而不同，但它最本真的意义和功能——"计数""运算"，却相伴人类活动的始终。

　　文化与人类也密不可分，因为人们每天都与文化打交道。比如，为人处事、待人接物、伦理纲常、宗教信仰、诗词歌赋、琴棋书画、谈古论今、品评人物、述说事件，等等。

　　数字与人类也密不可分，因为人们每天都与数字打交道。比如，今天是几号？星期几？坐几路车？几点到？物品多少钱？等等。

　　当数字与文化，这两个每天都与我们打交道的事物碰撞融合时，又会结下怎样的因缘，产生怎样的化学反应，爆发出怎样的文化能量呢？数字里的中国文化，就是对数字和文化结缘的美好诠释。

　　数字和文化都是很常见、很大众、很通俗的概念。但有一种现象是给一个简单、普通的概念下定义似乎要比给一个复杂抽象的概念下定义更难。这种现象在"数字"和"文化"两个名词上都有所体现。想要给"数字"和"文化"这两个熟知度很高的词下一个比较确切的定义，确实困难，甚至无从落笔。因为无论是数字还是文化，他们各自的容量都很博大，含义都很丰富，意韵都很深远。故而，学者多从比较宽泛的概念予以描述。

一、数字

数字，最简单也是最宽泛的定义，是指人们用来计数、算术、演算的一种代表某些数值的符号。

（一）数字缘起

提及数字，绝大多数中国人从自己的脑海里提取出来的概念是国际通用的阿拉伯数字：0、1、2、3、4、5、6、7、8、9。若继续追问，阿拉伯数字从哪里来？按照顾名思义、顺藤摸瓜的命名逻辑，答案肯定是"阿拉伯地区"。就像以某人的名字命名事物一样，牛顿三大运动定律是谁总结出来的？（牛顿于1687年在《自然哲学的数学原理》一书中提出）；逸夫教学楼是谁捐助的？（邵逸夫先生于1985年开始向内地捐赠巨款，用于学校建设）；哈佛大学与哈佛肯定有关系［哈佛大学创建于1636年，初名新市民学院，为纪念约翰·哈佛牧师在学院成立初期的慷慨支持（其一半积蓄720英镑和400余册图书），学校于1639年更名为哈佛学院，1780年改为哈佛大学］；等等。但事实并非如此，阿拉伯数字的真正起源地是印度。

阿拉伯数字最初由印度人发明，后传入阿拉伯地区，由阿拉伯人传入欧洲，之后再经阿拉伯和欧洲传向世界。正因阿拉伯人在印度数字传入欧洲及世界这个层面有着伟大贡献，并使其最终成为国际通用的数字符号。所以直至今日，"印度数字"被误称为"阿拉伯数字"。此误称，就像人们误称北美洲的原住民为"印第安人"一样。印第安人这个名字，不管是英译还是汉译，听起来怎么都像是印度人或印度人的亲戚，但怎么安在了北美土著的身上了呢？因为1492年，哥伦布发现了美洲新大陆。但哥伦布在当时一直到死时，都铁定地认为自己到达和发现的新大陆是亚洲的"印度"，所以给他所发现的美洲土著起了个很有印度风味的名字"印第安人"。此误称亦沿用至今。

无独有偶，这种认知性的"将错就错"和将"错"进行到底的现象，在笔者家乡的邻县就有一例。笔者的家乡是甘肃省陇西县（归定西市管辖）。听老人们讲，陇西县东边相邻的是通渭县（归定西市管辖），其县名通俗地讲，就是"渭河水从本县城流经而过"，故称"通渭"。与通渭县东南接壤的一个县叫甘谷县（归天水市管辖），其县名通俗的说法，就是"渭河水没有从本县城流经而过，只有干旱的山谷"，故称"甘谷"。这两个县的命名，直观、形象、好记。然而实际情况呢？非也！实地到访两地的客人都会疑惑，因为得到的结论是：张冠李戴。"甘谷"县有渭河水穿城而过；恰恰相反，"通渭"县城则没有一滴渭河水穿城而过，是"干谷"地带。

按理说，这两个县城的名字应该对调才是。走访稍微上点年纪的当地人，探其究竟，他们都会憨然一笑，然后告诉你，这个错误早已有之。听他们的祖辈说，朝廷（约明末清初）本来要命名现在的"甘谷"县为"通渭"县，现在的"通渭"县为"甘谷"县。但因传令官从京城连夜骑马奔波而来，一路疲惫，一时慌乱，将标着"甘谷"县名的旗帜插在了"通渭"县，将标着"通渭"县名的旗帜插在了"甘谷"县，造成现在阴差阳错的状况。

很多人追问："为什么不给它们'正'名呢?"原因主要有二：一是，老百姓已经形成了固有的认知，并自然而然地一代又一代接受并传用这两个阴差阳错的县名。二是，改县名牵涉面很广，难度较大。

阿拉伯数字也如上，披着"真实谎言"的外衣，给世界带来了蒙娜丽莎神秘的微笑。让人们从不同的角度去猜测、探寻它微笑的尺度和意韵。下面让我们来揭晓阿拉伯数字这个"真实的谎言"的"神秘的微笑"。

公元500年前后的印度次大陆（喜马拉雅山脉以南的一大片半岛形陆地）西北部的旁遮普地区①，为计算水稻、小麦、棉花等农作物产量而促使其数学异常地发达。这种现象，正如古埃及一样。尼罗河流经埃及境内时，常常会随着季节和水位的变化而冲垮河道，改道奔流。当河水退去后，会形成特别适宜耕种的冲积土壤（冲积平原），对这种新耕种土地（冲积土壤）"丈量和计算产量"的需要，致使其数学异常地发达。

勤劳智慧的旁遮普先民在社会生产实践劳动中创造了1、2、3、4、5、6、7、8、9九个数字符号，并为每个符号赋予它所代表的数值。印度数学家阿叶彼海特创造性地把数字记在一个个格子里。第一格里记上数字1，就表示个位的单数1，第二个格子里记上的数字1就表示10，第三格里记上数字1就表示100。这样"个、十、百"位数的概念即应运而生。"个、十、百"这个伟大创造的重要意义在于：人们不仅可以表达数字本身，也可以将数字所在的位置次序，即按"个、十、百"位的概念来区分和界定，这毫无疑问在"数字进化论"中是具有里程碑意义的贡献。

后来印度的学者们又引出了符号"0"，使阿拉伯数字家族重新定义为：0、1、2、3、4、5、6、7、8、9。阿拉伯数字从无到有，历经不断发展——从每一个数字的书写到每一个数字所代表的数值再到任意数字的组合和计算——完成了国际通用

---

① 旁遮普地区，是人类最早的文明发祥地之一，位于印度大陆西北部，是印度大陆最发达的地区之一，盛产小麦、水稻、棉花等，历史上有"印度粮仓"之称。1947年印巴区分治，旁遮普也一分为二。

数字体系的使命。

这里穿插两个关于数字排序和数字"0"的传说。

故事一：数字1—9顺序的排列

数字王国里，数字大臣们正进行着一场关于数字大小排序问题的争论。谁排在数字的第一位呢？是1还是9？数字9胸有成竹，心想在数字王国里，我的年纪最大，经历的事情最多，是数字王国里德高望重的老人，数字国王一定会把我排第一位。数字1也跃跃欲试，心想我是数字王国里最小的数字，也是数字中年纪最小的，大家都会保护我，数字国王一定会把我排在第一位。数字国王不想看到数字兄弟1和9闹矛盾，最后按照从小到大的原则，做出了让数字9不满意的排序决定：123456789。但数字国王的解释却让数字兄弟们化干戈为玉帛，彼此心服口服。数字国王如是说：我这样排序的目的不是让谁来当第一、当首领，管束大家，而是要大家聚心团结。我们9个数字中，缺哪一个都不行，9是数字中最大的，把你放到最后，是要你保护前面的数字；1是数字中最小的，要尊重后面的数字，向他们学习请教。只有大家尊老爱幼、和睦相处、平等相待，才能使数字王国更加繁荣昌盛。从另外一个角度讲，1和9都是第一。从小往大数，1排第一；从大往小数，9排第一。

故事二：关于"0"的故事

"0"是数学史的一大创造。"0"的起源深受流行于公元3—6世纪印度佛教大乘空宗（印度大乘佛教的主要派别之一，强调"一切皆空"的佛法）的影响。大乘空宗认为，世界上的一切事物以及人们的认识甚至包括佛法都是一种相对的依存关系，即因缘。众生只有参透了各种因缘关系，排除各种执着（因缘关系所致的执着），才能证悟最高的真理"空"。

印度数字中最早表示零的符号是一个"小圆点"，后来演变为圆圈，即"0"。0的梵文名称为Sunya，汉语音译为"舜若"，意译为"空"。0乘以任何一个数，都使这个数变成0，这也印证了"0"（又称"空"）是万物的起点，也是万物的归宿，即"一切皆空"的佛法。

（二）数字的传播

中国有句古语"近水楼台先得月"。印度数字的传播，正如同此古语。公元500—600年，印度数字首先传到与印度毗邻的斯里兰卡、缅甸、柬埔寨等国。

632年，在伊斯兰教统领下的阿拉伯人征服了周边民族，建立了阿拉伯帝国[①]。强大的阿拉伯帝国征服了旁遮普地区后吃惊地发现：被征服地区的数学比他们的更先进，印度数字比罗马数字（Ⅰ、Ⅴ、Ⅹ）、希腊字母（α、β、γ）更简洁、更方便。

公元771年，印度的一位旅行家毛卡经长途跋涉，来到了阿拉伯帝国阿拔斯王朝（新旧《唐书》称"黑衣大食"）首都巴格达。毛卡将随身携带的一部印度天文学著作《西德罕塔》献给了当时的哈里发（皇帝）曼苏尔。曼苏尔十分珍爱这部书，下令翻译家将它译为阿拉伯文，译本取名《信德欣德》。印度数字随此译著的普及被阿拉伯人广泛地认知、采纳、吸收、推广。

人类历史上充满了神奇和辩证，战争往往会带来生灵涂炭、家国不保、民族仇恨、文明衰败的恶果；但同时，战争也会带来文明的交流和融合（尽管大多数情况是被动的）。正如年轻有为、俊朗强大的马其顿国王亚历山大大帝（前356—前323年）用铁骑于公元前334—前324年东征亚洲（中亚、西亚、南亚）时，将欧洲的希腊文明带到了亚洲，也将亚洲的波斯文明、巴比伦文明、印度文明带回欧洲，从而促进了人类东西方文明第一次大规模的交融。

史学家言："征服是从被征服开始的，征服与被征服是一对生死冤家，相依相存，相互排斥，辩证统一。当阿拉伯人征服了富庶且数学发达的旁遮普地区，征服了这里的土地和人民时，旁遮普地区发达的数学、简易的数字，反过来也征服了入侵的阿拉伯人。这应是"征服与被征服"辩证统一关系的最好例证，也是文化具有软实力之特征的例证。后来，阿拉伯人把这种数字传入西班牙。10世纪，又由教皇（又称罗马教皇，天主教会最高领袖）热尔贝·奥里亚克（又称西尔维斯特二世，945—1003）传到欧洲其他国家。1200年前后，欧洲一些学者正式接纳了印度数字符号。

至13世纪，在意大利比萨的数学家费波那契（1175—1250）的倡导下，欧洲人开始较大范围地使用阿拉伯数字，至15世纪时，欧洲人全然接受了阿拉伯数字这个舶来品。

至此，我们可以将阿拉伯数字的源流简要梳理为：肇始于印度，经阿拉伯人传向西方、东方国家，最后成为国际通用的数字体系。希望这一梳理，帮助人们辨明阿拉伯数字是由阿拉伯人发明创造的误解。当然，这种误解可能会一直延续下去。

---

① 阿拉伯帝国，中国唐宋时称"大食国"。阿拉伯帝国面积最大时达1339万平方千米，疆域东起印度河，西至大西洋沿岸，北达里海，南接阿拉伯海，是人类历史上继亚历山大帝国、罗马帝国、拜占庭帝国之后又一个地跨欧、亚、非三洲的大帝国。

但只要明就故里，其实这种误解何尝不是一件愉悦、美妙的事情？

有一个问题一直回响在耳畔，我们的古先民有自己的数字吗？阿拉伯数字在什么时候传入中国？

（三）算筹文化

中国古先民创造和使用的数字有两种。一种是纯数字的计数符号，称为"算筹"；另一种是用汉字书写的"数字"，称之为"中国数字"。中国数字的表达方式又分为两种：第一种，汉字"小写数字"，即一、二、三、四、五、六、七、八、九、十、百、千、万；第二种，汉字"大写数字"，即壹、贰、叁、肆、伍、陆、柒、捌、玖、拾、佰、仟、万。

1. 算筹

"算筹"又称算子，是古代先民劳动生活的智慧创造。它是在结绳计数的基础上发展而来的，约起源于商代。至春秋战国时，算筹已普遍使用。算筹是用长短为 13～14cm，径粗为 0.2～0.3cm 的小棍作为数字"一"的表征，同等尺寸的两根小棍为数字"二"的表征，以此类推。古

最早的算筹

代算筹的写法，依托小棍的纵横组合形状而呈纵横两种书写样态。古人一般约以 270 根算筹为一束，按照自己所需把一束束算筹放置在一个布袋里，系在腰部随身携带。需要记数和计算时再取出来，放在桌上或地上计数、算数。由汉字"筹"和"算"的构字特点（皆为竹字头）可推知，算筹的材质多是价廉质硬的竹子，当然也有木头、兽骨、象牙、金属等材料，但远不及竹制算筹的应用普遍。下面是一个由算筹的"筹"字所衍生出的成语典故——"运筹帷幄"。

《史记·高祖本纪》记载：汉朝初年，天下已定，汉高祖刘邦举行盛大的宴会，几轮酒后，他向群臣提出一问："我所以有天下者何？项氏之所以失天下者何？"

大臣高起、王陵答曰："陛下使人攻城略地，因以与之，于天下同其利；项羽不然，有功者害之，贤者疑之，此所以失天下也。"意

古代算筹与阿拉伯数字对比

思是，高祖是恩泽臣民之君，对攻占城池或直言进谏的文武大臣都会量才使用、加官封爵，高祖用贤利民，奖惩有度，所以能成大事业。而项羽则非也，他用人不力，立功不授奖，贤人遭疑惑，所以失败。

刘邦听后，虽点头称是，但尚觉火候不够，没答到他"心坎上"。他心里预设的答案是：我不仅能"事后"任贤、依功封赏、奖惩有度，更能在大事大局、大是大非上运筹帷幄，故决胜千里，成就大业。

当然，刘邦称自己"运筹帷幄"还是比较客观的。他手下有被誉为"汉初三杰"的张良、萧何、韩信三大功臣，单论某一方面的能力和建树，刘邦可能都会败在他们的"术业有专攻"上。但他有本事统领三人，将他们的专长为己所用。正如刘邦自己所言："夫运筹帷幄之中，决胜千里之外，吾不如子房（张良）；镇国家，抚百姓，给饷馈，不绝粮道，吾不如萧何；连百万之众，战必胜，攻必取，吾不如韩信。三者皆人杰，吾能用之，此所以取天下者也。项羽有一范增而不能用，此所以为我胜也。"

2. 算盘

美国实用主义教育学家杜威①有一个非常著名的观点——从做中学，即从"做"的过程中，获求"学""问"。算盘的产生，既是对杜威"从做中学"观点的印证，也是对"认识来自实践"哲学观点的印证。随着人类文明和社会的发展，算筹的小棍子逐渐被一颗颗木质的小圆珠子所代替。一开始人们把这些小圆珠放在平面上计数，后来发现珠子容易滑落，就把珠子放在一个高度合适、有底的木框里计数。但还是因为珠子零散而容易游走，造成计数的前功尽弃。在不断尝试中，人们把珠子串起来，整齐有序地排列并固定在一个木框里，通过拨动圆珠来进行计数和运算，这样便产生了算盘。

清代学者钱大昕②在《十驾斋养新录·算盘》中记载："古人布算以筹，今用算盘，以木为珠。"此条文献表达了两个信息，其一是变，古人原来用的是算筹，后来被算盘替代；其二是不变，即算筹和算盘的功用都是布算（计算）。

最早的算盘（雏形）约出现在东汉中晚期。东汉数学家徐岳③（创造了世界上最早的算盘"游珠算盘"）在《数术纪遗》中记载："珠算控带四时，经纬三才。"

---

① 杜威（1859—1952），美国著名哲学家、教育学家，实用主义哲学的创始人。蔡元培、胡适、陶行知等都是杜威的学生。

② 钱大昕（1728—1804），号辛楣，晚年自署"竹汀居士"。江苏嘉定（今属上海）人，清代史学家、汉学家。

③ 徐岳（？—220），东汉时期著名数学家、天文学家。著有《数术记遗》《算经要用》等具有历史意义的数学著作。

北周（557—581，又称后周，是中国南北朝时期的北朝之一）甄鸾①在对《数术纪遗》的注解中，对算盘做了更为详尽的描述："刻板为三分，位各五珠，上一珠与下四珠算盘色别，其上别色之珠当五，其下四珠各当一。"到北宋时，算盘已非常有规制，使用也非常普及。其形状表述为："其形长方，周为木框，内贯直柱，俗称'档'。从九档至十五档，档中横以梁，梁上两珠，每珠作数五，梁下五珠，每珠作数一，运算时定位后拨珠计算，可以做加减乘除等算法。"可见，南北朝的算盘（时称"串档算珠"）与今天的算盘已基本相同。

算盘

据学者考证，仔细观察北宋张择端名画《清明上河图》，其中赵太丞家药铺柜上就画有一架算盘。此外，宋代已有比较成熟和科学的"加减乘除"算盘口诀。1299年朱世杰②在《算学启蒙》里就有九归除法算盘口诀的记载，以下例举几则：

《清明上河图》局部：赵太丞家药铺

加一口诀：一上一，一下五去四，一去九进一；加二口诀：二上二，二下五去三，二去八进一；减一口诀：一下一，一上四去五，一退一还九；减二口诀：二下二，二上三去五，二退一还八。

历经千余年的算盘，一直沿用至20世纪末，由于计算器和计算机的普遍使用，

---

① 甄鸾（535—566），北周数学家，曾注释《五经算术》《七曜算术》。
② 朱世杰（1249—1314），宋末元初数学家，有"中世纪世界上最伟大的数学家"之誉。主要著作有《算学启蒙》《四元玉鉴》。

才慢慢淡出中国人的生活。但算盘对于动手（拨动算盘珠）、动脑（记口诀，算加减乘除）以及手脑并用能力的训练和功用，是计算器和计算机无法企及的。

算筹和算盘共同承载了中国古人计数、算术的使命，也骄傲地书写了中国特有的算筹和珠算文化。

（四）汉字数字

1. 汉字小写数字

如果说算筹是一种比较纯粹的计数符号，那么在中国的语言文化体系中，等同于算筹并超乎算筹运用范围的数字概念应属汉字小写的数字：一、二、三、四、五、六、七、八、九、十、百、千、万、亿。

远古时期，在数字产生以前，人们借助十指和绳索或在一些物件上刻画记号来计数。到商代，已开始用刻画"横线"来表达数字一、二、三，还有用象形符号表示数字五、六、七、八、九等。在河南安阳殷墟出土①的商代甲骨文（又称殷墟文字）中已有象形的小写数字。

汉字数字的甲骨文与楷书对比图

到春秋战国时，汉字小写数字的使用已较为普及。如诸子百家中的"百"；曾子名言"吾日三省吾身"；《论语》中孔子对学生颜回有一段评述，子曰"贤哉，回也！'一'箪食，'一'瓢饮，在陋巷，人不堪其忧，回也不改其乐。贤哉，回也"；《论语·学而》篇中，有一段关于天子与诸侯礼规等级的记载："道千乘②之国，敬事而信，节用而爱人，使民以时。"

甲骨文中的 13 个数字

---

① 我国分别于 1936 年、1973 年、1991 年组织了三次重要的殷墟考古和发掘。

② 乘（shèng），春秋时期军队的基层单位，一乘为四匹马拉的兵车 1 辆，车上甲士 3 人，车下步卒 72 人，后勤人员 25 人，共计 100 人。千乘之国一般指拥有 1000 辆战车的诸侯国。春秋时以千乘作为天子和大、中、小诸侯国等级、礼制、强弱的体现。春秋礼制规定：天子六军，每军千乘，共六千乘；大国（诸侯国）三军；中国两军；小国一军。

至汉代，汉字小写数字已非常普及。这可在汉代著名文人司马相如①和卓文君②的"书信"往来中窥见一二。司马相如与卓文君的爱情，可谓"两情相悦"的典范，也是今天年轻男女反对家庭包办婚姻、追求自由恋爱的有力驳证。但司马相如与卓文君终有离合之悲，但因二人极高的文学才赋，连他们一来一往的"分手信"，也成为文学经典而被千古传颂。

司马相如倾慕卓氏，受文君之父卓王孙之邀到卓家赴宴。席间，司马相如抚琴一曲《凤求凰》，令卓文君一见倾心。加之司马相如勇敢追求，两人你情我愿，双双坠入爱河。为了爱情，卓文君无视"门当户对"的规矩以及父亲的决然反对，最后采取了令当时任何家庭（何况名门望族）全无脸面、难以启齿的方式——私奔，成就了她与司马相如的爱情。

卓文君图

富家女嫁给了穷书生，而且选择不被社会和父母支持和认可的方式，其婚后的物质生活注定是艰辛的。但爱情的伟大和卓文君难能可贵的意志，催生了强大的生活技能。这位富家女放下身段，当垆卖酒，独当一面，维持一家生计。为一份心仪的爱情，她舍弃奢华，选择艰苦，单就这一点，不能不称卓文君为"奇女子"也。

后来，司马相如因辞赋才气，声名鹊起。写下了《子虚赋》（成语"子虚乌有"出于此篇）《上林赋》（二者为姊妹篇，是汉赋成熟的标志性作品）等著名词赋，尤其凭借《子虚赋》，他得到汉武帝刘彻的赏识，被封为郎（帝王的侍从官）。仕途上青云直上的司马相如，在享受了以往没有过的荣华富贵，尽揽了京城风尘美女之后，逐渐淡忘了分隔两地的结发之情，产生了远妻纳妾之意。终于，一日，司马相如给妻子送出了一封名为《两地书》的数字信，内容以"一二三四五六七八九十百千万"统领。

卓文君聪明过人，看罢信后泪流满面，悲伤不已。此信虽只有短短十三个数

---

① 司马相如（约前179—前118），字长卿，蜀郡成都（今四川成都）人，西汉辞赋家、文学家。
② 卓文君（前175—前121），原名文后，临邛（今四川邛崃）人。她出身富甲名门，是临邛富商卓王孙之女，才貌出众，精诗文，通音律，擅鼓琴。

字,却暗藏玄机——"从一到万"十三个数字,唯独少了一个"亿",即"无亿"。这是丈夫对自己"无意"的暗示。怀着十分悲痛的心情,卓文君也给京城的丈夫回了一封数字信,名曰《怨郎诗》:

　　一别之后,二地相悬。只道是三四月,又谁知五六年。七弦琴无心弹,八行书不可传,九连环从中折断,十里长亭望眼欲穿。百思想,千系念,万般无奈把郎怨。

　　万语千言说不尽,百无聊赖十倚栏。重九登高看孤雁,八月仲秋月圆人不圆。七月半,秉烛烧香问苍天,六月伏天人人摇扇我心寒。五月石榴红胜火,偏遇阵阵冷雨浇花端。四月枇杷黄,我欲对镜心意乱。三月桃花飘零随水转,二月风筝线儿断。噫,郎呀郎,巴不得下一世,你为女来我做男。

这凄婉的从"一到万",又从"万到一",同样"无亿"却非"无意"的《怨郎诗》道不尽卓文君的感伤,却也彰显出卓文君极高的才气。司马相如看完妻子的信,不禁潸然落泪,遥想昔日夫妻恩爱之情,羞愧万分,从此回心转意,不再提纳妾之事。这封信便成为卓文君最具代表性的作品。此外,卓文君还有一首更加感伤、渴望纯真爱情的别离诗《白头吟》。此诗中的两句"愿得一人心,白首不相离",直透心灵,意味隽永,广为传颂。

另外,还有一个比较有意思,反映中国楹联文化"从一到十,又从十到一"的佳联妙句的故事。

相传,明代有一位屡考不中,但很有才华的穷秀才再次赴京赶考。因路途遥远,又遇涨大水,赶到京城时已开考。考生此前已落第两回,为此次科考又准备了三年,如若失去此次科考机会,还要再等三年。于是,他斗胆向主考官陈明缘由,恳请考官网开一面。考官恰巧是一位贫苦出身、通过苦学从科场走上仕途的惜才之人,对科考之苦、士人之心感同身受,因此对其多有同情之心,但碍于职责又不可轻易同意。于是,他想出一个办法,要求秀才现场对出一副楹联,若对得好,不失为国家未来之栋梁,可准允科考。此秀才紧紧地抓住这根救命稻草,证实了"知识改变命运""机会都是给有准备的人"的说法。

秀才将此次自己科考赶路的情形以及迟到的原因脱口而出,对了一副从"一到十",又倒过来"从十到一"的对联。此对联巧妙地将数字嵌入,淋漓尽致地表达了寒门学子寒窗苦读、赴京赶考的艰难。考官听后,甚为满意,准许考试。

上联曰:

　　一叶孤舟,坐二三个骚客,启用四桨五帆,经由六滩七湾,历尽八颠九簸,可叹十分来迟。

下联曰:

十年寒窗，进九八家书院，抛却七情六欲，苦读五经四书，考了三番二次，今天一定要中。

此故事，还有一种版本，与唐宋八大家之一苏东坡有关。

有一年，苏东坡与学友赴京赶考，因涨大水，船只行进困难，耽搁时日，眼看应考就要迟到。学友叹曰：

一叶孤舟，坐二三个骚客，启用四桨五帆，经由六滩七湾，历尽八颠九簸，可叹十分来迟。

苏东坡亦用数字入联劝勉道：

十年寒窗，进九八家书院，抛却七情六欲，苦读五经四书，考了三番二次，今天一定要中。

此外，宋人邵雍的《山村咏怀》中也有从"一到十"的妙句：

一去二三里，烟村四五家，亭台六七座，八九十枝花。

再有，清人郑板桥的《咏雪》也是一首绝妙的数字诗：

一片两片三四片，五六七八九十片。千片万片无数片，飞入梅花总不见。

笔者愚钝，却也好客，常邀友五六七八人于陋室"多少斋"小聚，时有品茗，时有举杯，时有对弈，时有书墨。谈笑嬉戏间，愉悦不已。一日，笔者乘兴写了一首"由一到九，又由九到一"的小句：

欢饮达旦兼怀·"多少斋"友趣

酒一樽，茶二沏，棋三处，友四座，食五味，习六艺，战七雄，斗八仙，问九鼎。

九问天，八贤友，七竹林，六亲民，五相爱，四方志，三桃园，二和合，一仁心。

汉字小写数字就这样，从商肇始，历经3600多年的风雨历程，伟大而顽强地存活下来并依旧保持着勃勃生机。

2. 汉字大写数字

大写的数字，即壹、贰、叁、肆、伍、陆、柒、捌、玖、拾、佰、仟、万。今天，使用这种大写数字比较多的地方，应是填写支票、存取款等相关票据的银行等，因为大写数字更为规范，安全，这与古代发明大写数字的目的如出一辙。

有关大写数字的发明创造，有两种比较集中的说法，虽主人公不同，但内容相仿。

第一说：由武则天①所创。

在武则天执政期间，各地国库管理混乱，许多贪赃枉法的官吏通过篡改数字的办法，钻朝廷的空子，谎报数字，中饱私囊。如，将"一"加一横改为"二"，将"二"加一横改为"三"等。武则天为堵住这一书写纰漏，下令有关部门，寻找与汉字小写数字读音相同或相近，但笔画繁难、不易篡改的汉字来替换小写数字。大臣遵照武则天之命，找到了一些能替代小写数字的汉字，呈送武则天。经武则天改定后，出现了使用至今的大写数字"壹、贰、叁、肆、伍、陆、漆（柒）、捌、玖、拾"。

武则天

第二说：由朱元璋②所创。

朱元璋建立明朝后，严肃朝纲。明洪武十八年（1385）三月，户部侍郎郭桓特大贪污案东窗事发，惊动朝野。郭桓勾结刑、礼、兵、工等六部官员及各省官僚、地主等，贪污税粮及鱼盐等，折米 2400 余万石，此数字与全国一年秋粮实征的总数差不多。除此之外，郭桓还侵吞大量宝钞金银。经查实，郭桓团伙主要利用篡改数字（如"一"加一横为"二"，改"二"为"三"）以及做假账、做"空白账"等手法，勾结串通六部大小官员、鱼肉百姓、弄虚作假、虚瞒报数、欺骗朝廷。朱元璋龙颜大怒，对郭桓等六部 12 名高官以及官品较低的同案犯近万人分别治罪，处死、投狱、充边等，以正国法、严肃纲纪。为杜绝贪官污吏篡改数

朱元璋

字贪赃枉法，规范当朝的政治经济制度，朱元璋下令把记录钱粮、账目的小写数字"一、二、三、四、五、六、七、八、九、十、百、千"改为大写汉字"壹、贰、叁、肆、伍、陆、柒、捌、玖、拾、佰、仟"。

---

① 武则天（624—705），中国历史上唯一的女皇帝，691 年，67 岁的武则天称帝，改国号为"周"。
② 朱元璋（1328—1398），濠州钟离（今安徽凤阳）人。因出生于农历八月初八，故幼名为"重八"，参加农民起义军后改名元璋，字国瑞，明朝开国皇帝，在位达 30 年（1368—1398），史称"明太祖"。

上述两种说法，时间上相差近700年。相较而言，武则天创大写数字的说法认同度较高。宋版《白氏长庆集》（唐代白居易作品集名）中有这样的记述："况其军一月之费，计实钱贰拾漆（柒）捌万贯。"事实上，武则天不但把国号"唐"改为"周"，也创造出很多汉字，在那时所立的石碑上已有大写数字，而且诗文中也常见大写数字。顾炎武在《金石文字记·岱岳观造像记》中记载："凡数字作壹、贰、叁、肆、伍、陆、柒、捌、玖等，皆武后所改及自制字。"有一点要予以说明，这里所说的创制大写数字的时间，不是指大写数字中某个字出现的时间，而是指大写数字从整体上等同或替代小写数字的时间。当然，随着考古的不断深入，汉字大、小写数字的产生时间可能会有新的考证。

综上，对数字做如下的概述：

算筹是一种比较纯粹的计数符号，是中国数字的直观化形象表征；

算盘是算筹的升级换代，是中国人智慧的独特创造；

汉字小写数字是以象形文字为原型演化而成的，其内在和外延的文化意蕴深远而广大；

汉字大写数字是在小写数字基础上变革而成的，是中国数字自我演化和历史发展的产物。

无论是算筹、算盘，还是汉字大小写数字，都是社会文明发展的产物，都承载着计数、算术的使命。但特殊的是，汉字小写数字在功能上可能等同于算筹以及后来传入中国的阿拉伯数字，但在中国语言体系中，汉字小写数字的文化意义远非算筹和阿拉伯数字所能比肩。且在当时，阿拉伯数字并未被很好地推广和运用。直至19世纪末，随着我国与国际社会接轨以及对国外数学成就的吸收和引进，阿拉伯数字才在中国大显其能，一霸天下。汉字数字既承载着计数、算术的数字使命，又承载着中国汉字的文化使命，故而表现出中国特有的"数字文化"，如天人合一、和合二仙、三纲五常、四书五经、六艺七雄、八股科举、九五至尊、九九重阳等。

二、文化

如何给文化下一个定义，就要煞费脑筋了。查阅诸多文献资料，学者们对文化的认识，仁者见仁，智者见智，莫衷一是。但多数学者普遍认同文化概念有广义和狭义之说。择其要点，辑录如下：

从广义来讲，文化指人类在社会发展过程中所创造的物质财富和精神财富的总和。

从狭义来讲，文化则指人类在科技、思想、文学、艺术、体育、教育、建筑、民俗、语言等方面所取得的成就。

文化一词，最古老、最有深度的解释见于《易经》贲（bì）卦之象辞："关乎天文以察时变，关乎人文以化成天下。"这句话第一次把"文"和"化"两字组合在一起。其大意有二：其一，心系自然，与自然和谐共生，如此可找到生产生活的智慧和规律；其二，关心社会生活和人文变化，以自然和社会的知识教化和引导人民进步。

可从以下三个层面进一步理解文化——"关乎天文以察时变，关乎人文以化成天下"——的意义：

其一，个人的层面，应有人与天和谐相处，即"天人合一"的大意识、大格局。顺乎自然（天时）、人文（地利、人和），成就"做人之道"；

其二，社会的层面，应主动顺应不可抗拒的社会变迁并随变而安，与时俱进，成就"处世之道"；

其三，国家的层面，顺天应人，仁德施政，以文化民，与天同道，与国同行，与民同心，成就"天人之道"。

借鉴前辈学者对文化的定义，站在先贤对文化认知的肩膀上，笔者提出一个不太成熟的、对文化的认识：文化是反映一定社会历史时期（或对社会产生较大影响），具有一定历史、艺术、人文价值的人、事、物，以及人、事、物三者的融合。浅析如下：

第一，人。人是文化创造和传承的主体，广义上指具有生命个体的人类全体，狭义上指具有三不朽（立德、立言、立行）之能的文化圣贤。如老子、孔子、孟子、墨子、朱熹、王阳明等。

第二，事、物。事和物不仅是某一社会历史时期文化形态的载体和表征，也是某一社会历史时期对个人和国家产生重要影响的精神和物质产品，如百家争鸣、科举考试、新文化运动等事件，甲骨文、青铜器、指南针、竹简、印章、瓷器、诗文、书籍、画卷等物品。

第三，人、事、物三者融合。此文化概念中的人、事、物并非孤立存在，恰恰是相依相存、相互融合、和谐共生的关系。

（一）文化的缘起

文化是人类活动过程中，物质生产、制度建设、精神追求、生活提升及环境适应的积淀遗存。因此，只要出现人类，就一定会出现人类生存所必需的衣、食、住、行，以及伴随衣、食、住、行而生成的人类智慧与实践，如生产耕种、劳动分工、捕捞狩猎、族群管理、图腾崇拜、巫术宗教等。人类的智慧和实践在彼此联系、相依相存中衍生出另外一种文化，甚至一系列文化，如太极衍生出乾坤两仪，两仪又生四象，四象又生八卦，八卦又生六十四卦。此中国文化的特点，正如近代史学家钱穆先生所言："中国文化之特别伟大处，并不在推翻了旧的，再来一套新的，而是在一番新的之后又重来另一番新的。以前的新的不仅不须推翻，而且也不能推翻。而以后仍可有另一番新的而以后的另一番新的，仍然有价值，仍然是不可能推翻的，那才见中国文化之真实伟大处。"（《中国文化传统之演进》）

一言以蔽之，只要有了人类，人类文化就相应而生，相伴而行。

（二）中国文化的演进

文化是社会文明发展的产物，中国文化也不例外。需要用哲学的眼光，也需要用历史的眼光来审视中国文化。中国文化伴随着中华民族生命和历史的演进，已绵延了五千年。

回溯中国文化的演进历程，以历史发展的进程来划分，大致可分为四个阶段：先秦时期、秦至唐、唐至清末、民国至今。

第一阶段：先秦时期（广义的"先秦"指公元前221年以前，狭义的"先秦"指夏商周时期）

首先，从国家的层面来讲，历经夏、商朝约1000年的发展，到周朝时，国家的形态在政治、文化、军事等方面都比较成熟。单从文化的角度讲，依托于政治、经济、生产、生活而产生的文字（殷商时期象形文字甲骨文）对文化纵横交错的传承和传播做出了伟大而永恒的贡献，同时也承载着文化概念中"物"的样态，并履行着其作为文化载体的重要使命。

其次，东周（春秋战国）时期孕育了中国文化的第一个高峰。此时期，各思想学派林立，诸子学说争鸣，各学派、各士人纷纷为当时病态的国家开出自己的"救世良方"，从而成就了思想自由、百花齐放、百家争鸣的文化盛况。虽"百家"争鸣有夸张之说（有影响力的实则就十家左右），但正是这些学派的思想对后世中国社会的发展历程和思潮产生了深远影响。难能可贵的是，此百家争鸣的文化盛景，虽然出现在社会动荡、礼崩乐坏的战乱期间，彼此的争鸣却表现得非常理性和自由。可以想象，儒、道、墨、法、兵、名、农、阴阳、纵横家等各家各派，既相互学习借鉴，又彼此批判攻击；学派间、学人间既口诛笔伐、你攻我辩，又高谈阔论、各为其道。此观点荟萃、共商国是的盛况，正是千年难遇的文化高峰论坛。

再次，在先秦战乱时期，各国的专制集权尚未完全建立，加上当时的社会风气（士人可以不受国家身份的限制，自由地为本国或他国建言献策而不会背负"卖国"骂名），为士人们在百家争鸣的大舞台上展示自己的才华，表达学派的主张，提供了现世的制度、舆论和道德支持。故而历史性地出现了一大批各家各派的代表人物。如儒家代表人物：孔子、孟子、荀子；道家代表人物：老子、庄子、列子；法家代表人物：李悝、鬼谷子、商鞅、韩非、李斯；名家代表人物：公孙龙、惠施、邓析；墨家代表人物：墨子；兵家代表人物：孙膑、庞涓；阴阳家代表人物：邹衍；纵横家代表人物：鬼谷子、苏秦、张仪等；杂家代表人物：吕不韦等。

老子　　孔子　　墨子　　庄子

孙子　　韩非子　　鬼谷子　　孟子　　荀子

屈原

此外，中国文学的两大源头《诗经》和《离骚》也诞生于先秦时期。它们一北（《诗经》）一南（《离骚》），分别代表着黄河流域、长江流域所孕育的地域文化。同时，它们共同为后世文学，如辞赋、诗词、戏曲、小说等书写了华丽的序章。

第二阶段：秦至隋（前221—618）

秦虽只有15年的国祚，但伟大的变革举措如"统一度量衡、车同轨，书同文"等，为中国文化的发展做出了奠基性的贡献。尤其是秦统一六国后，秦相李斯推行"书同文"的文字改革，将简便易书的秦小篆体定为全国通用的标准文字，后出现更加简便的文字——隶书，为后世中国文学、文化、文明的发展奠定了厚重的文字基础。

汉朝，在文学方面，辞赋①的发展获得了广阔的舞台，涌现出一批杰出的辞赋家和作品。如汉司马相如的《子虚赋》《上林赋》，贾谊的《吊屈原赋》等，还有司马迁以"究天人之际，通古今之变，成一家之言"的良苦用心著述完成我国第一部纪传体通史《史记》②。在思想方面，汉武帝采纳董仲舒"罢黜百家，独尊儒术"的建议，使儒家思想正式成为2000多年专制统治的正统思想。在选官制度方面，察举制、荐举制逐渐取代了先秦的世卿世禄制，使官员的选拔跳出血统的藩篱而向下层开放，体现出民主和公平的气息。在宗教方面，佛教在汉明帝（57—75年在位）时期传入中国，汉明帝在洛阳建立了中国第一座佛教寺院白马寺，开创了中国接受外来佛教文化的先河。在科学技术方面，蔡伦对造纸术的改进为中国文化的发展提供了重要的物质支持和保障。

魏晋南北朝时期，在历史学方面，陈寿③的《三国志》和范晔④的《后汉书》是这一时期的重要代表著作。在选官制度方面，九品中正制取代了汉代的察举制、荐举制（纵观历史，察举制和九品中正制，二者谁优谁劣很难定论）。在思想方面，儒家思想与道家思想结合的产物——"玄学"⑤盛行。另外，魏晋南北朝处于民族关系复杂动荡的历史时期，大规模的民族迁移和民族融合进入高潮，北方的匈奴、鲜卑、羯等胡人先后进入中原并纷纷建立政权，南方的越、蛮、奚、俚、僚氐、羌等族也与汉族发生交互关系，使游牧或半农半牧民族的"胡"文化与中原农业社会的"汉"文化发生长时间交汇，并在冲突中走向融合，也使这一时期的文化趋于多元化。在宗教文化方面，作为本土宗教文化的代表——道教，经东汉的酝酿，至魏晋南北朝时规模达至最大；而佛教在东汉年间传入中国，经过400多年的发展，约在北魏孝文帝拓跋宏（471—499年在位）时期，基本完成了由外来文化向中国佛教文化的转化。自此，儒、释、道三家并流的基本格局初步形成。

隋朝时期最大的文化贡献，一是开辟了以洛阳为中心，沟通南（杭州）北（通州）的京杭大运河，二是开创了科举取士的选官制度；在思想方面和宗教文化方面，继续推行儒、释、道并重的策略并以三家思想相辅治国。

---

① 汉赋是在汉朝涌现出的一种有韵的散文，它的特点是散韵结合，专事铺叙。赋的形式，在于"铺采摛文"；赋的内容，侧重"体物写志"。汉赋的内容可分为五类：一是渲染宫殿城市；二是描写帝王游猎；三是叙述旅行经历；四是抒发不遇之情；五是杂谈禽兽草木。
② 《史记》，中国第一部纪传体史书和文学著作。记载了上起中国上古传说中的黄帝时代（约前2717年—前2599）下至汉武帝太初四年（前101）共2600多年的政治、经济、军事、文化等方面的发展状况。
③ 陈寿（233—297），字承祚。巴西郡安汉县（今四川南充）人，西晋著名史学家。主要著作为《三国志》。
④ 范晔（398—445），字蔚宗，顺阳（今河南淅川）人，南朝官员、史学家、文学家。主要著作《后汉书》。
⑤ 玄学，玄远之学，是对《老子》《庄子》《周易》的研究和解说，魏晋时期到宋朝中叶之间出现的一种崇尚老庄的思潮。

第三阶段：唐至清（618—1911）

唐朝，随着经济和社会的发展，中国文化走向了多元和繁盛的阶段。在选官方面，滥觞于隋的科举制获得了"如日中天"的发展。同时，因科举制的兴盛，代表中国主流文化生命的典籍"四书五经"和"学而优则仕""鱼跃龙门"的社会风尚走向千家万户，走向中国大地的每一个角落，走向天下士子的心灵深处。而此后，"四书五经"的地位随着明清两代"八股科考"的盛行得以巩固。在文学方面，唐朝的诗词大放异彩，成就了今天日常诵读的"唐诗三百首"，也成就了一大批著名的诗人，如有"初唐四杰"之称的王勃、杨炯、卢照邻、骆宾王；盛唐时期，田园派诗人王维、孟浩然，边塞派诗人岑参、王昌龄，还有诗意飘逸洒脱，充满浪漫主义色彩的"诗仙"李白和其诗多体现现实主义情怀的"诗圣"杜甫；中唐时期的白居易、元稹、韩愈、柳宗元、刘禹锡、李贺等；晚唐时期李商隐和杜牧（二人被称为"小李杜"）等。在宗教文化方面，佛教在唐朝经历了"过山车"似的境遇，唐初受到皇家的支持，但在唐武宗时出现的"会昌灭佛"（佛教徒称为"会昌法难"，时间从842年一直到846年武宗崩，其中在845年达至顶峰，主要是大规模拆毁佛寺和强迫僧尼还俗），对佛教造成毁灭性的打击。中国本土的道教，则在武则天（690—705年在位）、唐玄宗（李隆基，712—756年在位，曾亲自注解《道德经》）、唐代宗（李豫，762—779年在位）几位皇帝的支持下，发展到顶峰。外来的伊斯兰教随着西域商人沿陆海两条丝绸之路入唐，也得到发展和壮大。

宋朝，在思想方面，最著名的就是"程朱理学"① 的形成。在文学方面，首屈一指的是宋词②，被认为是宋代文

李白

杜甫

白居易

---

① 程朱理学，以儒家学说为中心，兼容佛道两家的哲学理论，论证了封建纲常名教的合理性和永恒性，至南宋末期被采纳为官方的哲学思想。

② 宋词，词是曲子词之简称，它承袭汉魏乐府，受到外来音乐影响，是一种既可合乐歌唱又有独特体制的诗歌体。到宋代时，词人便根据乐曲的旋律和节奏填上歌词，故填词为宋词的主要特征之一。

学的最高成就。宋词成就了今天日常诵读的《宋词三百首》和一大批著名的词人，如北宋前期的晏殊、欧阳修、范仲淹、柳永；北宋中期的苏洵、苏轼、苏辙、王安石、曾巩；北宋后期的秦观、黄庭坚、贺铸、周邦彦；南宋前期的张元幹、张孝祥、朱敦儒、李清照；南宋中期的杨万里、范成大、尤袤、陆游、辛弃疾、陈亮、刘过、姜夔；南宋后期的文天祥、谢翱等。在宗教文化方面，在宋太宗（赵匡义，即赵炅，976—997年在位）、宋真宗（赵恒，998—1126年在位）、宋徽宗（赵佶，1101—1119年在位，尊信道教，大建宫观，经常请道士看相，创道学制，自称"教主道君皇帝"）几位皇帝的大力推崇下，道教盛极一时。宋朝相较唐朝而言，佛教、道教的发展整体上处于下行的态势，而伊斯兰教伴随着穆斯林在中国贸易活动的扩张，一直持有上行的发展态势。在教育方面，宋朝将萌芽于唐的书院发展壮大，尤其是一些有学识、有威望的大学者，如朱熹、陆九渊等，主持或讲学于书院，使宋代的书院走向了最繁盛的阶段。全国出现了很多书院，其中最为著名的是有宋朝"四大书院"之称的白鹿洞书院（江西庐山，朱熹曾主事并讲学）、应天府书院（河南商丘）、嵩阳书院（河南郑州）、岳麓书院（湖南长沙）。

苏轼

白鹿洞书院

此外，宋朝对科举制度的改良，尤其是正式设立殿试制度（唐高宗和武则天虽亲临科场，但未形成定制）、考卷"弥封和誊录"制度、放宽应考条件、增加取士数量等，标志着科举制的逐步成熟。在生活和艺术方面，宋朝的瓷器和瓷器文化蓬勃发展，如著名的汝窑瓷、哥窑瓷、定窑瓷、钧窑瓷、官窑瓷等。

元朝，在文学方面，最著称的就是元曲（戏曲文学）。元曲包括杂剧①和散曲②两种。元代著名的戏曲剧作家和作品有元曲四大家的杂剧，即关汉卿的《窦娥冤》、白朴的《墙头马上》、马致远的《汉宫秋》、郑光祖的《倩女离魂》，此外还有王实甫的《西厢记》，纪君祥的《赵氏孤儿》等。散曲的主要作品有关汉卿的《一枝花·不伏老》《四块玉·别情》等。在天文学方面，至元十八年（1281）正式颁布的《授时历》（由许衡、郭守敬、王洵共同研订）以365.2425日为一年，与300年

---

① 杂剧是由中国历代歌舞艺术、讲唱伎艺长期发展而成的一种融歌曲、宾白、舞蹈于一体的戏曲形式。
② 散曲，又称"清曲""乐府"，起源于民间小曲和少数民族音乐，有小令、套数两种基本格式。

后西方在1582年提出的《格里高利历》的精度相当，距近代观测值365.2422仅差25.92秒。

关汉卿

《窦娥冤》情景图

《西厢记》情景图

明代，文学形式多样，成就显著。其中，成就最高的是小说。元末明初，诞生了以罗贯中《三国演义》、施耐庵《水浒传》为代表的章回体长篇白话小说。明中期以后，随着城市经济发展和市民阶层的壮大，市民阶层的文化心理需求推动中国古典白话小说的创作进入一个黄金时代。代表作有：冯梦龙的《东周列国志》、吴承恩的《西游记》、许仲琳的《封神演义》以及署名为"兰陵笑笑生"的《金瓶梅》①等，还有对社会风俗和人情世事的描绘更加精炼和精彩的白话文短篇小说经典代表"三言二拍"②，其中"三言"指冯梦龙③加工编辑的三部白话短篇小说集：《喻世明言》（又称《古今小说》）、《警世通言》（《杜十娘怒沉百宝箱》为其名篇）、《醒世恒言》；"二拍"指凌濛初④编著的《初刻拍案惊奇》《二刻拍案惊奇》。在戏曲方面，万历时期汤显祖⑤所创作的戏剧剧本冲破音韵、格律的限制，转而注重戏剧剧本结构和思想内容的表现，为后世的戏剧剧本创作打开了一条新的通道，其著名的作品《牡丹亭还魂记》（简称《牡丹亭》，也称《还魂记》）与《紫钗记》《南柯记》《邯郸记》并称"临川四梦"。此外，明成祖永乐皇帝朱棣（1403—1424年在位）部署了一项重要的文化工程——编修《永乐大典》，《永乐大典》后成为中国文化的一个符号。明朝永乐年间，由姚广孝以及内阁首辅解缙担任总编，2000

---

① 《金瓶梅》，由署名"兰陵笑笑生"所撰写的刻画封建社会中大商人、土豪劣绅家庭的骄奢淫逸生活以及他们勾结地方官僚和最高权贵宦官的罪恶活动的小说。但对淫秽行为和变态心理的描绘使该书减色不少。

② "三言两拍"中有很多封建糟粕，但其中某些篇章却在一定程度上揭露了社会的黑暗面，反对封建礼教的束缚，对男女之间的自由爱慕给予充分的同情，如《施润泽滩阙遇友》《杜十娘怒沉百宝箱》《卖油郎独占花魁娘》《蒋兴哥重会珍珠衫》等。

③ 冯梦龙（1574—1646），字犹龙，江苏苏州人，明代思想家、文学家、戏曲家。

④ 凌濛初（1580—1644），字玄房，浙江湖州人，明代文学家、套版印书家。

⑤ 汤显祖（1550—1616），字义仍，江西临川人，明代戏曲家、文学家。

名学者耗时6年（1403—1408）编撰而成的一部集大成的旷世大典，即《永乐大典》，初名《文献大成》。全书22877卷，11095册，约3.7亿字，汇集了古今图书近8000种，中国古代历史、地理、文学、艺术、哲学、宗教、科学、文化等的光辉成就皆在其中有所体现。《大不列颠百科全书》在"百科全书"条目中称中国明代类书《永乐大典》为"世界有史以来最大的百科全书"。

在教育和政治方面，明代实行了"八股取士"的科举制度。在思想方面，王守仁①（王阳明）在传承陆九渊"心学"的基础上，成为心学之集大成者，他的"心学"观点主要有三：仁者要以天地万物为一体，知行合一，致良知。

清朝，基本延承了明朝的文化事业。在文学方面，描绘人情世界的世情小说的创造更加成功。除曹雪芹《红楼梦》外，较著名的还有长篇小说《醒世姻缘传》《隋唐演义》《说岳全传》《女仙外史》《镜花缘》《雷峰塔传奇》等，话本小说《醉醒石》《五色石》等。此外，还有白话短篇小说，如李渔的《无声戏》《十二楼》，乾隆年间出版的笑话集《笑林广记》（一针见血地揭露生活中的丑恶现象，其语言文字简练、生动、犀利，以夸张、风趣、幽默的手法刻画人物，有很强的喜剧效果），蒲松龄以志怪内容反映社会面貌的短篇小说集《聊斋志异》，纪晓岚折射社会黑暗、描写因果轮回说教的《阅微草堂笔记》，吴敬梓讽刺官场腐败和八股科举的小说《儒林外史》，刘鹗揭发官场丑态的谴责小说《老残游记》等。此外，西藏最具代表的民歌诗人、第六世达赖喇嘛仓央嘉措②写就很多细腻真挚的诗歌，其中最为经典的是拉萨藏文木刻版《仓央嘉措情歌》（主题多表现他短暂而传奇的一生的爱与憎、苦与乐、行与思、感与悟，反映了他追求自由美好生活的愿望。如人们熟知的"住进布达拉宫，我是雪域最大的王。流浪在拉萨街头，我是世间最美的情郎"）。另外，有"清代第一词人"之称的满族诗人纳兰性德③在诗词创作方面留下了诸多经典的传世作品，如《通志堂集》《侧帽集》《饮水词》等。人们熟知的纳兰词有"一生一代一双人，争教两处销魂。相思相望不相亲，天为谁春"等。而洪昇④的《长生殿》与孔尚任⑤的《桃花扇》，则成为清代前期戏剧创作的扛鼎之作。

---

① 王守仁（1472—1529），字伯安，别号阳明。浙江余姚人，明代著名的思想家、文学家、哲学家和军事家，"陆王心学"的集大成者。
② 仓央嘉措（1683—1706），第六世达赖喇嘛，法名罗桑仁钦仓央嘉措，西藏历史上著名的诗人、政治人物。有争议。
③ 纳兰性德（1655—1685），叶赫那拉氏，字容若，号楞伽山人，满洲正黄旗人，清朝初年词人。
④ 洪昇（1645—1704），字昉思，钱塘（今浙江杭州）人，清代戏曲文学家。
⑤ 孔尚任（1648—1718），字聘之，山东曲阜人，清初诗人、戏曲作家。

纳兰性德

《长生殿》和《桃花扇》剧照

在政治和选官方面，清朝仍继承明朝"八股取士"的科举制。不同的是，其严苛程度比明朝是"有过之而无不及也"。

在学术思想方面，随着欧洲传教士来华，尤其是鸦片战争后，中国国门洞开，民族危机凸显，西学东渐思潮的涌动、洋务运动①的发起以及晚清大员"中学为体，西学为用"思想的弘扬等多种因素共同作用，促使中国先进分子或主动、或被动地接纳和学习西方先进科学技术和民主科学的思想。客观地讲，西学确实扩大了中国人的知识领域，开化了中国的学术思想，出现了像魏源、林则徐、冯桂芬、曾国藩、李鸿章、左宗棠、张之洞等一批积极有为、放眼看世界的清朝大员，也出现了像康有为、梁启超、谭嗣同等维新变法的仁人志士；同时，中国一系列洋务机构（京师同文馆②、福建马尾船政学堂、江南机械制造总局、安庆内军械所、开平矿务局等）的承办，培养了大批通识西方科学技术的洋务人才。更难能可贵的是清政府于1872—1875年向美国派遣了四期（每期30名）共120名幼童赴美留学，拉开了中国官派留学的序幕。这些留美幼童，很多都为中国近代发展做出杰出贡献，如唐绍仪（民国初国务总理）、詹天佑（中国铁路之父）、梁敦彦（清末交通总长）、

---

① 洋务运动，又称自救运动、自强运动，是19世纪60到90年代晚清洋务派所进行的一场引进西方军事装备、机器生产和科学技术以挽救清朝统治危机的自救运动。洋务运动口号为"自强""求富"。其主要指导思想是"中学为体，西学为用"。

② 京师同文馆，1862年洋务运动中为培养翻译人才而设立，于1902年并入京师大学堂（1898年成立的中国近代第一所国立大学，于1912年更名为北京大学）。

吴仰曾（开滦煤矿矿冶工程师）、蔡绍基（北洋大学校长）、唐国安（清华大学校长）、梁诚（清驻美公使，争回开办清华大学派遣留美学生等所需经费的"庚子赔款"）。

此外，清朝两位皇帝康熙（中国历史上执政时间最长的皇帝，达61年）和乾隆（中国历史上实际执政时间最长的皇帝，达64年）在中国古典文化整理和总结方面完成了三项浩大的文化工程，即《古今图书集成》《康熙字典》和《四库全书》（明、清两朝以国家意志进行系统性整理而成的文化工程《永乐大典》《古今图书集成》《四库全书》并列为中国古代三部皇家巨著）。

《古今图书集成》原名《文献汇编》，或称《古今图书汇编》，系康熙皇三子胤祉奉康熙之命，与侍读陈梦雷等编纂的一部大型类书，康熙皇帝钦赐书名，雍正皇帝写序。《古今图书集成》开始于康熙四十年（1701），印制完成于雍正六年（1728），历时两朝28年，采集广博，内容丰富，正文10000卷，目录40卷，共分为5020册，520函，42万余筒子页，1亿6000万字，内容分为6汇编、32典、6117部。全书按天、地、人、物、事次序展开，规模宏大、分类细密、纵横交错，举凡天文地理、人伦规范、文史哲学、自然艺术、经济政治、教育科举、农桑渔牧、医药良方、百家考工等无所不包，图文并茂，因而成为查找古代资料十分重要的百科全书。

1872年首批留美幼童赴美前合影

《康熙字典》编撰始于康熙四十九年（1710），成书于康熙五十五年（1716），历时6年。由总纂官张玉书、陈廷敬主持，修纂官凌绍霄、史夔、周起渭、陈世儒等合力完成。它是在明朝梅膺祚《字汇》、张自烈《正字通》两书的基础上加以增订而成的。字典采用部首分类法，按笔画排列单字，字典全书分为十二集，以十二地支标识，每集又分为上、中、下三卷，并按韵母、声调以及音节，分类排列

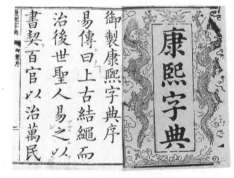

康熙字典

韵母表及其对应汉字，共收录汉字47035个，为汉字研究的主要参考文献之一。

《四库全书》全称《钦定四库全书》，是在乾隆皇帝的主持下，由纪昀等360多位高官、学者编撰，3800多人抄写，耗时13年编成的丛书，分经、史、子、集四部，故名四库。全书共有3462种图书，7.9万卷，3.6万册，约8亿字。当年，乾隆皇帝命人手抄了7部《四库全书》。先抄好的4部分藏于"北四阁"，即紫禁城文渊阁、辽宁沈阳文溯阁、圆明园文源阁、河北承德文津阁；后抄好的3部分别珍藏于"南三阁"，即扬州文汇阁、镇江文宗阁和杭州文澜阁。

《四库全书》分经、史、子、集四部，部下有类，类下有属。全书共4部44类66属。经部收录儒家"十三经"及相关著作；史部收录史书，包括正史类、编年类、纪事本末类、杂史类、别史类、诏令奏议类、传记类、史钞类、载记类、时令类、地理类、职官类、政书类、目录类、史评类等15个大类；子部收录诸子百家著作和类书，包括儒家类、兵家类、法家类、农家类、医家类、天文算法类、术数类、艺术类、谱录类、杂家类、类书类、小说家类、释家类、道家类等14大类；集部收录诗文词总集和专集等，包括楚辞、别集、总集、诗文评、词曲等5个大类。

在戏曲艺术方面，最突出的表现是京剧①的形成。乾隆五十五年（1790），四大徽班（三庆班、四喜班、春台班、和春班）进京后与昆曲、汉剧、弋阳、乱弹、秦腔、西皮、二黄等剧种融汇，在同光年间，发展成为新的剧种，进而演变成中国的国粹。在饮食文化方面，清朝最著称的当属满汉全席。满汉全席（有蒙古亲藩宴、廷臣宴、万寿宴、千叟宴、九白宴、节令宴六大宴席）是集结了满族（烧、烤、涮）和汉族（扒、炸、炒、熘、烧）烹制和饮食之最的大型筵席，集结了中国东西南北的食材之最（犴鼻、鱼骨、鲟鱼子、猴头蘑、熊掌、哈什蟆、鹿尾、豹胎），集结了中国南北的108道菜品之最（南菜54道：30道江浙菜、12道闽菜、12道粤菜；北菜54道：12道满族菜、12道京菜、30道鲁菜）。满汉全席不仅是一场汇聚满、汉饮食文化的饕餮盛宴，更是皇帝施恩、笼络属臣、联络周边少数民族感情和关系的政治盛宴。

第四阶段：民国至今（1912年至今）

民国时期，内忧外患，战乱不绝，社会动荡，民不聊生。但就是在这样一个"兵荒马乱""放不下一张平静课桌""天不时、地不利、人不和"的时代背景下，历史性地横空出现了一大批风云人物、学术大家、文化巨匠，如蔡元培、陈寅恪、

---

① 京剧是综合性表演艺术。集唱（歌唱）、念（念白）、做（表演）、打（武打）、舞（舞蹈）为一体，通过程式化的表演手段叙演故事、刻画人物，表达"喜、怒、哀、乐、惊、恐、悲"的思想感情。角色可分为：生（男人）、旦（女人）、净（男人）、丑（男、女皆有）。

梁漱溟、冯友兰、季羡林等，从而又天命使然般地造就了中国文化的又一个高峰，百花齐放、百家争鸣的文化盛况再次呈现，如倡导民主、科学、自由、白话文、新儒学与时俱进地发展等。

在整个中国文化的大观园中，思想、学说、诗词、文学、戏曲、宗教、书法、绘画、建筑等都是常开常艳的花朵，它们经历过阳光雨露的滋养，也经历过风霜冰雪的考验；经历过姹紫嫣红的绽放，也经历过凋零败谢的低迷。但它们都存活了下来，而且年复一年地为文化大观园注入生机活力，百花争妍，吐露芬芳。同时，也不断地体验自己与其他花伴的季节互换和生命轮回。有一点我们很清楚，评赏大观园中各种花的姿态、色泽、香气的主体是赏花者。反过来，赏花者要比较全面地品赏此花与彼花的特色和不同，需要精心地观察，耐心地追踪，细心地记录，静心地闻香，有心地比照，如此，方能品赏出像"梅兰竹菊"一般的君子之品、文化之蕴、心灵之悟。如此，花中有人，人中有花，人花一体，可谓"观乎天文以察时变，观乎人文以化成天下"。

（三）中国文化与西方文化的不同

中国文化与西方文化是构成世界多元文化的重要支系。由于中西方土壤、气候、地域等因素的不同，因而孕育出的文化也不同。那是如何不同？中国文化又有何独特之处？

其一，可久

世界四大古文明中，古巴比伦和古埃及文明曾烜赫一时，但昙花一现，不能久远。古印度文明在战火、殖民、历史的洗礼中断裂破碎。只有古中国的文明源远流长，连绵五千年，既没有消失，也没有断裂，而是坚强地存活了下来，并且历久弥新。

中国文化在历朝历代中，虽曾受到外来文化的侵扰，但没有被同化和异化。在5000多年的历史岁月中，中华民族坚守着自己的文化，并将其延伸、繁荣和丰富。此点钱穆先生曾形象而深刻地加以概括。

他认为中国文化和欧洲文化相比，有两点不同：

第一，就时间绵延上讲，中国是一个人自始至终在做长距离的跑，而欧洲是由多人接力跑。

第二，就空间延伸上讲，中国文化极难说它有一个中心，也很难说某一地点是它的中心。中国文化则很难说是由这一处传到那一处，我们很难说中国文化是由山东传到河南，再由河南传到陕西，由陕西传到江西，由江西传到江苏。西方文化则系由一个中心传到另一个中心，像由希腊传到罗马，再传到东罗马。因此，西方文化可以有几个中心变换存在。故西方文化可说具有地域性，是一个分散的文化。

其二，可大

中国文化发轫、成长于中国。但中国文化的情怀和关怀，绝非局限于"国"，而是具有达善"天下"的世界观。中国儒家文化中"修身、齐家、治国、平天下"的旨归，清晰地表明，中国古人倡明的是"家国天下"的情怀，是"修身立己，然后推己及人治国平天下""穷则独善其身，达则兼济天下"的"世界大同"以及"天下太平"的人文观念和理想归宿。中国文化是人文主义、人类主义、世界主义的，并不只是狭义地谋求一国的发展，而是广义的世界和谐、共同发展以及世界大同的理想状态。此即中国文化之"可大"。

此外，中国文化中的"天下观"，既重视当下的现实世界和现世的"家国"人文情怀，又重视现世人们的内心修养（仁德）和事物内部的本质特征（和合）。相较而言，西方文化更倾向于未来世界以及现世人与事物外部的特征和表现。如西方基督教更多地祈求于未来天国（天堂）和地狱，而不大注重现实世界。如此，从内与外的角度、现世与未来的辩证关系来讲，中国文化亦可谓"可大"。

当然，中国文化与西方文化相比，也有诸多明显的不足，而且这些不足，从秦至清还带有很强的传承性和一贯性。

一是中国文化中所倡导的主导思想"忠君爱国"，充分地契合并彰显了统治阶层的利益。

二是中国文化中带有强烈的贵族身份和宗教色彩，如文学创作中多以帝王为核心或以帝王为主要题材，再如大型的建筑不是王宫就是庙宇，而且贵族和宗教的理念都在建筑中有所体现和表达。

三是中国文化中始终贯穿着不可逾越的"等级"观念，并将之美其名曰为"礼制"，并以"礼制"不可僭越为纲常伦理，单方面地奴化和约束臣民的思想和行为等。

（四）数字与文化的融合

数字文化（算筹、算盘、汉字大小写）是华夏先民在朝代更迭、民族战争、宗教洗礼以及长期的劳动生活实践中孕育发展而成的文明成果。当书写简便、表达清晰、人人熟知，且本身就具有丰富文化内涵的数字和五千年中国文化结合在一起时，会释放出怎样的光芒，书写出"中国数字文化"怎样的篇章呢？

　　《说文解字》①的第一篇就是关于"一"的解释，曰："一，惟初太始，道立于一，造分天地，化成万物。"意思是，一是最初的万物形成之始，道建于一，后来分解为天和地，化成万物。"一"在古代哲学观念中，也被看作世界的本源或宇宙本初的状态。如《易经》中，"一"为世界之始"太极"。汉代大儒董仲舒称"一"为"元"，在其《天人三策》中言："一者万物之所从始也，元者辞之所谓大也。谓一为元者，视大始而欲正本也。"时至今日，开年的第一天，仍称"元旦"；还有，某事件或事物的开始，称为"一元之始"。老子《道德经》四十二章的"道生一，一生二，二生三，三生万物……"认为，万物的本原是"道"，而"道"从何而来？

　　古代人对"一"似有一种近乎万物之尊的崇拜。甚至将"一"上升到"道"的层面。故《道德经》三十九章有言："昔之得一者，天得一以清，地得一以宁，神得一以灵，谷得一以盈，万物得一以生，侯王得一以为天下正。"意思是，天得道而清明，地得道而宁静，神（人）得道而英灵，河谷得道而充盈，万物得道而生，侯王得道而成为天下的首领。

　　在中国的文化体系中，"天人合一"可谓是中国文化的一条主河，从古至今，奔流不止，生生不息。

天人合一

　　"天人合一"是中国古代哲学的重要命题，与之相对的命题是"天人相分"。不管天人合一，还是天人相分，对"天"的认识基本都是同一的。以下例举为证：

---

　　① 《说文解字》，简称《说文》。作者是东汉的经学家、文学家许慎，该书著于汉和帝永元十二年（100）到汉安帝建光元年（121），是我国第一部按偏旁部首编写的字典。

①天是可以与人发生感应关系的存在；②天是赋予人吉凶祸福的存在；③天是人敬畏、侍奉的对象；④天是自然或自然的代表；⑤天是赋予人仁、义、礼、智、信的主体；⑥天是主宰人，特别是主宰王朝命运的存在（天命之天）；⑦天是世界上最大的存在，没有什么能大过天。

一般意义上，人们对"天人合一"的认识可归纳为：天是宇宙大自然，人是宇宙小天地，人和自然在本质上是相通的，故一切人、事、物都应顺乎自然规律，达到人与自然全面、协调、可持续发展。国学大师季羡林[①]讲到："天人合一"论，是中国文化对人类最大的贡献。"天人合一"是指人与大自然要合一，要和平共处，不要讲征服与被征服。诚如季羡林所言，"天人合一"是中国文化对人类的最大贡献。作为中国文化重要支柱的儒、道两家，对其都有重要的论述。虽然两家学派主张各异，但对"天人合一"的认知却有很多的共同之处。

（一）儒家对"天人合一"的认知

"天人合一"的思想，非一人、一日所成。在儒家的阵营中，孔子、孟子、董仲舒、朱熹等都对"天人合一"有过精辟的认识和解读，尤其是汉代的董仲舒（前179—前104），在《天人三策》中对"天人合一"做了系统的论述，形成了"天人合一"基本的思想范式和体系。以下分而述之：

孔子认为，要善处人和自然的关系，君子须有"仁爱"的精神。此"仁爱"精神有两层含义，一指"仁民"的精神，二指"爱物"的精神。孔子常"以物比德"（移情说），即借助于自然景物的生命状态，对人的心灵和道德进行评述。如《论语·雍也》"子曰：'知者乐水、仁者乐山'"。此为孔子借水喻德行，借山喻仁德，也是孔子"天人合一"思想的一种表达。

孟子（前372—前289），儒家的第二位代表人物。他在《孟子·尽心上》中指出"尽其心者，知其性也，知其性则知天矣"。这是孟子"以德知天"，即"道德天"的理论表述。意思是，了解了人的"心"（恻隐、羞恶、恭敬、是非之心），就能进一步了解人的"性"（仁、义、礼、智），了解"人性"后就能了解道德的本源——"天道"。现实世界是道德的世界，而道德的根源是天道，天道又表现在人性。而人性又来自人的"心"。所以需要充分地修养，发展人心，将人心发展成为符合天道的人性。而人性与天性是相通的，即"天人合一"。

汉代大儒董仲舒在《天人三策》中系统阐述了"天人合一"思想，并将"天

---

① 季羡林（1911—2009），山东临清人，字希逋，又字齐奘。著名东方学大师、语言学家、文学家、国学家、佛学家、史学家、教育家和社会活动家。

人合一"上升到规范、约束、感召天子仁德治国、爱民施政的高度。

汉武帝即位后,让各地推荐贤良文学之士,董仲舒被推举参加策问。汉武帝连续与董仲舒就天道、人世、治乱三个方面的问题,进行了三次策问,因问答的内容主要以天人关系为首,故称"天人三策"①。

董仲舒对"天人合一"思想的贡献有里程碑意义。其主要观点有三:

1. 天人感应

董仲舒认为,自然灾害和统治者的错误必有因果联系。他说:"凡灾异之本,尽生于国家之失。"(董仲舒《春秋繁露》)意思是,如天子违背了天意,不行仁义之道,做伤天害理之事,天就会动怒,降灾难于人间(如旱灾、蝗灾、洪灾、地震或出现如日食、夏天落雪般异常之象),以警示、谴责君主之失。如若君王"谴之而不

董仲舒

知,乃畏之以威","谴告之而不知变,乃见怪异以惊骇之,惊骇之尚不知畏恐,其殃咎乃至"(董仲舒《春秋繁露》)。意思是,如果君王对上天的警示、警告不予重视,并不能自觉地省察自己在政治上和道德上的错误和缺失,上天会降下更大的灾害,如持久的暴雨、严重的洪涝灾难以及扑朔迷离之象。

这种思想的实践意义在于告诫天子,治国安邦不可做违背天意之事,要仁政爱民、顺从天意。

董仲舒在《天人三策》中对上述观点做如是说:

> 陛下发德音,下明诏,求天命与情性,皆非愚臣之所能及也。臣谨案《春秋》之中,视前世已行之事,以观天人相与之际,甚可畏也。国家将有失道之败,而天乃先出灾害以谴告之;不知自省,又出怪异以警惧之,尚不知变,而伤败乃至。以此见天心之仁爱人君而欲止其乱也。

意思是:陛下发出德明的声音和英明的诏书,寻求天命和情性的解答,这两个问题都不是愚臣所能答复的。我谨慎地按照《春秋》中的记载,考察前代已经做过的事情,研究天和人相互作用的关系,情况是非常可怕的。如果人君将要做出违背道德的败坏的事情,那么天就降下灾害来谴责和提醒他;如果他不知道醒悟,天又用一些怪异的事来警告和恐吓他;如果还不知道悔改,那么伤害和败亡就会降临。由此可以看出,天对人君是仁爱的,希望帮助人君消弭祸乱。

---

① 三策为:对天道——天人感应,君权神授;对人世——文德治天下;对治乱——兴太学,罢黜百家、独尊儒术,实行大一统。

2. 天人同类

董仲舒认为:"天有阴阳,人亦有阴阳,天地之阴气起,而人之阴气应之而起;人之阴气起,而天之阴气亦宜应之而起。其道一也。"(董仲舒《春秋繁露》) 意思是,天的阴阳之变与人的阴阳之变同一且相互影响。也就是说天(阴阳之气)会影响人性(道德),反过来,人的道德行为也会引起气的变化。董仲舒又言:"世治而民和,志平而气正,则天地之化精,而万物之美起;世乱而民乖,志癖而气逆,则天地之化伤,气生灾害起。"(董仲舒《春秋繁露》) 此句话的逻辑关系如下:

世治— 志平— 气正— 天地化精— 物美

世乱— 志癖— 气逆— 天地化伤— 灾起

董仲舒把"天"塑造成至上神,以"天人感应"说来限制无限的君权,同时,"天人同类"说也给君王找到了统治臣民的理论根据,即"君权天(神)授",君王贵为天子之尊,神圣不可违抗。

董仲舒在《天人三策》中对上述观点的说明非常精辟,辑录如下:

> 夫人君莫不欲安存而恶危亡,然而,政乱国危者甚众,所任者非其人,而所由者非其道,是以政日以仆灭也。夫周道衰于幽、厉,非道亡也,幽、厉不由也。至于宣王,思昔先王之德,兴滞补弊,明文、武之功业,周道粲然复兴,诗人美之而作,上天祐之,为生贤佐,后世称通,至今不绝。此夙夜不解行善之所致也。孔子曰:"人能弘道,非道弘人也"。故治乱废兴在于己,非天降命不得可反,其所操持诬谬失其统也。

意思是:人君没有不希望国家安宁而憎恶危亡的,然而使政治混乱、国家危亡的人很多,这是由于任用的人不得当,言行举止不符合治理国家的"道",所以政事一天天衰败下去。周代的"道"到了周厉王、周幽王时衰落了,不是"道"亡了,而是厉王和幽王不遵循这个"道"。周宣王思念先代圣君的德行,复兴久已停滞的事业,补救时弊,发扬周文王、周武王开创的功业,周代的"道"又灿烂复兴起来。诗人赞美他(周宣王),上天保佑他,后世称颂他,至今不绝。这是周宣王日夜不懈地做好事得来的。孔子说"人能光大道,不是道光大人",所以治和乱、废和兴,都在于自己。世遭衰乱并不是天命不可挽回,而是由于人君的行为荒谬,失掉了先王优良的传统。

> 天道之大者在阴阳。阳为德,阴为刑;刑主杀而德主生。是故阳常居大夏,而以生育养长为事;阴常居大冬,而积于空虚不用之处。以此见天之任德不任刑也。天使阳出布施于上而主岁功,使阴入伏于下而时出佐阳;阳不得阴之助,亦不能独成岁。终阳以成岁为名,此天意也。王者承天意以从事,故任德教而不任刑。刑者不可任以治世,犹阴之不可任以成岁也。为政而任刑,不

顺于天，故先王莫之肯为也。

意思是：天道最大的就是阴阳，阳为德，阴为刑，刑主杀，德主生。所以，阳常常处在盛夏，把生育养长作为自己的事；阴常常处在严冬，积聚在空虚不起作用的地方。天是任用德教，不任用刑罚的。天使阳出现，在上面布施，主管一年的收成；使阴入内，在下面藏伏，时常出来帮助阳。阳没有阴的帮助，也不能使年岁独自完成。从始至终阳是以完成年岁为名的，这就是天意。王者秉承天意来做事，所以任用德教而不任用刑罚。刑不能任用来治理社会，就像阴不能用来完成年岁一样。执政任用刑罚，是不顺从天意，所以先王不肯这样做。

总结而言，董仲舒认为，"唯天子受命于天，天下受命于天子"（董仲舒《春秋繁露》）。天是宇宙间的最高主宰，而代表天的天子亦是世间的最高主宰，有绝对的权威。天子的君权为天所授，人君奉天承运，进行统治。如果天子违背了天意，不仁不义，天就会出现灾异进行谴责和警告；如天子顺从天意，仁德爱民，则政通人和，天就会降下祥瑞以兹鼓励。同时作为天下的臣民也应绝对地服从代表天道的天子。天和人同类相通、相互感应，天能干预人事，人亦能感应上天，此谓"天人合一"。

宋代大儒、理学集大成者朱熹将天人合一的思想推向了一定的历史高度并使之走向成熟。朱熹认为，"天人合一"即天人不可分离，天既然把人生产出来，就是把天的责任交给了人，就是将天道托付于人，人应尽职尽责，用"仁、义、礼、智、信"的社会伦理之道去实现天道的要求，将天道与人道融合为一体，此谓"天人合一"。

朱熹

《易经·系辞传》中有云："有天道焉，有人道焉，有地道焉，兼三才而两之。"意思是，有天道存在，有人道存在，有地道存在，天、地、人三才，必须三者兼顾，两两相合，合二为一。三者间存在着一种自然、和谐的调节关系。天是道德观念以及原则的本源；人是天赋于内心，具有道德原则的主体；地是孕育和承载天之道德、人之道德的自然环境或客体。天将道德意志赋予人，人在自然环境中（含社会环境）忠实地履行天赋予的道德，天、地、人三者和谐统一，此为"天人合一"。

在儒家看来，天、地、人是三位一体。"天人合一"本应是一种先天的自然统合。但由于人们会受到各种名利、欲望的蒙蔽，不能自觉地发现自己心中的道德原则，因此需要人们积极地修习道德，听从天的道德赋予，切忌盲目、自大地与天争高低或违背天的道德原则，应当在自然规律的调节下，和合相契地顺天地而生存和发展。此为"顺天应人，天人合一"。

中国封建社会的统治者非常敬畏"天人合一"（尊天、奉天、敬天）的思想，直接的体现就是使用"应天、顺天、奉天"等词语命名都城，如1006年宋真宗（赵恒）把当年赵匡胤的发迹地宋州（今河南商丘睢阳）改为"应天府"；1356年朱元璋攻陷元末重镇集庆（江苏南京），称帝后把集庆改为"应天府"并将其作为都城；1403年明朝的朱棣取得政权后，把都城从南京迁到北平，把北平改为北京并将其升为全国最高的地方行政机关——"顺天府"；1657年清廷在沈阳设立寓意为"奉天承运"的"奉天府"。

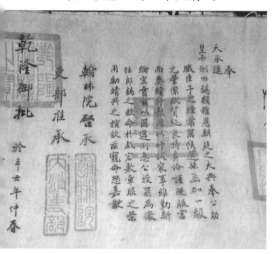

乾隆时期圣旨

同时，封建社会的统治者也充分利用儒家"天人合一"的思想作为其治国施政的理论工具。如皇帝的最高行政命令——圣旨，开篇即言："奉天承运 皇帝诏（制）曰……"天下最高统治者自命为"君权天授"的天子（天之子），授命于天，弘天之道于臣民，故臣民要谨遵天之道。要谨遵天之道，就要谨遵天子之命。要谨遵天子之命，就谨遵圣旨。相反，如果违反了圣旨，就是违反了天子之命。违反了天子之命就是违反了"天道"。违反了"天道"就会受到"天诛地灭"的天子之罚，而执行"天子之罚"的就是君权天授的"天之子"，即"天子"。

"天人合一"的儒家思想与统治者的利益高度契合，而此点，也正是历朝历代统治者推崇"天人合一"为统治思想的根本原因。

史学家钱穆先生（1895—1990），在1990年95岁高龄时（先生年事已高，不能动笔，文章为口述记录而成）讲道："中华民族对于世界最大的贡献就是人性与天道的合一问题，即'天人合一'的问题。这是一个大问题。天人合一是中国人的最高信仰。"中国人是把天和人合起来看。天命就表露在人生上，离开人生，也就无从讲天命。离开天命，也就无从讲人生。所以，中国古人认为人生与天命最高贵、最伟大处，便在于能把两者和合为一。离开了人，又从何处来证明有天？所以，中国古人认为，一切人文演进都应顺从天道。违背了天命，即无人文可言。天命、人生，和合为一。

中国文化书院（民间独立学术研究和教学团体，创建于1984年）的创院院长汤一介先生①对"人性"与"天道"之间的关系有过精彩的论述。汤先生讲道：儒家的"本性"，就指人的"本性"，即指性善四端"仁、义、礼、智"。而人的本性又受命于天道。天道与人性是共通的，除天人合一外，还有天人合德的思想。由此儒家在"天人合一"思想基础上提出了"礼运大同"的道德理想。"礼运"，指大家皆走在"礼"的道路上，人人要知礼、明礼、守礼，并将"礼"运行不息；"大同"指整个世界都是一家人，人人爱彼如己，以诚相待，互相援助。人人遵守"大道之行"（《礼记》），修德"天下为公"（《礼记》），不争、不贪、不求、不私、不利、不独亲其亲、不独子其子，那么"幼吾幼，以及人之幼；老吾老，以及人之老"的思想就能盛行，大公无私的美德自然就会出现。大同是孔子对"天下平"蓝图的设想和期望。孙中山先生所倡导的"天下为公"即出于此。"礼运大同"思想的最终目的是要"礼为邦本，仁为君德，道行天下，世界大同"，即通过礼运而走向大同世界（天下平）。汤先生指出，礼运大同是天人合一思想的具象化的落实，个人由小及大、由内及外地修身，齐家、治国就是礼运，最终达到大同世界的愿望。

中国现代新儒学大师冯友兰先生（1895—1990），对"天人合一"的认识，见诸冯先生提出的"人生四境界"：自然境界、功利境界、道德境界和天道境界。

第一境：自然境界。此境界之人以"本我"为中心，以本能的生物或天然的形式存在，他的存在对他人和社会没有实际意义。此种人可谓是"生物的人"。

第二境：功利境界。此境界之人以"自我"为中心，以自我为取舍，他的存在和作为，对自身有着实际意义，对他人和社会的意义也是相对于自我意义而言。此种人可谓是"现实的人"。

第三境：道德境界。此境界之人的存在和作为，皆以"他人和社会"为中心，并正其义，不谋其利。对社会伦理有着极为重要的意义。此种人可谓是"道德的人"。

第四境：天地境界。此境界之人的存在和作为，以"自然和宇宙"为中心，对宇宙万物有着极为重要的意义，是超越世俗到达"天人合一"的最高境界。此种人可谓是"宇宙的人"。

冯先生所描述的四种境界由低向高渐次而成，后一个境界是前一个境界的升华。自然境界——"生物的人"追求的是吃饱穿暖，满足的是最基本的物质需要；功利境界——"现实的人"则在生物人的基础上，追求自我的物质需求和精神需

---

① 汤一介（1927—2014），中国当代著名哲学家、国学大师、哲学史家、哲学教育家。父亲为现代中国哲学界融汇中西、精通中文和梵文的学术大师汤用彤先生。

求，急功近利，唯我独尊，唯利是图，以自我的实用和提升为中心，表现为自私自利；道德境界——"道德的人"，自我要服从社会道德和伦理的需要，自我以行义为目的，惩恶扬善。将自己的所作所为自觉纳入道德的组成部分，此时的自我与道德的关系，就好像地球与太阳的关系，地球的自转是紧紧围绕太阳的公转的，如果没有公转，那么自转也就失去了意义；天地境界——"宇宙的人"，以事天为宗旨，人不仅是社会的人，还是宇宙的人，人是天的一分子，人与天地寿，人与天地参，表现为自在自为自适，以天地为旨归，此谓"天人合一"。

冯友兰

冯先生指出，道德境界与天地境界都是高尚的境界，二者的不同是：道德与超道德的区别。说到底是把人之所以为人者，看成是"人之性"还是"天之理"的区别。或者说道德境界中的人，是以"人性的自觉"行人道；而天地境界中的人，是以"天理的自觉"行天道；这样，天地境界的人比道德境界的人有更广大的胸怀与更高尚的气节，真正以"天"的旨意"天道"为最高归宿，即"天人合一"。

（二）道家对"天人合一"的认知

《道德经》第二十一章云：

> 有物混成，先天地生。寂兮寥兮，独立而不改，周行而不殆，可以为天地母。吾不知其名，字之曰道，强为之名曰大。大曰逝，逝曰远，远曰反。
> 故道大，天大，地大，人亦大。域中有四大，而人居其一焉。
> 人法地，地法天，天法道，道法自然。

此段的意思是，有一种物体混混沌沌、无边无际、无象无音、浑然一体，早在开天辟地之前它就已经存在。独一无二，无双无对，遵循着自己的法则而永远不会改变，循环往复地运行永远不会停止，它可以作为世间万物乃至天地来源的根本。我不能准确地描述出它的本来面目，只能用"道"来笼统地称呼它，勉强把它形容为"大"。"大"是指不停地运转、变幻，也就是说它无处不在、无远不至，穿行于古往今来、八荒六合，到达极远处又返回事物的根本。正因为道是如此无穷无尽，所以说道很大，从而遵循于道的天、地、人都很大。宇宙有四"大"，即天、地、王（人）、道，人也是其中之一。人必须遵循地的规律特性，地的规律特性来自并服从于天，天又以道作为运行的依据，而道就是天然地、自发地遵循自然规律而成的。

"人法地，地法天，天法道，道法自然"是《道德经》的核心观点，也是道家对"天人合一"思想的表达。这句话可通俗地解读为：人们依据于大地而生活劳作，繁衍生息；大地依据于上天而寒暑交替，化育万物；上天依据于大"道"而运行变化，排列时序；大"道"则依据自然（天）之性，顺其自然而成其所以然。

《道德经》第四十二章又言："道生一，一生二，二生三，三生万物……"意思是，道生万物，任何事物只要顺应自然规律（道、天道），便会与外界和谐相处，即"天人合一"；违背了自然规律（天道），便会同外界产生抵触，即"天人相分"。《易经》中的"吉、凶"二词的最本真含义亦如此意，顺应事物的发展规律则为吉，违背事物的发展规律则为凶。

老子（约前571—前471）此言"道生一，一生二，二生三，三生万物"，除了对"道"意韵深远的表达之外，对"生"字的运用堪称精妙，无任何词可替代。如将"生"改为"分"，此言则表述为"道分一，一分二，二分三，三分万物"，意思可理解为，道一分为二，二分为三，三分万物，而事物分下去终究会分完，有穷尽之意。而"生"字则表示生生不息，永恒无尽。就此一字，不得不为老子的智慧而折服。

老子

"内圣外王"思想最早的提出者庄子（前369—前286）在继承老子思想的基础上又将"天人合一"的思想论述得更加透彻。庄子在《大宗师》中言："天与人不相胜也，是之谓真人。"意指，自然与人不可相互对立而相互超越，具有这种认识的人就叫作"真人"。庄子又言"有人，天也；有天，亦天也"；"天地与我并生，万物与我为一"。（《庄子·齐物论》）这两句话的意思是，人是天（自然）的一部分，天就是自然，天人相通，人天相合，和谐共处，互为一体，此为"天人合一"。

庄子

庄子指出，人与天本应是合一的，但制定的各种典章制度、道德规范使人丧失了原来的自然本性，使人与自然不协调。人们活动的目的便是"绝圣弃智"，打碎附加于人身的藩篱（各种典章制度），将人性解放出来。但典章制度多由君主或圣人制定，故而站在儒家倡导"尊君尊贤"的对立面的道家，提出了悲天悯人、惊世骇俗的主张"圣人生而大盗起，圣人灭，而大盗灭"，即"圣人不死，大道不灭"。（《庄子·胠箧（qiè）》）意思是，君王、庶民要去除过分的欲望，无为而治，重新复归于自然，达到一种"无为而无不为""万物与我为一""道法自然""天人合一"的精神境界。

"天人合一"思想，是中华民族五千年来的思想核心与精神实质。它指出了人与自然的辩证统一关系，指出了人类生生不息，祭天、希天、求天的祈愿行为，指出了人与自然和谐统一的"天人之境"。

近几年中国的大灾难比较多，如严重的沙尘暴［1993年5月，一场罕见的沙尘暴袭击了中国新疆、甘肃、宁夏和内蒙古部分地区，沙尘暴经过时最高风速为34米/秒，最大风力达12级，能见度最低时为零。这场风暴造成85人死亡，31人失踪，264人受伤；12万头（只）牲畜死亡、丢失，73万头（只）牲畜受伤；37万公顷农作物受灾；4330间房屋倒塌，直接经济损失达7.25亿人民币］、大地震（2008年5月12日汶川8.0级大地震、2013年4月20日雅安7.0级大地震）、雾霾（2013年12月2日至12月14日中国严重的雾霾事件，涉及北京、天津、河北、山东、江苏、安徽、河南、浙江、上海等地，空气质量指数达到六级，属严重污染级别，使京津冀与长三角雾霾连成片。首要污染物PM2.5浓度日度平均值超过150微克/立方米，部分地区的浓度高达300～500微克/立方米，此次重霾污染最为严重的区域位于江苏省中南部，南京市空气质量连续5天严重污染、持续9天重度污染，12月3日11时的PM2.5瞬时浓度达到943微克/立方米）、台风（2018年9月的"山竹"）等。科学家们分析其部分原因，就是人类过度地乱砍滥伐、超标排放、污染空气等一系列破坏环境的行为。破坏环境违背了"天人合一"思想的合理成分——"人与自然"的和谐相处。也如国学大师季羡林先生所言："人与大自然要合一，要和平共处，不要讲征服与被征服。"

茶禅一味

中国的饮茶之风，盛于大唐。茶文化的鼻祖之作——《茶经》由唐朝的陆羽①在760年左右著述而成。盛于唐的饮茶之风以及茶道的传播和影响，多与僧家佛理有关。其中，从古至今都有很大影响的"茶禅一味"，就是一例。

---

① 陆羽（733—804），字鸿渐，复州竟陵（今湖北天门）人，唐代著名的茶学家，被誉为"茶仙"，尊为"茶圣"，祀为"茶神"。陆羽一生嗜茶，精于茶道，著有世界第一部茶叶专著——《茶经》。

"茶禅一味"最早由宋代高僧圆悟克勤禅师①以禅宗的禅理与茶（饮茶）的奥妙相融而有所悟后挥毫写就的。"茶禅一味"四个大字开启了茶文化与禅宗的融合统一。圆悟克勤禅师亲笔所书"茶禅一味"的真迹被弟子带到日本，现珍藏在日本奈良大原物德寺，作为镇寺之宝。由此，"茶禅一味"的文化一直流淌于中日大地上。

"茶禅一味"虽由宋高僧圆悟克勤禅师首书，但"茶禅一味"的文化渊源要追溯到唐代禅门的一则公案——"吃茶去"。

"吃茶去"是一句偈语（佛经中的唱颂词）。《五灯会元》[中国佛教禅宗史书，约为宋理宗淳祐十二年（1252），杭州灵隐寺普济编集]记载了唐代赵州禅师②"吃茶去"的故事：

一日，有两位僧人从远方造访赵州禅师（又称"赵州从谂禅师"）。

赵州禅师问一僧人："上座曾到此否？"

僧人答道："未曾否。"

赵州禅师说："吃茶去"。

赵州禅师又问另一位僧人："上座曾到此否？"

另一僧人答道："曾到。"

赵州禅师说："吃茶去。"

这时，引领两位僧人到赵州禅师身边的寺院监院就好奇地问赵州禅师："为何你让来过和没有来过寺院的僧人，都'吃茶去'？"

赵州禅师称呼了监院的名字，监院应答了一声，赵州禅师说："吃茶去。"

故事如此，"吃茶去"遂成禅门一则著名公案。禅宗讲究顿悟，无论何时、何地、何物都能悟道。在极平常的事件中，也能顿悟"深奥蕴藏"的禅理。"吃茶去"这个偈语蕴藏的深意直指人心的

赵州从谂禅师

---

① 圆悟克勤（1063—1135），因宋高宗赵构很赏识禅师的修为，赐名"圆悟"，世称"圆悟克勤"或"圆悟"禅师。

② 赵州禅师（778—897），唐代高僧，法号从谂。禅宗六祖慧能大师之后的第四代传人，也是禅宗史上一位震古烁今的高龄禅师，寿至近120岁。赵州为今石家庄赵县，是古赵州桥所在地。

"自性""自悟",这也正是"茶禅一味"的精神核心。禅宗认为,平常心是道,道在自然中,运水搬柴皆妙道,吃茶睡觉也是妙道。赵州从谂禅师三称"吃茶去",其禅意看似平淡无奇,却暗藏深厚禅机。"吃茶去"意在消除人的妄想,所谓"佛法但平常,莫作奇特想"。一落入妄想,就与本性不相应了。这就是"吃茶去"的高妙所在——"遇茶吃茶,平常自然"。

自赵州从谂禅师开启"以茶入悟"的禅意之后,禅门丛林中多沿用赵州的方法打念头,除妄想,如《五灯会元》记载了"吃茶去"的二三事:

吃茶去

其一,杨岐方会禅师(约 996—1049,北宋杨岐派开山祖师)一而云:"更不再勘,且坐吃茶。"再而云:"败将不斩,且坐吃茶。"三而云:"拄杖不在,且坐吃茶。"

其二,一僧问雪峰义存禅师(822—908):"古人道,不将语默对,来审将甚么对。"义存答:"吃茶去。"

其三,百丈道恒禅师(其师祖为赵州从谂禅师的弟子百丈怀海)有三诀:"吃茶、珍重、歇。"

近代卓越的佛教领袖、书法家、社会活动家赵朴初先生(1907—2000)深悟"吃茶去"之"平常心"的禅意,1989 年 9 月在"茶与中国文化展示周"活动中,借用唐代卢仝的"七碗茶"诗意,引用唐代高僧从谂禅师"吃茶去"的禅林法语,写下了两首精妙《茶诗》:

其一
七碗受至味,一壶得真趣。
空持百千偈,不如吃茶去。

其二
阅尽几多兴废,七碗风流未坠。
悠悠八百年来,同证茶禅一味。

著名书法家启功先生,亦为 1989 年 9 月"茶与中国文化展示周"的活动题诗:
今古形殊义不差,古称茶苦近称茶。
赵州法语吃茶去,三字千金百世夸。

综上所述,悟,即"自见(悟)本性"。

启功先生题诗

赵朴初手书《茶诗》之一

茶道与禅道结合于以平常之心静思、修德、正觉、悟道。秉持"吃茶去"的简单平和，顿悟见性。此乃"茶禅一味"之最高境界："天道之境。"

一言以蔽之，赵州禅师的"吃茶去"，目的不在茶，而是让人们在极小的事物中体认自性。

就此"在事物中体认自性"的禅理，再举一居士与赵州禅师的对话。

一居士问赵州禅师："佛陀有没有烦恼？"

禅师："有。"

居士："佛陀是解脱之人，怎么会有烦恼呢？"

禅师："因为你还没有得到解脱，所以佛陀还会有烦恼。"

居士："如果我得到解脱，佛陀还会有烦恼吗？"

禅师："有。因为还有众生没有解脱。"

居士："众生无尽，那佛陀岂不是永远在烦恼当中度过啊？"

禅师："烦恼即菩提，佛陀已经超越了，所以他没有烦恼了。"

居士："你说佛陀一直有烦恼，众生既没有度尽，永远度不完，那么佛陀怎么又会没有烦恼呢？"

禅师："佛陀自性中的烦恼已经度尽了。"

"茶禅一味"经不断地发展,形成了三重境界:自然之境、和合之境、天道之境。

第一重:自然之境

约750年前后,马祖道一禅师①率先在江西倡行"农禅结合"的习禅生活方式,鼓励门徒通过栽茶、制茶的方式,自给自足。马祖禅师的弟子百丈怀海禅师在江西泰新百丈山创《百丈清规》,把世俗栽茶、制茶的生产方式移入佛门并开创"丛林清规",以自耕自食为主,募化所得为辅的寺院生存方式。从而改变了寺院以往靠化缘、信众或朝廷、皇族供养的生存方式。

马祖道一禅师

约9世纪中叶,唐大小寺院及民间饮茶之风盛行。随着寺院自给自足、自立求生生活方式的形成,寺院栽茶、制茶也大规模地兴起。比较大的寺院成为育茶、栽茶、制茶的先行者。如著名的普陀寺,僧侣在普陀山从事茶树种植并积累了丰富的种茶、采茶、制茶经验,其佛茶闻名僧众。九华山佛茶大约也始于唐代,由僧人培育出"金地源茶",此茶在当时就被誉为"色味俱佳"之好茶。四川蒙山生产的"蒙山茶",相传最初是由汉代甘露寺普慧禅师所培育、在唐代大为发展的。"蒙山茶"以优异的质地长期被奉为"贡品""仙茶"。再如福建武夷山出产的"武夷岩茶",以寺院采制的最为正宗、量大。清人郭柏苍在其所著的《闽产异录》中记载:"武夷寺僧多普江人,以茶坪为生。每寺请泉州人为茶师。清明之后谷雨前,江右采茶者万余人。"武夷山的僧侣将不同时节采摘的茶叶分别制成"寿星眉""莲子心""凤尾龙须"等名茶。北宋时,江苏洞庭山水月院的山僧采制出"水月茶",即现今有名的"碧螺春"茶。明穆宗(明朝第十二位皇帝朱载垕,1567—1572年在位)年间,和尚大方在徽州歙县南乡老竹岭上的大方山创制"大方茶"。浙江云和县惠明寺的"惠明茶",以色泽绿润、久饮香气不绝而闻名。另外,产于黄山的"云雾茶"、云南大理感通寺的"感通茶"、浙江天台山万年寺的"罗汉供茶"、杭州法镜寺的"香林茶"等,最初都产于佛门寺院。

唐代诗人刘禹锡在《西山兰若试茶歌》中曾描写僧人采茶之景况:

山僧后檐茶数丛,春来映竹抽新茸。

---

① 马祖道一禅师(约709—788),是禅宗洪州宗的祖师。马祖主张"道"不用修,主张"任心为修",即"心是佛""平常心即道"的佛性思想。他让"顿悟"说付诸实行并革新了禅僧对"禅"的观念。马祖道一禅师门下名僧辈出,最著名的是有"洪门三大士"之称的百丈怀海禅师、西堂智藏禅师、南泉普愿禅师。

宛然为客振衣起，自傍芳丛摘鹰嘴。

综上，"自古名寺出名茶"之缘由可概括如下：

其一，寺院多建在气候宜居、景色宜人的高山峻岭之中，此天时也。

其二，寺院（尤其是名寺）有一定的田产，此地利也。

其三，僧人相对比较闲适，并在"农禅结合"习禅风尚的推动下育茶、制茶、饮茶（生活所需），修禅、悟道，此人和也。

天时、地利、人和皆备，何愁不成"名寺出名茶"？此"茶禅一味"之第一境："自然之境"。

第二重：和合之境

茶的特性非常丰富，此处只谈及唐代诗人笔下的茶。元稹[①]在呈宝塔形的《茶》诗中有言："茶，香叶，嫩芽。慕诗客，爱僧家……"

诗人卢仝[②]在《走笔谢孟谏议寄新茶》中节选一段，即成《七碗茶歌》：

一碗喉吻润，二碗破孤闷，三碗搜枯肠，惟有文字五千卷。四碗发轻汗，平生不平事，尽向毛孔散。五碗肌骨清，六碗通仙灵。七碗吃不得也，唯觉两腋习习清风生。

宋徽宗赵佶也有云："至若茶之为物，擅瓯闽之秀气，钟山川之灵禀，祛襟涤滞，致清导和。"意思是，品芬芳之茗，能使人闲和宁静。

今人书元稹宝塔形《茶》诗

茶在禅门有特殊的认知，有三德、三饮之说。

茶之三德：一是坐禅时通夜不眠。坐禅闭目静思，饮茶解困，可通夜不眠。二是满腹时饮茶能帮助消化。三是"不发"，即可以抑制欲望，令人平心静气。

茶之三饮：《景德传灯录》卷二六记载："晨起洗手面盥漱了，吃茶；吃茶了，佛前礼拜归下去打睡了。起来洗手面盥漱了，吃茶；吃茶了，东事西事。上堂吃饭了盥漱，盥漱了，吃茶；吃茶了，东事西事。"

在明代乐纯的《雪庵清史》中，开列居士每日必须做的事有：焚香、煮茗、习静、寻僧、奉佛、参禅、说法、做佛事、翻经、忏悔、放生等。

---

① 元稹（779—831），字微之，别字威明，河南洛阳人。唐朝大臣、诗人、文学家。

② 卢仝（约795—835），韩孟诗派代表诗人。"初唐四杰"之一卢照邻嫡系子孙。博览经史，工诗精文，不愿仕进，被尊称为"茶仙"。

茶在唐宋禅门盛行，除茶本身的特性（饮啜）外，更重要的是"茶"与"禅"和合。

禅，指寂静、正审、思虑之意。"禅"之真蕴并非能用言语道透，只能自性而禅定。何为禅定？《金刚经》言，"禅定"为"不取于相，如如不动"。"不取于相"指不受外境的诱惑，即"禅"；"如如不动"，指内不动心，保持清净，不起分别，不起烦恼，不起执着，即"定"。《六祖坛经·坐禅品第五》也有同一的表达："外离相即禅，内不乱即定。外禅内定，是为禅定。"禅定者，外在无住无染的活用是"禅"，心内清楚明了的安住就是"定"。对外五欲六尘、世间生死诸相不动心，就是"禅"；对内心了无贪，就是"定"，此谓"外禅内定""禅定一如"。参悟"禅定"，如暗室放光。

卢仝《七碗茶歌》

茶，草本之木，清雅淡泊；茶，自然灵韵，修身养性。

禅，静虑思清，修身养性；禅，直指人心，见性正觉。

茶、禅相和相生、相融相契、相辅相成。此"茶禅一味"之第二境："和合之境"。

第三重：天道之境

"茶道"随中国唐朝饮茶之风的普及和盛行而日臻成熟并逐步走向丰富多元。"茶道"一词在中国最早见于唐代《封氏闻见记》①，其中记载："又因鸿渐之论，广润色之，于是茶道大行。茶道大行，王公朝士无不饮者。"唐代刘贞亮②在《饮茶十德》中也明确提出："以茶可行道，以茶可雅志。"唐宋的佛寺禅门对茶道的发

茶禅是缘（丰子恺漫画）

---

① 《封氏闻见记》，古代中国笔记小说集，由唐代封演所撰。
② 刘贞亮（？—813），唐朝宦官，原名俱文珍，著有《饮茶十德》。饮茶十德：以茶散郁气；以茶驱睡气；以茶养生气；以茶除病气；以茶利礼仁；以茶表敬意；以茶尝滋味；以茶养身体；以茶可行道；以茶可雅志。

展和精神高度的提升做出了重要的贡献。如唐宋佛教寺院常兴办大型茶宴。茶宴上，谈佛经，讲茶道，赋诗词，把佛教清规、饮茶谈经与佛学哲理、人生观念融为一体，茶道与禅道融为一体。

茶道，指通过礼茶、沏茶、赏茶、闻茶、饮茶等一系列品茶活动，表现一定的礼节、人品、意境、美学观点和精神思想的一种行为艺术。茶道的祈愿是陶冶情操、去除杂念、精进礼法，而核心则为养心修性，体悟人生。

唐代禅门在茶中融进其"清净"的思想，并感化僧人在饮茶中修行开释。此开释正是禅道的核心——"开悟"。如佛陀在 20 岁时，有感于人世生、老、病、死等诸多苦恼，舍弃王族生活，出家修行，历经 6 年（有一说为 12 年）苦行僧般的苦修，仍未得到开悟，终在 35 岁时，在一棵菩提树下七日证悟，开启佛教。

禅道的"开悟"并非如何高深之见解，如何苦难之磨砺，恰如"吃茶去"般的平常却富有禅机，即在细小平常事物间体认自性，这正是禅宗的最高境界"悟"，而"悟"又何解呢？可从以下禅宗的发展中证"悟"：

禅宗是大乘佛教在中国的一个宗派。相传，一日，佛陀（阿弥陀佛释迦牟尼佛）在灵山会上，登座拈起一朵花展示给大众，众人不明所以，只有大迦叶微笑了一下，佛陀言："吾有正法眼藏，涅槃妙心，实相无相，微妙法门，不立文字，教外别传，付嘱摩诃迦叶。"佛陀于是将法门付嘱大迦叶，印度禅宗始传。

直到印度禅宗二十八祖达摩（南印度人，出生不详，约 536 年圆寂，中国禅宗始祖）来到中国，时值南朝梁武帝在位。梁武帝笃信佛法，曾经三次舍身同泰寺，布施天下僧众，造桥建庙，依常人眼光看，真是功德无量。当梁武帝召见达摩祖师时，有以下对话：

梁武帝问曰：朕即位以来，造寺、写经、度僧不可胜数，有何功德？

达摩答：这只是人天小果有漏之因，如影随形，虽有非实。

梁武帝又问：如何是真实功德？

达摩道：净智妙圆，体自空寂，如是功德，不于世求。

禅宗始祖达摩

达摩祖师依禅意之言，对梁武帝自认为的"功德"予以否定。达摩祖师不得梁武帝的欣赏，继而转往嵩山少林寺面壁。嵩山少林寺有一僧人慧可，喜闻达摩入少林寺，前往拜谒，拜请开示。达摩不准许，慧可遂在门外伫候。时值风雪漫天，雪深及腰，达摩见慧可确实真心求法，允许入内（此为二祖慧可"雪地断臂求法"之典故）。随后有以下对话：

达摩祖师问：汝究竟来此所求何事？

慧可答：弟子心未安，乞师安心。

达摩喝道：将心拿来，吾为汝安。

慧可愕然答道：觅心了不可得！

达摩道：吾与汝安心竟！

二祖慧可"雪地断臂求法"

慧可豁然大悟。烦恼本空，罪业无体，识心寂灭，无妄想动念处，是即正觉，就是佛道、禅道。若能会心，佛性当下开显。

一般认为，达摩为中国禅宗始祖，慧可为禅宗二祖。慧可传三祖僧璨，僧璨传四祖道信，道信传五祖弘忍。

五祖弘忍有一大弟子，法号神秀，他博通三藏，讲经说法、教化四方，已有高僧之相。当时僧众都认为神秀是五祖衣钵的最佳传人。但偏偏从南方来了一位比神秀小32岁、向弘忍求法的小和尚慧能。慧能年纪虽小，但根性甚利。虽处南蛮之地，求法热忱，并不落人之后。

神秀

五祖初见慧能，有以下对话：

五祖问曰：南方人没有佛性？

慧能答：人有南北，佛性岂有南北。

慧能对五祖的反驳之答，甚为精妙。五祖对此回答亦甚为满意，认为此人慧根悟性，非常人所及。为避众人耳目，安排慧能到柴房舂米。

五祖弘忍

后来，五祖年事已高，令众僧各举一偈（略似于诗的有韵文辞，通常以四句为一偈，表达对佛的理解），若偈见性，即传衣钵，为五祖传人。众僧纷纷赋偈，但还是大弟子神秀的偈脱颖而出：

身似菩提树，心如明镜台。

时时勤拂拭，勿使惹尘埃。

这一偈，五祖认为虽不错，但非满意之偈。似有见性，但见性不明或未有见性。慧能在柴房里得悉此事，便写成一偈并将其题在墙上。这就是著名的《菩提偈》：

菩提本无树，明镜亦非台。
本来无一物，何处惹尘埃？

五祖看到慧能的偈子，甚为满意。缘由是慧能虽在神秀偈子上略作改动，却表达了两种完全不同之境界。神秀认为"万法实有，万象不虚"，似有见性或非见本性，没有正觉；慧能认为"万法皆空，自性本来清净，何染尘埃"，见自本性，正觉顿悟。

五祖当夜探访慧能，再次考察后遂决定将衣钵传于慧能，离开时在门上敲了三下。慧能会意，于夜半三更到五祖座下。五祖传授《金刚经》，将衣钵相传并命慧能连夜南行，以防神秀不满。慧能遂自行到南方弘化，终成为震古烁今的禅宗六祖。

"茶禅一味"的思想在宋朝前已零散地传入日本。但比较正统的传播始于两度来中国的日本僧人荣西（1141—1215）。荣西于1168年首次入宋，并将中国茶籽带回日本培育种植。南宋绍熙二年（1191），荣西第二次来到中国，再次将中国的茶种带回日本培育种植，并取得很大的成功。1192年荣西著述了日本第一部茶书《吃茶养生记》。后来，荣西成为日本临济宗的开祖。

在南宋末期，日本南浦昭明禅师（1235—1308）于1259—1260年间入宋，先在杭州净慈寺师从虚堂智愚禅师学习佛法，后虚堂奉诏主持径山寺。南浦昭明也随虚堂智愚往径山修学。回国时南浦昭明禅师将径山茶籽（毛峰）带回日本，并将径山寺茶宴仪程介绍到日本，中国茶道在日本的传播由此肇始。日本《类聚名物考》对此有记载："茶道之起，在正元中筑前崇福寺开山南浦昭明由宋传入。"日本《本朝高僧传》也有"南浦昭明由宋归国，把茶台子、茶

六祖慧能

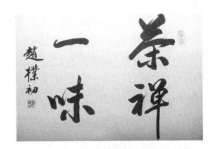

赵朴初书

千利休

道具一式带到崇福寺"的记述。

到了日本丰臣秀吉时代（1536—1598，相当于我国明朝中后期），日本茶道的集大成者千利休（1522—1594）在丰臣秀吉的支持下开创了"和、敬、清、寂"的日本的茶道四规。其中，"和、敬"指通过饮茶体悟和睦相处、敬畏人生；"清、寂"指环境气氛，要以幽雅清静的环境和古朴的陈设，造成一种空灵静寂的意境，给人以熏陶。毋庸置疑，千利休茶道的思想是对荣西、南浦昭明禅师等前辈思想的继承和创新。而这些前辈无疑深受中国"茶禅一味"思想的广泛影响。

《说文解字》曰："二，地之数也。从偶一。"意思是，二，是一个表示地的数字，由成对的一构成。《易经》曰："天一，地二。惟有初大道，道立于一。有一而后有二。元气初分，轻清阳为天，重浊阴为地。"这句话的意思是，一是天数，二是地数，宇宙万物都是从无到有，然后一分为阴阳乾坤。由此，"二"在中国哲学中是宇宙界分的标志，即以"天地、阴阳"观念为统领的二元论，将世界以及存在于世界的事物"一分为二"。这种"一分为二"的观念和现象，在世间万象和中国文化中有诸多体现。如人世间的日月之变、昼夜之替、男女之别、雌雄之分、进退之难、生死之命、吉凶之转、福祸之伏等；又如，伏羲氏一画开天，生"乾坤"两仪（两仪生四象，四象生八卦，八卦有由阴阳调和变化衍生六十四卦）。

以上这些"一分为二"的现象，用哲学的观点可释义为"事物之间既对立又统一"。用中国文化的观点又可解读为"和合"。而在中国文化，"和合二仙"的传奇典故深刻地表征了"和合"文化的对立统一。

和合二仙

很多人读过唐人张继（712—779，今湖北襄阳人）的一首脍炙人口的诗《枫桥夜泊》：

> 月落乌啼霜满天，江枫渔火对愁眠。
> 姑苏城外寒山寺，夜半钟声到客船。

安史之乱年间（756），张继避乱于江苏。在一个秋天的夜晚，他泊于姑苏城外的枫桥。江南水乡秋夜幽美的景色，激发了诗人的秋愁心怀和情味隽永的诗意，写下了这首意境清远的诗作。诗中的"寒山寺"又名"妙利普明塔院"，坐落于苏州城西阊门外的枫桥镇，其寺名与和合二仙中的两位高僧大德寒山、拾得有关。

寒山与拾得都是佛门高僧，还是我国民间传说中的喜神，即掌管爱情因缘的神祇。二仙的外形更是丰富多变，甚至是扑朔迷离。他们有时是聪慧可爱的"童男童女"，有时是蓬头垢面的"诗僧"，有时还是疯疯癫癫的"神仙"。尽管二仙有捉摸不定的形象，但由二仙构成的中国民间喜神形象和由二仙的友谊所衍生的"和合"文化，成为中国文化中具有非凡生命力的一部分。

由于"和合二仙"典故的版本较多，以下介绍三个主流的版本。

版本一：和合二仙

相传，寒山为一孤儿，长大后脾性古怪，三十岁后隐居在浙江天台山。平日常跑到天台山的国清寺外，朝着寺庙内望空嗓骂。时间长了，和尚们都认为寒山疯癫，见怪不怪，不予理会了。寒山也常常自骂自乐后傻笑而去。

国清寺的住持丰干和尚对寒山其人以及其古怪行为也早有所知，只不过听闻寒山孤苦伶仃，还是一位有才之人，便对其谩骂疯态睁一只眼闭一只眼。国清寺有一和尚名叫拾得，据说是丰干和尚早年外出化缘时，在路上捡到的一名弃婴。他慈悲为怀，将男婴带至寺中抚养成人，因其无名无姓，丰干和尚便为其取名为"拾得"。

寒山拾得图

拾得成年后被派至厨房干杂活，常听到寒山在寺外的不礼谩骂。他常常把厨房里的余羹剩菜偷送给寺外的寒山。他俩一个孤儿，一个弃儿，可谓"贫贱之交"。国清寺住持丰干和尚听闻他俩要好，便答应了拾得的请求，让寒山进寺在厨房帮厨。拾得虽比寒山年龄小，但二人朝夕相处，形影不离，志趣相投，情同手足，遂成莫逆之交。

当年国清寺古刹幽静，佛像庄严，香客如云，一派鼎盛兴旺之象。一日，有位老妇由女儿芙蓉陪同来寺进香。不料老妇进香完毕，突生一病，临危之际将女儿托付给寒山和拾得二人照顾，说罢便撒手人寰。

从此，他们两人与芙蓉情同兄妹，对她照顾得无微不至。年少英俊、心地善良的拾得与芙蓉年龄相仿，久而久之两人互生爱慕。寒山年长随性，但本性忠厚老实。大家见寒山年长无妻，也不知芙蓉与拾得私下相好（此情寒山也不知晓），于是便希望芙蓉与寒山结为夫妻。

一天，寒山出外砍柴回来，路过芙蓉房间，恰巧听到芙蓉伤心的哭泣声。驻足间，听到拾得正在劝说，让芙蓉嫁与寒山，而且不能将"你我"相好之情让寒山知晓，否则，寒山定会出走，成全你我……

寒山听闻，方知拾得与芙蓉早已相好。当即打定主意，离寺远走，以成全拾得与芙蓉。寒山回房简单收拾后走出小院，但忽然一想，自己不明不白地离去，一定会让拾得和芙蓉担心，便转身回到院里，拿起一块小石头，在院落的墙壁上画了一个光头和尚，又在旁边留了一首五言诗：

    相唤采芙蓉，可怜清江里。
    此时居舟楫，浩荡情无已。

写完，寒山悄然离开了国清寺。拾得在院落的墙壁上看到了寒山留下的画和诗，猜测寒山可能出走异地，真正遁入空门（在国清寺二人都为帮厨，未受戒）。随后，拾得向芙蓉坦言：哪怕天涯海角，他一定会找到寒山。如找到，他就与寒山一起出家修佛；如一时找不到，他也会终其一生去寻找。芙蓉深感拾得与寒山情真意厚，只好忍痛与拾得分别。

拾得为寻找寒山，不怕山高路远，不畏饥寒风险，日夜奔走，找了很多地方，可是一直不见寒山的踪迹。一日，他找到苏州古城，意外地打听到姑苏城外的枫桥，有一座名曰"妙利普明塔院"的寺院，新来了一个衣着破烂、疯疯癫癫的和尚，其相貌与寒山很是相似，于是拾得直奔寺院。路过枫桥时，拾得看到池塘里开着一片片鲜红的荷花，随手摘了一朵带在身边，期以此为礼赠与寒山。

和合二仙图

寒山也听说拾得千里迢迢来找他，高兴至极。想到拾得为赶路风餐露宿，腹中饥饿，他急忙从房中捧着一只盛着素饼的竹编食盒出门迎接。二人重逢，喜极而泣，互表情意，永结友谊。

后来，寒山与拾得两位高僧被尊为"和合二仙"。缘由是人们将二人重逢时各自手持的物件，赋予了一定的文化含义：将拾得手捧的荷花的"荷"字取谐音为"和"，因为荷花有并蒂莲之意，象征着"和美"；将寒山手捧的竹制"食盒"的"盒"字取谐音为"合"，象征着"团圆"。由此，承载着"和美团圆"喜愿和寓意的"和合二仙"传说，被中华子孙一代一代地传承下来。

版本二：民间喜神

"和合二仙"在我国民间还有另一种说法，即掌管婚姻的爱神。民间传说，"和合二仙"中的寒山是文殊菩萨的化身，拾得是普贤菩萨的化身。此二仙下凡是来帮助人间成就姻缘的。其故事梗概为：

唐代，寒山、拾得同居北方某远村，虽异姓但亲如弟兄。寒山年略长，与拾得共爱一女而寒山不知，临婚始知，乃弃家去江南苏州何山枫桥，削发为僧，结庵修行。拾得亦舍女往觅寒山。探知寒山住地，乃折一盛开荷花而前往礼之；寒山见拾得来，亦急持一盛斋饭之盒出迎。二人喜极，相向而舞，遂开山立庙曰"寒山寺"。

和合二仙图

百姓取二人喜得重逢时，手捧之"荷"与"盒"的谐音"和"与"合"，共称为"和合二仙"，并将二仙友谊的"和合"之意衍变为夫妻的"和合"之意，并相信"和合"姻缘一定会受到神灵的祝福和保佑，因为二仙本就是文殊菩萨、普贤菩萨的化身，一定会广显神灵，天佑人间。后来"和合二仙"自然而然地成为百姓尊奉的掌管婚姻的两位喜神。以至今日，人们在喜庆的婚房里多会挂上"和合二仙"的画轴以示吉瑞。画轴上"和合二仙"的形象也由往日"蓬头破难的僧人"变为两位"长发披肩，活泼可爱，一位手持荷花，一位手捧圆盒"的孩童（或青年）。另外，画轴中的圆盒也会飞出五只蝙蝠，寓意着五福临门、大吉大利、相亲相爱、永结同心。

版本三：玄妙对谈

在唐代，借统治者崇佛（先后有高宗李治、武后武则天、中宗李显、肃宗李亨、德宗李适、宪宗李纯、懿宗李漼和僖宗李儇八位皇帝六迎二送供养佛指舍利。每次迎送声势浩

和合二仙图

大，朝野轰动，皇帝顶礼膜拜，等级之高，盛况空前），寺院林立，佛僧众多。修行较深的高僧大德以"诗词"为载体，结合自己多年的修行实践，阐释对"佛"的认知和理解。此类僧人称之为"诗僧"。在唐代众诗僧中，寒山、拾得都是佛学修为、诗歌造诣很高的。现抄录二僧最有影响的一首《寒山拾得忍耐歌》如下：

稽首文殊，寒山之士；南无普贤，拾得定是。

昔日寒山问拾得曰：世间谤我、欺我、辱我、笑我、轻我、贱我、恶我、骗我、如何处治乎？

拾得云：只是忍他、让他、由他、避他、耐他、敬他、不要理他、再待几年你且看他。

寒山云：还有甚诀可以躲得？

拾得云：我曾看过弥勒菩萨偈，你且听我念偈曰：

老拙穿衲袄，淡饭腹中饱，补破好遮寒，万事随缘了。

有人骂老拙，老拙只说好；有人打老拙，老拙自睡倒；

涕唾在面上，随他自干了，我也省力气，他也无烦恼，这样波罗蜜，便是妙中宝。若知这消息，何愁道不了。

人弱心不弱，人贫道不贫，一心要修行，常在道中办。

世人爱荣华，我却不待见，名利总成空，我心无足厌，堆金积如山，难买无常限。

子贡他能言，周公有神算，孔明大智谋，樊哙救主难，韩信功劳大，临死只一剑，古今多少人，那个活几千。

这个逞英雄，那个做好汉，看看两鬓白，年年容颜变，日月穿梭织，光阴如射箭，不久病来侵，低头暗嗟叹，自想年少时，不把修行办，得病想回头，阎王无转限，三寸气断了，拿只那个办。

也不论是非，也不把家办，也不争人我，也不做好汉，骂着也不言，问着如哑汉，打着也不理，推着浑身转，也不怕人笑，也不做脸面，儿女哭啼啼，再也不得见，好个争名利，须把荒郊伴。

我看世上人，都是精扯淡，劝君即回头，单把修行干，做个大丈夫，一刀截两断，跳出红火坑，做个清凉汉，悟得长生理，日月为邻伴。

此诗歌从整体风格上来讲与当时唐诗的主流是格格不入，或至少可说是不附潮流的。但恰恰由于其另辟蹊径、通俗朴实、接近民众，在社会生活和人际交往中有很强的实用性和影响力。尤其诗中两句著名的玄妙对答，即寒山问拾得曰：世间谤我、欺我、辱我、笑我、轻我、贱我、恶我、骗我，如何处置乎？拾得云：只是忍他、让他、由他、避他、耐他、敬他、不要理他，再待几年你且看他。就此两句精问妙对，笔者做以下初浅解读。

其一，三教柔和。

从思想来讲，此两句以及整篇诗表现了儒、释、道既相互独立，又相互融合的思想。有儒家"温、良、恭、俭、让"的礼仪之道；有道家"以退为进""以柔克刚""无为而治"的处事之方；有佛家"隐忍退守""因果业报""开悟正觉"的修心之法。

其二，嗔恨之解。

人世间有无尽的烦恼和嗔恨，尤其是对人对己都非常危险的嗔恨更是难以回避，难以应对。那么世人的嗔恨从何而来，由何而生呢？

寒山拾得问答图

智慧的古人先贤给出了一个精妙的解答：嗔恨由"我"而生，由"我"而来。换言之，"我"是嗔恨的"因"，"嗔恨"是我的"果"。中国构字的方法是伟大而奇妙的。如"我"字，可拆写为"干"和"戈"两部分。意寓为，有"我"就有了"干戈"，灭"我"就没有了"干戈"。更通俗地讲，"干戈"相伐是因"我"而起，"干戈"相化也会因"我"而灭。但大多数世人，往往只能做到单方面的自"我"，也就是起"嗔恨"，而做不到另一面的自"灭"，也就是灭"嗔恨"。而圣贤、菩萨、道尊抱的是"宽恕，慈悲，退让"的同体人悲，同体之智。诚如拾得之妙答：忍他、让他、由他、避他、耐他、敬他、不要理他。

其三，因果不虚。

如设问，当世间谤我、欺我、辱我、笑我、轻我、贱我、恶我、骗我时，我们该如何应对？可能大多数人的回答是：反他、抗他、驳他、报复他、敌对他、消灭他。其后果定不出两败俱伤或冤恨相极，更甚者可能会嗔恨辐射，旁及亲朋、累及后代。可以想象，如果双方终日生活在冤怨仇恨之中，不得轻松、不得解脱、不得

民间寒山拾得图

自在，正所谓"一念嗔恨带来无尽之痛苦"。反过来想，有因有果，有果有因，因果相应，因果不虚。

其四，省"我"为道。

王阳明讲："人皆有良知"。良知，语出《孟子·尽心上》："所不虑而知者，其良知也。"本指一种天赋的道德意识。王阳明提出"致良知"的道德修养方法，认为良知即天理，存在于人的本体中。人们只要推极良知于客观事物，则一切行为活动就自然合乎理，即自然合乎封建伦理道德的标准。王阳明对良知用"心学"的观点精辟地论述为："无善无恶心之体，有善有恶意之动，知善知恶是良知，为善去恶是格物。"任何人都有良知，如一个人能在愧疚、忍辱、自省中体悟自己内心的良知，即"致良知"，可"以退为进，以德报怨"，不是一种更高的境界吗？

总之，"和合二仙"所表达的中国"和合"文化的特征主要有三：一是兄友和合；二是夫妻和合；三是家庭和合。随着社会的发展和变迁，"和合二仙"又被赋予了新的象征意义，即"和合（谐）社会""和合（谐）中国""和合（谐）世界"。

2005年7月12日，台湾新党主席郁慕明率团访问中国人民大学。中国人民大学向访问团赠送的三件礼品中，有一件就是国画《和合二仙图》，借用"和合二仙"的团圆寓意，希望台湾同胞早日回到祖国的怀抱，实现"和美团圆"。

2005年7月中国人民大学向台湾新党访问团赠送《和合二仙图》

故宫三大殿殿名也体现了中国的和合文化。

太和殿、中和殿、保和殿是明清故宫的主要建筑。明成祖朱棣1406年下令开建紫禁城，由明代皇宫建筑总管，有"木工首"之称的建筑家蒯祥担任总设计师。于明永乐十八年（1420）建成，之后共有24位皇帝入主紫禁城。1420年刚落成时，前朝三大殿并不称"太和殿""中和殿""保和殿"，而分别称为"奉天殿""华盖殿""谨身殿"。

蒯祥

永乐十九年（1421），三大殿遭受火灾而被焚毁。正统六年（1441），重建前三殿和乾清宫。

嘉靖三十六年（1557），紫禁城起火，前三殿、奉天门、文武楼、午门全部被焚毁，直至1561年才结束全部的重建。1562年嘉靖帝下令，前三大殿分别改名为"皇极殿""中极殿""建极殿"。

万历二十五年（1597），紫禁城又遭大火，焚毁前三殿（皇极殿、中极殿、建极殿）以及后三宫（乾清宫、交泰殿、坤宁宫）。直至天启七年（1627）重建完工。

崇祯十七年（1644），李自成率军攻陷北京，明朝灭亡。但李自成撤退前焚毁了紫禁城，除武英殿、建极殿、英华殿、南熏殿、四周角楼和皇极门外，其余建筑全部被毁。顺治二年（1645）又重修，重修后顺治帝下令改前三大殿殿名为"太和殿""中和殿""保和殿"，由此这三大殿殿名固定下来，延续至今。

太和殿（之前称奉天殿、皇极殿）的"太和"即指太平，万方安和，社会安定之意。太和殿，是明清两代皇帝举行大典的场所，如皇帝登基，大婚，册立皇后，每年的春节、冬至，皇帝生日，公布进士黄榜，派将出征，重大宴会和庆典活动等都在这里举行。

中和殿的"中和"意指治国理政、为官办事公正，不偏不倚，行中庸之道。中和殿是皇帝在太和殿举行典礼前，在此休息并接受官员行跪拜礼之处。每年春季祭先农坛，也先在此阅视祭文。祭祀地坛、太庙、社稷坛的祝版（祭祀时粘贴祝文的方版），也在此阅视。

保和殿的"保和"意指为君、为官之首要是保民平安。保和殿是每年除夕，皇帝宴请少数民族王公大臣的地方。自乾隆后期，保和殿成为举行科举的最高级别——殿试的场所。

　　《说文解字》曰："三，天地人之道也。"《道德经》曰："道生一，一生二，二生三，三生万物。"《易经》言："天地人之道也。从三数。"在中国，形成了一系列与数字"三"关联的文化名词，如在生活方面，吃茶用三才杯①，品茶要三口；在礼节行为方面，礼乐要一咏而三叹，行礼要三让、三揖、三跪，服丧要三年，祭祀要三饭，占筮不过三次；做人道德方面，大孝有三②、不孝有三③；军政方面，行兵以三军为制，决策要三思而行，政以三令为节，强谏不过三番；读书学习方面，举一而反三等。以下简述几个与数字"三"关联并在中国文化中具有强大而深远影响力的文化名词，如三皇五帝、三大宗教、三不朽等。

三皇五帝

　　中华文化的源头，三皇五帝也。时至今日，三皇五帝究竟为何人，仁者见仁，智者见智，莫衷一是。这里只列呈两种认同度相对较高的说法。

　　其一，三皇指伏羲、神农、轩辕／女娲；五帝指金帝颛顼、木帝帝喾、水帝尧、火帝舜、土帝禹。这一说法很大程度上以中国文化的三要素"天、地、人"以及五行学说"金、木、水、火、土"为分类标准。

　　其二，三皇指燧人氏、伏羲氏、神农氏；五帝指黄帝、颛顼、帝喾、尧、舜。

---

　　① 三才杯，俗称盖碗。"三才"指天、地、人出自《易传·系辞下》："有天道焉，有人道焉，有地道焉。兼三才而两之，故六。"三才杯，上盖为天，中间为人，底座为天。

　　② 大孝有三：大孝尊亲，其次弗辱，其下能养。出自《礼记·祭义》。即光父耀母，不让父母受辱，赡养父母。

　　③ "不孝有三"有两种说法，其一，不能事亲为，不能事君，不能成为有道德的贤良君子；其二，阿意曲从，陷害不义，一不孝也；家贫亲老，不为世禄，二不孝也；不聚无子，绝仙祖祀，三不孝也。

以上两种说法，笔者较倾向于第二种说法。原因有二：

其一，第二种说法更符合历史记载的脉络传承，可信度较高，参考依据为司马迁的《史记》和《大戴礼记》。但《史记》并无明确"三皇"所指。唐司马贞补《史记·三皇本纪》曰：天皇、地皇、人皇为三皇。后世对天皇、地皇、泰皇（人皇）的说法也不一，大多数学者认为，天皇指燧人氏，地皇指神农氏，泰皇指伏羲。《大戴礼记》记载的五帝为黄帝、颛顼、帝喾、尧、舜。当然，五帝还有其他的说法，如庖牺、神农、黄帝、尧、舜（《战国策》）；太昊、炎帝、黄帝、少昊、颛顼（《吕氏春秋》）；黄帝、少昊、颛顼、帝喾、尧（《资治通鉴外纪》）等。

其二，第二种说法更符合中华文化的传承脉络。燧人氏（火）代表中华文化的启蒙，伏羲氏（阴阳太极）、神农氏（百草农耕）代表中华文化的多元发展，五帝分别代表着中华文化的传承。

虽然关于三皇五帝孰是孰非的说法诸多，但以下几点，为诸多学者所认同：

（1）三皇五帝，中国文化之始祖。

（2）三皇五帝并不是真正的帝王，而是原始社会中后期出现的部落首领或部落联盟首领，被后世追尊为"皇"或"帝"。

（3）是否在历史上真有其人？答案是"神话传说"。

（4）神话传说是否可信？答案是"可信"。因为神话传说也是一个国家或民族的文化元素，不仅神圣，而且独立（呈现本民族独特文化）。如古希腊《荷马史诗》、《伊索寓言》、阿拉伯《一千零一夜》等。

（一）三皇的传说

1. 燧人氏

燧人氏（？—约前4354），传说出生于燧明国（今河南商丘），名允婼（ruò），古越族人。燧人氏经过千百次探索、试验，创制了人工取火之法，从而使我们的先祖成为世界上最先掌握取火和用火技术的人群。

燧人氏对中华子民和文化做出的重要贡献有：

（1）人工取火。

火的现象，自然界早有之，如火山爆发、雷闪电击起火、树木枯木干燥起火等，只是不为人们所认识。而且我国远古人类最早不仅不会利用火，反而害怕火。后来捡到被火烧死的野兽，尝食后发现食物较之以往更易嚼、酥软，但人们还是没找到取火之法。

《韩非子·五蠹》关于远古时期人们钻燧取火的记载，即"钻燧取火，以化腥臊"（"钻"指火镰，"燧"指火石。"钻燧取火"即是用火镰与火石摩擦或撞击而取火)。《庄子·外物》有"木与木相摩则燃"的描述。这些都反映了早期人工取火比较科学的情形。但人们更熟悉的是"燧人氏钻木取火"的传说。

一位年轻人通过长期的观察,发现啄木鸟用短而硬的喙啄树上的虫子时,偶然会闪出明亮的火花。年轻人受此启发,用折断的树枝去摩擦、碰触大树,在不断地尝试错误和摸索后发现,用坚硬的小树枝去钻大树枝,有时会发出闪亮的火光。于是年轻人又经多次尝试,最终为人们带来了永远不会熄灭的火种,此即"钻木取火"之法。此后,我们的祖先也因此逐渐淡化了对"火"的恐惧。这位富有智慧和勇气的年轻人,众望所归地被推举为部落首领,史称"燧人氏"。

燧人氏取火

燧人氏人工取火(传说)的伟大意义在于:一是教会人们用火烧东西吃,结束了茹毛饮血的原始生活,从而在生理上促进了远古人类大脑的机能和发展,也延长了人们的寿命;二是教会人们用火御寒和驱兽。燧人氏结束了远古人类茹毛饮血的历史,开创了华夏文明,故被后世奉为"火祖",尊称"燧皇",位列三皇之一。

其实,人类的发展史,也是一部追求光明、追求进步的人类史。燧人氏"钻木取火"虽是传说,却反映了人类在依赖自然并和自然的斗争中所展现出来的一种勇气、智慧,一种对光明无限渴望并执着探求的进步精神。

(2) 结绳记事。

燧人氏发明了搓绳之法并创造了"结绳记事"之法(还有一说,结绳记事为伏羲所创)。那时人类还没有文字,生活中诸多事务多靠大脑记忆。但时间久了,有些事情自然被遗忘。燧人氏用柔软而有韧性的树皮搓成细绳,然后将数十条细绳排列整齐地悬挂在一处,在上边打结记事。大事打大结,小事打小结;先发生的事打在上边,后发生的事打在下边。为了能够记录更多的事情,燧人氏又利用植物的天然色彩搓成各种不同颜色的细绳,每种颜色的细绳分别代表一类事物,使所记之事更加清晰有别。

(3) 百兽命名。

在燧人氏以前,人们把所有的动物都叫作"虫"。燧人氏经过细心观察,把这些动物划分为四类:天上飞的称"禽",地上跑的称"兽",有脚的爬行动物称"虫",没脚的爬行动物称"豸"。

2. 伏羲氏

据传，伏羲的母亲名为华胥。一日，华胥在一个名叫雷泽的地方踩着一个巨人的脚印，循印而行，随后有孕，怀孕12年后生下人首蛇身的伏羲。又传，女娲是伏羲的妹妹，一次巨大的洪水淹没了整个人类，唯有伏羲和妹妹女娲幸存了下来。为使人类不致灭绝，他俩打了一卦，由天意来决定是否结为夫妻。兄妹俩各自拿了一个磨盘，分别爬上昆仑山①的南北两山，然后同时往下滚磨盘。如果磨合，就说明天意让他俩成婚。结果磨盘滚到山下竟然合二为一，于是他俩顺天意成婚，人类因此得以繁衍。

伏羲

伏羲氏对中华子民和文化做出的重要贡献有：

（1）结网捕鱼。

伏羲氏从蜘蛛织网中获得灵感，教人们用绳子结成网，捕猎和网鱼，从而改良了原始人类的生产工具，提升了人类的狩猎能力，以及更大范围征服和改造自然的能力。同时，伏羲氏为避免人们在环境恶劣的情况下因捕不到猎物而饿肚子，教人们在丰收时不要把所有的猎物都吃掉，而把活着的野兽屯养起来。这就是人们驯养野兽为家畜的由来。

伏羲结网捕鱼图

（2）辨认东西南北。

伏羲通过观察自然天体，总结出辨认方向的原始方法：日出为东，日落为西。

（3）婚嫁制度。

伏羲生活的时代约是母系氏族社会向父系氏族社会的过渡时期，人们过着群婚乱配的生活。伏羲观察到族内和近亲之间，一人与多人之间的通婚乱象，制定了人类最早的嫁娶制度——以鹿为聘礼，实行男女对偶制。为防止乱婚和近亲结婚，伏羲把人按照"自然现象、动物、植物、居所、官职"等分类标准给以封"姓"。此举使人以"姓"区分和类聚，改善了人伦关系，促进了人本身的健康、可持续地繁

---

① 昆仑山，被誉为中国第一神山、万祖之山、昆仑丘或玉山。中国西部山系的主干，西起帕米尔高原东部，横贯新疆、西藏，延伸至青海境内，全长约2500千米，平均海拔5500～6000米。

衍和人类文明的进步。

（4）姓氏滥觞。

姓氏发端于婚嫁制度的创造和实施。伏羲认为能飞沙走石的"风"威力巨大，于是自姓"风"，后来由"风"姓又分化出"韦氏""庖氏""伏氏""宓氏""东方氏""典氏""皇氏"等。这样推估，"风"姓可谓"中国第一姓"。自此，姓氏起源、发展、演变并绵延至今。姓氏的创始为先秦以前的分封制和宗法制奠定了根基。

（5）龙图腾崇拜。

中国人自称龙的传人，把龙作为中国的图腾象征，就像美国把白头鹰、法国把雄鸡、英国把狮子、德国把灰熊、俄罗斯把北极熊、西班牙把公牛、印度把大象/蛇当作自己的图腾一样。时至今日，中国人都知道世间没有龙这种动物，但为什么仍将龙作为中国的图腾来崇拜呢？

传说，生活在黄河流域两岸的人们本来过着安详的日子，忽一夜，狂风乱起，树倒屋塌。原来一条黄龙不知从何处飞来，钻进了黄河以及周边的深水潭兴风作浪，吃人吃畜生，害得百姓惶恐而逃。伏羲听闻黄龙行恶，在八卦台推算八卦，确定黄龙行踪，便拿起手中青龙拐杖，默背口诀，将拐杖变成一条青龙。伏羲以青龙为坐骑，飞奔黄龙处与其厮杀。

龙图腾

两条龙天昏地暗地战了九九八十一天，结果是黄龙占上风，青龙负伤严重。眼看大势不妙，伏羲在青龙身上画了一个八卦，青龙立刻元气大增，又和黄龙战了七七四十九天，终将黄龙打倒。伏羲为防止黄龙再出来惹出祸端，便在黄龙身上画了一个八卦，将黄龙变成一座山，将青龙变成一座大青石压在山顶。从此，黄龙再也没有出来祸乱人间。

伏羲"以龙降龙"之说，随着部落的兼并和迁徙得以口耳相传。伏羲"人首蛇身"的形象之说也逐渐演变为"人首龙身"之说。这两种说法沿渭水传到黄河流域，又传到更远的地方。人们把对伏羲的崇敬也慢慢转成对龙的崇拜，最终成为"风调雨顺，上天入海，吉祥之瑞"的中华龙图腾崇拜。

（6）绘八卦图。

伏羲始创了中国古代文化的密码——八卦。伏羲根据观察和总结日月天象、风雨雷电、冷热交替等自然现象的运动变化规律，凭着超然的想象力，拿着一根木棍在地上一画开天即太极；将木棍一折为两段，即一极两仪（乾、坤）；两仪生四象（东、西、南、北以及春、夏、秋、冬）；四象生八卦，即自然界中的八种基本物质：天（乾）、地（坤）、水（坎）、火（离）、风（巽 xùn）、雷（震）、山（艮 gèn）、泽（兑）。八卦就像八个无限无形的大口袋，把宇宙中万事万物都收入囊中。伏羲以超强的想象力、创造力和实践力开启了中华文化的智慧之脉，被后世尊称为"中华人文始祖"。

伏羲之先天八卦图

3. 神农氏

《史记·五帝本纪》记载："神农氏，姜姓也。母曰任姒，有蟜氏女登，为少典妃，游华阳，有神龙首感生炎帝，人身牛首，长于姜水，有圣德，以火德王，故号炎帝，初都陈，又徙鲁，又曰魁隗氏，又曰连山氏，又曰列山氏。"时至今日，学术界对神农氏和炎帝是否为同一人仍争执不下。但在民间，说法却比较统一，即神农氏就是炎帝。

神农氏对中华子民和文化做出的重要贡献有：

（1）勇尝百草。

传说在神农生活的年代，人口繁衍增

神农氏

多，但常有人因自然条件恶劣捕不到猎物而被饿死，还有人因误食了有毒的花草而死去。神农氏心急如焚却又束手无策。一日，神农氏看到满山遍野的茂密花草，突生一想法，人们除了吃猎物（肉）之外，这些花草果实、茎叶有毒吗？能吃吗？于是，神农氏开始遍尝花草。他发现这些花草、种子的味道有些甜美，有些苦涩，有些甚至难以下咽，有些下咽后呕吐或腹泻不止，有些令人昏厥中毒。传说，神农尝草中毒多至"一日遇七十毒"，但神农氏也依据草药的药性救了无数人。后来，神农氏根据自己的尝试、问询、辨别，结合花草树木成长与气候、季节、雨水、地域、土壤的关系，给百草、百果、百籽分类命名，并记录它们的味道、食性、药性。成书于东汉年间,中国最早的农学、医学著作《神农本草经》,就是将神农尝百草的传说及经代代口耳相传的知识,加以整理编撰而成。神农氏还发现麦、稻、粟、黍、豆可充饥,便把它们的种子带回去,让部落里的人试着种到地里,这就有了后来的五谷。

还有另一个"神农尝百草"的传说,即神农的肚皮是透明的,可看见各种植物在肚子里的反应,其肺脏能化解百毒。

在中国文化中,神奇怪诞的神话故事总能让人们记忆深刻并代代相传。关于神农氏,有如下一则神话。

一次,神农氏在深山老林采草,被一群毒蛇围住。毒蛇一齐向神农氏扑去,有的缠腰,有的缠腿,有的缠脖子,欲致神农于死地。神农氏寡不敌众,终被咬伤倒地,浑身发肿,血流不止。他忍痛高喊:"西王母救我。"王母娘娘听到求救声,立即派青鸟衔着一颗救命解毒的仙丹,在茫茫森林中找到了昏厥的神农氏。毒蛇见了王母的使者青鸟,吓得四散逃窜。青鸟将仙丹喂到神农氏口里,神农氏逐渐从昏迷中清醒过来。青鸟完成使命后便腾云驾雾而去,神农氏感激涕零,高声向青鸟道谢。但一张口仙丹落地,立刻生根发芽,长出一棵青草,草顶上长出一颗红珠。神农氏仔细一看,与仙丹完全一样,放入口中一尝,身上的余痛全消,便高兴地自言自语"有治毒蛇咬伤的药方了"。随后给这味草药取名"头顶一颗珠"。后来药物学家将其命名为"延龄草"。

(2)教民农耕。

神农氏根据气候、季节、雨水、地域、土壤的变化情况,教人们用木制成耒耜(lěi sì,翻土农具)垦荒、播种谷物和花草树木,豢养家畜,为中国农业和社会结构的发展做出了杰出的贡献。

神农氏救死扶伤,遍尝百草,发现了五谷和草药,他伟大的自我牺牲的精神是留给后世可贵的精神财富。人们把原始社会这位勤劳、勇敢、睿智的部落首领尊称为"农业之祖""医药之祖"。

耒耜

（二）五帝的传说

1. 黄帝

《史记·五帝本纪》记载：轩辕之时，神农氏衰。诸侯相侵伐，暴虐百姓，而神农氏弗能征。于是轩辕乃习用干戈，以征不享，诸侯咸来宾从。而蚩尤最为暴，莫能伐。炎帝欲侵陵诸侯，诸侯咸归轩辕。轩辕乃修德振兵，治五气，艺五种，抚万民，度四方，教熊罴貔貅䝙虎，以与炎帝战于阪泉之野。三战，然后得其志。蚩尤作乱，不用帝命。于是黄帝乃征师诸侯，与蚩尤战于涿鹿之野，遂擒杀蚩尤。而诸侯咸尊轩辕为天子，代神农氏，是为黄帝。

黄帝（约前 2717—约前 2599），我国古代黄河流域一个部落联盟的领袖。传说黄帝的父亲是有熊氏族的首领，名叫少典。少典与一位名叫附宝的姑娘结为夫妻。一日，他们到附近叫姬水（今陕西武功漆水河）的地方游玩。天暮之时，突然电闪雷鸣，附宝感觉身体异样，遂怀孕。消息百里相传，族里人议论纷纷说附宝是受了上天的灵感和恩赐怀孕的，怀孕之子一定是天神问世。

那时，人们把五德"金、木、水、火、土"称为万物之本（此观点系中国古代朴素唯物主义观点），将万物的主宰称为"帝"，有熊氏族尤其崇尚黄色的"土"德。附宝所诞之子因是"天神转世"（人们口耳相传）即主宰之神"帝"，所以为其取名"黄帝"。又因他长在姬水，居住在轩辕之丘（今河南新郑），于是就以"姬"为姓，以"轩辕"为号，又称"轩辕氏"。

黄帝像

炎黄结盟图

黄帝出生后，处处显示出"吉祥之瑞"和"帝王之相"。一出生便双目炯神，几日后便会说话走路。少年时便才智过人，能通百事、断是非。成年时更是德性非凡，为民爱戴，众望所归地被推崇为部落首领。黄帝在位期间，重视播百谷草木，大力发展农业生产，始制衣冠、建舟车、制音律、创医学等，使黄帝部落强盛起来。后来，黄帝觉得姬水一带物资匮乏难以生活，便率本氏族人群辗转来到涿鹿（今河北张家口市）。但涿鹿一带是炎帝的势力范围，双方为争夺地盘和统治权，在涿鹿附近的坂泉展开激烈战争，后黄帝打败炎帝，两部落合并，称"炎黄部落"（也称"华夏族"），由黄帝担任其首领。由此，炎黄部落成为华夏民族的雏形，后世中国人自称"炎黄子孙"，亦出此处。

炎黄两部落合并后，国泰民安，天下太平。不期，南边的九黎族首领蚩尤（牛头人身，四目六臂）率众来犯，在涿鹿之野，两部落短兵

蚩尤雕像

相接，血刃相搏。最终蚩尤败北，九黎族被炎黄部落收编。此后，黄帝威望高涨，成为中原地区（黄河中下游一带）各部落共同拥护的盟主。

黄帝功德卓著，其元妃（嫡妻原配）嫘祖也是功德卓著，她因教民养蚕治丝，脱渔猎以事农耕，制衣裳而兴教化，被民间奉为"先蚕"圣母，是纺织丝绸业的鼻祖。另外，嫘祖还因辅助黄帝以及垂教"以农立国本，福祉万民"而母仪天下，被千年传颂。相传嫘祖发现桑树上结满了白色的小果，以为找到了鲜果。但桑果难咬无味，嫘祖将其倒入容器中，用水煮并用木棍搅拌。搅完后把木棒往外一拉，木棒上缠着很多像发丝般细的白线，嫘祖便尝试用这些细线织成衣物。织好的衣物美观、细软。后来在嫘祖的倡导下，人们"栽桑养蚕，取丝织衣"。

中华文明发源于黄河流域。世界几大文化的源头皆以河流为中心，然后向周边扩散辐射。如古巴比伦文明以幼发拉底河和底格里斯河为发源地，古埃及文明以尼罗河为发源地，古印度文明以印度河为发源地。而黄河流域的文明主要以黄帝时期的文明为发端，再经后世和部落间的传承、碰撞、交流、影响、融合，加之北民南迁，传递至长江流域，逐渐形成了博大精深的华夏文化。中华大地的文化样式、文化信仰也正是传承了炎黄时期原始的基本范式，不断得以发扬、丰富、演绎和充实。

黄帝是中国"国家"的缔造者，是中华之父，华夏之父。从这个意义上讲，黄帝实质上是中国从部落时代走向国家形态的标志与象征。孙中山先生在《祭黄帝文》里开宗明义地讲到："中华开国五千年，黄帝轩辕自古传。"鲁迅先生在诗作《自题小像》中，追根溯源至华夏之父轩辕（"我以我血荐轩辕"）来表达自己深切的爱国之情。

黄帝，中华子民之祖，华夏文明之源，中国文化之骄傲！

2. 颛顼

颛顼，相传为黄帝之孙，昌意之子。姬姓，号高阳氏，黄帝部落新锐首领。炎帝败于黄帝后，黄帝成为炎黄部落的首领，两部落虽联合，但其内部矛盾也伴随着部落的发展而激化，只是矛盾忽大忽小，尚未达到磨刀相向的程度。直至轩辕黄帝的后裔颛顼和神农炎帝后裔共工（民间称水神）这一代时，矛盾升级。共工纠集对颛顼不满的其他小部落，组建成一支军队，举兵反对颛顼。颛顼闻变，一面点燃七十二座烽火，召四方部落（诸侯）极速支援；一面点齐护卫部落的兵马，亲自迎战。尽管共工制造水患，汹汹来袭，但因其"失道寡助"（制造水患，祸及众生）而节节败退，退至北方不周山下时（约在昆仑山西北），共工身边仅有十三骑。而不周山奇崛突兀，横亘在面前，真可谓"天命绝人"，共工被逼到走投无路之境。在绝望中，共工发出愤怒的呐喊后朝不周山拼命撞去，不周山竟被他拦腰撞断，横塌下来。整个宇宙随之发生了大变动，西北的天穹失去撑持而向下倾斜，使拴系在北方天顶的太阳、月亮和星星不能再停留在原来位置上，身不由己地朝低斜的西天滑去，解除了当时人们所遭受的白昼永是白昼，黑夜永是黑夜的困苦。另外，悬吊大地东南角的巨绳被剧烈的震动崩断，东南大地塌陷下去，成就了我们今天所见"西北高、东南低的地势以及江河东流、百川归海"的情景。

颛顼

共工死后也得到了人们的尊敬，奉他为"水神"（司水利之神）。他的儿子"后土"，被奉为社神（土地神）。这个"后土"就是江湖人士在结拜或发誓时，常说的一句话"皇天后土"中"后土"的原型。

传说，颛顼还以神力为民降怪。内黄（黄河以南称外黄，黄河以北称内黄。内黄一般指今安阳市内黄县）西南一带有一只黄水怪，经常口吐黄水淹没农田、冲毁房屋。颛顼听说后，决心降服它。可黄水怪神通广大，二人激战九九八十一天不分胜负，颛顼便上天求女娲神帮忙。颛顼借用女娲所赐的天王宝剑打败黄水怪。为不留后患，颛顼又用天王剑把大沙岗变成了一座山，取名"付禺山"，又用剑在山旁划一道河，取名"硝河"。从此，这里有山有水，林茂粮丰，人们过上了幸福安康的日子。

颛顼对中华子民和文化做出的另一项重要贡献，就是中国最早的"宗教改革"。当时社会生产力水平低下，人们抵御自然灾害的能力极差，对自然灾害的起因更是一团迷雾，故巫术迷信盛行，巫师受捧，数量倍增，大家做任何事之前都要问卜巫师。长此以往，部落首领颛顼的权力被分化，权威受到挑战。于是，颛顼进行了中国最早的私有化"宗教改革"。他命整个部落只能有一位代表最高神权的巫师,而这个巫师的最佳人选就是自己的儿子,儿子要听父亲的教导,巫师自然要听从部落首领的号令。这样既减少了巫师的数量,又强化了颛顼的领导权。

3. 帝喾

《史记·五帝本纪》记载:"帝颛顼生子曰穷蝉。颛顼崩,而玄嚣之孙高辛立,是为帝喾。"意思是,帝喾是黄帝的曾孙,黄帝之子玄嚣的孙子,黄帝之孙颛顼的侄子。颛顼死后,高辛继承帝位成了华夏族的新首领,是为帝喾。

帝喾

帝喾对中华子民和文化做出的重要贡献有:

(1) 订立节气。

帝喾以前,人们对四季的认识几乎为零,只是日出而作,日落而息,对农耕畜牧也没有一个科学的时辰顺序。帝喾观乎天象,依气候变化规律划分四时(春、夏、秋、冬)设立二十四节气,指导人们按照节令从事农畜活动,极大地促进了社会生产力的发展,使华夏族的农业迅猛发展,农耕文明走进了一个崭新时代。

(2) 明君典范。

帝喾德行崇高,生活简朴,深受百姓的爱戴。帝喾治国方略主要有二:一是博爱于人。帝喾不仅自己能养性自律、大公无私,而且积极推行"仁爱治国、知人善用"的政策。如羿的射箭技术天下无双,帝喾选拔他担任射官,赐给他彤弓和蒿矢。羿也不负帝喾深望,当白难反叛时,他一举将其平定。咸黑、柞卜长于音乐和制作乐器,帝喾命他们为乐官,创作出《九韶》之乐和鼙鼓、苓、管、埙、帘等新乐器。二是让民获利,强调诚信。帝喾明察善恶,为民谋福祉,积极倡导明礼诚信的教化。司马迁《史记》中对帝喾的评价如下:

高辛生而神灵,自言其名。普施利物,不於其身。聪以知远,明以察微。顺天之义,知民之急。仁而威,惠而信,修身而天下服。取地之财而节用之,抚教万民而利诲之,历日月而迎送之,明鬼神而敬事之。其色郁郁,其德巍巍。其动也时,其服也士。帝喾溉执中而遍天下,日月所照,风雨所至,莫不从服。

(3) 缔造盛世。

帝喾时代可谓上古时期的太平盛世。他既不违背自然规律,又恭敬地祭祀天地鬼神,祈求神灵降福万民。在他的仁德治理下,社会富足,人民安居乐业。

春秋战国后，帝喾被列为"五帝"中前承黄帝、颛顼，后启尧、舜的第三位帝王。

4. 尧

尧（约前2377—约前2259），姓伊祁，号放勋，古唐国人（今山西临汾），又称"陶唐氏"和"唐尧"。尧为帝喾之子，母为陈锋氏，是黄帝后裔，也是继炎帝、黄帝之后又一个很有威望的部落首领。二十岁继承帝位，建都城于平阳（今山西临汾）。尧虽贵为帝王，却生活简朴，住简陋的茅草房，吃粗粮野菜，着破烂的衣衫，冬日只披一张鹿皮抵御严寒。这种朴实的生活作风赢得了广大臣民的拥戴和敬仰。

帝尧

尧虽贵为首领，拥有至高无上的权力，但治国民主，善用贤良之臣。如他任用舜管民政，契管军政，弃管农业，夔管教育，皋陶管司法。再如，对继承人的选择。尧年迈后，按惯例"召开部落会议"商议继承人事宜，大家一致推举尧的儿子丹朱子承父业。但尧秉公弃私，认为丹朱不贤不德，不务正业，难当大任。与四岳（四方诸侯之首）商议，请他们再荐人选。于是四岳推荐了舜。尧决定先对舜加以考察，再行议定。考察重点如下：

（1）孝亲。

舜幼年丧母，其父瞽叟、继母以及继母之子象曾多次单独或联合陷害他。《史记》云："舜年二十以孝闻……舜父瞽叟顽，母嚚，弟象傲，皆欲杀舜。舜顺适不失子道，兄弟孝慈。"舜青年时，父瞽叟让舜登高用泥土修补谷仓，瞽叟则从下面放火焚烧，舜借两竹笠，乘风飘下，躲过一劫。瞽叟让舜挖井，舜挖井的时候在侧壁凿出一条暗道通向外边。舜挖到深处，瞽叟和象一起往下倒土填埋，舜从旁边的暗道出去，又逃一劫。舜心中明知父亲、后母和弟弟象合计害他，但仍宽宏大量，不计前嫌，孝敬二老，友爱异母胞弟象，终感化家人改恶从善。故后世称舜为中国历史上"第一孝子"。

（2）家和。

为考察舜的德行，尧把自己的两个女儿娥皇、女英嫁给舜，看他是否能理好家政。舜和娥皇、女英住在沩水河边（今湖南宁乡县），依礼而行事。二女都对舜十分倾心，恪守妇道，家庭和睦，夫妇伉俪之情深更是感人至深。

舜老了以后，把首领的位置禅让给禹，自己远行巡狩（此举系惯例，老首领让贤后离开都城，以便新首领行使权力，树立威信，使民众的心逐步转移到新首领身上），不期病死在苍梧地区（今湖南宁远县）。娥皇、女英思念过度，流下的眼泪浸在竹子上，竹子就布满了斑斑点点的花纹，人们称之为"湘妃竹"。再后来，二妃痛不欲生，当行船过湘水时，双双投江而死。传说她们投江后变成了"湘水神"。

此外，舜积极推行尧所尊崇的"德教"，以"五典"（父义、母慈、兄友、弟恭、子孝，为儒家所倡五伦之滥觞）之美德来指导自己和臣民的行为，大家也普遍乐意听从舜的教诲，依"五典"行事。

（3）为政。

尧先让舜总管百官，处理政务。百官皆服从舜的指挥，百事振兴，无一荒废，政务井井有条，社会政通人和。其次，尧让舜负责接待四方前来朝见的诸侯。舜和诸侯们相处有礼有别，分寸、尺度、尊卑都处理得很妥当，还积极调和诸侯之间的矛盾，促其和睦友好。最后，尧让舜独自去山麓的森林中，经受大自然的考验。舜在暴风雷雨中，能不迷失方向，依然行路，显示出很强的生活能力。

经过前后达二十年的全面考察，尧觉得舜德才兼备、仁政爱民，可建功立业，决定将帝位禅让于舜。

尧"传贤不传子""秉公弃私"的德行大为后人所称颂，也开启了中国"选贤举能"的民主政治制度——"禅让制"之先河。尧退居避位，二十八年后去世，人们非常怀念他，史书记载："百姓悲哀，如丧父母，三年，四方莫举乐，以思尧。"（《史记·五帝本纪》）

5. 舜

舜（约前2277—约前2178），出生在姚墟（今山西永济），父亲封地在虞地，因此舜又称"虞舜"。尧禅位于舜后，舜在政治上又进行了一番行之有效并对后世产生重要影响的改革。

（1）人事安排，新老接替。

舜除继续重用尧执政时任用的元老贤臣外，也起用新人，完成了老新"传帮带"和"新老接替"的行政人事调整，既稳定了政局，又与时俱进，补充了新鲜血液。老臣留用方面：契担任司徒，推行教化；弃担任后稷，掌管农业；皋陶担任士，执掌刑法；夔为乐官，掌管音乐和教育；伯夷担任秩宗，主持礼仪。新人启用方面：虞掌管山林；垂担任共工，掌管百工；龙担任纳言，负责发布命令，收集意见。舜罢免鲧，任其子禹担任司空，治理水害。（鲧为禹的父亲，在尧时期用围堵之法治水九年失败

帝舜

后被舜罢免)

(2) 设立等级官职,制定巡狩、朝觐制度。

舜设立了各级官职,规定三年考察一次各级官员的政绩,以考察结果决定官员的提升或罢免。通过这样的变革,部落的各项运作都出现了新面貌。舜又制定了天子巡狩和部落首领朝觐的制度,促进中国氏族社会"部落"向阶级社会的"国家"的转型。

舜年老时,沿用"禅让制"确定了威望最高的禹为继任者。舜死后,臣民也像悼念尧一样"如丧父母"。禹听到舜的噩耗,也悲痛欲绝,亲率大臣来到苍梧山,以隆重的礼仪,建陵殡葬了舜。

三皇五帝在中国的文化中多以神话传说的形态存在。但毋庸置疑,中国文化的缘起是三皇五帝。燧人氏创造了"钻木取火";伏羲氏一画开天,绘制了"太极图";神农氏"尝百草",为草木命名;黄帝统合炎帝开创"华夏一族",颛顼、帝喾开创了"仁政爱民"的君王典范;尧、舜开创了选贤任能的"禅让制"。无论从精神上,物质上还是制度上,三皇五帝都谱写了中华文化的序章。

三大宗教

在中国文化大观园中,宗教文化内容包容万千,百花绽放。犹如莲花(佛教)、百合花(基督教),各有其独特的芬芳。尽管世界三大宗教(基督教、佛教、伊斯兰教)传入中国的时间不一,却都产生了重大的影响,尤其在宗教信仰、身心皈依、生活行为等方面,宗教的影响甚为广泛和深远。

文化的生命力是基于尊重前提下的交流和互鉴。诚如孔子所言"君子和而不同"。排斥或要求同一的根本原因,就是由"不了解"所带来的隔阂。学习和借鉴应是一种可贵的态度,因为文化的核心就是"关乎天文,以察时变;关乎人文,以化成天下"(学习观察天文之变,以应对时物;学习观察人文之变,以教化臣民)。那我们关乎的"天"和"人"是什么?观乎天文和人文之后要化成什么?也许从三大宗教的核心教义中能有所认知和感悟。

(一) 基督教

基督教是对奉"耶稣基督"为救世主的各教派的统称。基督教发源于1世纪罗马的巴勒斯坦行省(今以色列、巴勒斯坦、约旦地区),它建立的根基是耶稣基督的诞生、传道、死亡与复活。今基督教主要分为天主教、东正教、基督新教三大教派。

达·芬奇作品《最后的晚餐》

基督教以耶稣基督为中心，以《圣经》为经典，以宣扬天国的福音、忏悔改过为核心思想，以上帝对全人类和整个宇宙舍己无私的大爱为使命。

基督教的创始人耶稣约在1世纪30年代开始在巴勒斯坦地区传教。耶稣声称："他的来临不是要取代犹太人过去记载在旧约圣经的律法，而是要成全它。"（《旧约全书》）耶稣宣讲天国的福音，劝人悔改，转离恶行，在民众中得到极大的回应。这使得罗马帝国政权的祭司团大受影响，后来由于门徒犹大告密，罗马帝国驻巴勒斯坦的总督彼拉多逮捕了耶稣。耶稣受尽打骂侮辱，最后被钉死在十字架上。但耶稣的死是为了救赎世人的罪过（如同印度国父"圣雄"甘地，在自己所提倡的"非暴力不合作"抵抗运动出现问题时，以绝食的做法来责罚自己，以赎回同胞犯下的罪），由此形成了耶稣传教的理念——"尽心尽意尽力爱上帝""爱人如己"。

据传，耶稣的门徒见证了耶稣死后第三天他的坟墓空了，且耶稣多次向满心疑惑的门徒们显现——他复活了。门徒日后确信，耶稣是胜过死亡的救世主，真的复活了。信徒们组成彼此相爱、奉基督之名敬拜上帝的团体，宣扬耶稣的教训，是为基督教会。

基督教会把耶稣复活的这一天定为象征复活和希望的"复活节"（每年春分月圆之后的第一个星期日）；公历12月25日定为耶稣的生日，即"圣诞节"（耶稣实际的出生日已不可考）；耶稣出生的那一年定为公元纪年的元年（因计算错误，耶稣实际出生的年份有两说：公元前6年和公元前4年）。

基督教基本经典是《圣经》，由《旧约全书》（与犹太教经典相同）和《新约全书》两大部分构成。

基督教的基本教义为：

（1）上帝：基督教信仰圣父、圣子、圣灵三位一体的上帝，上帝是三位一体的。

（2）创造：上帝创造了宇宙（时间和空间）、万物（含人类）。

（3）罪：亚当与夏娃在伊甸园中违逆上帝出于爱的命令，偷吃禁果，想要脱离造物主而获得自己的智慧，从此与上帝的生命源头隔绝，致使罪恶与魔鬼缠身，而病痛与死亡则为必然的结局。后世人皆为两人后裔，生而难免犯同样的罪，走上死亡之路。

耶稣受难图

基督教油画作品

（4）基督救赎：人生的希望在于信奉耶稣基督，因耶稣在十字架上的赎罪，使悔改并信奉耶稣的一切人的罪得以赦免，并得到能胜过魔鬼与死亡的永久生命。

（5）灵魂与永生：人有灵魂，死后依生前行为受到审判。生前信仰基督者，进入永生。生前怙恶不悛者，将受到公义的刑罚与灭亡。世界终有毁灭的末日，但在上帝所造的新天地中，却是永生常存的。

（6）众生平等：在上帝的面前，人人平等。

基督教在1世纪末逐渐传播到叙利亚、埃及和小亚细亚等地，后扩展至希腊及意大利。在4世纪以前一直受到压迫的基督教，在380年被逐渐重视，狄奥多西大帝宣布基督教为罗马帝国的国教，确立了基督教的合法地位。1054年，基督教发生了大分裂，东部教会自称为正教（即东正教，以君士坦丁堡为中心），西部教会称为公教（即天主教，以罗马梵蒂冈为中心）。16世纪，西欧兴起宗教改革运动，从天主教中又分裂出基督新教及其他许多小的教派。因此，形成了今天基督教的三大教派：天主教、东正教、基督新教。

15世纪末以来，大航海时代的地理大发现及早期殖民扩张将基督教传到了世界各地。但相比之下，基督教传入中国的时间还要更早，早至唐朝。

唐太宗贞观九年（635），基督教（聂斯脱利派）曾传入中国，时称"景教"。在唐太宗、高宗两朝，景教受到宽容对待，得到了很大的发展，以至于当时各州都普遍建有景教寺院，有着"发流十道，寺满百城"的繁荣境况。但唐武宗会昌五年（845），因朝廷下诏禁绝佛教而被波及，景教在中原地区的传播中断。

利玛窦

元代时又传入天主教和聂斯脱利派，通称"也里可温教"或"十字教"。到14世纪30年代时教徒已达3万人。其活动范围除大都、江南等地外，最远达新疆、蒙古等边疆地区。聂斯脱利派在蒙古贵族和朝廷官吏中受众较多，但在民间流传不广，后来也随着元朝的灭亡而中断。

明万历十年（1582），天主教在中国传教的开拓者利玛窦带来了大批西方科学技术和文化知识，推动了中国的天文、历法、水利等多个领域的发展。受利玛窦传教的影响，当时明朝士大夫阶层中，接受天主教洗礼者有500人之多，著名的文学家、农学家、天文学家徐光启①就是其中之一。

徐光启

清康熙皇帝与西方传教士虽有亲密的私人交往②，但站在国家层面，康熙帝对与罗马教皇以及西方传教士的

---

① 徐光启（1562—1633），字子先，天主教圣名保禄。明代著名科学家、政治家，沟通中西文化的先行者。毕生致力于数学、天文、历法、水利等方面的研究，尤精农学，著有《农政全书》、译著有《几何原本》《泰西水法》等。

② 意大利人汤若望曾建言，由于玄烨害过天花有了免疫力，只有让他继承帝位才能保皇图永固，故成为成就千古一帝康熙的重要人物；法国人洪若翰、白晋、张晨、刘应曾进献西药奎宁，治愈了康熙皇帝的疟疾；比利时人南怀仁是康熙皇帝的科学启蒙老师，后任钦天监负责人；还有意大利画家郎世宁等。

"中国礼仪之争",显示出强大的国家尊严和强硬态度。"礼仪之争"由来已久,但在1704年11月20日,罗马教皇格勒门十一世在做出了超越康熙大帝限度的、关于禁止中国礼仪的若干决定后,点燃了"礼仪之争"。罗马教皇的若干条决定,条条激怒了康熙,尤其是以下两条:①西洋地方称呼天地万物之主用"斗斯"[Deus(God)]二字,此二字在中国用不成话,所以在中国之西洋人,并入天主教之人,从今以后,不许用"天"字,亦不许用"上帝"字眼,只能称呼"天地万物之主"。②禁止辖区内的中国教徒"祀祖、祭孔、敬天"。康熙帝予以强硬回应,谕令:"凡在华传教士均须领取清廷的信票,声明永不返回西洋,遵守利玛窦的规矩,顺从中国礼仪,方可留居中国。否则绝不准在中国居留,必驱逐出境。"

自"中国礼仪之争"后,基督教的福音和西方传教士的活动在中国受到重创。直到1807年,基督新教传教士马礼逊到广州传教——此乃基督新教传入中国之始。

鸦片战争后,基督教各派再次大量传入中国,因其传教受到不平等条约的保护而发生多起教案(如天津教案、山东巨野教案、义和团运动等),致使基督教在中国的传播举步维艰。

1919年五四运动后,天主教在中国推行"中国化"措施,大量起用中国籍神职人员。新教各派亦于1922年在上海召开全国基督教大会,提出"本色教会"的主张和"自养、自治、自传"的三自原则,并成立中华全国基督教协进会。1949年后,中国教会逐渐割断与外国传教修会及差会的联系,进入其自立发展的时期。

自唐太宗贞观九年(635)以来,基督教在中国已经有近1400年的历史。基督新教自马礼逊1807年来华算起,也有200多年的发展史。改革开放以后,随着宗教政策落实和社会经济发展,中国基督教有了引人注目的发展。

(二)伊斯兰教

"伊斯兰"是阿拉伯语的音译,意指"顺从""和平"。"穆斯林"是伊斯兰教徒的通称,意指"顺从真主安拉旨意的人",即"顺从者"。

穆斯林相信穆罕默德是"先知",是"安拉的使者",是"奉安拉之命向人类传布伊斯兰教的"。伊斯兰是安拉降下的正教,是光明的、爱好和平的(伊斯兰教标志色——绿色,代表着伊斯兰"和平和安宁"的心声)、科学的、充满真理的。盲从和迷信不会认识它,只会损害它。

古兰经书影

610年,为了统一内乱的阿拉伯半岛,穆罕默德建立了伊斯兰教,信仰伊斯兰教的人民即穆斯林。世界上穆斯林分布比较集中的地区有：东亚、中亚、西亚、东南亚、北非、西非等。

伊斯兰教主张和平，主张对人应有慈爱之心。诚如伊斯兰教的圣典《古兰经》中安拉所说："你当以善待人，像安拉善待你一样；你不要在地方上搬弄是非，安拉确是不爱搬弄是非者。"

伊斯兰教的基本信仰有五信：

（1）信真主。真主安拉是造化、调养宇宙万物，掌管今世与执掌后世最后审判的唯一主宰。穆斯林仅敬拜大仁大慈、全能全知、独一无二、永恒不灭的真主安拉。

（2）信天使。穆罕默德（简称穆圣）是安拉的使者。穆斯林相信真主安拉的造化和差遣的天使，他们绝对忠诚于、顺从安拉，执行安拉的命令，而且是人们行善作恶的见证者与记录者。

（3）信经典。相信安拉降示给人类的经文和启示，包括以前的旧约和新约，但因其中部分失传或遭篡改，因此穆斯林只遵从唯一可信并受安拉保护而完整的《古兰经》。《古兰经》是安拉差遣天使降示给穆圣，也是给全人类的最后一本天启经典。

（4）信圣人。相信安拉是引领走正道的众使者。

（5）信前定后世。相信宇宙一切事物的发生都是安拉事先的安排。但安拉赋予穆斯林理智选择善恶行为的自由，个人需为自己的行为负责；相信人死后到世界末日来临时将要复活，并接受安拉公正的审判（今世归信安拉并行善者，将得到天堂乐园的赏赐；不信安拉而多行不义者，将受到火狱的刑罚；今世是短暂的，而后世是永恒的。——摘自《古兰经》）。

伊斯兰要求人们信仰真主并服从真主，从心灵深处信仰真主的存在和伟大，同时要求在行为上要表现出顺从真主的意志，力行一定的功修，把信仰和行为的实践联合起来，达到增强信仰、巩固信仰的目的。穆斯林的功修称之为五功，即"念、礼、斋、课、朝"。

（1）"念功"。穆斯林心存真主和非穆斯林宣誓皈信穆斯林的一种仪式。所念的内容为"清真言"（除了真主，再没有受拜者，穆罕默德是真主的使者）和"作证言"（我作证除了真主，再没有受拜者，我作证穆罕默德是真主的奴仆和使者）。"清真言"和"作证言"不只是入教时必须宣读的誓言，每个穆斯林必须经常诵读，以表示对自己信仰的重新肯定和不断加深。念时要"诵其辞、知其义、信其理"，即"真主之独一，穆罕默德为圣之必然"。

（2）"拜功"。穆斯林身体力行的主要功修之一。《古兰经》中表述拜功对穆斯林的重要意义在于，"真主说：拜功对于信士，确是定时的义务，拜功确能止丑事和罪恶"。

伊斯兰教规定，穆斯林在履行拜功前都必须沐浴，取得身心上的洁净。沐浴有"大净"和"小净"之分。大净指用清洁的水，按一定的顺序及方式冲洗全身；小净指用清洁的水，洗净身体的局部。拜功的仪式有：端立、诵念《古兰经》经文、鞠躬、叩头、跪坐。拜功有一日五拜，每周一次聚礼拜（即主麻拜），一年两次会礼拜（即古尔邦节和开斋节的礼拜）。

穆斯林功修

（3）"斋功"。即成年的穆斯林在伊斯兰教历的莱麦丹月（回历九月），白昼戒饮食和房事一个月。黎明前而食，日落后方开。但封斋有困难者，如病人、年老体弱者和出门旅行者、孕妇和哺乳者可以暂免或过时再补，也可纳一定的济品施舍。

斋月逢大建为三十日，逢小建为二十九日。斋月的起止均以见"新月"① 而定。斋月结束之次日为开斋节②，穆斯林制作佳肴，身穿盛装，举行会礼，走访亲友，以示庆祝。

伊斯兰不主张禁欲或苦行，而是鼓励人们享用真主赐予人类的各种合法洁净的食物。但伊斯兰又提醒人们要节制各种物欲和情欲，而斋戒是有助于人类控制各种贪欲与邪念的方式之一。同时认为，斋戒还可以激发穆斯林对饥饿者、贫困者的同情、恻隐之心。

《穆斯林的葬礼》书影

（4）"课功"也称"天课"。先知穆圣言："天课是伊斯兰教的桥梁。"天课是伊斯兰对占有一定财力的穆斯林规定的一种功修。伊斯兰教认为，财富是真主所赐，富裕者有义务从自己所拥有的财富中，拿出一定份额（营运生息的金银或货

---

① 霍达女士获第三届茅盾文学奖的长篇小说《穆斯林的葬礼》，主体上分为"玉"和"月"两部分，女主人就取名"新月"。

② 斋月的最后一日寻看新月，如见又一轮新月出现，次日则为开斋节；如未见新月，则继续封斋，开斋期后延，一般不超过3日。

币，每年抽2.5%；农产品抽1/10；各类放牧的牲畜有不同的比例），用于济贫和慈善事业。伊斯兰教法规定，凡有合法收入的穆斯林家庭，须抽取家庭年度纯收入的2.5%用于赈济穷人或需要救助的人。先知穆罕默德言："真主规定天课为穆斯林的主命，目的在于涤净我们的财产盈余，以救助穷人和需要的人。穆斯林的天课是为获得真主的喜悦而自我约束、自我奉献的一种神圣行为。"（摘自《古兰经》）

（5）"朝功"。穆斯林在规定的时间内，前往圣地麦加履行的一系列功课活动的总称。伊斯兰教历的每年12月8—10日为法定的朝觐日期（即正朝）。在此时间之外去瞻仰麦加①天房称为"欧姆尔"（即"副朝"）。

伊斯兰教圣城——麦加

麦加清真寺

"朝觐"一般是指"正朝"。伊斯兰教规定，凡身体健康，有足够财力的穆斯林在路途平安的情况下，一生中到圣地麦加朝觐一次。不具备此条件者则没有这个义务。

据说，郑和在第七次下西洋（1431—1433）时，经过曼德海峡，由红海一直向北，终于来到了他梦想的朝觐圣地——麦加。

伊斯兰教何时传入中国，说法不一。《旧唐书》与《册府元龟》记载，651年伊斯兰教第三任哈里发奥斯曼（644—656年在位）派使节到唐长安，觐见唐高宗并介绍了伊斯兰教义和阿拉伯国家统一的经过。这是阿拉伯帝国第一次正式派使节来华，对后来中国和阿拉伯国家

郑和

---

① 伊斯兰教创始人穆罕默德出生地。

在政治、经济和文化上的广泛交流，以及穆斯林商人的东来（首先在泉州、广州等地）都产生了重大影响，故史家（以近代历史学家陈垣为代表）多认可公元651年为伊斯兰教传入中国的开始。

从唐永徽二年（651）到南宋末年的600余年间，是伊斯兰教在中国内地早期传播时期。唐、宋时期来华的穆斯林，保持他们的宗教信仰与生活方式，与当地人通婚，安居乐业、繁衍子孙，由侨民演变为"土生蕃客"，成为中国穆斯林的先民。同时，他们也是阿拉伯伊斯兰文化与中国文化交流的友好使者，中国的造纸术、炼丹术、印刷术、火药等从这一时期起先后传入阿拉伯，随后又由阿拉伯人介绍到西方。

元朝是伊斯兰教在中国内地广泛传播和全面发展的重要时期。蒙古汗国兴起后，成吉思汗及其继承者在1219—1260年间发动了三次大规模的对外西征。在近半个世纪内，蒙古人先后征服了中亚和西亚信仰伊斯兰教的各个国家和民族，1258年灭阿拉伯帝国阿拔斯王朝。蒙古人西征中，一批批中亚各族人、波斯人、阿拉伯人作为战俘被征调到中国，参加蒙古征服和统一中国的战争。其中有军士、工匠、妇女、宗教学者、社会上层及其部属等，总数约有几十万之多。这些军士被编入"探马赤军"，战时从征，平时屯聚牧养，分驻各地，以西北的陕、甘、青为多，有一部分则迁往西南、江南和中原各地。蒙古人西征中亚、西亚等地，使中西交通大开，自愿来华的商人、传教士、旅行家、学术人士络绎不绝。他们与唐宋时期寓居中国的大食人、波斯人以及他们的后裔都是穆斯林，亦称"回回"，成为在地位上仅次于蒙古人的色目人中的重要成分。

马可·波罗在其《马可·波罗游记》①中曾多次提到中国各省都有穆斯林。如："押赤（今昆明），人有数种，有回教徒，偶像教徒，及若干聂斯脱里派之基督教徒。"

元末、明初中期，伊斯兰文化同中国传统文化交流、碰撞、融合加深，促进了伊斯兰教的本土化、中国化。

---

① 《马可·波罗游记》是13世纪意大利商人马可·波罗记述他经行地中海、欧亚大陆和游历中国的长篇游记。马可·波罗是第一个游历中国及亚洲各国的意大利旅行家。他依据在中国17年的见闻，讲述了一个令西方世界震惊的美丽的神话。这部游记有"世界一大奇书"之称，是人类史上西方人感知东方的第一部著作，它向整个欧洲打开了神秘的东方之门。

（三）佛教

佛教的创立者释迦牟尼，俗名为乔达摩·悉达多（前565—前486），出身于王族，自幼受的是良好的婆罗门教育，还练习过骑马、射箭等武艺。他的父亲乃迦毗罗卫（尼泊尔南部，比邻印度）的国王净饭王，期待他长大后能继承王位，成为一名文武双全、功勋显赫的英明君主。但具有独立思考精神的悉达多太子没有遵照父亲的愿望，舒适安逸的生活条件也没有消磨掉他强烈的忧患意识。现实生活中的生、老、病、死等种种愁烦，使他体悟到世事的无常和人生的变幻莫测。

佛祖像

29岁那年，悉达多践行自幼立下的出家的愿望，找寻一条能够解脱身心痛苦和忧愁的道路。净饭王得知儿子离家出走，无可奈何之下，只得在王族中选派了5名青年作为侍从尾随他。悉达多削发为僧后，在尼连禅河岸边苦修了6年。在6年的苦修生活中，他尝尽了千辛万苦，然而获得的只是枯槁的面貌和羸弱的体质，远远没有实现他原先期望的精神解脱。事实使他醒悟，苦行是徒劳无功的，于是他决意放弃苦修。

释迦牟尼走到尼连禅河中，一洗6年来的泥垢，并接受了一位牧女供给的牛奶。慢慢地，悉达多的体力得到了恢复。尾随他的5名侍者，以为他丧失了信心，颇为丧气，离他而去。于是，释迦牟尼独自一人来到尼连禅河边菩提伽耶附近，面对东方发愿："要是不能证得无上大觉，宁可死也不起此座。"经过了7个（一说49个）昼夜的苦思冥想，悉达多终于战胜了来自各方各面的烦恼魔障，在最后一天的黎明时分豁然开朗，彻悟到人生无尽苦恼的根源和解脱轮回的门径，从而成为无上大觉的佛陀。

释迦牟尼成佛后，首先来到波罗奈城的鹿野苑，向过去尾随他的五名侍者宣说自己获得彻悟的道理，五名侍者随即皈依到佛陀门下，成为佛陀最初的五名弟子，由此构成佛教的三个基本要素（又称佛门"三宝"）：佛、法、僧。佛教正式创立。

佛教自创立以来，在古印度广泛传播，历经了四个发展时期：原始佛教时期、部派佛教时期、大乘佛教时期、密宗佛教时期。

（1）原始佛教。原始佛教是指释迦牟尼创教及其弟子相继传承时期的佛教。在释迦牟尼传法的50余年里，佛法已传播到中印度的7个国家（当时印度次大陆国家众多），范围近13万平方千米，由此可证，释迦牟尼及其弟子的传教是成功的。

（2）部派佛教。释迦牟尼入灭后，随着佛教向古印度各地的传播，各地的佛教僧团纷纷兴起，由于各地僧团对戒律和教义的理解各有不同，最终形成了诸多派别，随着这些派别矛盾的激化，在释迦牟尼入灭百年之后，佛教发生了第一次大分裂，史称"根本分裂"。在根本分裂的基础上，佛教又发生更多小的分裂，并形成了许多部派，史称"枝末分裂"。这些分裂从公元前4世纪一直持续到前2世纪，这一时期的佛教就被称为"部派佛教"。部派佛教时期是佛教史上比较混乱的阶段，这一时期不但派系众多，而且互相对立，但这些派系并不是不同的宗教，而是佛教的不同道路，他们有着共通的基本教理，只是修行的方法不同罢了。

（3）大乘佛教。1世纪左右，在当时印度的佛教团体中，开始出现一群不急于自我解脱，而以利益众生为宗旨的修行者，他们认为，修行的目的不只是获得自我解脱，更重要的是要救度众生，使众生都达到觉悟。于是，他们根据《大般若经》《维摩诘经》《妙法莲华经》等佛教经典来进行修持和传教，大乘佛教自此在印度兴起。

所谓"大乘"，就是大的交通工具，即"获得真知、达到解脱的大的途径与方法"。在大乘佛教兴起后，大乘修行者将以前的原始佛教及部派佛教中的一些流派贬称为"小乘"，意思是小的交通工具，小的途径与方法。

大乘佛教和小乘佛教根本的区别，在于修行的目的。大乘佛教的修行是为了普度众生，而小乘佛教的修行是为了寻求自我解脱。直到现在，人们仍在使用大乘和小乘的名称，这只是为了区别佛教发展过程中的不同思想和流派，一般没有褒贬之意。

（4）密宗佛教。7世纪中叶，印度婆罗门教与其他宗派互相融合，诞生了一个新的宗派——印度教。随着印度教的复兴，大乘佛教修行者吸收了印度教的修行方式，形成了密宗。

印度佛教大约在西汉末传入中国。相传在东汉明帝①（刘庄）永平七年（64），一日，汉明帝夜宿南宫，梦见一位身高六丈，头顶放光的金人自西方而来，在殿庭飞绕。次日晨，汉明帝将此梦告诉给大臣们，博士傅毅启奏说，西方有神，称为佛，就像您梦到的那永平求法一样。汉明帝听罢大喜，派大臣蔡愔、秦景等十余人出使西域，拜求佛经、佛法，此为"汉明感梦，初传其道"的说法。约永平十年（67）左右，汉明帝派出的迎佛使者与两位印度僧人驱马驮回第一批佛经，佛教始在中国传播。东汉永平十一年（68），修建中国第一座佛寺白马寺，此为印度佛教

---

① 汉明帝刘庄（28—75），初名刘阳，光武帝刘秀第四子，母光烈皇后阴丽华，东汉第二位皇帝，57—75年在位。

传入中国后兴建的第一座官方寺院，亦有中国佛教的"祖庭"和"释源"之称。

从汉末至三国，再到两晋朝时代，佛教逐渐由皇家和上层下移至民间，由少数人逐渐扩展到多数人，弘化地区也由洛阳、长安往南方发展。佛教活动主要以译经为主。竺法兰①为当时的杰出代表，所译经典有《光赞般若》《维摩》《宝积》《涅盘》等各部类经，其中《正法华经》的初译本《法华经》，使观音信仰普及于民间，大乘佛教得以广泛传播。

东晋时期，经文的译著为中国佛教史开创了一个新纪元。而对经文翻译做出杰出贡献的是有"翻译学鼻祖""语言学大师"之称的鸠摩罗什②（344—413）。他与弟子译成《金刚经》《大品般若经》《法华经》《维摩诘经》《阿弥陀经》等经书，为后世佛教在中国的发展和印度佛教的中国化奠定了基石。

在南北朝时期，由于梁武帝的大力护持和提倡，南朝佛教到梁武帝时达到全盛。

隋唐时期，因统治者的推崇，佛教进入在中国发展的黄金时期。

隋文帝废止了北周毁佛政策，下诏修建寺院、重整经像、宣讲佛教义理；隋炀帝承文帝以佛教治国的方针，对佛教的提倡亦不遗余力，建寺、度僧、造像等。

唐太宗在玄奘大师西行求法归国后，在慈恩寺组织大规模的译场，支持弘佛传法。武则天时代更是崇信佛法，实行了一连串的佛教措施，如开沙门的封爵赐紫，诏令僧尼于道士、女冠之前，于寺院中设立悲田养病坊，组织译场等；唐玄宗则崇信密教，对善无畏、金刚智、不空礼敬有加，曾请不空入宫授灌顶法，密宗由此兴盛一时；唐肃宗亦曾召不空等百余沙门入宫朝夕诵经祈福，并受灌顶皈依；唐代宗除下令建寺、度僧外，并于戎狄入侵之际，召沙门诵《仁王护国般若波罗蜜多经》为国民消灾；唐宪宗时，迎佛骨于凤翔"法门寺"，掀起了一股崇佛的热潮。

经隋、唐前期皇帝的支持，加上儒、释、道三家并流政策的保护，佛教在中国获得了空前的发展。但至唐武宗时期，佛教的发展状况每况愈下。

在唐武宗会昌年间，佛教寺院土地不输课税，僧侣免除赋役，佛教寺院经济过分扩张，损害了国库收入。另外，唐武宗崇信道教，深恶佛教，会昌年间又因讨伐

---

① 竺法兰（231—308），人称敦煌菩萨，东汉僧人，古印度人。讽诵经论数万章，为天竺学者之师。据梁《高僧传》卷一载，东汉明帝派遣蔡愔至西域求取佛经，师遂于永平十年（67）与大月氏僧迦叶摩腾结伴前来中国，居于洛阳白马寺，与迦叶摩腾合译《四十二章经》。所译之经另有《十地断结经》《佛本生经》《佛本行经》《法海藏》等。后寂于洛阳，世寿60余。

② 鸠摩罗什（344—413），翻译学鼻祖，语言学大师。祖籍天竺，自幼天资超凡，半岁会说话，3岁能认字，5岁开始博览群书，7岁跟随母亲一同出家，曾游学天竺诸国，遍访名师大德，深究妙义。他年少精进，又博闻强记，既通梵语，又娴汉文，佛学造诣极深。博通大乘小乘。精通经藏、律藏、论藏三藏，并能熟练运用，掌控自如，乃三藏法师第一人，与玄奘、不空、真谛并称"中国佛教四大译经家"。

泽潞，财政急需，在道士赵归真和宰相李德裕的鼓动和怂恿下，从会昌二年（842）开始渐进地进行毁佛，在会昌五年（845）达到高潮。会昌六年（846），武宗死后，唐宣宗继位，才重拾佛教，敕复佛寺。

唐灭，五代十国动乱频发，佛教难逃战火的摧残。佛教在中国的发展经过唐末、五代两次法难，以及朝代更迭的战乱后，经典散佚、寺院毁坏、僧侣受迫等，佛教几乎到了衰萎凋落的地步。

直至宋代前中期，佛教才出现了复苏之迹，但从宋、元之后至明、清800年间，因国运不兴，虽绵延不绝，然已不如隋唐时代的弘盛。自宋起，佛教一改传统形态，逐渐倾向"生活修行与宗派调和"的路线。同时，佛教积极融入中国文化之中，完成了印度佛教中国化的过程，历经宋、明、清不温不火

顺治皇帝

的发展，中国佛教又迎来了一位虔诚的佛教徒，满清入关的第一位皇帝——顺治（1643—1661年位）。

顺治皇帝愿为僧侣的心迹，在其所作的《赞僧偈》中有直接的表述。《赞僧偈》诗句较长，择录以下几句：

> 黄金白玉非为贵，惟有袈裟披最难！
> 百年三万六千日，不及僧家半日闲。
> 黄袍换却紫袈裟，只为当初一念差。
> 我本西方一衲子，缘何落在帝皇家！

新中国成立后，实行"宗教信仰自由"的政策，佛教信众的宗教信仰、宗教活动受到法律保护和尊重。

佛教的教义诸多，但核心要义为：积善修德，因果报应。其他教义基本围绕"积善修德，因果报应"而表述，而且多凝练为简明易记的数字词语。分列如下：

三藏：经、律、论（经是佛教教义的基本依据；律是佛教组织为教徒或信众制定的纪律或行为规范；论是对经、律的解释或阐述）。

三世：过去、现在、未来。

三才：天、地、人。

三宝：佛、法、僧。

三界：欲界、色界、无色界。

三毒：三种最根本的烦恼——贪（贪欲）、嗔（恨）、痴（愚痴）。

四大皆空：构成物质世界的四大基本元素。地、火、水、风。

四大金刚：中国汉传大乘佛教中四尊守法尊天神的代称，分别是东方持国天王、南方增长天王、西方广目天王、北方多闻天王。

四谛：四种基本的道理、真理——苦谛、集谛、道谛、灭谛，也称"四圣谛"。[苦谛，人皆要面对的根本痛苦：生、老、病、死；集谛，人生痛苦的根源，即三毒：贪、嗔、痴；道谛，解脱人生苦恼的达到涅槃的道路和方法：修行（道）；灭谛，消除人生苦恼，了除生死患累的苦果，证得清净寂灭的解脱境界，这种解脱境界称"涅槃"。涅槃是人生理想归宿的最高境界、最终目的，也是佛教教人追求的方向和目标。]

五蕴：色蕴、受蕴、想蕴、行蕴、识蕴（色蕴属物质层面，受蕴、想蕴、行蕴、识蕴属精神层面）。

五境：色、声、香、味、触。

五戒：不杀生、不偷盗、不邪淫、不妄语、不饮酒。

六根：眼、耳、鼻、舌、身、意。

六尘：色、声、香、味、触、法。

六度：布施、持戒、忍辱、精进、禅定、智慧（自度度他、福慧双修的六种法门）。

七情：喜、怒、忧、思、悲、恐、惊。

八苦：生苦、老苦、病苦、死苦、怨憎会苦、爱别离苦、求不得苦、五取蕴苦。

八正道：正见（抛弃邪俗迷惑的正确知见）、正思惟（离开邪妄迷谬的正确思考）、正语（远离妄语、慢语、恶语、谤语的正当言语）、正业（言行清净，不起贪、瞋、痴的正当业行）、正命（正当的生活和谋生手段）、正精进（正当的努力）、正念（不起邪思邪念的正确忆念）、正定（远离散乱心，沉思冥想，禅定生慧，证悟人生，获得涅槃解脱）。

八戒：一戒杀生、二戒偷盗、三戒淫邪、四戒妄语、五戒饮酒、六戒着香华、七戒坐卧高广大床、八戒非时食。

十戒：不杀生、不偷盗、不淫欲、不妄语、不饮酒、不涂饰、不歌舞及旁观听、不坐高广大床、不非时食、不蓄金银宝物。

三大宗教在教义上有诸多的不同，但也有非常可贵的相同点：

（1）慈悲、博爱、和平，是三大宗教的真谛。

（2）提倡和平共处，是三大宗教的旨归。

(3) 教徒、众生，人生而平等。

以下附录一段发生在佛门圣地敦煌莫高窟的悲伤历史，毫无疑问，它是佛教史上的一次劫难，是中国文化史上的一次劫难。诚如陈寅恪先生痛心疾首的悲鸣："敦煌者，吾国学术之伤心史也。"

敦煌莫高窟

莫高窟壁画局部

石窟是营建在岩石、山崖上的佛像艺术，源于印度。由于印度所处的南亚次大陆气候湿热，雨季漫长，早期印度人选择在冬暖夏凉的天然岩洞中雕凿佛像、起居打坐、锤炼修行。后来，石窟的建筑方法传至中国，形成了以中国佛教文化为特色的四大巨型石窟艺术景观：莫高窟、云冈石窟、龙门石窟、麦积山石窟。

莫高窟，留存至今的大大小小的洞窟有 492 个，当地人称其为"千佛洞"。

莫高窟位于甘肃省敦煌市东南 25 千米处，大泉沟河床西岸，鸣沙山东麓的断崖上。前秦建元二年（366），沙门乐尊者行至此处，见鸣沙山上金光万道，状有千佛，于是萌发开凿之心并付诸实践。后历建不断，遂成佛门圣地。1987 年，莫高窟被联合国教科文组织列为中国第一批"世界文化遗产"项目。

莫高窟坐落之地的敦煌是古丝绸之路的交通要道，东西南北文明的交汇点，是中国的中原文明与北方的草原文明、南方的羌藏文明、西面的西域文明，以及更远的波斯文明、印度文明，甚至地中海文明的交汇点。莫高窟的艺术主要是从北魏到大唐，融建筑、彩塑、壁画为一体的综合艺术。它是中国也是世界现存规模最宏大，保存比较完整的佛教艺术宝库之一。

提及莫高窟"比较完整"的保

敦煌研究所工作人员合影（前排右三为常书鸿）

护时，很多人可能是一把伤心泪。但越是伤心泪就越弥足珍贵。无论是伤心还是珍贵，都必须要向一大批被称为"敦煌人"的先辈们致敬。正是由于先辈们终身的努力和付出，才使我们今天比较有底气地说出"比较完整"地保护和留存了这一艺术宝库。他们就是1943年成立的国立敦煌艺术研究所的首批"敦煌卫士"。而这些敦煌卫士的领头人就是放弃舒适、优雅的旅法生活，与志同道合的其他敦煌卫士一起，毅然决然一条心、一辈子扎进人烟稀少的荒漠与阴冷幽暗的洞窟，担任莫高窟保护和研究的国立敦煌艺术研究所第一任所长①，被誉为"敦煌莫高窟保护第一人"的常书鸿先生②。

常书鸿先生

鲁迅先生有文《为了忘却的记念》，诚如俗言"提及痛苦是为了不忘记痛苦"。在此想悲凉地谈一谈敦煌莫高窟"不要忘却的纪念"或痛苦的劫难。

1900年6月22日，当时像废墟般非常破烂的石窟的看管者，人称"王道士"的王圆箓③，住在现在的第16号石窟里。后来，他注意到石窟墙壁有些异样，到处是浅浅的裂缝，就用小棒子轻轻敲击，结果发现墙体是空的，遂破壁挖墙。就在那一刻，他石破天惊地发现了一个密室，即今天所称的"藏经洞"。洞中藏有4至11世纪（西晋至宋代）的佛经卷本，经、史、子、集，绘画作品等，稀世珍品四万余件。后世学者们研究推算，藏经洞应是宋代为躲避西夏的战乱而封存的。从封存到被王道士发现，这些文物已在洞内历经了四个朝代，近千余年。这些文物件件都是珍宝，有些文物甚至是上千年的稀世孤品，其历史、人文价值根本无法用钱来衡量。

后来，王道士意外发现藏经洞的消息不胫而走，莫高窟迅速成为国外文物偷盗者的"竞技场"。外国文物大盗纷纷闻风而至，用可怜的香火钱从王道士手中换走、骗走、掠走、抢走了大量的珍贵文物。

对看管佛教石窟的这位王道士，后人持两种截然不同的评判。

（1）历史的罪人。由于自己的无知，且为了蝇头小利，王道士倒卖了藏经洞中难以用金钱去衡量的千古留存的珍贵文物。

（2）历史的功臣。其一，他虽有倒卖文物之实，但其是为了换钱整修石窟和寺

---

① 第二、三任更名为敦煌研究院的院长，分别为段文杰、樊锦诗（女）先生。
② 常书鸿（1904—1994），浙江杭州人，曾留学于当时世界一流的美术院校——法国里昂美术专科学校。回国后扎根敦煌，是为莫高窟的保护献出青春和生命的非敦煌籍的"敦煌人"的优秀代表。
③ 王圆箓（1849—1931），湖北麻城人，年少时逃避灾荒，四处奔波，后来流落到西北，在酒泉的巡防军中当过一名士卒，退伍后出家，修炼成一名道士。1898年他云游到莫高窟，安顿下来任"千佛洞"主持。

院；其二，倒卖的文物，虽然我们失去了所有权，但在西方受到良好的保护，免遭恶劣的自然环境和中国国民政府等人为因素的破坏而得以幸存；其三，这些流失在外的文物也起到了弘扬中国文化（佛家文化）的桥梁作用，成为让世界了解中国文化的窗口之一。

这些流失的文物，今天大多静静地陈列在国外知名的大博物馆中，如英国的大英博物馆、法国巴黎国民图书馆……

列数国外几个主要江洋大盗的掠夺记录如下：

1907、1914年英国人斯坦因（1862—1943，原籍匈牙利，犹太人）分两次掠走遗书、经卷、典籍和其他文物共约1.37万件（现多藏于大英博物馆）。

1908年法国人伯希和（1878—1945）从藏经洞中拣选文书中的精品，掠走约5000件。

1911年日本人大谷光瑞、橘瑞超、吉川小一郎从王道士处掠走约600件经卷。

1914年俄国人奥尔登堡从敦煌拿走一批经卷写本，并进行洞窟测绘，盗走了第263窟的壁画。

1924年美国人华尔纳用特制的化学胶液黏揭盗走莫高窟壁画26块，并搬走一尊菩萨像。

上述掠夺记录中密集的年代，触目惊心的数目，前仆后继的疯狂国际偷盗者，卑鄙却高超的掠夺技术，都毫无遮拦地痛诉着莫高窟的劫难。只是莫高窟的劫难吗？绝对不是，是佛教文化的劫难，是中国文化的劫难，是中华千年文明的劫难……敦煌者，国殇也！

偷盗者所掠走的藏经洞里秘藏千年的文书、经卷（《印度经》《莲花经》《涅槃经》《多心经》）、典籍、医书、方志、信札、契约、户籍、账簿、曲子等，都是印刷术使用之前的手写珍品，这些文书的书写时间大约从4世纪至11世纪，至今约有1000—1600年了。除汉文、蒙古文、吐蕃文、回鹘文、西夏文之外，还有的使用了一些今天已近乎失传的古老文字，如粟特文、突厥文、于阗文、梵文、吐火罗文、希伯来文等。至此，我们更能深刻地体会和理解陈寅恪先生痛心疾首的悲鸣："敦煌者，吾国学术之伤心史也……"（此言出自1930年陈寅恪先生为陈垣先生的著作《敦煌劫余录》所写的《序》）

今天，文化遗产的保护可以说是国人用痛苦的经历换来的。由此我们不得不发出振聋发聩的呐喊："尊重和保护珍贵的文化遗产，因为它们一旦损毁将永不复存。"如果毁在任何一代人手中，将有何颜面上承祖先，下启子孙？将如何仰不愧天，俯不愧地？诚如震旦大学（复旦大学前身）的创始人马相伯先生（1840—1939）临终所言："我是一只狗，只会叫，叫了100年，还是没把中国叫醒。"马相伯先生自喻的狗非狗本身，而是一种强烈急迫的责任感，一种强烈的民族自危感，一种强烈的自强、自觉的意识。

三不朽

　　三不朽，即立德、立功、立言。三不朽，可谓是中国自夏朝至今，上至天子帝王，中至王侯将相，下至黎民百姓，共同的行为追求和人生理想。在历史的长河中，能做到"一不朽"的多之，"二不朽"的有之，但能做到"三不朽"者少之甚少。有一种说法，从先秦至清末，称得上"三不朽"者只有两个半，分别是孔子（前551—前479）、王阳明（1472—1529）和曾国藩（1811—1872，算半个）。也就是说在2400多年间，才出了两个半"三不朽"之人。此概率还不及中国科举考试1300年间"连中三元"① 之17人的1/5。而"连中三元"之人，已是文人书生顶礼膜拜、叹为观止之人，更何况是2400年间才出了的两个半"三不朽"之人，该是何等的芳名百世？其难度比登上"天外之天"还难。

　　当然，"连中三元"和"三不朽"的评价标准和体系不同。科举的评定可量化、更客观；三不朽的评定不易量化，更主观。

　　"三不朽"的思想由春秋时（前770—前476）鲁国大夫叔孙豹（？—前537，姬姓，名豹，史称"穆叔"）为反对范宣子提出的世禄不朽说而提出，见于《左传》：

　　　　二十四年春，穆叔如晋。范宣子逆之，问焉，曰："古人有言曰：'死而不朽'，何谓也？"穆叔未对。宣子曰："昔匄之祖，自虞以上为陶唐氏，在夏为御龙氏，在商为豕韦氏，在周为唐杜氏，晋主夏盟为范氏，其是之谓乎？"

　　　　穆叔曰："以豹所闻，此之谓世禄，非不朽也。鲁有先大夫曰臧文仲，既没，其言立，其是之谓乎！豹闻之，'太上有立德，其次有立功，其次有立言'，虽久不废，此之谓不朽。若夫保姓受氏，以守宗祊，世不绝祀，无国无之，禄之大者，不可谓不朽。"

　　以上两段的大意是，公元前549年春，鲁国副卿叔孙豹出使晋国。晋国的范宣子到京城近郊迎接，欢迎仪式结束后，范宣子问叔孙豹，古话说的"死而不朽"，究竟指的是什么？叔孙豹还没来得及回答，范宣子就颇为得意地自己解释道，我们

---

① 连中三元，指接连在三级科考中获三连冠，即乡试第一"解元"，会试第一"会元"，殿试第一"状元"。

范氏一族，从虞、夏、商、周以来，世世代代为贵族，利禄丰盈，家世显赫，这或许就是"不朽"吧？

叔孙豹说：据我所知，您说的这叫"世禄"，不是"不朽"。鲁国大夫臧文仲虽死了，但他的言论仍被人们所称道，功德仍被人们所称颂。因此，真正的不朽，首要的是树立德行，其次是树立功业，再次是树立言论。这样的人虽死了，其德、其功、其言都会长久传世，永不磨灭，才称得上"不朽"。至于保住姓氏，守住宗庙，世享官禄，不能称之为"不朽"。

依上述《左传》中叔孙豹与范宣子之间的对话，"三不朽"的顺序层级如下：

（一）立德

即树立高尚的道德，亦可解读为"做人，做大写之人"。大写的人是相对于具有生理机能和身体躯壳的"小写之人"（自然人）而言。孟子在《孟子·公孙丑》中将何为"人"表述得非常清楚："无恻隐之心，非人也；无羞恶之心，非人也；无辞让之心，非人也；无是非之心，非人也。"孟之认为，人必须有这四种心，否则为非人也。后世儒家在孟子对人的定义基础上，提出"大写的人"指具有高尚的伦理，即仁、义、礼、智、信的人；毛泽东把"大写的人"表述为"一个高尚的人，一个纯粹的人，一个有道德的人，一个脱离了低级趣味的人，一个有益于人民的人"①。古往今来，立德（圣贤之德）之人在"三不朽"中所占人数最多。如有帝王之德的尧、舜；君子之风的孔、孟等；浩然之气的老子、庄子、墨子、王阳明；以及德性出众的庶民百姓等。

（二）立功

即为国为民，建功立业。此类人在"三不朽"中居中等的数量。如秦始皇（功业有一统六国，建立第一个封建王朝并统一度量衡、书同文、车同轨等）、汉武大帝（兴太学、尊儒术、击匈奴、扩疆土、平天下）、成吉思汗（统一蒙古部落、统领欧亚大陆）、毛泽东（新中国的主要缔造者和领导人），再如大禹（治水）、郑和（下西洋）、蔡伦（造纸）、郑成功（攻克荷兰侵略军收复台湾）、人民英雄纪念碑上的革命先驱等。

（三）立言

即著书立说，提出影响后世的独立见解和言论。具体为以下三类：

---

① 此言出自1939年12月21日毛泽东为纪念白求恩写的悼念文章——《纪念白求恩》。

(1) 著作："四书五经"、《史记》、《资治通鉴》等；

(2) 传世的诗词：如宋人文天祥《过零丁洋》中的"人生自古谁无死？留取丹心照汗青"等；

(3) 著名的言论或见解：如北宋张载名言"为天地立心，为生民立命，为往圣继绝学"；再如叔孙豹提出的"三不朽说"，本身就是立言之作；又如下文提到的朱熹的"朱子读书法"、王国维的"治学三境界说"、乾隆的"三希堂"等，皆为传世立言之佳范。

"三不朽"之说为中国儒家思想所推崇，成为天子帝王治国、平天下的精神指导，臣民出将入相、忠贞报国的奋斗理想，黎民百姓实现人生价值和高尚人格的行为追求。

王国维"治学"（做人）三境界

王国维（1877—1927），字静安、伯隅，号观堂，浙江海宁人。近代中国著名学者，杰出的古文字、古器物、古史地学家，诗人，文艺理论学、哲学家。

1927年6月2日，时任清华国学研究院（1925年成立，1929年停办）四大导师（梁启超、王国维、陈寅恪、赵元任）之一的王国维一早来到清华办公室，为即将毕业的研究生评阅试卷文稿，评定完成绩后，王国维和研究院办公处的侯厚培共谈了下学期招生之事。一切行为与以往无异，然后，王国维向侯厚培借钞票五元，雇一人力车前往颐和园。约十点左右进园至昆明湖鱼藻轩，吸完一根纸烟后，跳湖自沉……一代国学宗师殒命，时年五十。

事后整理遗物，发现王国维于前一日所写的遗书。遗书百余字，条理清晰，考虑周密：

五十之年，只欠一死，经此世变，义无再辱。我死后，当草草棺敛，即行藁葬于清华茔

王国维

王国维遗书

地。汝等不能南归，亦可暂于城内居住。汝兄亦不必犇葬，固道路不通，渠又不曾出门故也。书籍可托陈（陈寅恪），吴（吴宓）二先生处理，家人自有人料理，必不至不能南归。我虽无财产分文遗汝等，然苟谨慎勤俭，亦必不至饿死也。

五月初二日父字

王国维死后，对其死因，说法种种，有"殉清说""逼债说""惊惧说""谏阻说"。笔者比较认同与王国维精神相通、交往甚密的陈寅恪先生的说法。见诸陈为王所写的《王观堂先生挽词序》：

> 凡一种文化值衰落之时，为此文化所化之人，必感苦痛，其表现此文化之程量愈宏，则其所受之苦痛亦愈甚；迨既达极深之度，殆非出于自杀无以求一己之心安而义尽也……
>
> 盖今日之赤县神州值数千年未有之巨劫奇变；劫尽变穷，则此文化精神所凝聚之人，安得不与之共命而同尽，此观堂先生所以不得不死，遂为天下后世所极哀而深惜者也。

王国维先生文化贡献之量宏、博广，后人皆高山仰止。依笔者浅闻愚见，王国维为后世带来的最大众化的影响是诗词巨著《人间词话》。而在《人间词话》中，最普世和影响力最为深远的见解是"治学（做人）三境界"。

> 古今之成大事业、大学问者，必经过三种之境界："昨夜西风凋碧树。独上高楼，望尽天涯路。"此第一境也。"衣带渐宽终不悔，为伊消得人憔悴。"此第二境也。"众里寻他千百度，蓦然回首，那人却在，灯火阑珊处。"此第三境也。闲来无事，玩索大学问家之妙语，击节赞叹之余，心忽有所得：治学有此三境界，喝酒与灌水岂不亦有此三境界？

（一）"昨夜西风凋碧树。独上高楼，望尽天涯路。"

出自北宋晏殊（991—1055，北宋婉约派词人）《蝶恋花》，原文曰：

> 槛菊愁烟兰泣露，罗幕轻寒，燕子双飞去。明月不谙离恨苦，斜光到晓穿朱户。
>
> 昨夜西风凋碧树，独上高楼，望尽天涯路。欲寄彩笺兼尺素，山长水阔知何处！

译文曰：清晨栏杆外的菊花笼罩着一层愁惨的烟雾，兰花沾露似乎是饮泣的露珠。罗幕之间透露着缕缕轻寒，一双燕子飞去。明月不明白离恨之苦，斜斜的银辉直到破晓还穿入朱户。

昨天夜里西风紧，树叶随之凋零。我独自登上高楼，望尽那消失在天涯的道路。想给我的心上人寄一封信。但是高山连绵,碧水无尽,又不知道我的心上人在何处。

王国维将这凄美之感,解读和转意为:"做学问,成大事业者。要登高望远,有大视野,大格局。即使在孤寂迷雾之中,也要忘我地追寻理想,确立方向,勘察路径,执着目标。"

(二)"衣带渐宽终不悔,为伊消得人憔悴。"

出自柳永(约984—约1053,北宋婉约派词人)《蝶恋花》,原文曰:

伫倚危楼风细细,望极春愁,黯黯生天际。草色烟光残照里,无言谁会凭阑意。

拟把疏狂图一醉,对酒当歌,强乐还无味。衣带渐宽终不悔,为伊消得人憔悴。

译文曰:我久久倚靠在高楼的栏杆上,一丝丝微风拂面,望不尽的春日离愁,沮丧忧愁从遥远无边的天际升起。碧绿的草色,飘忽缭绕的云霭雾气掩映在落日余晖里,默默无言,谁理解我此刻的心情。

打算把放荡不羁的心情给灌醉,举杯高歌,勉强欢笑反而觉得毫无趣味。我日渐消瘦下去却始终不感到懊悔,宁愿为她消瘦得精神萎靡神色憔悴。

王国维将这唯美之情,解读和转意为:"做学问,成大事者业。非轻举易得,盖孜孜以求,着紧用力,废寝忘食,直至人瘦带宽也不后悔。"

(三)"众里寻他千百度,蓦然回首,那人却在,灯火阑珊处。"

出自辛弃疾(1140—1207年,南宋豪放派词人)《青玉案》,原文曰:

东风夜放花千树,更吹落、星如雨。宝马雕车香满路。凤箫声动,玉壶光转,一夜鱼龙舞。

蛾儿雪柳黄金缕,笑语盈盈暗香去。众里寻他千百度,蓦然回首,那人却在灯火阑珊处。

译文曰:像东风吹散千树繁花一样,又吹得烟火纷纷,乱落如雨。豪华的马车满路芳香。悠扬的凤箫声四处回荡,玉壶般的明月渐渐西斜,一夜鱼龙灯飞舞。

美人头上都戴着亮丽的饰物,笑语盈盈地随人群走过,身上香气飘洒。我在人群中寻找她千百回,猛然回头,不经意间却在灯火零落之处发现了她。

王国维将这幻美之境,解读和转意为:做学问,成大事者业。要居敬持志、精神专注,苦苦追寻,下足功夫,自然会豁然贯通,有所发现。而且发现自己想要的东西,原来就在自己的身边,这是"会心大悟"之境界。此时,世俗的目标是否达到已经不再重要，重要的是灵魂的解放和心灵的归宿。即从必然王国走进自由王国，此境乃治学（做人）最高境界也。

王国维各撷取三首词中的一句，组成了映射其"读书之精神，治学之独见，做人之悟觉"的"读书、治学、做人"的三重境界。

笔者非常钦佩王国维先生的"治学（做人）三境界说"。尤其是第三境，对于当下一些读书治学的庞杂之声，如"无用说""功利说"，既是无声无息的矫正，又是高屋建瓴的引领，更是人生之道的升华。正可谓"众里寻他千百度，蓦然回首，那人却在灯火阑珊处"。

被称为中国一代"儒宗"的马一浮①先生对读书之道亦有精辟概括。先生认为："读书之道，约而言之，有四门：一曰通而不局；二曰精而不杂；三曰密而不烦；四曰专而不固。"先生解释曰："不局不杂，知类也；不烦不固，知要也。类者，辨其流别，博之事也。要者，综其指归，约之事也。读书之道尽于此也。"（马一浮所著《读书法》）此读书法清晰地表述了读书博与专、义理与细节、简与繁、中心与边缘等"彼与此"关系的问题。先生的总结，不可不谓之"精辟之至"。

马一浮

此外，马一浮先生还阐述了读书之目的。先生认为，读书当求明理，更贵在养德。他认为，学问若不能提高自己的修养，读书再多，亦不过一书橱耳，又有何用？读书之终极目的，在于修身、修为，并提出"唯有指归自己一路是真血脉"的践行主张。此处的"指归自己"，意指学人在明理的基础上必须要做到身体力行。诚如先生之言："但说取得一尺，不如行取一寸。"只有真正将义理落到实处，方可算得上"真学"，正所谓"纸上得来终觉浅，绝知此事要躬行"。反过来，通过读书所培植的道德，又能促进人们更好地明理。譬如，当学人在身体力行的实践中具备了开放、谦虚、包容的品质时，他能更好地吸收他人有益的东西，进而更利于扩大其视野，开阔其心胸，进而帮助其更好地通晓天下之理。于是，"读书—明理—修德—读书—明理"构成一个良性循环，此循环实则是儒家圣贤人格培养的一个缩影。

马一浮先生之读书的目的，可高度概述为"明理、修身、养德"。

笔者愚钝，站在王国维、马一浮这些巨人的肩上，拜于这些宗师的膝下，小声

---

① 马一浮（1883—1967），字一佛，后字一浮，别署蠲翁、蠲戏老人，会稽（今浙江绍兴）人。中国现代思想家、诗人和书法家。与梁漱溟、熊十力合称为"现代三圣"（或"新儒家三圣"）。

地说出，时至今日自己所感悟到的"读书三重境"：

第一境，读在眼里。即读书、涉猎知识的普遍行为，多驻留于了解或扩充知识的层面。如任何时间，任何场所，任何内容的学习、阅读或所见、所闻。

第二境，读在脑里。即在"读到眼里"的基础上，再上一个层级。把读到的经典语句熟记于脑（读的东西越多，记忆、贯通、联系、构建知识的能力就越强。如年事已高的大师们在讲学时常妙语连珠，对那些经典佳句、长句，随手拈来、脱口而出），从而对知识的理解和诠释更加深刻。正如毛泽东所言："感觉到了的东西，我们不能立刻理解它，只有理解了的东西才能更深刻地感觉它。"（1937年7月《实践论》）然后，慢慢地把读书的动因、趣味、意识自发地从外部的客观因素（要我读）向内部的主观因素（我要读）转化。如主动地去探究和阅读自己想要了解的知识且不畏疲倦，不觉所累，此为"读在脑里"。

第三境，读在心里。即读书治学的高境界。此"读到心里"有两解：

其一，"自觉"。即在没有督促、没有监管、没有功利的外部压力下，自觉主动地读书求知，如同"慎独"之意。或尽管有很大的困难也挡不住读书的意愿（如"凿壁偷光""头悬梁，锥刺股""囊萤映雪"等）。

其二，"觉行"。将自己所学，自觉地融化为报效祖国的使命；自觉融化为服务社会和家庭的担当；自觉融化为做人之"真、善、美"的良知、信仰。如自觉为老人让座，而不是熟视无睹（人人眼见脑明，但未必去做）；自觉遵守和维护社会公德，而不是情绪和场合使然（人人眼见脑明，但不以为然或不能克制自己的行为。人人知道守公德，但缺少担当和坚守）；自觉以"礼、法、德"规范和约束自己的言谈举止，进而修身养性，推己及人，而不是以自私自利、无畏良知、信仰模糊来宽慰、放纵自己（遵纪守法，修己立人）；以自己所学，以身报国（如邓稼先、程开甲、钱学森等人），而不是"为读书而读书"或仅仅是"为己而读书"。

读到入"心"的境界，从外在的方面讲，自然而然就会流露出优雅自信的"精、气、神"。诚如苏轼在《和董传留别》中所言："腹有诗书气自华。"从内在方面讲，修身养性，推己及人，达济天下。诚如《大学》开篇语："大学之道，在明明德，在亲民，在止于至善。"读书到了"入心"的境界，人自然会心无旁骛、不计功利，释然而充实，充实而快乐，也自然会体悟到王国维先生所讲"众里寻他千百度，蓦然回首，那人却在灯火阑珊处"的意境。好似，一切都是那么自然而然，苦苦寻觅却又近在咫尺，难以言表却又精美妙哉！

附：朱熹二十四字读书法

从宋元到明清，只要想通过科举走向仕途的读书人，都会对一位与他们"非亲非故"的人"毕恭毕敬"。此人是谁？又有何德何能受得起几朝几代读书人毕恭毕敬呢？

第一问的答案是，朱熹①。

第二问的答案是，读书人之所以毕恭毕敬是因为读书人的前程命运全系在朱熹的"立言"——《四书章句集注》（朝廷钦定的教科书和科举考试评卷标准）里。

在此，不谈朱熹《四书章句集注》，而只谈朱熹的另一"立言"——"二十四字读书法"。

王国维读书（治学）三境界与朱熹二十四字读书法，可谓殊途同归。同归的是"读书"，殊途的是：一个宏观高远（王国维），一个微观入手（朱熹）。

朱熹总结归纳了六条读书的具体方法，每条四字，共二十四字。

（1）循序渐进。朱熹言"教人有秩而不可躐等"，意指读书应由浅入深，由少到多，由简到繁。需一步一个脚印，循序渐进，不可跳跃。

（2）熟读精思。朱熹言"大抵观书，须先熟读，使其言皆若出于吾之口，继之精思，使其意皆若出自吾之心，然后可以有得尔"，意指先熟读，读书遍数多了，其内容就会熟背。但不能止于熟读熟背，还应善于疑问或思考文章之深意。

（3）虚心涵泳。朱熹言"观书但当虚心平气，以徐观义理之所在"，意指读书要谦卑，虚怀若谷。要用"心"反复揣摩、品味、体悟书之深意，作者之深意。

朱熹

（4）切己体察。朱熹言"读书不可只专就纸上求义理，须反来就自家身上推究"，意指读书要理论联系实践。有条件时亲自体察，推究书中之道理。

（5）着紧用力。朱熹言"宽着期限，紧着课程"，意指读书要抓紧时间，努力用工，不可悠悠然，松松垮垮。

（6）居敬持志。朱熹言"立志不定，如何读书"，意指对"读书"要有敬畏之情，读书时内心严格尊崇礼法，志向坚定，毅力有恒，不可半途而废。

朱熹二十四字读书法，是古人读书的精神指南、方法指导。"朱子读书法"，每条都有其合理的因素，由低至高，由易到难，非常契合人们的学习和认知规律。另外"朱子读书法"所蕴含的教育原则与今教育学所倡导的教与学的原则高度匹配，

---

① 朱熹（1130—1200），字元晦，号晦庵，晚称晦翁，世称朱文公。宋朝著名的理学家、思想家、哲学家、教育家。

呈如下的彼此对应关系：

　　　　　　循序渐进——量力性原则（由易到难）
　　　　　　熟读精思——巩固性原则（巩固深思）
　　　　　　虚心涵泳——客观性原则（客观分析）
　　　　　　切记体察——理论联系实际原则（学以致用）
　　　　　　着紧用力——主观能动性原则（自觉奋发）
　　　　　　居敬持志——目的性原则（意志信念）

三希堂

　　清高宗爱新觉罗·弘历（1711—1799），年号"乾隆"，取"天道昌隆"之意，1735年25岁时登基。1795年，85岁已在位60年的乾隆以"不敢上同皇祖纪元六十载之数"为由宣布退位（皇祖指康熙，在位60年）。1796年正月，乾隆帝举行内禅典礼，让位给颙琰，即嘉庆皇帝，自称太上皇，仍以训政为名，又持朝政三年零四个月，直至1799年，89岁的乾隆皇帝驾崩。乾隆是中国历史上实际执掌国家最高权力时间（63年零4个月）最长的皇帝，也是中国历史上最长寿的皇帝。

　　乾隆文治武功，开疆拓土，威名显赫，成就了"康乾盛世"。在此，仅谈乾隆的"文治"。首先，从个人层面讲，乾隆一生用功之勤，学习刻苦如朱子读书法中的"着紧用力""居敬持志"，其博学、勤勉也成就了乾隆才思横溢、出口成章，进而化为其治国、平天下的文治韬略。据说，乾隆14岁时就能把"四书五经"倒背如流，当然这比他爷爷还是差点，据传，康熙皇帝年幼读书时曾累得咳血，约8岁时就可把"四书五经"倒背如流。

乾隆皇帝像

　　其次，从国家层面讲，乾隆命纪昀主持纂修了《四库全书》，全称《钦定四库全书》，耗时十三年编成，分经、史、子、集四部，故名《四库全书》。整理和传承了中国文化经典，此文治之重要功绩。

　　当然，编纂《四库全书》也有非议。乾隆任命纪晓岚为《四库全书》纂修的负责人时，传达了其主导思想，也为"编纂"定了一个总基调：第一，维护自己的圣贤形象；第二，维护满人的统治利益；第三，维护国家的昌泰和顺。所以纂修《四库全书》时，有全毁、抽毁、删毁古典档案，抹杀、毁灭、篡改历史事实之举，所造文化劫难，堪比"焚书坑儒"，学者愤称为"四库毁书"。这两种观点孰是孰非、博弈交错，自待历史和后世去评说了。在此，笔者只谈乾隆帝个人层面的文治韬略。

乾隆好诗风雅。在中国诗歌史上产量颇丰，堪称之最。就如其无人能及的天子之位，高高在上、遥遥领先、无人撼动。有人统计，在乾隆一生89年的生命里，共写了40000多首诗，稳居中国诗作数量榜"状元"。"榜眼"杨万里（1127—1206，与陆游、尤袤、范成大并称"南宋四大家"）在其一生80年的生命里，共写了两万多首诗，但留存于世的约4200余首。"探花"陆游（1125—1210）在其一生86年的生命里，约写了近10000首诗，但就其诗词的影响力、传播力、普世程度，皆超越前两名。

通过以上中国古人写诗数量"前三甲"的统计，会得出一佐证，产生一疑问。

1. 佐证

立业的前提是"世寿所允"，即建功立业的前提是要有健康的体魄和长寿的年岁。毛泽东曾言"身体是革命的本钱"。以上位列诗作数量"三鼎甲"的巨匠（乾隆、杨万里、陆游）皆至耄耋之年，算得上中国人所称"五福"之长寿。反之，试问：如"世寿不允"，能写这么多诗吗？

弘一大师

以下穿插一个佐证"世寿所允"的感人故事。

弘一大师（1880—1942，原名李叔同，1915年创作歌曲《送别》）五十大寿前（1928年），学生丰子恺（1898—1975）把自己精心绘制的50幅《护生画集》（护生即护心，去除残忍之心，长养慈善之念）作为五十寿辰贺礼寄给老师弘一法师。弘一法师收到后，非常高兴，为画集配上文字。于是，1929年2月《护生画集》第一集出版。

1939年，在日本大轰炸的国难家仇中，老师收到了六十大寿的贺礼——《护生画集》第二集，60幅画。老师依然非常高兴地为每幅图配上文字，回信嘱咐丰子恺，将此画一直继续下去。丰子恺随即回信并允诺："世寿所许，定当遵嘱。"

丰子恺

《护生画集》册页

但人之寿命,非能自己做主,也非能为人间真情所延后。1942年,弘一大师圆寂,时年62岁。老师已逝,无人题字,《护生画集》何成?何往?

丰子恺未忘师命,埋首作画,请友人代写题字诗文部分,在老师弘一法师70岁(1949)、80岁(1959)诞辰时,相继绘制完成了《护生画集》第三集70幅画(由叶恭绰题写诗文);《护生画集》第四集80幅画(由朱幼兰题写诗文)。

丰子恺

待丰子恺完成第四集时,已年逾花甲。自己和老师一样,寿终何时亦无法预知。要完成"世寿所许,定当遵嘱"而允诺老师的第五集(原定1969年)、第六集(原定1979年),自己必须活过80岁方可。但"要命"的不是"天寿",而是"文革"来了。在初期经历了汹涌澎湃的"文革"后,丰子恺害怕自己逃不出"文革"的"鬼门关",只要一有喘息之机,就想方设法继续绘制《护生画集》,终在"文革"的批斗和折磨中于1965年提前四年完成了《护生画集》第五集90幅画(由虞愚题写诗文)。

1973年,正值"文革"时期,丰子恺因严重疾病逃出了"鬼门关",被允许回家养病,此时他已是76岁风烛残年的古稀老人了。他隐感自己不久于人世,担心"世寿不许",活不到自己和恩师约定的最后一部即第六集《护生画集》100幅画的1979年。但师恩如山,怎能辜负?丰子恺忘我地、全身心地把命扑在最后一集的绘画上,早晨四点起床,夜以继日,孜孜选材,于1973年底,提前6年,完成了自己和老师《护生画集》第六集100幅画(由朱幼兰题写诗文)的共同夙愿。

1975年,在劳累与欣慰中,丰子恺走完了78年的人生,完成了长达45年(从1928年开始至1973年年底)的浩大工程,完成了"世寿所许,定当遵嘱"的发愿与承诺，完成了人生的洗礼和人格的诠释。

丰子恺其他作品

1942年10月13日，弘一法师在泉州圆寂。丰子恺通过对弘一法师一生三阶段"自我认识、自我超越、自我完善"的回忆，感悟恩师临终绝笔"悲欣交集"总结出"人生三层楼"的真谛。丰子恺言：

  我以为人的生活，可以分作三层：一是物质生活，二是精神生活，三是灵魂生活。物质生活就是衣食。精神生活就是学术文艺。灵魂生活就是宗教。

  人生就是这样的一个三层楼。懒得（或无力）走楼梯的，就住在第一层，即把物质生活弄得很好，锦衣玉食，尊荣富贵，孝子慈孙，这样就满足了。这也是一种人生观。抱这样人生观的人，在世间占大多数。

  其次，高兴（或有力）走楼梯的，就爬上二层楼去玩玩，或者久居在里头。这就是专心学术文艺的人。他们把全力贡献于学问的研究，把全心寄托于文艺的创作和欣赏。这样的人，在世间也很多，即所谓知识分子、学者、艺术家。

  还有一种人，"人生欲"很强，脚力很大，对二层楼还不满足，就再走楼梯，爬上三层楼去。他们做人很认真，满足了"物质欲"还不够，满足了"精神欲"还不够，必须探求"人生"的究竟。他们以为财产子孙都是身外之物，学术文艺都是暂时的美景，连自己的身体都是虚幻的存在。他们不肯做本能的奴隶，必须追究灵魂的来源，宇宙的根本，这才能满足他们的"人生欲"。

  世间就不过这三种人。我虽用三层楼为比喻，但并非必须从第一层到第二层，然后得到第三层。有很多人，从第一层直上第三层，并不需要在第二层逗留。还有许多人连第一层也不住，一口气跑上三层楼。

  不过我们的弘一法师，是一层一层地走上去的。弘一法师的"人生欲"非常之强！他的做人，一定要做得彻底。他早年对母尽孝，对妻尽爱，安住在第一层楼中。中年专心研究艺术，发挥多方面的天才便是迁居在二层楼了。强大的"人生欲"不能使他满足于二层楼，于是爬上三层楼去，做和尚，修净土，研戒律，这是当然的事，毫不足怪的……

艺术的最高点与宗教相接近。二层楼的扶梯的最后顶点就是三层楼……艺术家看见花笑，听见鸟语，举杯邀明月，开门迎白云，能把自然当作人看。能化无情为有情，这便是"物我一体"的境界。更进一步便是"万法从心""诸相非相"的佛教真谛。故艺术的最高点与宗教相通。丰子恺有言：

无声之诗无一字，无形之画无一笔。可知吟诗描画，平平仄仄，红红绿绿，原不过是雕虫小技，艺术的皮毛而已。艺术的精神，正是宗教的。古人云：文章一小技，于道未为尊。又曰：太上立德，其次立言。……宗教与艺术的高下轻重，在此已明示……

我脚力小，不能追随弘一法师上三层楼，现在还停留在二层楼上，斤斤于一字一笔的小技，自己觉得很惭愧。但亦常常勉力爬上扶梯，向三层楼上望望。——（摘自《我与弘一法师》）

以上是丰子恺对弘一法师"世寿所许，定当遵嘱"的人格诠释和生命价值的意义阐释。近几年，生活中时常提及一个关乎生命价值的概念或问题——"幸福是什么？"为此，中央电视台专门在全国街头巷尾做了一个随机采访的节目《幸福是什么？》记者随机选择采访对象，问"你心中的幸福是什么？答案自然是五花八门。想及丰子恺先生的"人生三层楼"，笔者写下对"幸福三层楼"的粗浅认识。

幸福是什么？
其一，活着　　　　　　　　　　　　（第一层楼）
其二，有尊严地活着　　　　　　　　（第二层楼）
其三，有尊严、充实、健康地活着　　（第三层楼）

2. 疑问

乾隆皇帝虽有89年寿龄，但对一个治国理政、日理万机的皇帝来讲，这四万首诗怎么写出来的？主要在哪里写成的？

先回答第一问，乾隆所作的诗，主要由三部分构成：一是乾隆自写（占大多数）；二是文武群臣所写，乾隆题款；三是乾隆命题，文武群臣作答，共同完成。

当然，乾隆喜好写诗，诗作又如此丰产，其主观原因是主要的：

第一，生性勤奋，博闻强记，有极强的写作能力和创作欲望。

第二，乾隆一生以祖父康熙为典范，深受祖父康熙文韬武略之影响。

第三，深受中国"三不朽"文化影响。乾隆贵为天子，立德、立功自认是本职所在，且都有成就，而立言之事非皇权可至，乾隆力赋诗作，以期立言。

以下摘录一首乾隆以康熙五十二年（1713）创始的"千叟宴"①为题，在乾隆五十年（1785年）所写的诗作《千叟宴》：

> 抽秘无须更骋妍，惟将实事纪耆筵。
> 追思侍陛髫垂日，讶至当轩手赐年。
> 君酢臣酬九重会，天恩国庆万春延。
> 祖孙两举千叟宴，史策饶他莫并肩。

第二问：近四万首诗在哪里完成？答案很简单，乾隆的大多数诗作和常人一样，出自静雅的书房。乾隆帝的书房位于养心殿的西暖阁，原名"温室"，后由乾隆改为"三希堂"，这三希堂的文化意韵相当考究。

先说"三希"，再说"堂"，二者的文化意义各有所指。

三希，最早由北宋新儒学开山鼻祖周敦颐②提出。三希，即"士希贤，贤希圣，圣希天"。笔者试做两种粗浅的解读：

其一，"由下而上"的解读。

历朝历代的统治者最希望看到自己所治理的国家是江山绵延、国泰昌盛、臣民忠君、百姓安顺。最头疼的是乱臣贼子、外族入侵、暴民起义。为此，自隋唐至清末，帝王为民众设计了一条"忠效国家、加官封爵、光耀门楣"三位一体的康庄仕途——"科举"选官制度

乾隆书房"三希堂"

（隋唐以前有禅让制、荐举制、察举制、九品中正制等）。百姓不限年龄，只限男性，可终身投考（违法乱纪者除外），步步攀登（乡试、会试、殿试），实现个人的人生价值和为国家建功立业的社会价值。

既然是步步攀升，自然就会有封建社会的标志——等级之别。如天子、诸侯、

---

① 千叟宴，康熙五十二年（1713）康熙皇帝六十寿诞，在畅春园第一次举办了千人大宴，宴请从天下来京师为自己祝寿的老人。千叟宴是康熙、乾隆等为笼络臣民、践行孝德而举行的大型酒宴，因赴宴者均为65岁以上老者，康熙在席间赋《千叟宴》诗一首，后世称之为"千叟宴"。千叟宴在乾隆时期达至鼎盛，是清宫中的规模最大，与宴者最多的盛大皇家御宴，在清代共举办过四次。

② 周敦颐（1017—1073），字茂叔，谥号元公。宋朝儒家理学思想的开山鼻祖，文学家、哲学家。

卿大夫、士；后、妃、嫔；公、侯、伯爵；乡试、省试、殿试；状元、榜眼、探花；状元、会元、解元；士人、贤人、圣人等。统治者教化和倡导民众自下而上形成一个固化的思维和统一的行为模式，即通过努力和正途（首要是科举）实现等级的跃升。这就和"三希"的层级跃升有了对应的联系，即士人希望成为贤人，贤人希望成为圣人，而圣人希望成为知天之人。

此"三希"的纲举或精神教化，自然也会被乾隆皇帝所推行。同时，乾隆把"三希"作为自己的书房名，也是其良苦用心（形成"三希"的社会风尚，圣贤之名的自我标榜）、文治韬略的映射。

士人，在中国的文化中，多指文人墨客，是古代知识分子的总称。他们学习、传承、创新文化，是中国文化绵延不断、生生不息的中坚力量。他们是国家政治的参与者，有一定的社会地位，多属于社会的中等精英阶层。士人受到民众的敬重，而贤人又是士人所追求和仰慕之人。

贤人，为黎民百姓、文人士族所敬仰，被天子敬重。多指道德品行高尚之人。一般意义上，贤人指儒家所倡导的具有"仁、义、礼、智、信"品性的人。

圣人，是黎民百姓、文人士族、文武百官、贤达之人、王公贵胄、天子帝王都高山仰止、信奉敬仰之人。在中国传统文化中，"圣人"指知行完备、至善才德皆备之人。对圣人最为经典的诠释，是为冯友兰先生所称颂的宋人张载的"横渠四句"："为天地立心，为生民立命，为往圣继绝学，为万世开太平。"[①] 此四句话涵盖了民众和社会的精神价值、生命意义、学统传承、政治理想等内容，具象化为圣人的人格典范。在中国能称为圣人者，从小而言，也许只有融"立德、立功、立言"于一体的两个半"三不朽"之人：孔子、王阳明、曾国藩（算半个）。如从大而言，老子、孟子、墨子、荀子、庄子、朱子……皆圣人也。

天人，即"知天之人"。在中国文化中，皇帝自诩或被认为是上天派来治理天下的正统使者（类似于基督教中上帝的使者"耶稣"，伊斯兰教中真主的使者穆罕默德；佛教中佛陀的使者释迦牟尼），是通天地之灵、至高无上、统领万民、君权神授的"天之骄子""天之子"，即为"天人"。

其二，"自上而下"的解读。

站在乾隆皇帝贵为"天子"的角度，"三希"从上而下，向大臣、士族、民众

[①] 为天地立心，指为社会建立以"仁""孝""礼"等道德伦理为核心的精神（道德）价值系统；为生民立命，指为民众选择正确的命运方向，确立生命的意义；为往圣继绝学，指承继圣人之说，恢复已中断或式微的圣贤学说；为万世开太平，指为天下后世永久开拓太平的基业。

传达了乾隆"惜才"（此处"惜"既可通假"希"，表"希望"之意，也可通假"稀"，表"稀罕"之意）的施政信念或信号。既规制人心，又笼络人心；既自勉和标榜，又鼓励和约束臣民按"层级"的程式奋斗终生。

"堂"，本意指高大的房子，厅堂或内室。但可从中国文化中堂做两种场所的角度来理解。

其一，老字号的中医药店多以"堂"相称，如"济生堂""同仁堂""长春堂"等。中医药店为何多称"堂"呢？缘起东汉末年"医圣"——张仲景。

张仲景早年拜师张伯祖，尽得其要，成为当时的良医。在任长沙太守期间，正值疫疠（lì）流行，许多贫苦百姓慕名前来求医。张仲景细心诊治，从不拒绝。起先他在处理完公务之后，在后堂或自己家中给人医治，后来求医者越来越多，于是把诊所搬到长沙大堂，公开坐堂应诊。此举首创名医坐堂。后来，人们为了纪念张仲景，便把坐在药店内医病的大夫称"坐堂医"，开药店之人也多把自己的药店取名为"某某堂"。

其二，取堂本意，指书房、书斋。毫无疑问，先有书，后有书斋，再后有书斋名。在中国，为书斋取名最早约可上溯至曹魏时期曹操之子曹衮的"遂志堂"。唐宋以后，文人和士大夫为自己的书斋取名之风逐成气候，一直绵延至今。

大千中国，书斋（书房）名雅俗有别，谦逊有别。但多是主人或为人处事、或人生愿景、或人格精神、或心灵写照、或明志抒怀、或性情趣味的一个缩影。书房名作为中国文化的一部分，自然蕴涵精妙深远、丰富多元有特质。以下列举一些中国书房名。

"**堂**"。如杜甫"浣花草堂"；白居易"庐山草堂"；李清照"归来堂"；"欧阳修"非非堂"；苏轼"谷林堂"；司马光"读书堂"；唐寅"梦墨堂"；汤显祖"玉茗堂"；乾隆皇帝"三希堂"；纪昀"阅微草堂"；魏源"古微堂"；任伯年"颐颐草堂"；石涛"大涤草堂"；张大千"大风堂"；丰子恺"缘缘堂"；黄胄"伏枥堂"；吴湖帆"四欧堂"；冯友兰"三松堂"；李可染"师牛堂"……

"**斋**"。如王安石"昭文斋"；米芾"宝晋斋"；蒲松龄"聊斋"；康熙皇帝"无逸斋"；顾炎武"堡中书斋"；马一浮"蠲（juān）戏斋"；齐白石"三百石印斋"；黄炎培"非有斋"；林语堂"有不为斋"；朱自清"犹贤博弈斋"；沈从文"窄而霉斋"；陶行知"不除庭草斋"；傅抱石"抱石斋"；赵朴初"无尽意斋"；张恨水"待漏斋"；商承祚"锲斋"；王力"龙虫并雕斋"……

"**室**"。如刘禹锡"陋室"；梁启超"饮冰室"；董其昌"画禅室"；章太炎"膏兰室"；陈寅恪"不见为净之室"；柳亚子"磨剑室"；胡适"藏晖室"；沈尹默

"秋明室"……

"**屋**"。如王冕"梅花屋";郑燮"板桥书屋";齐白石"百梅书屋";夏丏尊"平屋";陈垣"励耘书屋";俞平伯"古槐书屋";陈望道"此房书屋";鲁迅"绿林书屋";毛泽东"菊香书屋";梅兰芳"梅花诗屋"……

"**轩**"。如归有光"项脊轩";朱熹"达观轩";辛弃疾"稼轩";曾巩"南轩";曹雪芹"悼红轩";徐志摩"眉轩";马连良"古历轩";陆俨少"晚情轩";梅兰芳"缀玉轩"……

"**庐**"。如翁同龢"瓶庐";吴昌硕"缶庐";黄遵宪"人境庐";康有为"游存庐";柳亚子"上天下地之庐";黄侃"量守庐";闻一多"二月庐";郁达夫"风雨茅庐"……

"**楼**"。如陈寿"万卷楼";何香凝"双清楼";陈独秀"看云楼";冯玉祥"抗倭楼";夏衍"蜗楼";闻一多"何妨一下楼";张元济"涵芬楼"……

"**馆**"。如陶渊明"归去来馆""归去来兮馆";龚自珍"羽陵山馆";徐悲鸿"八十七神仙馆";茅盾"逃墨馆";娄师白"老安馆"……

"**阁**"。如沈寿"天香阁";黄宾虹"石芝阁";刘海粟"存天阁";潘天寿"听天阁"……

"**居**"。如沈钧儒"与石居";叶圣陶"为厌居";俞平伯"永安居";启功"坚净居"……

"**园**"。如沈括"梦溪园";张伯驹"展春园";季羡林"朗润园"……

"**房**"。如林则徐"云左山房";李叔同(弘一法师)"晚晴山房"……

"**舍**"。如梁实秋"雅舍";丘逢甲"念台精舍"……

"**庵**"。如陆游"老学庵";黄宗羲"惜字庵";周作人"苦茶庵"……

"**簃**"①。如查慎行"槐簃"……

"**亭**"。如刘铭传"盘亭"……

"**台**"。如陈子昂"读书台"……

笔者不才,却也好附庸风雅,为自己书房取名曰"多少斋"。自我嘲解为:"多少是多,多少是少;多多少少,少少多多;多少哉也!

最后,笔者自不量力地提及对"书斋"和"书斋名"的粗浅认识:

书斋,藏、阅书之斋也。藏得下古往今来,读不尽春夏秋冬;

书斋,房半间,窗几扇,装得下乾坤万重山,阅不完人生苦短;

---

① 簃(yí),楼阁旁边的小屋,多用于书斋名。

书斋，茶一杯、书两本、蜡三支、文四宝、案头锦绣山河五千年。

书斋名，主人之化"身"，化"心"也；

书斋名，主人之人格，理想，境界所隐现也；

书斋名，主人之正心、修身、齐家、治国、平天下之道也。

《说文解字》曰:"四,阴数也。象四分之形。"意思是:四,阴数,象分为四角的形状。数字"四"与中国文化的结合非常丰富,如智慧的中国古代先民从东西南北四方观念中构建了"四方"的概念;从一年春夏秋冬的交替中提出了"四时"的自然法则(《三字经》言"曰春夏,曰秋冬,此四时,运不穷");古代读书人案头必备"四书""文房四宝"(笔墨纸砚)等。此外,古人似乎习惯用"四大什么"来总结和概括事物,如四大瑞兽、四大名著、四大皆空、四大石窟、四大美男、四大美女、四大佛教名山、四大道教名山、四大名旦等。事实证明,如此简明扼要的概括,不但易于记忆、便于理解,还朗朗上口。以下就与数字"四"关联且在中国文化中具有重大影响力的文化名词,如四方、四象、四书等略做简述。

四方

在中国,东西南北,合称"四方"。如《三字经》所言"曰南北,曰西东,此四方,应乎中"。又如人们形容志向时,常言"好男儿,志在四方"。在中国文化中,"四方"与"四象"关联,而"四象"又衍生"八卦","八卦"又衍生"六十四卦"。其实,这种由一个词义泛化、衍生、衍变出更多词意的文化现象,是中国文化"精妙"特点的一种体现。

在西方,也有一个取"四方"(东西南北)之意而构成的大家耳熟能详的英文单词"NEWS"。这个单词直译为"新闻"。新闻是记录社会、传播信息、反映时代的一种文体。它的特点有三:其一,新。新闻要反映时效性、时新性、时宜性的内容而不是陈闻旧事。其二,真。内容真实、客观而不是捕风捉影、子虚乌有。其三,广。指新闻源要来自东西南北,四面八方而不是只出于一方。因此,News(新闻)这个单词,就是由"东西南北"、四个英文单词的首字母构建而成〔N

（North），E（East），W（West），S（South）]，表示"东西南北"荟萃之意。此说法，不知妥否，但形象有趣。

传说，伏羲可能是中国最早辨识方向的人。他通过对星辰天体、鸟兽虫草、日月之变、昼夜之替的观察，提出"日出为东，日落为西，南热北冷"的概念。后来人们以"太阳升落"为基准，大致确立了"东西南北"的地理位置。在中华民族建有国家之初，即公元前21世纪的夏朝，就已经有中心与东西南北（四方）的区别。古代先民把居于中间或中原位置，如"众星拱月"之状的国家称为"中间的国"，简称"中国"。把居于"中国"周边的国，按四方的概念，分别称之为东夷、西戎、南蛮、北狄。《礼记·王制》中就有与此相关的记载：

折纸玩具"东南西北"

> 中国戎夷，五方（华夏居中，外加四方）之民，皆有性也，不可推移。东方曰夷，被发文身，有不火食者矣；南方曰蛮，雕题交趾，有不粒食者矣；西方曰戎，被发衣皮，有不粒食者矣；北方曰狄，衣羽毛穴居，有不粒食者矣。

随着社会和人类文明的发展，古代先民逐渐有了利用"四方"的特点和规律，从事生产劳动的智慧。在古今中国建筑中，"坐北朝南"的设计便是一例。

溯其源流，早在原始社会，中国先民就按照坐北朝南的方向修建村落房屋（今考古发现的绝大多数房屋都是大门朝南）。到了商周时期，在择居修建房舍前，先要测量南北的方向。在《诗·大雅·公刘》有云："即景乃冈，相其阴阳，观其流源。"意思是，丈量平原和山丘，山南山北测一周，勘明水源与水流。汉代政治家晁昏①对择城安家，有过精辟的论述："相其阴阳之和，尝其水泉之味，审其土地之宜，对其草木之饶，然后营邑立城，制里割宅，通田作之道，正阡陌之界，先为筑室，家有一堂二内……"这里提到的阴阳，其实已是一个南北的判断标准，即古人通识的标准"山北水南为阴，山南水北为阳"。从汉至今，"坐北朝南"的建筑理念薪火相传，保留至今规模最宏大、保护最完整的，当属中国皇家建筑——故宫。

故宫，始建于明永乐四年（1406），建成于明永乐十八年（1420）。自明代第

---

① 晁昏，史书记载不明。可能与西汉文帝时的智囊人物晁错（前200—前154）为同一人。但无具体事实可证。

三位皇帝朱棣迁都北京后,明、清两代共有二十四位皇帝(明十四帝,清十帝)在此治国理政、生活起居。故宫宏伟建筑的布局,充分地体现了中国文化中"坐北朝南""和合对称""中庸和谐"的思想。

故宫总体分两部分:前朝和后宫。

故宫(紫禁城)

前朝,指乾清宫以南的三大殿:太和殿、中和殿、保和殿。此三大殿是皇帝接受朝贺、接见群臣以及举行大型典礼的地方。三大殿都建在须弥座台上①,四周环绕着石雕栏杆,气势磅礴,为故宫中最壮观、最高的建筑群(太和殿高26.92米,连同台基,总高35.05米),表现出"至高无上"的崇高地位。

后宫,指乾清宫以北的交泰殿、坤宁宫,中轴线东侧的奉先殿、皇极殿等,中轴线西侧的养心殿、雨花阁、慈宁宫等。后宫是皇帝与后妃、皇子和公主们举行祭祀、宗教活动以及生活起居的地方。

纵览故宫,沿中轴线由南至北依次为前门、中华门、天安门、端门、午门、太和殿、中和殿、保和殿、乾清宫、交泰殿、坤宁宫、钦安殿、神武门,它们皆为

---

① 须弥座又名金刚座,源自印度,系安置佛像、菩萨像的台座和大型宫廷建筑的基座。

"坐北朝南"的设计。

中国的建筑为何多采用"坐北朝南"的设计理念呢？主要有以下几个原因：

第一，采光。中国处于地球北半球、欧亚大陆东部，大部分陆地位于北回归线以北。冬季，太阳直射角较小，住宅的门、窗朝南，可使更多的太阳光线射进室内，从而提高室内温度。而在夏季，太阳直射角增大，太阳从门、窗射入的光线相对就少，从而能在室内保持一定的凉意。按老百姓对"坐北朝南"的说法，就是"冬暖夏凉"。

第二，避风。中国大部分地区位于东亚季风区，建筑（殿、宫、阁、楼、庙、观、宅、舍等）朝南，盛夏季节可避开下午最热时的阳光直射，隆冬季节可避开刺骨严寒的西北风，起到防寒、保暖之效。在民间，甚讲阴风、阳风之别。清末何光廷在《地学指正》中云："平阳原不畏风，然有阴阳之别，向东向南所受者温风、暖风，谓之阳风，则无妨。向西向北所受者凉风、寒风，谓之阴风，宜有近案遮拦，否则风吹骨寒，主家道败衰丁稀。"这段描述表明要避西北之阴风，否则会有"家败丁稀"之危。

第三，尊贵。古代把"南"视为尊贵，而把"北"视为臣服和失败。（此说法因朝代、君王的不同而有别）皇帝的龙椅面南而置，以示九五至尊和君临天下，文武大臣下站于皇帝对面，即"北面称臣"，以示尊卑、等级、臣服。此外，打了败仗后称"败北"，亦出此由。

中国北方民居"四合院"，以院子为中心呈东西南北房围状，所以把采光好、冬暖夏凉、坐北朝南的房屋称"正屋或正房"，传承中国仁孝之道，正屋当然礼让于长者居住。

"坐北朝南"的建筑理念和风格，不管在古代民居、村落，还是宫廷建筑，都体现了人们对自然现象的科学认识和人与自然和谐共生的智慧，这种被赋予"人文思想"和"天地灵气"的建筑风格传承至今，生生不息。"坐北朝南"建筑设计理念所蕴含的文化意义，可谓"得山川之灵气，享日月之光华，顺天应人，人杰地灵"。

除"坐北朝南"的建筑设计的理念外，建筑本身也是一种文化。尤其是中国古建筑（含民居、宫廷建筑）深刻体现了人与空间、人与环境、人与自然、人与人之间的对话和思考。中国古建筑遵行的基本思想是：顺应天时，合乎地理，人造天地。正如《中庸》所言："唯天下至诚，为能尽其性；能尽其性，则能尽人之性；能尽人之性，则能尽物之性；能尽物之性，则可以赞大地之化育；可以赞天地之化育，则可以与天地参矣。"

此外，古人还有以"东"为主，以"西"为从的说法。如清朝故宫后妃的住处，东宫为大为正（咸丰帝时的东宫主人东太后慈安），西宫即为从为次（清咸丰帝时的西宫主人西太后慈禧）。追溯至中国古代礼法中，身份与座次都有比较严格的界定关系。当帝王与臣下相对时，帝王面南，臣下面北；宾主之间相对时（一般为主尊客卑），主人东向（坐西面朝东），宾客西向（面朝向坐在东面的主人）；长幼之间相对时，长者东向（坐西面朝东），幼者西向（坐东面朝西）；宾主（地位尊卑相平）圆形宴席的座位，以东向（坐西面朝东）最尊，次为南向（坐北面朝南），再次为北向（坐南面朝北），西向（坐东面朝西）为侍坐。

在《史记·项羽本纪》中"鸿门宴"的座次为：项王项羽东向，为至尊（坐西面朝东）；亚父范增南向，为次之（坐北面朝南）；沛公刘邦北向，为再次之（坐南面朝北）；张良西向侍座，为最次之（坐东面朝西）。此安排用意，项刘二人皆心知肚明，项羽占据了东向主人的高贵之位，以显"王者之尊"，客人刘邦被安置在坐南朝北的座位上，以示"臣服之礼"。今天大家所讲的"东家""房东""做东"，还有今天常称的"稀客"（本意为"西客"），都由此而来。中央电视台也有一档非常受欢迎的节目，命名为《东方之子》，此"东方"，一指东方的本意，即中国位于世界的东方；二指东方的文化蕴意，即"尊贵尊贤"。

鸿门宴座次图

有一点予以说明，"东、西"孰尊孰贵，依时代的不同而不同，并无定规。如《史记·魏公子列传》记载，古代车骑以左为尊位，空出左边的位置恭候别人，称"虚左以待"，表尊重之意。三国时东吴占据江东，也称"江左"。在历朝历代治国方略中，文武韬略之大臣虽皆为英明之君所倚重，但仍有区化，普遍的态势是"文主武从"，遂成"文左武右"的仪制。此点在朝臣的站队序列中可窥见一二：皇帝居面南的尊贵之位；面朝皇帝站在东侧（右面）的是武臣序列；面朝皇帝站在西侧（右面）的是文将序列。

明清故宫除体现"尊贵、中庸、对称"思想的中轴线设计外，还有尚东、尚左思想的体现，如"左祖右社"的设计特色。所谓"左祖"，就是在宫殿左前方修建帝王祭拜祖先的地方，称"祖庙"。因为是天子的祖庙，故也称"太庙"。"右社"，指在宫殿右前方修建帝王祭祀土地神、粮食神的地方，称"社稷坛"（社为土地，稷为粮食）。

在中国的语言文字①中，"东西南北"为民众耳熟能详，且实际使用的频率很高，如今所称的北京、南京、西北、西南、东北等，古代的西京（长安）、东京（开封）等。但东西南北除表示四方的本意之外，还有很多泛指和引申之意，只不过随着时间的变迁，这些泛指或引申之意，慢慢地淡出了人们的语词意向和视野。它们有：

东西南北，表示左右上下之意。

东南西北，即按顺时针方向组词，多引申为符合正道、正途之意。

西南东北，即按逆时针方向，多引申为不符合正道、谋逆反叛之意。

任何文化都有发端、兴盛、繁盛、衰败的命运。这也无时无刻不在提醒我们，对被时代发展所洗礼而褪色、式微甚至断层的传统文化（如上述东西南北引申之意）的重新认知、重视、传承、弘扬，应是我们对老祖宗所创造的中国文化的一种敬畏和应有之态。诚如楚人屈原在《离骚》中所言："路漫漫其修远兮，吾将上下而求索。"

四象

四象，语出《易传·系辞上》。《易传》云："易有太极，是生两仪，两仪生四象，四象生八卦。"此言系理解中国群经之首《易经》的基础，可从以下三个层级加以理解：

第一层，太极生两仪。太极是宇宙从无极而到太极，以至万物化生的过程。宇宙根本力量的第一变生出的"乾坤"两仪，可称为一级的"阴"和一级的"阳"。这个过程即"太极生两仪"。

太极图

第二层，两仪生四象。由太极生出的"阴"和"阳"，又相互作用和演变，生成了第二极的阴阳交叉组合，这个过程即"两仪生四象"。具体如下：

---

① 语言文字，指语言和文字。近代语言学家叶圣陶先生从"语言"和"文字"两词中，各取一字组成今中学"语文"科目。

在一级的"阴"中生出：阴中之阴——"太阴"；阴中之阳——"少阴"。

在一级的"阳"中生出：阳中之阳——"太阳"；阳中之阴——"少阳"。

第三层，四象生八卦。在四象的基础上，阴阳力量继续交互作用，又生成了代表自然界八种基本物质的新阴阳组合。这个过程即"四象生八卦"。具体如下：

太阳生出：太阳之阳——"乾"（代表天）
　　　　　太阳之阴——"兑"（代表泽）
少阳生出：少阳之阳——"巽"（代表风）
　　　　　少阳之阴——"坎"（代表水）
少阴生出：少阴之阳——"离"（代表火）
　　　　　少阴之阴——"震"（代表雷）
太阴生出：太阴之阳——"艮"（代表山）
　　　　　太阴之阴——"坤"（代表地）

四象在《易传》中是"太阴、少阳、少阴、太阳"的总称。在秦汉以后逐渐发展为代表东"东、西、南、北"四个方位的"四神"（又称四灵）。四象与四神的对应关系如下：

代表少阳的东方之神——青龙
代表少阴的西方之神——白虎
代表太阳的南方之神——朱雀
代表太阴的北方之神——玄武

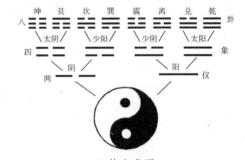

八卦生成图

后来，智慧的中国人以"少阳、太阴、少阴、太阳"为基点，从不同的维度赋予四象更多的"灵魂"。

从四季的维度：四象即春、夏、秋、冬；
从四变的维度：四象即阴、阳、刚、柔；
从四苦的维度：四象即生、老、病、死；
从四向的维度：四象即左青龙、右白虎、前朱雀、后玄武；
从四方的维度：四象即东青龙、西白虎、南朱雀、北玄武；
从四兽的维度：四象即降妖天之灵兽，青龙、白虎、朱雀、玄武；

四象图

在以上的纬度中，民间百姓最普世的"四象"认同是：东青龙，西白虎，南朱雀，北玄武。

（1）东青龙。四象之首，又称"苍龙"。古代神话中的东方之神，位东方，木属性，表春季。"龙"自黄帝授命于天、威泽四方起就成为中华民族的图腾和象征。至汉朝时，"龙"作为天子皇帝的专属象征已明确定形。从周至清，"龙旗"一直是国旗中的图案。至今海内外的中华子民都骄傲地自称"龙的传人"。龙的形象也深入人心，长蛇身、麒麟首、牛之眼、马之鼻、鱼之鳞、鹿犄角、鲤鱼尾、鹰之爪，可上天入海，可降雨降害，可恩泽天下，可佑保江山……

清金龙三角旗

虎符

（2）西白虎。古代神话中的西方之神，位西方，金属性，表秋季。形同白虎，象征着"威武和尊贵"。在军事上，古人取虎"百兽之王，威猛凶勇"之意，作为军队旗帜的图案，如"白虎旗"或制成虎状令符的虎符①。

（3）南朱雀。又称"朱鸟"。古代神话中的南方之神，位南方，火属性，表夏季。朱雀形似凤凰，却尊贵于凤凰，被誉为"虫羽之长，天之灵兽"。

（4）北玄武。又称"玄冥"。古代神话中的北方之神，位北方，水属性，表冬季。玄武外形为龟和蛇的组合体。玄武起初就指乌龟，因其生活在江河湖海且长寿，故称"水神"和"长生不老"之灵兽。

四象，承前两仪，启后八卦。无论春夏秋冬，东西南北，金木水火，皆有四象天佑。

朱雀

玄武

---

① 据传，虎符最早为周朝姜子牙发明，多用青铜或黄金铸造而成。制作时从头到尾纵劈两半，形成形状、材料、颜色相同的一对"虎符"。调兵时，须将两个虎符合二为一，严丝合缝，持符者方能行使调兵遣将之权。

四大皆空

如将一个既通俗又深奥的问题——"世界有多大?"同时询问中外友人,可能会有以下两种非常有代表性的情景和回答:

外国友人可能马上发挥他们严谨、理性的科学探究精神,利用一切可利用的科学技术和工具,列出一系列、一大堆庞杂繁复的数学公式,并经一次次的推导、演算、求证、复核,得出一个让人佩服得五体投地且无法辩驳的准确答案。但这个答案,可能是一个大多数人,读也不会读或读也读不懂的天文数字。

而中国人则又会有两种回答。第一种,先望望天,再看看地,然后慢悠悠地给出一个石破天惊却非常普世而又精妙的答案"太极"。这个答案虽极简,却很深邃奥妙。在中国的语言文字中,"太"字由"大"和"、"构成。"大"表示世界很大。大到什么程度?"其大无外",即大到没有边缘;反过来,"大"字下面的那一"、"表示世界很小。小到什么程度?"其小无内",即小到没有内核。此世界"其大无外,其小无内"的回答,对仗而工整、对立而统一、朦胧而清晰、辩证而通达,真是妙哉!第二种,简洁而玄妙的答案"四大皆空"。可释义为,世界往大了说,沧海无垠,四大皆空;往小了说,一花一木,四大皆空(这种回答可能会让外国朋友更"云里雾里",摸不着头脑)。

以上中国人的两种回答,都富有哲理。以下只解读"四大皆空"。

首先解读何为"空"。空,《新华字典》释义:不包含什么,没有内容,表"无"之意。若从哲学对立统一的观点来讲,空就是有,有就是空,二者对立统一,相互转化。从佛家的观点来讲,只有"空",才能装进去更多的东西,成就"满"(道家亦持此观点)。佛家的"空",绝非"空无所有"的意思。恰恰相反,"空"指世间万物以及万物变化之道(含看得到和看不到的万物,含时间和空间的变化)。

佛法讲,任何事物分"相"和"性"。"相"指外在的"表象",事物外表所呈现出来的东西;"性"指事物内在的"本质"。不管是事物外在的表象,还是事物内在的本质,都是"因缘和合"而生的产物。因缘在不断变化,事物也在不断变化,前一秒和这一秒的事物,表面上看没什么不同,而内在已经完全不同,故没有一个固定的"性"能代表这个事物,称"无自性",也称"性空",又称"空"或

"色"。这即是佛教的重要义理"色即是空，空即是色"。

《般若波罗蜜多心经》开篇曰："观自在菩萨，行深般若波罗蜜多时，照见五蕴（色蕴、受蕴、想蕴、行蕴、识蕴）皆空，度一切苦厄。舍利子，色不异空，空不异色，色即是空，空即是色。"《心经》所讲"色即是空，空即是色"，指一切能见到或不能见到的事物都是由人们的虚妄而产生的幻觉，而虚妄的幻觉是随缘生而生，随缘灭而灭，是不固定的"性"，即"无自性"或"性空"。缘起了，各种要素就"和合"生成物质以及物质现象的"相"和"性"；缘灭了，物质以及物质现象的"相"和"性"就灭了，即没有了物质。没有了物质，那物质的"性"也随之而灭，即"性空"或"空"。佛理认为，一切事物皆如此，即"一切皆空"或"万物皆空"。

"四大皆空"是对佛理"一切皆空"的具象化。佛教所讲的"四大"，一般指构成物质世界的四大基本元素：地（山川大地）、火（日月火光）、水（海河湖泊）、风（空间气流）。一切物质及物质现象，皆由四大元素"因缘和合"（相互平衡、相互调和）而成。若四大和谐共生（和合），便缘起物生，相茂性和；若四大不和，便缘灭物毁，相衰性空。

物质现象如此，人亦如此。如四大元素"地、火、水、风"中的任一元素异常强大（或弱小），另外元素相应地就会异常弱小（或强大），从而影响物质及物质现象的"平衡和谐"。以水为例，如果水很大就会成灾（涝灾），水很少也会成灾（旱灾）。而水的多少与其他三要素——地、火、风也有相生相克的密切关系。故佛教信众把人生病，称为"四大违和"。佛教信众把"四大"拟人化，形象地表述为：血液属于水大（水湿性），骨肉属于地大（强硬性），体温属于火大（温暖性），呼吸属于风大（流动性）。血液不通（水大），骨肉相离（地大），体温高低不齐（火大），呼吸不畅（风大），不要说这四大毛病同时发作（佛语称"四大违和"），就是任一毛病发作，也会让你极不痛快。正如中医所讲"痛则不通，通则不痛，痛则不和，和则不痛"。

佛法中"四大皆空"除指以上生成物质世界的四种方式外，还指毁灭物质世界的四种方式：地空（地震），火空（火灾），风空（飓风），水空（洪水）。事实证明，人类虽然非常伟大，具有强大的征服和改造自然的能力，但在这四种毁灭物质世界的灾难面前，第一是渺小，第二是苍白，第三是无力。

"四大皆空"告诉世人信众，现存的物质世界（含人类）不仅无常性空，而且也会被四大（地风水火）所生、所灭。佛祖也是谨遵"布施、持戒、忍辱、精进、禅定、般若"的修行原则，和顺四空，进而普度众生。僧徒信众也只有净心修行、积德成善、广施普惠，通过戒、定、慧的道谛之路，消除贪、嗔、痴等根本烦恼，了除生死患累的苦果，证得清净寂灭的解脱境界，方能正觉涅槃。

四大瑞兽

瑞兽，顾名思义，吉瑞祥和之兽。中国四大瑞兽的说法不一，但人们普遍认同的是：龙、凤凰、麒麟、龟（貔貅）。此四大瑞兽与四大神兽（即四象：青龙、白虎、玄武、朱雀）的相似之处在于：

其一，这些动物系神话传说或虚构，现实中多不存在（龟除外）；

其二，这些动物是由人们把多种动物的身体部位重新臆造而成；

其三，龙被四瑞兽和四神兽共推崇为首。

（一）龙

龙是中华民族的图腾和象征。至今，海内外中华子民皆荣耀地自称"龙的传人"。龙威猛健硕，可上天入海，降雨降妖。其外形融各动物之精要于一身，麒麟首、蛇身、牛眼、马鼻、鱼鳞、鹿角、鱼尾、鹰爪。

在中国封建社会中，龙是皇权的象征，只能由至高无上的皇帝专享。皇帝的身体称"龙体"，衣服称"龙袍"，子女称"龙子"，座椅称"龙椅"，出行的船称"龙船"，睡觉的床称"龙榻"，皇宫使用的器物以及建筑多以"龙"为装饰或纹饰。时至今日，龙虽已不再代表皇家的尊贵，但民间对龙的称谓还是青睐有加。如中国最大的极地考察船就被命名为"雪龙号"（中国是唯一能在极地破冰前行的船只）；中国自主研发具有完全自主产权的深

鲲龙AG600

海载人潜水器（潜水深度已超万米）被分别命名"蛟龙号""潜龙号""海龙号"；中国自主研发具有完全自主产权的无人机被命名为"翼龙－Ⅰ"无人机、"翼龙－Ⅱ"无人机；中国自主研发的的大型水陆两栖飞机被命名为"鲲龙 AG600"。

"雪龙号"极地考察船

"翼龙－Ⅰ"无人机

"蛟龙号"载人潜水器

"潜龙一号"潜水器

在神话传说中，龙有祛邪、避灾、祈福、庆丰之法力，故而在过年等重大节庆，民间都有舞龙表演（"二龙戏珠"为社火经典项目）。此外，"龙生九子，九子不同①，为民除害，祈福祥瑞"的说法在民间也广为传颂。以下简述龙之九子：

（1）长子：囚牛。性情温顺，喜好音乐，总愿蹲在琴头欣赏音乐。迄今，人们把带有囚牛形象的胡琴，称为"龙头胡琴"。

（2）次长：睚眦（yá zì）。生性好斗喜杀，发怒时瞪眼。常在刀柄、刀环上以"龙吞口"的形象出现，也可用在仪仗和宫殿守卫者的武器上，彰显皇家卫军的威严和力量。

（3）三子：嘲风。形似兽，平生好险又好望，具有威慑妖魔、清除灾祸、辟邪安宅的作用，多安置在宫殿台角上。

（4）四子：蒲牢。长相形似盘曲的龙，平生好鸣，受击后会大声吼叫，多用于洪钟提梁的兽钮，助其鸣声远扬。

（5）五子：狻猊（suān ní）。形如狮，平生爱静不喜动，好坐，又喜欢烟火，一般出现在香炉上随之吞烟吐雾或在香炉下，被装饰为香炉的脚。

（6）六子：霸下，又名赑屃（bì xì）。似龟有齿，喜欢负重，背上常驮碑。传说上古时代霸下常驮着三山五岳在江河湖海里兴风作浪。后来大禹治水时收服了

---

① 龙生九子，长相、脾性、司职、法力都各不相同。

它，它便推山挖沟、疏遍河道，为治水尽力尽为。洪水治理后，大禹担心霸下野性难改，便搬来顶天立地的特大石碑，上面刻上霸下治水的功绩，叫霸下驮着。在外观上，霸下和龟十分相似，但细看却有差异，霸下有一排牙齿，而龟却没有；另外，因霸下负沉重的石碑昂头奋力而行，虽举步维艰却总不停步，故而霸下又被誉为长寿和吉祥的象征。

龙长子：囚牛　　　龙次子：睚眦　　　龙三子：嘲风

龙四子：蒲牢　　　龙五子：狻猊　　　龙六子：霸下

龙七子：狴犴　　　龙八子：负屃　　　龙九子：螭吻

（7）七子：狴犴（bì àn）。形似虎，其形象威风凛凛、虎视眈眈、环视四周。传说狴犴能仗义执言、明辨是非、秉公而断，所以多匍伏在官衙的大堂两侧，环视察看，彰显公堂的肃穆正气。如此，狴犴既是牢狱的象征，又是黎民百姓的守护神。

（8）八子：负屃（fù xì）。身似龙，雅好斯文，多盘绕在石碑头顶两侧。

（9）九子：螭吻（chī wěn），又名鸱（chī）尾或鸱吻。外形像龙和鱼的结合体，喜欢在险要处东张西望，口润、嗓粗、好吞，特别喜欢吞火。中国古代建筑，如故宫各大殿正脊两端，相向蹲坐有鸱吻，取其吞火、镇火、消灾之意。

太和殿垂脊上的瑞兽

上述龙的九子中，有三位端坐于故宫太和殿的殿脊上方的瑞兽之列，他们是位于正脊两端的螭吻和垂脊的龙（嘲风）和狻猊。皇家建筑对垂脊上的瑞兽的数量有严格的等级界限，只有作为最大的皇家建筑的太和殿上瑞兽的数量，除排头的第一个仙人骑兽外，能有十样齐全①的瑞兽，其他殿垂脊的瑞兽数量按级递减。保和殿9个、天安门9个、乾清宫9个、中和殿7个、坤宁宫7个、东西六宫各5个。

（二）凤凰

凤凰，又称"凤皇"。中国古代称之为"吉祥鸟"，有"百鸟之王"之誉。凤凰的外形也是集各动物之精要于一身，鸡的脑袋、燕子的下巴、蛇的颈、鱼的尾、麟的臀，身披五色龙纹羽毛。雄的称"凤"，雌的称"凰"，总称为"凤凰"（雌雄同体）。也有另一说，凤凰是由佛教大鹏金翅鸟所变，有从火里重生的特性，故称之为"凤凰涅槃，浴火重生"的火凤凰。

凤凰图

自秦汉以后，龙成为皇帝的专属和象征，凤成为皇后的专属和象征。由于龙、凤都为吉祥之瑞且具有高贵的身份专属，故将皇帝与皇后的大婚，称之为"龙凤呈祥"。后来这"龙凤呈祥"的美好寓意，逐渐下移，百姓婚嫁时，也可称"龙凤呈祥"。宫廷、民间用喜庆的红色布置的婚房内，很多物件（被面、床单、窗花等）

---

① 从头至尾，依次为仙人骑兽、龙、凤、狮子、天马、海马、狻猊、狎鱼、獬豸、斗牛、行什。

上都会绣有"龙凤呈祥"的图纹，被寄予"百年好合"的祝福。

"凤凰"最早称"鹓雏"（yuān chú），见于《庄子·秋水》篇：

龙凤呈祥

> 惠子相梁，庄子往见之，或谓惠子曰："庄子来，欲代子相。"于是惠子恐，搜于国中，三日三夜。庄子往见之，曰："南方有鸟，其名为鹓雏，子知之乎。夫鹓雏发于南海，而飞于北海，非梧桐不止，非练实不食，非醴泉不饮。于是鸱得腐鼠，鹓雏过之，仰而视之曰'吓'。今子欲以梁国而吓我耶？"

上文简意是：惠施在梁国当宰相，庄子去看望。后来有人对惠施说，庄子到梁国来，表面上是看望你，实则是想取代你做宰相。惠施恐慌，在国都中搜捕（庄子）三天三夜。庄子听闻，去见了惠施。庄子对惠施说："南方有一种鸟，名字叫鹓雏，你知道它吗？鹓雏从南海起飞，飞到北海去，路途遥远，但鹓雏不是梧桐树不栖息，不是竹子的果实不吃，不是甜美的泉水不喝。有一次，鹓雏在飞行时遇到一只口叼腐鼠的猫头鹰。猫头鹰仰头看着鹓雏，向鹓雏发出'喝'的怒斥声。而鹓雏根本不是如猫头鹰所想，有掠夺腐鼠之意，完全是猫头鹰自作多情而已。同样的情况，你以为我到梁国来是想要你的梁国相位。所以你来恐吓我？"

庄子借物言志，讥讽惠施如那只猫头鹰一般，"以小人之心，度君子之腹"。相反，庄子把自己以鹓雏（凤凰）自比，表现其清高自守，视爵禄如腐鼠的高洁之性。

后世很多文人，尤其是唐宋时，多以凤凰"非梧桐不止，非练实不食，非醴泉不饮"的高洁之性来表现人格之高洁。

延伸阅读以下几篇"凤栖梧"词牌名的词作——

柳永（约987—约1053）作词：

> 伫倚危楼风细细，望极春愁，黯黯生天际。草色烟光残照里，无言谁会凭栏意。
>
> 拟把疏狂图一醉，对酒当歌，强乐还无味。衣带渐宽终不悔，为伊消得人憔悴。

丘处机（1148—1227）作词：

> 一点灵明潜启悟。天上人间，不见行藏处。四海八荒惟独步。不空不有谁能睹。

瞬目扬眉全体露。混混茫茫，法界超然去。万劫轮回遭一遇。

高观国（南宋词人，生卒年不详）作词：

云唤阴来鸠唤雨。谢了江梅，可踏江头路。折却一番花信阻。不成日日春寒去。

见说东风桃叶渡。岸隔青山，依旧修眉妩。归雁不如筝上柱。一行常见相思苦。

（三）麒麟

麒麟性格温和，外形为龙头、鹿角、狮眼、虎背、熊腰、蛇鳞、马蹄、牛尾的融合体，民间戏称"四不像"。其中雄性称"麒"，雌性称"麟"，总称"麒麟"（雌雄同体）。相传，麒麟长寿，能活两千多年，只要有麒麟出没的地方，必有吉祥之瑞。在民间与麒麟相关的最吉祥的典故就是"麒麟送子"。

麒麟吐书

传言，孔子将生前有麒麟吐玉书于其家院，上写"水精之子孙，衰周而素王"，不久孔子出生。后来演变成"天上麒麟儿，地上状元郎"的佳话，家喻户晓，求拜麒麟成为人们"求子"的一种精神寄托和祈望。多年不生育的妇人，每有舞动的龙灯（等同麒麟）到家时，以龙身围绕妇人一次，将龙身缩短，上骑一小孩，在堂前行绕一周，于是很快有喜，谓之"麒麟送子"。在民间，麒麟除送子添丁外，还有赐福、去灾解难、驱鬼除魔、护家镇宅（钟馗主业）的法力。至今，我们在大户人家、企事业单位、银行门口，都可看到或蹲或立，威风凛凛的麒麟守卫左右。

清朝，一品武官大员（武官中最高级别）的补服图案为麒麟，表两层含义：其一，麒麟性格温良，不履生虫，不折生草，

清朝一品麒麟补服

头上有角，角上生肉，是有德行的仁兽，历代帝王都亲善麒麟，视之为国家的"吉瑞之兆，皇家之德"；其二，麒麟设"武备而不为害"，因有足者宜踢，有额者宜顶，有角者宜触，为麟不然，是仁也。以麒麟为一品武官补服形象，既象征皇帝仁厚德瑞，又象征皇帝"武备而不为害"的"王道仁君"形象。

（四）（一说）龟

四瑞兽中唯一存活于世间的动物。中国人一直相信，龟是先行先知的灵物和长寿（约可活200岁）的象征。曹操的名诗《龟虽寿》对龟的长寿给予了客观辩证的评析。

神龟虽寿，犹有竟时。腾蛇乘雾，终为土灰。
老骥伏枥，志在千里。烈士暮年，壮心不已。
盈缩之期，不但在天。养怡之福，可得永年。
幸甚至哉，歌以咏志。

上文可简译为：神龟虽长寿，但生命终有结束之日。蛇虽能腾云乘雾飞行，但终会化为土灰。年老的千里马虽伏在马槽旁，但雄心壮志仍可驰骋千里。壮志凌云的人士即便到了晚年，奋发思进的心也永不止息。人之寿命长短，不只是由上天决定。调养好身心，定可以益寿延年。真是幸运快乐，用歌唱来表达自己的情感志向。

（二说）貔貅（pí xiū）

相传貔貅是一种凶猛瑞兽，雄性为"貔"，雌性为"貅"，合称"貔貅"（雌雄同体）。貔貅外形是龙头、马身、麟脚，形似狮子，毛色灰白，会飞。貔貅有一种异能，嘴大且见财就吃，有多少财就能吃进多少财。民间说法是，貔貅的口越大就寓意挣的钱越多；肚子越圆就寓意装的钱越多。另外，貔貅没有排泄器官，即人之常言"只进不出"。故"貔貅吞万物而不泄，招财聚宝，守财存钱"的特质，备受商界人士喜欢。

貔貅

四大瑞兽的说法或版本虽不尽相同，但自古以来，瑞兽所代表的祥瑞之意，皆近相同。这些祥瑞之意，既是中国人"顺天应人"的心理折射，也是中国人祈愿"国泰民安"的精神寄托。

四大名著

四大名著现指《红楼梦》《三国演义》《水浒传》《西游记》。一般意义上，称得上名著的中外作品都具有以下特质：

（1）主题永恒且有极大的社会影响力；

（2）有广泛的读者和认知度；

（3）经久不衰且具有历久弥新之态；

（4）蕴含较高的艺术、历史、文学价值；

（5）富有吸引读者多次品读的魅力且每次品读会有不同的感受（如梅兰芳先生多次演《贵妃醉酒》，但每次演出都有不同的韵味）。

今天所称的"四大名著"，并非古而有之，它是由古称"四大奇书"逐渐演变而来。明代著名文史学家王世贞[①]最先提出的"四大奇书"是《史记》《庄子》《水浒传》《西厢记》。后来明代文学家冯梦龙[②]提出的"四大奇书"是《三国演义》《水浒传》《西游记》《金瓶梅》。到了明后期至清代，《金瓶梅》因有"淫书"恶名，屡遭查禁（《大明律》规定：凡是收藏应禁之书，轻则杖一百，重则问罪杀头）。《红楼梦》取代了《金瓶梅》入列"四大奇书"。新中国成立后，人民文学出版社最先推出了这四部小说，其他出版社效仿，随着人们阅读量的增大和读者的认可，"四大名著"而非"四大奇书"的称呼随之流传开来，继而约定俗成为"四大名著"。

（一）《三国演义》

《三国演义》，原名《三国志通俗演义》，作者是有中国"章回小说鼻祖"之称

[①] 王世贞（1526—1590），字元美，号凤洲，南直隶苏州府太仓州（今江苏太仓）人。明代文学家、史学家。

[②] 冯梦龙（1574—1646），字犹龙，又字子犹，南直隶苏州府长洲县（今江苏苏州）人。明代文学家、戏曲家。

的罗贯中①。罗贯中生于元末明初社会动乱之时，成年后不苟同于流俗，执着于自己的政治理想，曾积极参与反元的起义斗争。明朝建立之后，专心致力于文学创作，《三国演义》就撰写于此时期。

《三国演义》以魏、蜀、吴三大集团的政治和军事斗争为主线，从东汉末年黄巾起义（始于184年）开始，写至司马氏灭吴统一（约280年），展现了从东汉末年到西晋初年近一百年的历史风云，鲜活地塑造了刘备、曹操、孙权三位帝王不同的形象、性格和文韬武略；塑造了鞠躬尽瘁、足智多谋、神机妙算之诸葛亮的完美形象；还塑造了足智多谋的周瑜、关羽、张飞、赵云等一大批叱咤风云的英雄人物。

罗贯中

以下笔者从文学和文化的角度，谈一谈对《三国演义》粗浅的认知：

1. 文学的角度

（1）人物塑造生动、多元。

生动，表现为对人物鲜明个性以及生动形象的刻画。如《三国演义》中的"三绝"，就是对人物生动刻画的典范。称曹操为奸诈老道的"奸绝"、关羽为义重如山的"义绝"、孔明为机智过人的"智绝"。

多元，表现在所塑人物性格的复杂、多变。如曹操在逃难时杀了好友吕伯奢一家还毫无悔意地说："宁教我负天下人，休教天下人负我。"此为其奸雄的一面。另外，关羽投靠后，曹操款待关羽，三日一小宴，五日一大宴，并将自己心爱的赤兔马②诚意相赠，此为曹操惜才的一面。后来，关羽得知大哥刘备的消息，按投靠前与曹操的"三约"③，要离开曹操寻找刘备时，曹操耿直履约且亲送关羽，这是他守信的一面。

再如，对刘备的刻画。自桃园结义以来，刘备恪守兄弟之情，仁义之道。始终

---

① 罗贯中（1330—1400），号湖海散人，并州（今山西太原，另一说为山东平原）人。元末明初作家，戏曲家。

② 此马最早由董卓从西域带回洛阳，为笼络吕布，董卓将此赤兔马赠予吕布。后来，吕布又为讨好曹操，将此马敬献曹操。曹操甚爱此良马，以宝马相待，后来为笼络关羽，也因欣赏关羽的英勇和忠贞而将良马割爱相赠。真可谓："鲜花赠美人，宝马赠英雄。"

③ 下邳兵败后，关羽被围在土山，曹操派张辽做说客请关羽投降，关羽提出：第一，关羽是投降大汉皇帝并不是投降曹操；第二，要保证刘备的两位夫人的饮食起居和日常花销；第三，一旦知晓刘备的去向，将不远千里探寻。曹操应允后，关羽暂时投降。此谓"三约"。

以义为先，上报国家，下安黎庶。就连被派往刺杀刘备的刺客，因感动于刘备的仁义而不忍杀他。还有刘备"携民共渡江"等，都塑造了刘备"仁义之君"的形象。相反，刘备怒摔儿子阿斗（演给赵云看），以此收买赵云。还有刘备在临终前托言于诸葛亮："阿斗不才，汝可取而代之。"其实刘备并非真要把天下让给诸葛亮，只是想借此试探诸葛亮的忠心而已，此点自然被"智绝"的诸葛亮所看出，故泪流满面地回答主公："愿效犬马之力，辅佐阿斗。"这些都是对刘备另一面形象——"奸雄"的刻画。

1994年版电视剧《三国演义》剧照

（2）比喻、夸张、烘托、对比等文学修辞手法的运用。

比喻、夸张、烘托、对比等多种修辞手法的运用对人物的刻画和描写如锦上添花，又如银盘上放了一颗金苹果，熠熠而生辉。其文学性、可读性、趣味性、审美性都随之增强。

比喻手法的运用，如在第一回描写刘备的外貌为"面如冠玉"（此美誉曾用于描写古代四大美男宋玉）。将刘备的脸比喻为"玉"，一则面由心生，表明刘备并非粗俗武夫；二则"透过现象看本质"，隐喻刘备将来必有帝王之实。再如，对张飞的外貌的描写："张翼德其人，豹头环眼，燕颔虎须，声若巨雷，势如奔马……"直入人心，绝对可以达到"未闻其人，便知其人"之效，一个"猛"张飞的武将形象跃然于纸上。对关羽外貌的描写：关云长其人"身长九尺，髯长二尺；面如重枣，唇若涂脂；丹凤眼，卧蚕眉，相貌堂堂，威风凛凛"，也是一语中的，其忠勇、沉稳、威猛的形象赫然而立。

对比、反衬等修辞手法的运用，在《三国演义》第三十六回中有一段，徐庶向刘备推荐诸葛亮，言之："譬犹驽马并麒麟，寒鸦配鸾凤耳。"其实，徐庶在当时已是名闻天下的谋士，但与比作"麒麟""鸾凤"的诸葛亮相比，自喻为"驽马""寒鸦"。又如《三国演义》第三十九回，博望坡之战前夕，徐庶在曹操面前评价诸葛亮"庶如萤火之光，亮乃皓月之明也"。徐庶将自己喻为"萤火"，把诸葛亮喻为"皓月"。

2. 文化的角度

其一，在对三国历史人物的塑造上，作者明显表达出强烈的"忠君爱国"的儒家思想。

其二，深入浅出的表达和讴歌。刘备集团"仁义爱民"的道德品质，君、相、将彼此信任却和而不同的人文精神，给予读者强烈的道德判断和人生观、人生价值的引领。此点可在小说主人公的名字中的"德"字窥见一二：刘备，字玄德；张飞，字翼德等。[在古代，"名"和"字"为两个不同的概念。一般而言，"名"只能由父（母）亲拟定，"字"可以自己拟定。"名"和"字"之间有规律可循的一般有两种情况：一种是"字"的意思与"名"的意思相近。如屈原，名平（指平坦宽广），字原（原通垣，意指是又高又大的山丘，如白鹿原）。如此可知，屈原的字（原）和名（平）意思相近。再如曹操，名操，字孟德。孟指老大之意，曹操的字（德）与曹操的名（操），都为意思相近的操守、道德之意。另一种是"字"的意思与"名"的意思相反。如韩愈，字退之。韩愈名（愈表超越之）与其字（退之）意思相反]。

其三，极力揭露和鞭挞曹操枭勇、诡恶、多疑的形象，对读者的人生观、世界观或潜移默化或直接鲜明地产生影响。

其四，对天下之事"分久必合，合久必分"高屋建瓴的解读和概括。

其五，对《孙子兵法》《三十六计》等军事战争理论的实践运用。

从《三国演义》中引出了很多歇后语、成语、俗语。歇后语、成语、俗语多脱胎于典故而成。恰如其分地使用或巧妙借用，不仅可以点缀人们的日常交流，营造幽默氛围，而且可以彰显个人才华。歇后语、成语、俗语、谚语等都是中国独特文化的体现。

歇后语：

诸葛亮的鹅毛扇——神机妙算　　诸葛亮征孟获——收收放放

诸葛亮弹琴——计上心来　　　　曹操遇蒋干——倒了大霉/误大事

曹操用计——又奸又滑　　　　　诸葛亮借箭——有借无还

曹操做事——干干净净　　　　　曹操杀华佗——讳疾忌医

曹操下江南——来得凶，败得惨　张飞使计谋——粗中有细

张飞扔鸡毛——有劲难使　　　　曹操吃鸡肋——食之无味，弃之可惜

三个臭皮匠——顶个诸葛亮　　　关公面前耍大刀——献丑

司马昭之心——路人皆知

成语：

三顾茅庐	望梅止渴	乐不思蜀
桃园结义	百步穿杨	七擒七纵
吴下阿蒙	鼎足之势	刮目相看
单刀赴会	七步成诗	锦囊妙计
暗度陈仓	煮豆燃萁	舌战群儒
封金挂印		

俗语：

蜀中无大将，廖化作先锋　　　身在曹营心在汉

万事俱备，只欠东风　　　　　赔了夫人又折兵

既生瑜，何生亮

（二）《水浒传》

《水浒传》的作者至今仍有争议，有说是施耐庵和罗贯中共著，也有说是《三国演义》的作者罗贯中所著但化名为"施耐庵"。诸多研究者广泛地认同：《水浒传》由施耐庵①独著。我国中小学教材中《水浒传》的作者一直署名施耐庵。

施耐庵

施耐庵7岁时，家贫不能上学。但聪明好学，经常借书看，请邻居教，有时还到学堂去旁听。13岁时，已饱读《大学》《论语》《诗经》《礼记》等典籍，一般的学问，可做到对答如流，下笔琳琅。一次，邻居老人病故，约请教书的秀才来写祭文。然而秀才迟迟未到，有人提议让施耐庵一试。施耐庵少年气盛，欲显其才，一挥而就。后来，秀才看到这篇兼有稚气和才气的祭文，称赞不已，主动提出教导施读书且不收学费。后来还把自己的女儿许配给施耐庵。施耐庵在秀才门下，读书十分刻苦，不仅熟读诸子百家，而且常痴迷于当时刊行的《大宋宣和遗事》中"晁盖智取生辰纲""宋江杀阎婆惜""杨志卖刀"等故事，受其影响，他常同小伙伴们一起，舞刀弄棒、习练武艺。那时，苏州城里经常有说唱《石头孙立》《青面兽》《花和尚》《武行者》《同乐院燕青博鱼》《李逵负荆》等话本和杂剧，施耐庵常去消遣，对这些"仗义英雄""擎天好汉"渐生敬佩之情。这些经历为施耐庵著写《水浒传》提供了丰富的素材。

---

① 施耐庵（1296—1370），字肇瑞，号子安，别号耐庵，江苏兴化人。元末明初作家。

《水浒传》是中国历史上第一部用古白话文写成的歌颂农民起义的长篇章回体小说。小说以宋江领导的起义军为主要题材，通过一百单八梁山英雄好汉反抗压迫、劫富济贫的生动故事，揭示了北宋末年统治阶级的腐朽和残暴以及当时非常尖锐的社会矛盾和官逼民反的残酷现实。小说浓厚地表达了对"忠义"的歌颂、"替天行道"的弘扬、"为民除害"的美化。同时，也表达了对宋江"性格和处世"前后变化的褒贬。如晁盖死后，宋江将"聚义厅"改为"忠义堂"。后来在朝廷"为国家出力，保人民平安"思想的鼓动和诱惑下，宋江接受招安，把"替天行道"的大旗改为"顺天护国"。一场轰轰烈烈的农民起义在悲剧中落幕了，宋江也由一位起义军的首领变为归顺朝廷的忠臣。其余梁山好汉的结局，自然也是非常悲惨的。

　　宋江不听军师吴用等众多好汉的劝阻，执意要为"国家效力"，征讨江南起义军领袖方腊。此战虽擒获了方腊，但损失惨重。七十二条好汉阵亡于方腊之战。如梁山第一女英雄扈三娘和丈夫王英被方腊军将领郑彪所杀。其余好汉也因与宋江在招安、征讨起义军等问题上"志不同而道不合"。鲁智深在杭州六和寺坐化（和尚盘膝打坐安然而死）；武松因战致残不愿回京，在杭州出家；林冲瘫痪；杨雄、时迁、杨志、穆弘病死；燕青，李俊、童威、童猛等先后愤然离去。待大军回京驻扎陈桥驿时，只剩下二十余名头领。蔡京、童贯、高俅、杨戬四大奸臣待宋江等封官后，设计害死卢俊义；在御赐酒中掺毒，毒死宋江和李逵；花荣和吴用在宋江坟前上吊自尽。

1998年版电视剧《水浒传》剧照

　　当然，也正是因为故事的跌宕起伏，描述的精彩纷呈，方使经典永流传，以下从文学、文化两个维度，谈一谈笔者对《水浒传》的浅显认知。

1. 文学的角度

　　其一，《水浒传》通俗易懂，趣味横生，使读者在阅读的过程中，脑海里立刻能浮现此人物与彼人物的轮廓，有让读者"恨不得一口气读完"和"爱不释手"的吸引力和魅力；

　　其二，《水浒传》确立了白话叙事文学深厚的民间基础。

　　其三，《水浒传》所描写、塑造、刻画的人物形象，张弛有度，特色鲜明，深入人心。如宋江、李逵、武松、林冲、鲁智深等豪侠仗义的好汉形象久入人心；

　　其四，对统治阶层的腐朽、奸诈以及专权、霸横给予了深刻的揭露和抨击。

2. 文化的角度

其一，《水浒传》弘扬了民族大义的意识，宣扬了"爱国护民""劫富济贫"的精神，鞭挞了奸臣贼子的行径，强化了"人间正道是沧桑"的社会认知；

其二，《水浒传》对儒家文化的"忠君""仁义"思想进行凸显和强化。

由《水浒传》引出的歇后语有：

宋江的绰号——及时雨　　　　　梁山兄弟——不打不相识
梁山的军师——无（吴）用　　　林冲买宝刀——哪知是计
高俅当太尉——一步登天　　　　西门庆宴请武大郎——没安好心
时迁照镜子——贼头贼脑　　　　潘金莲熬药——暗地下毒
鲁智深倒拔垂杨柳——力大无比　孙二娘开店——谋财害命
关公斗李逵——大刀阔斧　　　　假李逵遇见真李逵——冤家路窄

成语：

不识泰山　　　　　逼上梁山　　　　　腥风血雨
飞檐走壁　　　　　一马当先

俗语：

恶狗服粗棍，猛虎怕武松　　　　　官逼民反，民不得不反
没有三两三，不敢上梁山……

（三）《西游记》

《西游记》作者吴承恩①自幼聪慧，博览群书，下笔成文。吴承恩前半生科考不利，仕途不畅，直到四十岁时才补得一个岁贡生②。但他仍然没有被命运垂青，在京候官（补官缺）又遭落选。加之当年母老家贫，只好屈才做了长兴县丞（县令的副手，相当于现在的副县长），后因看不惯官场的黑暗，受人诬告，两年后愤然辞官，拂袖而归。晚年以卖文为生，活至耄耋之年（82岁）。

吴承恩一生勤奋好学，爱看神仙鬼怪，狐妖猴精之类的书籍。如《百灵怪》《酉阳杂俎》（唐代小说，作者为段成式）等，五十岁左右时，吴承恩在《大唐西域记》《大唐慈恩寺三藏法师传》等作品的基础上写成《西游

吴承恩

---

① 吴承恩（约1500—1582），字汝忠，号射阳山人，江苏淮安人。明中期文学家。
② 贡生，也称岁贡。明清时，每年或两三年从各府、州、县学中选送生员升入国子监就读，成为岁贡。

记》前十回，后因故而中断多年，直至晚年辞官归乡后，约用七年的时间整理、编写完成《西游记》。

《西游记》以民间传说"唐僧取经"的故事为主线，人、妖、魔、鬼、神、禽、兽、僧、道、王等尽在其中，牛鬼蛇神，熊虎虫木真假穿插，善恶难辨。小说的情节清晰明朗，铺陈有序。先写孙悟空出世（石头里蹦出来），后拜"须菩提"，再后来大闹天宫，被如来佛祖压在五行山下。五百年后受观音菩萨点化，被唐僧解救获得自由，遂拜唐僧为师，愿与师父一同前往西天取经。在途中，唐僧先后收得猪八戒和沙和尚，组成师徒四人取经团，一路降妖伏魔，历经九九八十一难，终达西天，取得真经。

1986年版电视剧《西游记》剧照

以下从文学和文化两个角度，谈一谈笔者对《西游记》的不成熟认知。

1. 文学的角度

其一，《西游记》是中国古代第一部浪漫主义长篇神魔小说，以诡异的想象、极度的夸张，突破时空、生死、神、人、物的界限，创造了一个光怪陆离、神异奇幻的世界。

其二，神性、人性、物性三者有机结合的描写是《西游记》人物塑造的一个突出特点。如猪八戒这个缺点十足却又令人喜爱的人物形象。他有神性的一面，表现为憨厚淳朴，对敌斗争积极勇敢；他也有人性、物性的一面，如贪馋好色，自私偷懒，嫉妒心强，好搬弄是非，对取经事业意志不坚定，一遇困难就要散伙分行李，回高老庄……

其三，《西游记》的语言生动流利，尤其是人物对话，既富有鲜明的个性特征，又富有浓烈的生活气息，表现了一种幽默诙谐的艺术情趣。

2. 文化的角度

对佛教文化的弘扬是《西游记》的显著特点。

其一，悟。三徒弟的名字分别为：悟空、悟能、悟净。"悟"就是佛的意思，"佛"指觉者，是觉悟者、证悟者的意思。

悟空，指正觉缘起无自性，即一切事物须依因缘而存在。缘生，万物生。缘灭，万物灭，一切都不存在，即"性空"或"虚空"。

悟能，指领悟佛法之意。另外，悟能也称"八戒"。戒是佛法"三学"中的"戒、定、慧"的第一层级，意指通过"持戒"去烦恼。八戒指"持八种戒"（去除烦劳）；一戒杀生，二戒偷盗，三戒邪淫，四戒妄语，五戒饮酒，六戒着香华（胭脂花粉），七戒坐卧高广大的床，八戒非时食。

悟净，是悟空、悟能的结果。指去贪恶，去杂念，心净方明。称如佛言："随其心净，即佛土净。"

中国文化的精妙就在于，只字之间可以把很复杂的事物解释得清晰到位。如"敬、静、净"三字。"敬"代表儒家，"静"代表道家，"净"代表佛家。故"悟净"用代表佛家的这个"净"是自有道理的。

其二，因果。因果，可简单地理解为"因缘和果报"。佛说："种什么因，受什么果；善有善报，恶有恶报。今生的善恶业，可以引生来世的善恶果报。"因果的佛理在《西游记》的结尾处有所窥见。同为斗魔降妖、历经劫难，取得真经、修成正果的师徒四人，但如来佛祖的授封各不相同，唐僧被封为旃檀功德佛，悟空被封为斗战胜佛，八戒被封为净坛使者，沙僧被封为金身罗汉，白龙马被封为八部天龙马。何由？且看以下如来佛祖授记：

如来道："圣僧，汝前世原是我之二徒，名唤金蝉子。因汝不听说法，轻慢我之大教，故贬汝之真灵，转生东土。今喜皈依，秉我迦持，又乘吾教，取去真经，甚有功果，加升大职正果，汝为旃檀功德佛。

"孙悟空，汝因大闹天宫，吾以甚深法力，压在五行山下，幸天灾满足，归于释教，且喜汝隐恶扬善，在途中炼魔降怪有功，全终全始，加升大职正果，汝为斗战胜佛。

"猪悟能，汝本天河水神，天蓬元帅，为汝蟠桃会上酗酒戏了仙娥，贬汝下界投胎，身如畜类，幸汝记爱人身，在福陵山云栈洞造孽，喜归大教，入吾沙门，保圣僧在路，却又有顽心，色情未泯，因汝挑担有功，加升汝职正果，做净坛使者。"

八戒口中嘟囔道："他们都成佛，如何封我做个净坛使者？"如来道："因汝口壮身慵，食肠宽大。盖天下四大部洲，瞻仰吾教者甚多，凡诸佛事，教汝净坛，乃是个有受用的品级，如何不好？"

"沙悟净，汝本是卷帘大将，先因蟠桃会上打碎玻璃盏，贬汝下界，汝落于流沙河，伤生吃人造孽，幸皈吾教，诚敬迦持、保护圣僧，登山牵马有功，加升大职正果，为金身罗汉。

"白马，汝本是西洋大海广晋龙王之子，因汝违逆父命，犯了不孝之罪，幸得皈身皈法，皈我沙门，每日家亏你驮负圣僧来西，又亏你驮负圣经去东，亦有功者，加升汝职正果，为八部天龙马。"

出自《西游记》的歇后语、成语、俗语有：

歇后语：

唐三藏取经——好事多磨/全靠孙猴子　　唐僧取经——多灾多难
孙悟空的毫毛——随变（便）　　　　　孙悟空的屁股——坐不住
孙悟空赴蟠桃会——不请自来　　　　　猪八戒上阵——倒打一耙
猪八戒招亲——凡心难丢
猪八戒进了女儿国——不想走了/看花了眼
猪八戒照镜子——里外不是人　　　　　猪八戒见高小姐——改头换面
和孙猴子比跟斗——差着十万八千里　　如来佛捉孙大圣——易如反掌
铁扇公主的芭蕉扇——能大能小　　　　猪八戒吃人参果——全不知滋味
孙猴子的脸——说变就变

成语：

火眼金睛　腾云驾雾　三头六臂　喜不自胜　摇身一变
魂飞魄散　地动山摇　精神抖擞　胆战心惊　光天化日
死心塌地　念念有词　呲牙咧嘴　事不过三　钻天入地
没世不忘　花颜月貌

俗语：

眉头一皱，计上心来　　　世上无难事，只怕有心人
救人一命，胜造七级浮屠　不受苦中苦，难为人上人
一日为师，终身为父　　　莫信直中直，须防仁不仁
无事不登三宝殿　　　　　虎毒不食儿
不看僧面看佛面　　　　　君子不念旧恶
孙悟空有再大的能耐，也翻不出如来佛的手掌心

（四）《红楼梦》

《红楼梦》作者曹雪芹①，其先世原是汉族，后为满洲正白旗。曹雪芹的祖父曹寅，父亲曹颙和伯父曹頫②相继担任江宁织造达六十余年，尤其是其祖父曹寅，深受康熙帝宠信。康熙帝一生六下江南，有四次都由曹家接驾，可知当时的曹家，可谓恩宠和显贵盛极一时。

曹雪芹

---

① 曹雪芹（1715—约1763），名霑，字梦阮，号雪芹，又号芹圃、芹溪，祖籍辽阳。清代小说家。
② 曹頫（fǔ），学界认为是曹雪芹伯父。胡适先生认为曹雪芹与曹頫是父子关系。

曹雪芹早年在南京江宁织造府，过了一段锦衣纨绔、富贵子弟的生活。至雍正六年（1728），曹家因亏空获罪被抄家，曹雪芹随家人迁回北京老宅。后移居北京西郊，靠卖字画和朋友救济为生，这一命运的转折，使曹雪芹深感家族荣辱兴衰、跌宕起伏的世态炎凉，也更清醒地认识了时势和命运的造化弄人以及封建社会礼教和制度的残酷实质。

1987年版电视剧《红楼梦》剧照

然曹雪芹天性开放、豁达，兴趣爱好极其广泛（钟爱金石、诗书、绘画、园林、中医、织补、工艺、饮食等）。曹雪芹是一位很热爱生活，同时也是一位对生活的五味杂陈有很深体验、感悟和真知灼见的人。《红楼梦》里所出现的"文化大观园"的丰富形态，如诗、词、歌、舞、曲、乐、绘画、服饰、中医、园林、建筑、民俗等，都是曹雪芹生活情趣和感悟的表达，而这些文化荟萃的饕餮盛宴，历久弥新令读者愈读愈痴迷，愈品愈有味，且每读一次，都有不同收获。正因如此，《红楼梦》有四大名著"翘楚"之称谓。

《红楼梦》，原名《石头记》《金陵十二钗》《风月宝鉴》等。

《红楼梦》共一百二十回，以往很多学者认为，前八十回由曹雪芹作，后四十回由高鹗①续（此说法自胡适做考证，红学界长期认同）。现在很多学者动摇了此观点，他们认为，在乾隆五十六年（1791）至五十七年（1792）间，高鹗应友人程伟元之邀协助编辑、整理、出版《红楼梦》程甲本、程乙本。自2007年起，人民文学出版社新版的《红楼梦》也停止使用"高鹗著""高鹗续"等字样，更新为"无名氏续，程伟元、高鹗整理"。著名红学家俞平伯②曾言："程伟元、高鹗对保全《红楼梦》有功的。"中国红学会会长张庆善（新版电视连续剧《红楼梦》文学统筹，长期从事中国古典小说研究，特别是《红楼梦》的研究）指出："高鹗不应该是《红楼梦》续作者，他应该是《红楼梦》最后出版的整理者，《红楼梦》能够流传，高鹗是第一功臣。"

《红楼梦》写于18世纪中叶的清乾隆时代，内容以"贾、王、史、薛"四大

---

① 高鹗（1758—约1815），字云士，号秋甫，辽宁铁岭人。汉族，隶满洲镶黄旗。

② 俞平伯（1900—1990），原名俞铭衡，字平伯。浙江湖州人，新文学运动初期的诗人，中国白话诗创作的先驱者之一。与胡适并称"新红学派"的创始人。主要著述有《红楼梦辨》《红楼梦研究》等。

家族为背景，以贾宝玉、林黛玉的爱情悲剧为主线，描写了封建官僚"贾、王、史、薛"四大家族，特别是贾家荣辱兴衰的过程。笔者从以下三个层面谈一谈自己浅显的认知。

第一，从微观的层面，《红楼梦》反映了封建礼教对人间爱情和自由的羁绊和泯灭（贾、林争取爱情自由、婚姻自主和个性解放的思想同封建制度、封建礼教之间的冲突和矛盾，是酿成贾、林悲剧的缘由）。

第二，从中观的层面，《红楼梦》揭露了封建大家族之间相互依赖，一荣俱荣、一损俱损的社会现状（从元春元宵省亲时的繁荣到元春英年早逝后的没落）；揭露了家族内外鱼肉家奴的黑暗（对晴雯、袭人、焦大、香菱、鸳鸯等的奴役导致他们的悲惨命运）和肮脏（《红楼梦》第六十六回写柳湘莲说贾府："除了那两个石头狮子干净，只怕连猫儿狗儿都不干净。"）

第三，从宏观的层面，揭露了封建统治者的罪恶，昭示了封建王朝必将走向衰落的历史命运（贾府为代表的贵族，既是罪恶的施加者，又是罪恶的受惩者，以家族命运的衰落映射封建统治的腐朽、没落和终结）。

《红楼梦》的经典意义和价值可从以下几个方面认知。

1. 文学的角度

其一，小说规模宏大，人物结构既复杂缠绕又脉脉有序（贾、王、史、薛四大家族的亲连亲，亲攀亲），人物描写和刻画（衣着、语言、形态、眼目、内心等）堪称"入木三分，活灵活现"。

其二，再现了曹雪芹所处社会环境中广阔、丰富的生活场景和画面。如当时的礼仪、习俗、爱情、友谊、伦常关系，种种喜、怒、哀、乐，以至饮食穿着、生活起居等琐事细节，无不再现。

其三，非常应景和恰如其分的诗、词、乐、曲、判词，尤其是判词精灵描写，灵巧的穿插，以及多种文学手法的运用，大大增强了作品"惠风和畅""雅气和辉"的气息和灵性。

其四，全书的构思完整，铺陈有序，结构严谨。情节的安排、人物的言行、故事的发展，都置于有机整体结构中，都严谨地预设于笔墨之间。如宝玉和黛玉的爱情自然会像"葬花"一样被埋葬，因为作品在前半部分就做了铺垫和隐喻。

宝玉与宝钗"金玉良缘"剧照

宝玉佩戴的通灵宝玉上刻着"莫失莫忘，仙寿恒昌"，宝钗佩戴的金锁上刻着："不离不弃，芳龄永继"。"莫失莫忘""不离不弃"结合在一起就是"天生一对"，只有这"美玉和金锁"组合在一起才称得上"金玉良缘"。宝玉有玉，黛玉无金锁，自然不会成"金玉良缘"。

2. 文化的角度

其一，对造成封建贵族寄生腐朽、荒淫糜烂生活的封建制度及其制度自身的腐朽、没落、罪恶的批判。

其二，对中国古代民俗、建筑园林、诗词歌赋、金石服饰、美食药膳等都有精彩的描写。

其三，人及人生"真假"的探求和揭示。《红楼梦》第一回以"甄士隐""贾雨村"两个名字标为回目，而实有"真事隐（去），假语存（焉）"的深意。人和人生，真真假假、假假真真、善善恶恶，难以言表、难以辨析、难以界定，但谁又能不其中扮演，谁又能脱离其中呢？

其四，对"五伦"①封建礼教纲常的维系和人伦关系紊乱的批判（王熙凤与贾蓉的婶侄不轨。正如焦大醉骂："我要往祠堂里哭太爷去。那里承望到如今，生下这些畜牲来，每日家偷狗戏鸡，爬灰的爬灰，养小叔子的养小叔子，我什么不知道。"此外还有贾珍与秦可卿的公媳不伦之轨）。

其五，对社会的世情冷暖、世事无常，深入浅出的揭露。如红楼梦的《好了歌》几句简简单单的言辞，却一语中的道尽了世事百态，人生百味。

> 世人都晓神仙好，惟有功名忘不了。古今将相在何方？荒冢一堆草没了。
> 世人都晓神仙好，只有金银忘不了。终朝只恨聚无多，及到多时眼闭了。
> 世人都晓神仙好，只有娇妻忘不了。君生日日说恩情，君死又随人去了。
> 世人都晓神仙好，只有儿孙忘不了。痴心父母古来多，孝顺儿孙谁见了？

甄士隐是有过家破人亡经历的聪明读书人，《好了歌》所言，字字入心。触景生情，自是一番滋味。他为《好了歌》作了一篇注解，进一步抒发了《好了歌》和自己所感悟的人生之道。摘录其中两句如下：

> 因嫌纱帽小，致使锁枷扛。昨怜破袄寒，今嫌紫蟒长。乱哄哄你方唱罢我登场，反认他乡是故乡。甚荒唐，到头来都是为他人作嫁衣裳。

真是难以想象，如此多的人物情节、错综关系、诗文词赋、歌曲判词、文学写作，曹雪芹是如何写成的。《红楼梦》真是中国文化大观园中一朵艳丽的奇葩！

---

① 五伦，古代中国的五种人伦关系和言行准则，谓曰"君臣有义、父子有亲、夫妇有别、长幼有序、朋友有信"。

由《红楼梦》引出的歇后语、成语、俗语有：

歇后语：

刘姥姥进大观园——眼花缭乱　　林黛玉葬花——自叹命薄
贾宝玉的丫鬟——喜（袭）人　　小葱拌豆腐——一青（清）二白
黄柏木作磬槌子——外头体面里头苦

成语：

金玉良缘　　哀哀欲绝　　百里挑一　　娇生惯养　　粉妆玉琢　　无情无义
疯疯癫癫　　耳鬓厮磨　　官官相护　　花枝招展　　入不敷出　　心神不定
井水不犯河水

俗语：

推倒的油瓶都不扶，懒到家了　　　　狗咬吕洞宾，不识好歹
千里搭长棚，没有个不散的宴席　　　借剑杀人，不露痕迹
引风吹火，费力不多　　　　　　　　胳膊折了往袖子里藏，自掩苦处

四大名著承载着中国传统人文、社会、伦理、历史、地理、民俗、建筑、诗词等丰富的文化精华，它们犹如在浩瀚如烟的古典文学领域里的四朵奇葩，艳丽多姿。无论在艺术手法上、思想深度上，还是精神追求上，它们都属于中国古典小说的巅峰之作，是悠悠中国文学史上灿烂辉煌的浓墨重笔。研读四大名著，不仅怡情悦性、丰富学养、滋养心田、塑造性格、提升人格，还让我们更加深刻、更加广博地理解中华民族的性格、中华文化的特质和中国文学的魅力。

四大名著在中国可谓家喻户晓，妇孺皆知。在国外也有着非常大的影响力，单就国外学者对四大名著书名的翻译而言，可谓"仁者见仁，智者见智"，当然，亦可微窥中西文化之差异。

《三国演义》

（1）*Romantic of Three Kingdoms*（《三个王国的罗曼史》）

（2）*Three Kingdoms*（《三国》）

《水浒传》

（1）*The Stories of 105 Men and 3 Women*（《一百零五个男人和三个女人的故事》）

（2）*All Men Are Brothers：Blood of the Leopard*（《四海之内皆兄弟：豹子的血》）

（3）*All men are brothers*《四海之内皆兄弟》，由美国女作家赛珍珠翻译。

（4）*Outlaws in the Marsh*（《沼泽地里的逃犯》）

（5）德文译名是《强盗与士兵》；法文译名是《中国的勇士们》；英文译本为《在河边发生的故事》（*The Stories by the Waterfront*）。

附：1987年版电视剧《红楼梦》金陵十二钗剧照

金陵十二钗

《西游记》
(1) Journey to the West (《去西方旅游》)
(2) Monkey；The Monkey King (《猴王》)

《红楼梦》
(1) The Story of Stone (《石头记》)
(2) A Dream of Red Mansions/Chamber (《红色大楼/房间的梦》)
(3) The Cowherd and the Weaving Girl (《牛郎和织女》)

四大美男

美男给人的首要印象是相貌出众、玉树临风。名气再大点，可能出现人头攒动、竞相观望的景象。谈及"中国古代四大美男"，其英俊之容貌当然是必要条件。然自古以来，美男不乏其人，而能名垂千古者却寥寥无几。因此，除美貌之外，其身上所横溢出的才华、胆识、品行、勇敢等特质，才是世人选美所倚的"重中之重"。以下四位入列"中国古代四大美男"，既因美貌而万人空巷，更因才华出众而名垂千古。

中国古代四大美男，有两种主流说法。其一，宋玉、卫玠、潘安、兰陵王；其二，卫玠、潘安、兰陵王、嵇康。一般而言，认可第一种说法的人较多。

（一）宋玉

宋玉（约前298—约前222），又名子渊，战国时鄢人（今襄阳宜城），是屈原[①]的学生，后来成为战国后期著名的辞赋家。留存至今的作品有《神女赋》《高唐赋》《九辩》等，其中《九辩》被称为可以与屈原的《离骚》比肩的作品，并与《离骚》同称为"楚辞双璧"，后世也将两人合称为"屈宋"。

宋玉貌美流传千古，但他到底美到什么样也是千古之谜。因为没有一张画像留存，但我们可以从宋玉所作《登徒子好色赋》的片段中，窥见宋玉是何等的美貌，更重要的是认识宋玉有何等出众的才华（辩才）。《登徒子好色赋》原文曰：

大夫登徒子侍于楚王，短宋玉曰："玉为人体貌闲丽，口多微辞，又性好

---

① 屈原（前340—前278），名平，字原。战国时期楚国人、政治家、爱国主义诗人，《楚辞》（骚体诗）开创者。

色。愿王勿与出入后宫。"王以登徒子之言问宋玉。玉曰："体貌闲丽，所受于天也；口多微辞，所学于师也；至于好色，臣无有也。"王曰："子不好色，亦有说乎？有说则止，无说则退。"

玉曰："天下之佳人莫若楚国，楚国之丽者莫若臣里，臣里之美者莫若臣东家之子。东家之子，增之一分则太长，减之一分则太短；著粉则太白，施朱则太赤；眉如翠羽，肌如白雪；腰如束素，齿如含贝；嫣然一笑，惑阳城，迷下蔡。然此女登墙窥臣三年，至今未许也。登徒子则不然：其妻蓬头挛耳，齞（yàn）唇历齿，旁行踽偻，又疥且痔。登徒子悦之，使有五子。王孰察之，谁为好色者矣。"

此段可译为：一日，大夫登徒子跟楚王汇报说，宋玉是个美男子且能说会道，但生性好色，所以千万不要让宋玉在后宫游走。楚王听完登徒子的汇报后，召宋玉问话。宋玉向楚王说，容貌俊美，这是上天所生。善于言词辩说，是从老师那里学来的。至于贪爱女色，下臣则绝无此事。请您来做评判，看看到底是我好色，还是登徒子好色。

宋玉言，天下的美女莫过于楚国，楚国的美女又莫过于我的家乡，我家乡的美女又莫过于我家邻居——东邻之女。这东邻之女论身材，是增之一分则太长，减之一分则太短。施粉则太白，施朱则太赤。眉毛像鸟的羽毛那样挺拔，肌肤像白雪，腰很细，牙很白。就是这样一个绝代佳人趴在墙上，看了我三年，我也毫不动心，我难道也算得上是好色之徒吗？相反登徒子呢？家有丑妻，满头乱发，两耳畸形，嘴唇外翻，弯腰驼背，牙齿凹凸不平，走路一瘸一瘸，还满身是疥疮。登徒子却很喜欢她，跟她一连生了五个孩子。你看只要是个女人，不分美丑，登徒子皆喜欢，所以登徒子好色而非下臣。

楚王也被宋玉说晕了，判定登徒子是个好色之人。

其实，用当今的观点来评判，登徒子不弃糟糠之妻是值得津津乐道和称赞的。但宋玉利用当时的社会风尚，为自己辩"色"。有雄辩之才的定宋玉可谓是西方古罗马教育家昆体良[1]非常赞赏的那种人才——雄辩的演说家。

在这里，需要说明宋玉所处时代评判男子"好色"的三种风尚：

第一种，即好色之徒，是最低等级。指不分美丑、不分年龄"是女就爱慕"。如登徒子之流。

---

[1] 昆体良（约35—约95），是1世纪古罗马最有成就的教育家。在1世纪，古罗马盛行教育家昆体良的教育专著《论演说家的教育》（又称《雄辩术原理》），故当时古罗马的教育目的就是培养雄辩家。《论演说家的教育》是欧洲最早的一部教育专著（约成书于92年），但比中国最早的教育专著《学记》，约晚近二百年。据郭沫若考证，《学记》的作者为孟子的学生乐正克，成书时间约为战国末期——公元前250年左右。

第二种，好色而德，好色而守德之人。如大夫秦章华等。

第三种，发乎情止乎礼，此乃最好等级。指有爱慕美女的情愫但紧守礼制。这种风尚近于人性而又合乎礼制，是我国古代文人大夫对待两性关系的代表性态度。宋玉以此风尚自居。

与宋玉有关的脍炙人口、名垂千古的典故，还有"下里巴人""阳春白雪""曲高和寡"。

宋玉是战国后期楚国一位非常有思想、有主见的文官，并不随意附和别人的主张。但恰是这种不随波逐流和同流合污的品格，招致了很多官员的不满，这些官员在楚王面前不断进谗言。楚王又找宋玉问话。宋玉在《对楚王问》中有如下记载，原文曰：

楚襄王问于宋玉曰："先生其有遗行与？何士民众庶不誉之甚也！"

宋玉对曰："唯，然，有之！愿大王宽其罪，使得毕其辞。客有歌于郢中者，其始曰《下里》《巴人》，国中属而和者数千人。其为《阳阿》《薤露》，国中属而和者数百人。其为《阳春》《白雪》，国中有属而和者，不过数十人。引商刻羽，杂以流徵，国中属而和者，不过数人而已。是其曲弥高，其和弥寡。"

以上对答简意为：楚襄王问宋玉："先生也许有不检点的行为，为什么士人百姓都那么不称赞你呢？"

宋玉回答说："是的，是这样，是有这种情况。希望大王宽恕我的罪过，允许我把话说完。有一个人在楚国都城里唱歌，起初他唱的是《下里》《巴人》，都城里跟着他着唱的有几千人；后来唱《阳阿》《薤（xiè）露》，都城里跟着他唱的还有几百人；等到唱《阳春》《白雪》的时候，都城里跟着他唱的不过几十人；最后引其声而为商音，压低其声而为羽音，夹杂运用流动的徵声时，都城里跟着他应和的不过几个人罢了。这样看来，歌曲越是高雅，和唱的人也就越少。"

宋玉又言："文人之间也是一样。那些越是杰出的人，其志向远大、行为高尚，曲高自然就和寡了。一般人当然不会理解了，我的情况正是这样的啊！"

楚王听了宋玉这番话，觉得很有道理。就没有再追问下去。

《下里》《巴人》《阳春》《白雪》最先是古代楚国的歌曲名。《阳春白雪》也是中国古琴十大名曲之一。但今天"下里巴人"和"阳春白雪"多分别用来形容"劳苦平民"和"高雅名士"。

宋玉虽出身贫寒，却凭靠自己的学识走向政治的巅峰（曾任职楚王文学侍从），一度受楚王赏识，但终因不谙政治、不善为官而不合于时，最后离开了朝廷，重归乡野，带着满腔的遗憾走完了人生。

（二）卫玠

卫玠（286—312），字叔宝，河东安邑（安邑在今山西运城夏县，中华民族的发祥地之一，中国第一个奴隶社会夏朝建都于此）人，西晋玄学家。

《世说新语》[①]记载，卫玠五岁时便神态出众，乘坐羊车到街市去，看到他的人都以为是面若粉玉的"玉人"（璧人，像用玉璧雕琢出来的人）。骠骑将军王济是卫玠的舅舅，本也是英俊豪爽有风度之人。但每次见到外甥卫玠，就自行惭愧叹曰："珠玉在侧，觉我形秽。"

关于卫玠，广为流传的典故莫过于"冰清玉润"和"看杀卫玠"。

《世说新语·卫玠别传》记载："妻父有冰清之姿，婿有璧润之望。"意思是，晋人卫玠娶了乐广的女儿为妻。乐广为官，冰清廉洁，为朝廷所称赞。卫玠长得英俊美貌，风神秀丽，像碧玉那样润泽。所以人们夸奖这珠联璧合的岳父和女婿为"冰清玉润"。此后，人们也多以"冰清玉润"作为岳父、女婿的美称，并将"冰清玉润"进一步引申为清正廉明、品德高尚之意。

"看杀卫玠"字面的意思貌似很残忍，实则深度映衬了卫玠美男子的形象。卫玠年少时，因其漂亮的外表被人称为"玉人"。成年后更是标致不凡，美名远传。他不论去到哪里，总会引起万人空巷。《世说新语·容止》记载："卫玠从豫章至下都，人久闻其名，观者如堵墙。玠先有羸疾，体不堪劳，遂成病而死。时人谓'看杀卫玠'。"意思是，有一天，卫玠从豫章郡（今南昌）赶到京都（洛阳），路途劳累，香汗淋漓，正要寻一家酒肆歇息，顺便吃点东西，没料想被下都城的女子围了个密密麻麻，形象地讲就是"里三层，外三层"。围拢上来的第一排美女看了卫玠一眼后就悉数晕倒，后一排的马上拥上前，看完卫玠后又悉数晕倒，如此一排又一排。卫玠难以突围，整整被看了三天三夜，直到下都城所有的女子都尽数晕倒之后，才得以脱身。卫玠本来就病缠体弱，再加之高强度的被围观、被观赏，身体每况愈下，最后疾劳加重，年仅27岁便香消玉殒。卫玠去世后，人们都说卫玠是被看死的（实则未然），因此便有了"看杀卫玠"一说。此后，人们常用这个词语来形容那些"外表俊朗但身体孱弱之人"。

卫玠长大后，好谈玄理。当时琅邪人（今山东临沂）王澄已很有名望，很少推崇别人，但每当听到卫玠的言论，就叹息倾倒，故后世有言："卫玠谈道，王澄倾

[①] 《世说新语》，魏晋南北朝时期笔记小说的代表作，是我国最早的一部文言志人小说集。由南朝宋临川王刘义庆组织一批文人编写，又名《世说》。其内容主要是记载东汉后期到晋宋间一些名士的言行和轶事。原有八卷，被遗失后存三卷。

倒。"此外还有一俗言"王家三子，不如卫家一儿"（此王家三子即指当时已久负盛名的王澄、王玄、王济。后经查实，王家三子非一家人，只是文学的表达），由此可窥知卫阶之才学。

（三）潘安

人们常用"貌比潘安"来夸赞一个男人的美貌，潘安俨然已成为古代美男的一个标杆。那么他到底有多美？

潘安（247—300），又称潘岳，字安仁，河南中牟人（今郑州中牟县）。西晋著名文学家。潘安的美貌在《世说新语》中有所记载，潘安年轻时，外出游玩、驾车游街，不仅会有大批少女为其倾倒（类似于今天粉丝追捧自己喜欢的明星），连老妇人都为之着迷，皆连手萦绕，投之以果，这就是"掷果盈车"的典故。当然也有一位步"东施效颦"后尘之人，叫左太冲（左思），长得奇丑，看到潘安如此受追捧，也按捺不住寂寞，模仿潘安的样子到处闲游，结果自然适得其反，遭到少女、妇女们的"口水之伐"，只能半途而废，扫兴而归了。

潘安雕像

潘安的妻子杨氏出身名门望族，两人可谓"门不当，户不对"。虽说潘安受到众多美女的追捧，但对妻子专情不二。潘安非但于妻子在世时不寻花问柳，妻子亡故后仍痴情不减，终未再娶。悲伤之余，写有情真意切、情深意笃的《悼亡诗》三首，以表思念。后世将二人之情颂称为"潘杨之好"。

其一

荏苒冬春谢，寒暑忽流易。之子归穷泉，重壤永幽隔。私怀谁克从？淹留亦何益？僶俛恭朝命，回心反初役，望庐思其人，入室想所历，帏屏无仿佛。翰墨有余迹，流芳未及歇。遗挂犹在壁，怅恍如或存。回遑忡惊惕，如彼翰林鸟，双栖一朝只。如彼游川鱼，比目中路析。春风缘隙来。晨溜承檐滴。寝息何时忘。沉忧日盈积。庶几有时衰。庄缶犹可击。

其二

皎皎窗中月，照我室南端。清商应秋至，溽暑随节阑。凛凛凉风升，始觉夏衾单。岂曰无重纩，谁与同岁寒？岁寒无与同，朗月何胧胧？展转盻枕席，长簟竟床空，床空委清尘，室虚来悲风。独无李氏灵。

仿佛觏尔容，抚衿长叹息，不觉涕沾胸。沾胸安能已，悲怀从中起。寝兴目存形，遗音犹在耳。上惭东门吴，下愧蒙庄子。赋诗欲言志。此志难具纪。命也可奈何，长戚自令鄙。

其三

曜灵运天机，四节代迁逝。凄凄朝露凝，烈烈夕风厉。奈何悼淑俪，仪容永潜翳。念此如昨日，谁知已卒岁。改服从朝政，哀心寄私制。茵帱张故房，朔望临尔祭。尔祭讵几时，朔望忽复尽。衾裳一毁撤，千载不复引。亹亹暮月周，戚戚弥相愍。悲怀感物来。泣涕应情陨，驾言陟东阜。望坟思纡轸，徘徊墟墓间。欲去复不忍，徘徊不忍去。徙倚步踟蹰，落叶委埏侧。枯荄带坟隅，孤魂独茕茕，安知灵与无。投心遵朝命，挥涕强就车。谁谓帝宫远。路极悲有余。

潘安的人生道路却并不像他的外貌一样令人艳羡，反而带有悲剧色彩。他的政治道路坎坷不平。早年不被重用，后期投靠了贾南风和她的侄子贾谧为首的贾氏集团①。那时贾氏集团正值呼风唤雨之时，贾南风想废掉太子，潘安不幸搅入了这场阴谋之中。一次太子喝醉了酒，潘安被安排写了一篇祭神的文章，然后让太子抄写。太子早已醉得神志不清，依葫芦画瓢地写了一通。潘安拿到太子写的文章以后，再勾勒几笔，成了一篇"谋逆"的文章。这导致太子被废，太子的生母被处死。此阴谋，潘安虽不是幕后策划者，但算得上是执行者或同谋。"八王之乱"后，赵王司马伦夺权成功，潘安被斩杀，并被治"灭三族"（父族、母族、子族）之罪。

（四）兰陵王

兰陵王为北齐（550—577，中国南北朝时期的北朝割据政权）时的战神，也有

---

① 贾氏集团党首为贾南风。贾南风（257—300），贾充之女，西晋时期晋惠帝司马衷的皇后，称惠贾皇后。因惠帝懦弱而一度专权，是西晋时期"八王之乱"的罪魁祸首。"八王之乱"最终又引发历史上著名的"五胡乱华"。贾南风最后死于赵王司马伦之手。

面具下"悲情美男子"和"面具美男子"的称誉。兰陵王本名为高长恭（541—573），又名高孝瓘、高肃，祖籍渤海调蓨（今河北景县），是北齐宗室和将领，封爵为"兰陵王"。

关于兰陵王的美，我们只能在古代记载中窥见一二。《北齐书》中记载："貌柔心壮，音容兼美。"《兰陵忠武王碑》中曰："风调开爽，器彩韶澈。"《旧唐书·音乐志》中曰："才武而面美。"《隋唐嘉话》记载："白美类妇人。"

兰陵王雕像

传说因兰陵王相貌过于柔美，不足以威慑敌人，每上战场，必戴面具。邙山之战中，北周军队攻击洛阳，直逼至金墉城下（现今河南洛阳东北），兰陵王为中军，率领五百骑兵援战而来。因兰陵王附戴面具，守城的北齐将士分不清来者是敌是友，兵临城下的北周敌军也分不清来者是敌是友。待兰陵王杀进北周包围圈，摘下面具露出美貌绝伦的面目时，北周的将士们为之美貌倾倒而不知所措，北齐城中的将士们看到兰陵王来援，军心大振，如此里应外合，将汹涌来犯的北周军队打得溃不成军仓皇而逃，"金墉之围"大捷。高长恭在此次战中威名大振，士兵们为此战而讴歌，写成《兰陵王入阵曲》（亦称《大面》，为歌颂兰陵王的战功和美德而编的男子独舞，舞者"指麾击刺"，表现了兰陵王的英勇雄姿）。

兰陵王戎马半生，战功赫赫。人们常用"战神美男"来形容兰陵王。但这些给他带来无限荣光的战绩，也给他带来了厄运。邙山大捷后，北齐后主高纬①忌恨兰陵王功高盖主而欲除之。一日，高纬问兰陵王："入太深，失利悔无所及。"兰陵王对曰："家事亲切，不觉遂然。"兰陵王的回答让高纬甚为猜忌。难道拥有兵权的兰陵王是想把"家事"变"国事"，想取我而代之？

兰陵王察觉到皇上对自己的猜忌和敌意，迅速称病，远离朝政。可就是如此警觉退避，依然没有躲过被堂弟高纬赐死的命运。武平四年（573）五月，后主高纬派使者看望皇兄高长恭（兰陵王），送来的礼物竟是一杯毒酒。兰陵王悲愤至极，对自己的爱妃郑氏说："我忠以事上，何辜于天而遭鸩也？"郑妃劝他"何不求见天颜"。天真的郑妃以为可能只是兄弟之间的一场误会，只要兰陵王向皇帝求情，

---

① 高纬（556—577），南北朝时期北齐第五位皇帝，兰陵王的堂弟，是一个有名的昏君。

就可免于一死。但兰陵王自己心里明白,向后主高纬求情根本无用。年前和自己一起出生入死的重臣老将斛律光,不也是被引诱入宫、用弓弦残忍勒死的吗?万念俱灰的兰陵王,扔下一句"天颜何由可见",饮鸩酒而终。

总结这些中国古代美男名垂后世的原因,主要有两点:

(1)貌。貌美非凡。否则,不会有万人空巷,争相目睹的场面,不会有"东邻之女,三年爬墙痴望""冰清玉润""掷果盈车""看杀卫玠"的典故。

(2)品性与才华。宋玉的辞赋、卫玠的品德、潘安的忠情、兰陵王的英勇,皆是品性与才华出众的表现,也为成为名垂千古之美男加上了厚重的砝码。

一言以蔽之,人的美在于貌美,更在于才华品性,二者相合,方为"人才"。美男如此,美女亦如此。

四大美女

中国古代四大美女,即西施、王昭君、貂蝉、杨玉环。四大美女享有"沉鱼落雁之貌,闭月羞花之容"之喻。

(一)西施(沉鱼)

西施,名夷光,春秋越国人氏。出生于浙江诸暨苎萝村。提及西施,大家脑海里溢出的第一印象可能是"浣纱之美"。相传,西施家境贫寒,其父卖柴,母浣纱,西施也常浣纱于溪。一日,西施在河边浣纱时,清澈的河水映照着她俊俏的身影。这时,鱼儿看见她美丽的倒影,痴情地看着,都忘记了游水而渐沉河底。从此"沉鱼"为西施的代称流传下来。

西施出生的苎萝村分东、西二村,西施居西村。东村也有一女,相貌奇丑,艳羡西施的天生丽质,粉面桃花,楚楚动人之境,就特别喜欢模仿西施的各种姿态,甚至觉得西施心口疼痛而皱着眉头的病态都很美,故而行走时或在其他场合都要模仿西施,这就是成语"东施效颦"的来历。

西施的美在于天生丽质,更在于为祖国牺牲爱情和

西施浣纱

生命的伟大。春秋时，吴、越两国相邻，但素来不和。公元前496年，吴王阖闾出兵征讨越国大败，吴王阖闾因中箭不治而死于归途。临终前，阖闾对其子夫差①说：不可忘记越国杀父之仇。

之后的三年，夫差日夜勤练，厉兵秣马，并经常叫人提醒他：夫差，你忘了越王的杀父之仇了吗？

公元前494年，夫差出兵夫椒（今江苏省吴县西南），击败越国，越王勾践退守会稽山（今浙江省绍兴），被吴军围攻，越国被迫以越王勾践"入吴为质"作为条件向吴国求和。此时吴王夫差的相国伍子胥，看出越王"入吴为质"的后患，力荐吴王夫差乘势而为，血洗家仇国恨，杀掉勾践占领越国。

吴王夫差起初也答应。但越国重臣文种、范蠡等为保全越王和越国，争得一线复国机会，多方游走，贿赂吴国太宰伯嚭（pǐ），请他在吴王面前美言，接受"越王入吴为质"的建议，并请伯嚭离间吴王夫差与伍子胥之间的君臣关系，进而破坏伍子胥"杀勾践吞越国"的主张。文种、范蠡还针对吴王淫而好色的特点，加大了砝码——"选派一批国色美女"进献于吴王。

俗言讲"吃人家口软，拿人家手短"，伯嚭受贿后，以诸多说法向吴王夫差巧言簧辩。如一个亡国的奴隶，是翻不起什么大浪来的。如大王不杀勾践，奴役、折磨他，让越国俯首称臣，每年向吴国朝贡，这不仅报了杀父之仇，还会为吴国带来很多财物，为大王带来越国进献的美女；若吴王将越王杀之，一则有失君王仁义厚德风范，二则会让一些本来想降吴的小国，害怕会像越王投降后遭杀害而另起祸乱。所以吴王不杀越王勾践，既可笼络欲降之国，又可强大国力，此一举两得之策，可不美哉，乐哉？

这一番话，听得夫差乐开了花，什么杀父之仇、未来之患都已抛至九霄云外。

伍子胥听闻自己在本国的"死对头"伯嚭的言行后，再次斗胆进谏吴王夫差：如若不杀越王，给予其时间缓冲，越王必养精蓄锐，东山再起，像猛虎般反扑于吴国，必是后患无穷。但此时的吴王已被伯嚭的谗言蛊惑得昏了头，对伍子胥的"逆耳忠言"表面上敷衍以答，实则视若耳旁风。

越国这边，为力保国存君安，加快了选派美女献于吴王的进程。越国大夫范蠡亲负此任，巡行全国勘察美女。其中"西施卖相"的典故，就出于巡行途中。

范蠡来到苎萝村，遇到了美丽婀娜的郑旦和西施这一对姊妹花，西施略美一筹，名列榜首。在进京途中，行人争相围观，造成交通堵塞，寸步难行。护送西施的大夫范蠡见此盛况，心生一计，索性叫西施住进路旁旅社的一幢华丽小楼，而后

---

① 夫差（前528—前473），吴王阖闾之子，春秋时吴国的末代国君。

四处张榜："欲见美女者，付金钱一文。"告示贴出，四下轰动。西施登上朱楼，凭栏而立，飘飘然似仙女下凡。观赏者排成长龙，为一睹西施容貌慷慨解囊。其中重新排队、循环往复的观者，也不乏其人。三天下来，所得钱财丰盈满仓。进京后，范蠡把这些"意外之财"如数上交国库。

在"西施卖相"的活动中，策划人范蠡才是真正的大赢家，不仅为国家创造了很多意外之财，而且也在这个活动策划中，使西施看到了他的才智和清廉的品德，遂对范蠡产生了爱慕之情。两人你情我愿、一拍即合，迅速坠入爱河。正当两情相悦时，文种的到来，结束了这段芬芳缠绵的爱情。文种将郑旦和西施带回会稽，见过越国王后。王后认为，此二人虽具有国色美貌，但真正的美人须具备三个条件，一是美貌，二是智慧，三是勇气。只有这样的美女，方能诱迷吴王。于是开始给郑旦和西施进行全方位的包装和打造，教以歌舞、礼仪等。

西施不负国之希冀，舍弃与范蠡的儿女情长，发愤苦练，在悠扬的乐曲中，翩跹起舞，婀娜迷人。礼仪训练也"有型有色"。不多时日，西施便由一位劳苦工作的浣纱之女，出落成一位举手投足间体态优美、言行端庄、气质高雅的宫女。越国又给西施和郑旦等制作了华丽适体的宫装，将二人进献给吴王。

吴王夫差本来在伯嚭的蛊惑下就昏了头，现在又看到这些"受过专业训练且专为迷惑他而来"的美女们，用"更加昏头"都不能形容了。他喜欢郑旦，更喜欢西施。吴王夫差开始沉醉于美色当中，与美女们日夜欢歌。在姑苏建造春宵宫、筑大池，池中设青龙舟，基本上日日与西施共戏水。西施擅长跳响屐舞，夫差又专门为她用数以百计的大缸，上铺木板，修筑"响屐廊"。西施穿木屐起舞于木板之上，裙系小铃，铃声和大缸的回响声，"铮铮嗒嗒"地交织在一起，使夫差如醉如痴，沉湎其中，"从此君王不早朝"。

与此同时，勾践在吴国谨慎行事，忍辱负重。给吴王夫差的父亲阖闾看坟，为夫差喂马，还给夫差脱鞋。更为叫绝的是，一日夫差卧病，勾践亲力亲为伺候左右，为解除得病后的吴王夫差的后顾之忧，证明夫差疾病已有康复之兆，便亲尝夫差粪便，谓之："不治之症粪便是苦的，可治之症粪便是甜的，君味甜也。"

勾践所有的忍辱负重，一切的卑躬屈膝，甚至是丧失尊严的亲尝夫差粪便，只为一件事——减轻夫差对自己的猜忌、警惕、监管，早日放他回国。

卧薪尝胆

勾践麻痹了夫差，西施迷惑了夫差，文种和伯嚭里应外合骗过了夫差，伍子胥的忠言石沉大海。终于，勾践在公元前491年回到自己阔别三年的家国，君臣相见，抱头痛哭，立志雪耻复仇。

勾践的复仇之路，主要从三个方面展开。第一，激励自己。勾践惶恐安逸会消磨自己的志气，亲自参加耕种。睡觉时把舒适的席子撤去，用柴草当作褥子。在吃饭处悬挂一个苦胆，每逢吃饭的时候，就先尝一尝苦味，还自问：你忘了会稽的耻辱吗？这就是人们传诵的"卧薪尝胆"（据学者考证，越王勾践卧薪是真，尝胆可能为后人杜撰）。第二，富国强兵。勾践重用文种治国强邦，抓耕种，强兵力；重用范蠡训练人马，众志成城，报效国家。第三，麻痹、内耗吴国。越国继续向吴国行君臣之礼，进献金银琼浆，美女良马。一来减轻吴国对越国的猜忌和敌意；二来用财物酒色腐蚀吴国官员的斗志和军士的战斗力；三来大量派遣越国大臣出使和进驻吴国，游说吴国大兴土木，大搞工程建设，消耗其财力，使其无心也无力征伐越国。

伍子胥虽未能劝阻夫差放虎（勾践）归山，但时刻都盯着勾践回国后的所作所为。查实越国磨刀霍霍，练兵强国，他倍感山雨欲来，再次斗胆进谏吴王夫差，举兵伐越。但这次远见直言，却直接招来了杀身之祸。伍子胥因在"勾践投诚""放勾践回国"等问题上，屡次与夫差意见相左，加之伯嚭从中作梗离间，吴王夫差与伍子胥嫌隙增大。这次伍子胥的进言更是火上浇油，飞蛾扑火。夫差给伍子胥送去一把宝剑，逼他自杀。伍子胥临刑前，愤然对使者说："把我的眼珠挖去，放在吴国东门，让我看看勾践是怎样打进来的。"

夫差杀了伍子胥后任命伯嚭做了太宰。吴国正式走向了沉迷女色、不理朝政、奸臣当道、玩忽职守的穷途末路。

公元前475年，越王勾践历经十数年的卧薪尝胆、韬光养晦、励精图治，越国兵强马壮、国富民强，开始复仇，征讨吴国。据说，勾践率大军杀进吴国东门——伍子胥自刎之地时，专门为这位"不顾自身性命而进谏夫差"的敌友举行了祭祀之礼。随后，越国大举进兵，势如破竹，吴国败亡。

吴王夫差的末路有两种说法。一说是战败后自杀而亡。另一说是夫差被勾践所俘，勾践以当年夫差奴役自己一样，让夫差回尝奴役之苦。如是后一种说法，可谓"君子报仇，十年不晚""三十年风水轮流转"。

太宰伯嚭呢？被吴王以受重贿、与外国勾结的罪名诛杀了。

西施的结局呢？有多种说法：

（1）吴亡后，西施和心爱的人范蠡驾扁舟，入太湖，不知所终；

（2）吴王死后，西施追随他而去；

（3）吴亡后，她被沉溺于江中，真的做了"沉鱼"。

以上三种归宿，人们普遍喜欢传颂第一种"两情终相悦，婵娟共天涯"。无疑，这是人们的主观偏好，真实的归宿可能是个千古之谜，但西施的"美貌"和"爱国贡献"是有口皆碑的。

（二）王昭君（落雁）

王昭君（前52—前19），名嫱（qiáng），南郡秭归人（今湖北省兴山县）。王昭君天生丽质，聪慧异常，琴棋书画，无所不精。她的绝世才貌，顺着香溪水传遍南郡，也传至京城。

公元前36年，汉元帝刘奭（shì，前74—前33，西汉第十一位皇帝）诏示天下，遴选秀女。王昭君脱颖而出，选为南郡之首，择吉日进京。之后，王昭君泪别父母乡亲，登上雕花龙凤官船，顺香溪，入长江，逆汉水，过秦岭，历时三个月之久，于同年初夏到达京城长安，是为掖庭待诏（宫女）。但悲催的是，昭君入宫数年，却从没有机会见皇上或被皇上召见。① 昭君心中自然有些埋怨，但更多的是担忧自己的未来——累年入宫却不得见圣的日子，何日为终。正值苦闷之际，机会降临。

公元前54年，匈奴呼韩邪单于被哥哥郅支单于打败，南迁至长城外的光禄塞（今内蒙古巴彦淖尔市下辖乌拉特前旗），欲同西汉结好。

王昭君

公元前33年，呼韩邪单于第三次（前两次分别为公元前51年和公元前49年）来到长安朝觐，行"藩臣之礼"，并提出"愿为天朝之婿"的请求。汉元帝以国家大安为重，同意政治联姻——和亲。此政治联姻，正如恩格斯在《家庭、私有制和国家的起源》一书中所言："结婚是一种政治行为，是一种借新的联姻来扩大自己势力的机会，起决定作用的是家世的利益，而非个人的意愿。"

汉元帝刘奭以五女赐之，昭君就属这五女之一（还有一说是昭君主动请缨出塞

---

① 史载昭君性格刚烈，不肯贿赂宫廷画师毛延寿。故毛延寿有意将所绘画比较难看的昭君像呈送皇上，故昭君迟迟没有机会被皇帝看中。

和亲)。在呼韩邪临辞大会上，汉元帝刘奭召五女以示之。昭君"丰容靓饰，光明汉宫，顾影徘徊，竦动左右"的风姿一下就惊艳了汉元帝。无奈"君子一言，驷马难追"，更何况是对野性难驯的匈奴做出的允诺。汉元帝强忍内心的不悦，拱手把这么美丽的女子（对匈奴称公主）送给呼韩邪单于。呼韩邪单于（时年约56岁），不仅获得了大汉的支持，还抱得美人归，自然满载而归。

汉元帝自见过美丽动人、娇娆婀娜的昭君后，便念念不忘，魂不守舍，心醉神驰。命人将之前昭君的画像拿出来比对，结果判若两人，画像上的昭君是一丑女，而自己见过的就是一仙女。一个天上，一个地下，比对之下，汉元帝大怒，敕令查办。

原来汉朝宫女选进宫后，一般都不能直接"面圣"，而是由画工将画好的宫女画像呈送皇帝。当时的画工毛延寿给宫女画像时，借画敛财。宫女们也都懂得"规矩"，送礼贿赂画工，画工自然就会画得很"用心"，将宫女画得很"美"。唯独王昭君不满毛延寿之勒索，对潜规则熟视无睹，结果其美貌非但没有被如实绘出，反而被画得其貌不扬。其结果就是昭君迟迟没有出现在汉元帝的召幸名单之列。查实原委后，汉元帝严惩了毛延寿。

在一个秋高气爽的日子，在汉朝和匈奴官员的护送下，王昭君告别了故土，登程北去。一路上，马嘶雁鸣，撕裂她的心。悲切之感，使她心绪难平。在坐骑之上，她拨动琴弦，奏起悲壮的离别之曲。传说南飞的大雁听到这悦耳的琴声，看到骑在马上的这个美丽女子，忘记扇动翅膀，跌落地下。昭君"落雁"的说法就源于此。

在匈奴这片黄尘滚滚、孤鸿南飞、牛羊遍地、青草连天的土地上，昭君做了呼韩邪单于的"宁胡阏氏"（读音为 yān zhī，原为女性化妆用的胭脂，后为匈奴皇后的称号，史书中常称"阏氏"或"有阏氏"），并为呼韩邪单于诞下一子，称伊屠智牙师，封为右日逐王。公元前31年，呼韩邪单于与世长辞。那年王昭君才24岁。按照匈奴的习俗，王昭君复嫁给新继位的单于，呼韩邪单于的长子雕陶莫皋，即复株累单于，此后为其生下两女，长女为须卜居次，小女为当于居次。一个中原女子，已在胡地习惯了羊奶，住惯了毡帐，学会了骑马射猪，也懂得了一些胡语。十余年之后，王昭君随雁逝去。

昭君一生的功绩主要集中在出塞之后，可总结为两点：

其一，对汉、匈沟通与和睦起到了重要的调和作用，促使汉匈两族和平友好相处，边境安宁，百姓40年免遭战争之苦。

其二，推动了汉、匈两族的经济文化和社会的发展。她多次劝说单于，明廷纲、清君侧、修法度、多善政、举贤能、奖功臣，取汉室之长，补匈奴之短。同时，在春日之际，管理草原，植树栽花，育桑种麻，繁殖六畜，并向匈奴女子传授挑花绣朵的技巧，讲解纺纱织布的工艺。

昭君出塞后，推动民族（文化）融合，参与匈奴政事，并毫无保留地将汉地发达的农业技术传教于匈奴，在忙碌、奉献、诚恳之中，受到匈奴人民的爱戴。昭君死后，葬于大黑河南岸，墓称"青冢"。白居易有诗云："不见青冢上，行人为浇酒。"杜牧亦赋诗："青冢前头陇水流，燕支山下暮云秋。"

（三）貂蝉（闭月）

貂蝉，一说山西忻州人（认可度较高）；一说甘肃临洮人；一说河北邯郸永年人；一说并州郡九原县（今内蒙古九原区木耳村人）。15岁被选入宫中，执掌朝臣戴的貂蝉冠（汉代侍从官员的帽饰），从此更名为貂蝉。后来，汉末宫廷风云骤起，国色天香、花容月貌的貂蝉出宫后被司徒王允收为义女。公元189年，东汉的汉灵帝刘宏①驾崩，汉灵帝的皇后何皇后及其兄长何进力排异己，拥立何皇后所生十二岁的刘辩继位，是为汉少帝。当时朝中还有另一种呼声和力量，欲拥立汉灵帝的另一子，时年七岁的刘协继位。何进成为大将军后，双管齐下：一边打算消灭把持朝政的宦官②集团；一边听从部下袁绍建议，召并州（管辖太原、上党、建兴、西河、雁门、乐平、新兴七郡）的"建侠"董卓进京，欲借董卓之手，除掉异己。

但还没等到董卓入京，宦官们先下了手。以张让和赵忠为首的十常侍等宦官们，假替皇上写了一个圣旨，召何进入宫议事。何进刚进宫门就被早已埋伏的十个太监拿下、杀掉。后来，袁绍知道了自己主公被十常侍设伏杀害，携弟弟袁术等杀入宫里，基本上杀光了参与宫乱的宦官，除了携天子刘辩出逃的张常侍和赵常侍。

董卓带了三千人马赶到京城，看到洛阳城一片狼藉。查实的情况是，邀请自己进京的何进被宦官杀了，宦官也基本上被袁绍、袁术两兄弟杀了，袁绍、袁术以及逃难大臣不见了，皇帝也不见了。董卓立马着手寻找皇帝，终于打听到皇帝流落于北芒（又名邙山，在洛阳北侧），随后亲赴北芒，将受到极度惊吓的汉少帝奉迎回宫。

不久之后，董卓觉得汉少帝窝囊无能，便以自己救主有功而居功自傲，外加手握强大军权，欲望开始膨胀，挟天子以令诸侯，干预东汉政权且越来越有恃无恐、专横跋扈、为所欲为。后来，为进一步独揽中央政权，董卓召集文武百官商

---

① 刘宏（157—189），永康元年（167），汉桓帝刘志驾崩，刘宏被外戚窦氏挑选为皇位继承人，于建宁元年（168）正月即位，是为汉灵帝。
② 宦官，中国古代京城专供皇帝、君主及其家族役使的官员。先秦和西汉时期并非全是阉人。自东汉后都为阉人。

议废除少帝刘辩。他对文武百官强硬地讲,少帝愚昧懦弱,不能敬奉宗庙,没有资格担任天下的君主,为了国家和汉室江山着想,他效法"伊尹放太甲""霍光废昌邑"的故事,废掉少帝,另立陈留王刘协(后为汉献帝,东汉最后一位皇帝)为天子。

在场官员大多慑于董卓的淫威,对他独断专行、随心所欲的行为敢怒不敢言。只有尚书卢植当面提出反对意见,认为少帝只是年纪幼小,行为品性暂不能与太甲和昌邑王相提并论。董卓大怒,没想到卢植如此不敬,胆敢当众反对自己,便立即命令士兵将他推出斩首,幸亏侍中蔡邕极力劝阻,卢植才免于一死。

此外,董卓一直想拉拢袁绍来支持他,但废帝之事使二人矛盾激化。袁绍对董卓说,东西两汉王朝恩德布满四海,万民拥戴,国泰民安。今皇上年纪虽小,但并没有恶行传布天下。你如果要罢黜皇上,改立新帝,恐怕没有人赞同你的意见。董卓听后,凶相毕露,持剑怒叱袁绍;袁绍也手按剑柄,针锋相对。当夜,袁绍还是慑于董卓的实力和霸横,权衡左右后一走了之,逃奔渤海郡。

董卓一意孤行,废了汉少帝刘辩,毒死了少帝之母何太后,立刘协为汉献帝。至此,董卓名为"一人之下,万人之上"的国相,但实际权力远超皇帝。紧接着董卓一系列飞扬跋扈、纵横捭阖、狂傲乱政的行为重重上演,甚至废汉献帝拥自己为皇帝的野心也昭然若揭。如董卓在自己的相府府邸门口题字"万岁坞"。

众大臣对董卓的专权、残暴多为愤怒而不敢语。但也有"正义者"——曹操①。曹操当时是汉室大臣,但实力不强、羽翼不丰,为表积愤,提笔写下《薤(xiè)露行》,揭露董卓之暴行:

曹操

惟汉廿二世,所任诚不良。
沐猴而冠带,知小而谋强。
犹豫不敢断,因狩执君王。
白虹为贯日,己亦先受殃。

---

① 曹操(155—220),字孟德,小字阿瞒,沛国谯县(今安徽亳州)人。东汉末年杰出的政治家、军事家、文学家、书法家,三国中曹魏政权的奠基人。

> 贼臣持国柄，杀主灭宇京。
> 荡覆帝基业，宗庙以燔丧。
> 播越西迁移，号泣而且行。
> 瞻彼洛城郭，微子为哀伤。

此文可简译为：汉家第二十二世皇帝汉灵帝，用人不当。何进此人不过像一只披衣戴帽的猴子，没什么智慧却又想谋划诛杀宦官这等大事。结果因他优柔寡断，不敢下手，弄得皇帝被张让等人挟持外出。天象出现了白虹贯日，何进最终被张常侍（张让）等人所杀。而后，贼臣董卓入京得到国家的大权，杀了汉少帝，毁了洛阳城。他彻底倾覆了汉朝的政权，烧毁了刘家的祖庙。接着，他裹挟着汉献帝刘协和官民颠沛流离地向长安迁都，一路尸骨盈野，哭声遍地。看着那洛阳的城郭，我就像微子一样感到无比的哀痛。

董卓的横行暴政、倒行逆施，先后也遭到了很多仁人将士的反对和对抗，如议郎杨勋和左将军皇甫嵩、河内太守王匡（屯兵于河南孟县）、长沙太守孙坚等所谓十八路诸侯的武力讨伐。初平元年（190），冀州牧韩馥、兖州刺史刘岱、豫州刺史孔伷、南阳太守张咨、渤海太守袁绍等十余大将，纷纷起兵反对董卓，从此也掀起了大规模持续反抗董卓的斗争浪潮：长沙太守孙坚率领豫州各郡军队征讨董卓，在梁地（今汝州梁县西南）被董卓部将徐荣打败，联合孙坚反董卓的颍州太守李旻也被生擒；河内太守王匡又屯兵河阳津（今河南孟州西部的黄河渡口），准备进攻董卓，不料董卓早有觉察，先派疑兵向王匡挑战，而后暗中派精锐部队从小平津渡河北上，绕道偷袭王匡所部，王匡大败；初平二年（191），长沙太守孙坚重新收拢流散部属，进驻梁县，再度讨伐董卓。

此后，山东诸路豪杰等揭竿而起，共同起兵声讨董卓。在反董卓的暴行中，也有像荆轲似的侠胆义士，如越骑校尉伍孚。一日，伍孚身藏佩刀，前来拜见董卓。交谈完毕后，伍孚便告辞离去。董卓起身出门相送，用手轻轻拍着伍孚的后背，表现出极其亲切的样子。伍孚瞅准机会，猛地抽出佩刀向董卓刺去。由于杀人心切，用力过猛，失手没刺中要害。董卓大惊，慌忙奋力反击，急呼侍卫保护，方脱离危险。伍孚在与侍卫斗争过程中，由于寡不敌众，被乱剑刺死。事后，董卓大骂伍孚包藏祸心，不讲"仁义"。

以上对董卓的大规模抵抗也好，兵谏也好，小规模的刺杀也罢，皆以失败告终。究其缘由，主要有三：

（1）董卓本身武力超人，又加本性狡诈险恶，防卫戒备极其森严。

（2）董卓不仅以权谋私，还笼络、扶植、发展了一批爪牙为其效忠。尤其是不离其身左右，尽忠职守的义子、悍将吕布（在《三国演义》中被张飞大骂为"三姓家奴"。吕布本身姓吕,"吕"为第一姓。后父亲早逝,便认荆州刺史丁原为义父——"丁"为其第二姓。后又在董卓的诱唆下杀了丁原,提着义父丁原的人头降了董卓,并改拜董卓为义父,"董"为其第三姓。这样,吕布有一个生父,两个义父,历经三姓,完全有悖于中国古代"从一而终""忠孝"的伦理道义。所以吕布被张飞大为不齿,大骂不止)。

(3)董卓身居高位,狼戾贼忍、暴虐不仁,为实现霸权,梦想成为霸主或天子,结党营私、铲除异己,拥有可霸横天下的实力——政权和军权。

天地仓皇,人间无道,董卓也已成为天地之害,众矢之的。就在此时,曾经担任豫州刺史的王允挺身而出,策划了一场彪炳史册的妙计。

王允,因和其部下孔融(众人皆知的四岁让梨的孔融)于189年剿灭张角为首的黄巾起义而先后被擢升为太仆,大司徒兼任尚书令。王允一开始认为,董卓是一位如人们早期所传颂的"建侠",但自打看到董卓进京后为非作歹、显露出狼子野心后,便与士人孙瑞等秘商"救国民于水火诛杀董卓"之策。最后思来想去,最好的办法就是"经济"一词释义——以最小的成本获得最大的利润。

具体策略为,离间董卓和吕布"父子"之情,让"父子"自相残杀,王允等坐山观虎斗,兵不血刃,坐收渔翁之利。这可真是一个绝妙的计谋。但什么可以离间董卓和吕布呢?财富、权利两人都有,难以担此重任。王允迅速想到,两人都算得上英雄,且都是好色之徒,所以"英雄难过美人关"是可行之策。但好像以"父子"俩的权势也不差美色。于是,王允又想出了让父子俩如何共爱一女,继而争风吃醋,放大嫌隙,最后反目的"连环美人计"。

而此,"连环美人计"中的美人需具四个条件,一美,二忠,三有胆,四有智慧。王允优先想到了自己那位美貌可以"闭月"的义女貂蝉("闭月"有两种说法:其一,一日午夜,貂蝉在花园拜月,月亮里嫦娥仙子看到貂蝉身姿俏美,细耳碧环,行时如风摆杨柳,静时文雅有余而自愧不如,匆匆隐入云中;其二,一夜貂蝉在后花园拜月,忽然轻风吹来,一块浮云将那皎洁的明月遮住。后来,王允为宣扬他的养女长得如何漂亮,逢人就提及此事并美化为:"月亮和我的女儿比美,月亮都比不过,不好意思地躲到云彩后面去了。")。

所谓"养兵千日,用兵一时"。王允收养貂蝉多日,值此特别用人之际,貂蝉有什么样的表现?

王允首先在貂蝉面前上演一番声泪俱下的"真情苦演"。王允对貂蝉苦诉,当下董卓专权,

1994年版《三国演义》貂蝉剧照

挟天子以令诸侯,觊觎皇帝大位,大臣们敢怒而不敢言。眼看我汉室江山遭奸臣乱政却束手无策,故而我悲痛不能报国,致使茶饭不思,身体羸弱,生不如死。

貂蝉知道义父的忧愁后,在一个月明星稀的夜晚,来到后花园烧香跪地,为主人祈祷:月亮啊月亮,你虽清白如洗,可哪知我家主人心中的烦恼。苍天啊苍天,你虽那样深邃,却难容我家主人如火如焚的心情。我是老爷的婢女,愿为国为民,万死不辞。

赶巧,王允也来后花园散心,此情此景尽收眼底,感动不已,便趁热打铁说出了自己的连环美人计,但缺一主演。如今,爱女正是最合适人选,天赐美貌,可助我讨国贼否?

貂蝉虽年方二八(十六岁),但情智、胆识过人,允诺"事若泄露,将遭灭门"。王允被貂蝉"万死不辞"的行为所感动,行大礼跪谢了爱女"为国效忠,为主人分忧"的英烈之举。

貂蝉焚香告天

于是,王允的"美人连环计"开始实施。

王允暗地里先将貂蝉许给董卓义子吕布,但未迎娶。然后,又明地里将貂蝉献与太师董卓。貂蝉真是一个忠心耿耿的聪明之女,将主人王允的计谋实施得不留蛛丝马迹。她先是将吕布迷得神魂颠倒,再将董卓迷得倒颠魂神。自然而然地挑起了"父子"之间的争风吃醋和猜忌。

清·董天野《四美集·吕布刺董卓》

一日,吕布趁董卓外出,入董卓府的凤仪亭与貂蝉幽会。貂蝉见吕布,缠缠绵绵地哭诉了被董卓霸占之苦,吕布听后怒发冲冠。这时董卓回府撞见二人缠绵,怒不可遏,抢过吕布的方天画戟直刺吕布,吕布飞身逃走,从此两人大生嫌隙。

自凤仪亭董卓对吕布第二次"掷戟"后(前有一次,吕布不小心得罪了董卓,董卓大怒,随手抽出刀戟向吕布掷去,幸亏吕布眼疾手快,才得以幸免。当时,吕布并没直接顶撞董卓,而是立即向他谢罪道歉,董卓便没再追究),王允抓住时机,见风使舵般地抛出了自己的撒手锏,把诛杀董卓的计划告诉吕布,并要求他充当内应。

起初,吕布不同意,说道,"奈何如同父子一样"。王允因势利导,对吕布做了重要的思想工作：其一，你姓吕，他姓董，你们非骨肉亲情，所以"如同父子"不成立。而且，董卓现在是"人人得而诛之"的国贼，难道你还要继续认贼作父不成？其二，你现在与董卓已撕破了脸（掷刀戟），你是属下，随时都有性命之忧，你可要为自己多"三思"。这句话显然说到了吕布的心坎上。吕布虽武艺高强（从三英战吕布可佐证），但因他为自己"三思"太多，所以政治立场不坚定，三改其姓，成为张飞所骂的"三姓家奴"，从未被英雄们承认为"英雄"。此时此刻，如按中国古语"江山易改，禀性难移"的说法推估，吕布大有称王允为"义父"的可能。

在王允苦口婆心的劝说下，吕布最终落得"三易其姓，两杀其父（丁原、董卓两义父）"的历史骂名。

当时，汉献帝大病初愈，朝中文武大臣都集会于未央殿，恭贺天子龙体康复。吕布借此机会，事先安排同郡骑都尉李肃等人带领十多名亲兵，换上卫士的装束隐蔽在宫殿侧门的两边。董卓刚到侧门，便遭到李肃等人的突袭。董卓大骇，慌忙向吕布呼救。

吕布大声道："奉诏讨杀乱臣贼子，你死有余辜！"绝望中的董卓当场被诛杀。至此，王允计中有计，环环相扣的"连环美人计"连同董卓生命的终结一同落幕。不同的是，美人计是一个完美、有风险、偶然的落幕，而董卓是一个悲惨、应有的、必然的落幕。

回头看来，千军万马的十八路诸侯等，权倾一方的文臣将帅袁绍、孙坚等，尚未成气候的曹操等，单刀赴会的仁人志士伍孚等都未能完成的事情，却由一位娇美的女子完成，不得不盛赞貂蝉超越其美貌本身的功绩。最后，这位美女的下落如何呢？主流的说法有以下几种：

（1）吕布白门楼殒命后，貂蝉随失败的吕布同赴九泉。
（2）貂蝉被曹操纳入后宫，自然寿终。
（3）貂蝉出家为尼，最后在尼姑庵寿终；另一说法为削发为尼后，触剑身亡；
（4）曹操关爱关羽，将貂蝉赠予关羽为妾，关羽随后将貂蝉送往成都定居，后来关羽兵败身亡，貂蝉寡居成都而终。

以上几种说法，学者们考证推测，最后一种说法可能比较可信。

（四）杨玉环（羞花）

唐代诗人白居易[①]的《长恨歌》脍炙人口，可谓是对杨贵妃美貌、受宠出神入

[①] 白居易（772—846），字乐天，号香山居士，又号醉吟先生。

化、栩栩如生的描写。现抄录其中部分，以使读者对杨玉环有先入为主的印象，也备后文之用。

汉皇重色思倾国，御宇多年求不得。杨家有女初长成，养在深闺人未识。
天生丽质难自弃，一朝选在君王侧。回眸一笑百媚生，六宫粉黛无颜色。
春寒赐浴华清池，温泉水滑洗凝脂。侍儿扶起娇无力，始是新承恩泽时。
云鬓花颜金步摇，芙蓉帐暖度春宵。春宵苦短日高起，从此君王不早朝。
承欢侍宴无闲暇，春从春游夜专夜。后宫佳丽三千人，三千宠爱在一身。
金屋妆成娇侍夜，玉楼宴罢醉和春。姊妹弟兄皆列土，可怜光彩生门户。
遂令天下父母心，不重生男重生女。骊宫高处入青云，仙乐风飘处处闻。
缓歌曼舞凝丝竹，尽日君王看不足。渔阳鼙鼓动地来，惊破霓裳羽衣曲。
九重城阙烟尘生，千乘万骑西南行。翠华摇摇行复止，西出都门百余里。
……
临别殷勤重寄词，词中有誓两心知。七月七日长生殿，夜半无人私语时。
在天愿作比翼鸟，在地愿为连理枝。天长地久有时尽，此恨绵绵无绝期。

如果《长恨歌》对杨玉环的描写太长，那么以下几句算是简短而精辟的："花儿见你相形绌，醉艳舞姿更迷人。回眸一笑百媚生，六宫粉黛无颜色。身柔力薄背屈辱，绝世佳人千古冤。千般宠爱集一身，终也化着香魂散。"从这两段诗词的描写中，我们可窥见杨玉环的雍容华美以及所受到的万般宠爱。杨玉环何许人也？为何受到如此宠爱？

杨玉环（719—756），号太真，蒲州永乐人（今山西永济人。还有一说为成都人）。幼年时，杨玉环随父杨玄琰（时任蜀州司户，管理户籍、治安、婚姻、田宅等）在成都长大。到十岁时其父病故，杨玉环只能投靠东都洛阳的叔叔杨玄珪（时任河南府士曹，主管招待、接待事务）。杨玄珪也视侄女为己出，疼爱有加。负责接待工作的杨玄珪有很多能歌善舞的朋友和官员，他们时常来杨家饮酒、歌舞。杨玉环天生聪慧，出落得也是愈发漂亮。同时，伴随其姿色艳媚不胫而走的还有其能歌善舞，吹拉弹唱样样通熟的才华。正可谓"杨家有女初长成"，但马上就不是"养在深闺人未识"了。识她的人是谁呢？正是李隆基的儿子寿王李瑁。

735年夏，寿王李瑁去参加妹妹咸宜公主的婚礼。新郎叫杨洄，而杨玉环与杨洄又是亲戚，也来参加婚礼。结果，李瑁一眼就看上了美若天仙的杨玉环，便告知母亲武惠妃，武惠妃请示唐玄宗后，下诏册立杨玉环为寿王妃。735年冬，杨玉环正式婚嫁寿王李瑁，进入大唐王族家庭。婚后五年两人恩爱有加，便不得不分离了，用"近在咫尺，远在天边"来形容两人后来的生活状况应该是比较贴切的。

737年，武惠妃死后，唐玄宗一度精神萎靡，常一个人站在武惠妃寝宫前，沉默不语，显得非常孤独。此时高力士察觉到皇上的苦闷，找了江妃（又称梅妃）为皇上解闷。起初，江妃也得到了唐玄宗的宠爱，但终因江妃年幼、脾气不好而渐渐失宠。

此时，高力士给唐玄宗提及他已过门五年，但从未谋面的美艳聪慧、能歌善舞、精通音律的儿媳。唐玄宗一听便蠢蠢欲动，不能自持。一来可解自己孤独之苦，二来有位音乐红颜知己（唐玄宗本人堪称音乐才子，擅于琵琶、横笛，精于羯鼓的演奏）。

此一拍即合之事，唐玄宗令高力士速办。于是有了唐玄宗与杨玉环的骊山华清池相会，也就是白居易《长恨歌》诗句所言"春寒赐浴华清池，温泉水滑洗凝脂"的历史依据。唐玄宗一见到杨玉环，那真是白居易妙笔"回眸一笑百媚生，六宫粉黛无颜色"。此刻的唐玄宗已完全忘了伦理纲常，亲手把"靡磨金步摇"的发簪戴在刚刚洗完"凝脂"，似"出水芙蓉"般美丽的儿媳头上。

当时唐玄宗五十六岁，杨玉环二十二岁。按说唐玄宗应是一位闯过大江大浪，开创了开元盛世的理智明君，但在美女和情感上，唐玄宗本性里的勇猛、胆识、不顾一切（尤其是伦理）迅猛发酵。其实，李隆基骨子里的胆识在幼年就有凸显。如李隆基七岁时，朝堂上正举行祭祀仪式，武则天的侄儿金吾将军武懿宗，看到队伍松松散散、走走停停，就大声呵斥。正在他训斥间，突然冒出一孩子的声音："此乃我李家朝堂，不容你训斥。"这一稚嫩声音惹得武懿宗火冒三丈，怒吼道：谁如此大胆？一看，是幼年的李隆基。武懿宗一下束手无策，尴尬地下不了台。跟李隆基发火，他不敢；而

唐玄宗

且李隆基说得也对，这就是人家李家的朝堂。但不发火，又气愤难平。到了晚上，武懿宗把此事当成小报告说给武则天，武则天一听，反而大笑称赞幼孙子有出息，能"吼"武懿宗，并册封李隆基为临淄郡王。

见过杨玉环后，唐玄宗像一个疯狂的痴情郎一样，想尽一切办法要把杨玉环弄到自己身边。要是一般女子，根本不费吹灰之力。但毕竟是儿子的妃子，自己的儿媳，在面子上还是要重视天颜和伦理道德的。

皇天不负有心人，经周密安排和五年的身份转换，唐玄宗与杨玉环终成眷属，可谓是"两情若是久长时，又岂在朝朝暮暮"。一开始，唐玄宗授意杨玉环上书，请求进宫成为女道士，为唐玄宗之母窦太后念经超度。唐玄宗立马批准进宫，册封杨玉环为"太真"，居于宫内的地方命名为"太真宫"。如此唐玄宗便可以与杨玉环天天见

面了。当然，唐玄宗为安抚儿子，也给李瑁找了韦昭训之女并隆重办了婚礼。

740年，杨玉环由"太真"还俗为杨玉环。唐玄宗立刻册封杨玉环为"贵妃"。唐玄宗与杨贵妃光明正大地步入了"花前月下，海誓山盟""承欢侍宴无闲暇，春从春游夜专夜""金屋妆成娇侍夜，玉楼宴罢醉和春""在天愿作比翼鸟，在地愿为连理枝"的幸福生活。

以下是几个关于杨贵妃的小故事：

（1）杨玉环之美——"羞花"。杨玉环初入宫时，有一次，她和宫女们一起到宫苑赏花，无意中碰着了含羞草，草的叶子立即卷了起来。宫女们都说这是杨玉环的美貌使得花草自惭形秽，羞得抬不起头来。从此以后，"羞花"也就成了杨贵妃的雅称。

贵妃醉酒图

（2）杨贵妃的撒娇——"贵妃醉酒"。唐玄宗一日与杨贵妃相约，命贵妃设宴百花亭，同往赏花饮酒。杨贵妃遂先赴百花亭，备齐御筵候驾。孰知唐玄宗御驾迟迟不至，在杨贵妃等之又等。忽报皇帝已幸江妃宫，杨贵妃闻悉，褊狭善妒之心难以排遣，酒入愁肠，三杯亦醉，春情顿炽，情难自禁。

（3）杨贵妃被万般宠幸——"一骑红尘妃子笑"。晚唐诗人杜牧①写有《过华清宫绝句三首》，其中第一首为：

长安回望绣成堆，山顶千门次第开。
一骑红尘妃子笑，无人知是荔枝来。

一骑红尘妃子笑中的"妃子笑"最早出自周幽王为博得妃子褒姒一笑，不惜烽火戏诸侯。唐玄宗对杨贵妃的宠爱与周幽王相比是"有过之而无不及"，为博得杨贵妃的欢心，每逢荔枝成熟的季节，唐玄宗都派专人通过每五里或十里的驿站从广东、广西、福建、四川等地驰运带有露水的新鲜荔枝给杨贵妃食用。

受宠可能是所有后宫女人的最大追求，而像杨贵妃受到皇帝如此千般恩宠的后宫女人，历史上也是凤毛麟角。杨贵妃何以如此受宠，原因主要有三：

一是漂亮。天生丽质，国色天香。

二是有才。通音律，善舞蹈，颇投唐玄宗情趣，也可谓是知音佳人。

三是不贪。杨贵妃受宠而不干政、不妄谈国政、不恃宠弄权（为讨好唐玄宗和杨贵妃，时年四十五岁的安禄山拜二十九岁的杨贵妃为"养母"。虽后期的"安史

---

① 杜牧（803—约852），字牧之，号樊川居士。唐代杰出的诗人、散文家，是宰相杜佑之孙，杜从郁之子。

之乱"与杨贵妃一家有干系，但非杨贵妃直接策划或弄权所致）。

紧接着，有一个高频率的问题：既然如此受宠，杨贵妃为何没有被晋升为后宫之主——皇后？有以下几种说法：

（1）安抚李瑁。对寿王李瑁而言，唐玄宗以天子和父亲的双重身份，以曲线迂回的方式将自己的妃子夺走，虽以韦氏相填补，但还是不能减少李瑁心理上的郁闷和情面上的尴尬。对唐玄宗而言，自觉夺子之爱会使李瑁耿耿于怀，也有失伦理，会被李瑁等儿臣不齿。故为安抚，更为防止李瑁被激怒而揭竿或宫变，出现父子兵刃相伐、江山不保的情况。

（2）安抚臣民。其一，杨贵妃得宠后，真是"一人得道，鸡犬升天"，她的兄妹亲戚（姐姐被封为虢国夫人，族兄杨国忠升任宰相，成为一人之下、万人之上的权重人物）已经发展成为一股庞大的政治力量，尤其是杨国忠，已权可倾国。如再封杨贵妃为皇后，必将引起大臣的反对和权力的倾斜。其二，封自己的儿媳妇做自己的皇后有悖伦理纲常，难以被臣民接受。其三，杨贵妃无法做到皇后的职责和担当——垂范万众、母仪天下。

最后，谈一谈杨贵妃的归宿。

第一种说法，"安史之乱"时，唐玄宗逃至马嵬驿，军士哗变，杀死了民愤极大的杨国忠，又逼唐玄宗杀死杨贵妃。玄宗无奈，便命高力士赐她自尽，杨贵妃最后被勒死在驿馆佛堂前的梨树下，死时年仅38岁。

第二种说法，杨贵妃并没有被缢死在马嵬驿，被缢死的是一位宫女。禁军将领陈玄礼惜贵妃貌美，不忍杀之，遂与高力士谋，以侍女代死。杨贵妃则由陈玄礼的亲信护送南逃流为庶人，终其天年（还有一说法，陈玄礼的亲信护送杨贵妃南逃至海外，最后在日本终年）。

第三种说法，死于乱军之中。从唐朝诗人，如杜牧的"宣呼马嵬血，零落羽林枪"；张佑的"血埋妃子艳"；温庭筠的"还魂无验青烟灭，埋血空生碧草愁"等相关诗句中，推测杨贵妃被乱军杀死于马嵬驿的可能性更大，而不是被强迫上吊而死。

第四种说法，吞金而死。

以上几种说法，第一种比较可信。《旧唐书·杨贵妃传》记载，禁军将领陈玄礼等杀了杨国忠父子之后，认为"贼本尚在"，请求再杀杨贵妃以免后患。唐玄宗无奈，与贵妃诀别，"遂缢死于佛室"。《资治通鉴·唐纪》记载，唐玄宗命太监高力士把杨贵妃带到佛堂缢死。《唐国史补》也记载，高力士把杨贵妃缢死于佛堂的梨树下。

在中国人的精神世界中，四大美女有两种别称：

其一，沉鱼（西施）、落雁（王昭君）、闭月（貂蝉）、羞花（杨玉环）；

其二，第一美女（西施）、第一才女（王昭君）、第一艳女（貂蝉）、第一媚女（杨玉环）。

第一种说法倾向于外表美貌。第二种说法倾向于内在和特质。

后世对四大美女中西施、昭君、貂蝉的评价较高，认为她们三位都是在国家或民族危难之际，挺身而出，慷慨赴命的爱国女性，而杨玉环却更多地背负了祸国殃民的骂名。

西施舍弃了范郎，投怀于吴王夫差，换来了越王勾践的死里逃生以及君子报仇（家仇、国仇），十年不晚的储备和反扑。

昭君不管出于个人逃离苦海，还是顶替公主出塞和亲，但终究在事实上带来了汉、匈四十年无战事的和平稳定。

貂蝉虽也背负着诸如水性杨花等骂名，但她视义父王允所交代的"事若泄露，将遭灭门"字字如金，全力以赴。西施只需迷惑夫差一人即可，而貂蝉的难度更大，她要在董卓和吕布二人之间迂回周转，双重迷惑而不被看出疑云、露出破绽。如稍有不慎，露一点蛛丝马迹，就会使连环计破产，义父被杀（不死于董卓刀下，便死于吕布戟下）、汉室蒙灾、天朝覆灭，自己的命运也只能是葬身乱世。可以说貂蝉做的是不入虎穴焉成连环之计的救国大业。站在貂蝉个人的立场上和处境中，就是伴君如伴虎，在虎穴里面跳舞，演不好就会成为老虎之饕餮大餐。这种种结果，貂蝉都是心知肚明的。但使命使然，所以貂蝉大有舍生取义、"明知山有虎，偏向虎山行"、飞蛾扑火的英勇精神。从这个角度去讲，我们应对貂蝉的勇敢、机智更多一分敬重，少一分指责。

杨玉环作为单纯的后宫女性，是非常幸福、荣光的，甚至是让不得宠的妃嫔们非常嫉妒、嫉恨的。如受到皇上万般宠爱，自己的家人也靠着她鸡犬升天等。但与前三位美女相比，恰恰相反，杨贵妃不是为国效忠的勇敢者、牺牲者，而是造成祸国殃民的半个始作俑者和助推者。她哥哥杨国忠横行霸道、谋权倒行；干儿子安禄山实力的步步扩张，野心的步步膨胀，直到最后发动了致使唐朝大伤元气、从强盛走向衰弱的"安史之乱"都与她脱不了干系。她个人生活的奢靡为国家和百姓带来的沉重了负担——她每次的"欢歌笑语"都是民间的"疾苦泣声"。但杨贵妃为封建社会中国古代女性身份和地位的改观和提升也做出了一定的贡献。如《长恨歌》所言："姊妹弟兄皆列土，可怜光彩生门户。遂令天下父母心，不重生男重生女。"

最后，列呈唐代"诗仙"李白[①]和明代文学家罗贯中笔下的四大美女。

---

① 李白（701—762），字太白，号青莲居士，又号谪仙人。唐代伟大的浪漫主义诗人，被后人誉为"诗仙"。

李白诗三首：

西施

西施越溪女，出自苎萝山。
秀色掩今古，荷花羞玉颜。
浣纱弄碧水，自与清波闲。
皓齿信难开，沉吟碧云间。
勾践征绝艳，扬蛾入吴关。
提携馆娃宫，杳渺讵可攀。
一破夫差国，千秋竟不还。

西施浣纱

王昭君二首·其一

汉家秦地月，流影照明妃。
一上玉关道，天涯去不归。
汉月还从东海出，明妃西嫁无来日。
燕支长寒雪作花，蛾眉憔悴没胡沙。
生乏黄金枉图画，死留青冢使人嗟。

王昭君二首·其二

昭君拂玉鞍，上马啼红颊。
今日汉宫人，明朝胡地妾。

昭君出塞

罗贯中诗二首：

三国演义·貂蝉歌

一点樱桃启绛唇，两行碎玉喷阳春。
丁香舌吐衔钢剑，要斩奸邪乱国臣。

三国演义·连环计

司徒妙算托红裙。不用干戈不用兵。
三战虎牢徒费力，凯歌却奏凤仪亭。

貂蝉拜月

还有李白写杨贵妃的《清平调》组诗：

其一

云想衣裳花想容，春风拂槛露华浓。
若非群玉山头见，会向瑶台月下逢。

其二

一枝红艳露凝香，云雨巫山枉断肠。
借问汉宫谁得似，可怜飞燕倚新妆。

其三

名花倾国两相欢，长得君王带笑看。
解释春风无限恨，沉香亭北倚阑干。

贵妃羞花

中国古代四大美女，不仅仅是四大女性人物而已，还牵连着四个不同的历史时期，演绎了四个不同的历史故事，孕育出诸多成语典故，繁衍出众多文学作品或文学作品的素材。她们是历史的过客，是文学作品的主人公，是中国文化的元素和代表。

四书

"四书"与"五经"是中国儒家的经典之作、中国文化的经典之作。我们习惯地将二者合称为"四书五经"。不经意间，给人的感觉好似"四书"之名早于"五经"之名。其实不然，"五经"之名于中国问世，始于汉武帝（前141—前87在位）时期。"四书"之名问世于中国，始于宋朝绍熙元年（1190）。这样算来，"五经"之名比"四书"之名大约要早1000多年。但如果以"四书五经"任何一部书的成书时间计算，每一部距今都有近2500年之久。试想，能有几部著作像"四书五经"一样，在中国流传两千多年，历经多少改朝换代，承受多少岁月洗礼，依旧保持其强大的生命力。

"四书五经"在宋、元、明、清都是中国科举取

"四书"

士的必备书目,足见其地位之重要。尤其是科考以八股盛行的明清两代,"四书五经"的地位更是空前绝后。它们是科考题目的来源、答题的理论依据、评卷的标准;它们是考生的一生一世;它们上对君王,下启庶民,除经典之桂冠无可以戴。当然,经典也有很多不足之处,所以批判地学习、弘扬、传承、创新,让经典之精华永流传,我们责无旁贷。

(一)《大学》

《大学》是一篇集中论述儒家"修身、治国、平天下"思想的文章,原是《礼记》四十九篇中的第四十二篇,相传为孔子学生曾子所著。

曾子(前505—前435),名参,字子舆,春秋末战国初鲁国人(今山东费县)。其名言"吾日三省吾身"为国人所熟知和传颂。

曾子

因《大学》原是《礼记》中的一篇,在南宋前从未单独刊印。唐代韩愈、李翱等维护儒家之大统而极力推崇《大学》。北宋程颢、程颐亦是大力宣扬《大学》,并将之称为"入德之门"。南宋朱熹把《大学》从《礼记》中抽离出来单独成书,并在其著作《四书章句集注》中把《大学》与《论语》《孟子》《中庸》并称"四书"。

《大学》书名所含的意蕴,主要有三:

第一,指成人所受的教育,与"小学"相对而得名。古代把童子所接受的启蒙教育称之为"小学",把成人接受的高等教育称之为"大学"。

第二,大人之学。古代,"大人"指享有受教育特权的贵族。"小人"指没有受教育权利的平民(孔子释义"小人"为小宗之人,即小宗的后代)。大人之学要遵"格物、致知、正心、诚意"的成规,依"修身、齐家"的次序,达"治国、平天下"的宏愿。

第三,大觉。有自觉和觉他两层含义。《大学》开篇言"大学之道,在明明德,在亲民,在止于至善"。这里的"明明德"就是自觉的意思,"亲民"就是觉他的意思。可简略地理解为,先做到自己修身立德,然后再推己及人。

《大学》文辞精简,约1753个字。主要概述了先秦儒家道德修养理论,以及关于道德修养的基本原则和方法,对儒家政治哲学进行有系统的论述,对做人、处事、治国都有深刻的影响和启迪。其核心的观点如下。

1. 三纲领

三纲领，即"明明德、亲民、止于至善"。此为《大学》中起到"一语开篇、醍醐灌顶"之用的开篇之语。欲对此句有整体的理解，须先理解以下几个词。

（1）大学一词在古代有两种含义：一是博学的意思；二是相对于小学而言的"大人之学"。古人八岁入小学，学习"洒扫应对，进退礼乐，射御书数"等文化基础知识、礼仪和武艺；十五岁入大学，学习伦理、政治、哲学等"穷理正心、修己治人、治国安邦"的学问。

（2）明明德：前一个"明"是动词，有使其"动"的意思，即"使彰明"，也就是学习、传承、弘扬的意思。后一个"明"作形容词，明德也就是"光明品德"之意。

（3）亲民："亲"的意思是"新"，即革新、弃旧图新。亲民，即使人弃旧图新、去恶从善。

（4）止于至善：追求尽善尽美的最高境界，并以"止于至善"为方向或永无止境的目标。

综上分述，"明明德、亲民、止于至善"可理解为，大学的重要使命，在于让个人自觉修身立行、彰显光明的德性，然后将光明德性发扬光大、推己及人，让人人能除污而自新，对每件事务追求精益求精，追求至善、至美的境界。

2. 八条目

八条目，即格物、致知、诚意、正心、修身、齐家、治国、平天下。

格物：就是要求人们多经其事，多亲其物，增长见识。可简单地理解为，在读书中求知，在实践中求知，明辨事物发展的道路所在。

致知：就是求真知。从推知事物之理中，探明本心之知。能明是非、辨善恶。

诚意：就是要意念诚实，且一切的诚意发于心之自然而非有所矫饰，做到不欺人，亦不自欺，追求"慎独"的修为，严格要求自己，修养德性。

正心：就是要除去各种不安的情绪，不为物欲所蔽，保持心灵的安静。

修身：就是要不断提高自身内在的品德修养。修身是格物、致知、诚意、正心功夫的落脚点，又是齐家、治国、平天下的始发点。

齐家：就是管理好自己的家庭，含亲属关系、内务经济状况等。

治国：就是要为政以德，实行德治。

平天下：就是要施仁政于天下，使天下太平，臣民安康。

"格物、致知、诚意、正心、修身、齐家、治国、平天下"给中国人铺就了一条修身养德，推己及人，进而齐家、治国、平天下，入仕报效君国的康庄大道。诚如孟子所言"老吾老以及人之老，幼吾幼以及人之幼"，这条康庄大道既契合世人的利益，又契合统治者的利益。因为任何统治者最愿意看到他所治下的天下是，百姓心无旁骛地走在"格物、致知、诚意、正心、修身、齐家、治国、平天下"的道路上，臣民个个是砥砺前行的安顺良民，而不是暴乱、起义、革命之暴徒。此点甚为重要，它不仅是儒家经典之一的《大学》所宣扬的核心思想，也是"四书"受到统治者推崇和被钦定为科考书目的重要原因。

以"三纲领，八条目"为基础，可推理出儒家"内圣外王"的重要思想。要平定天下，就先要治理国家；要治国，先要齐家；要齐家，先要修身；要修身，先要正心；要正心，先要诚意；要诚意，先要致知；要致知，先要格物。反过来，先格物方可致知；先修身养性（自觉），再推己及人（觉他），进而达至齐家、治国、平天下。这样形成了一个由内向外、推己及人的完整系统——内圣外王。其中"格物、致知、诚意、正心、修身"，属于"内圣"（内修）的内容；"齐家、治国、平天下"是属于"外王"（外修）的内容。"内圣"是实现"外王"的必由之路，"外王"是"内圣"发展的自然结果，二者相互依存、相辅相成。

以下摘录《大学》10则经典之语：

（1）大学之道，在明明德，在亲民，在止于至善。知止而后有定，定而后能静，静而后能安，安而后能虑，虑而后能得。物有本末，事有终始。知所先后，则近道矣。（《大学》第一章）

东南大学校训：止于至善

【释义】大学的宗旨，就在于发扬光明正大的德行，在于更新民风，在于达到德才完美的最高境界。知道所要达到的境界，然后志向就能有所确定。志向确定以后就能静下心来，心静以后就能安闲舒适，安闲舒适以后就能认真考虑，认真考虑以后就能有所收获。任何事物都有根本和枝节，任何事情都有终了和开始，知道什么在先，什么在后，就接近于合理了。

《大学》书影

【注】《大学》的开篇，便阐明《大学》

的宗旨，彰明天赋予人之光明纯莹的心灵、光明正大的德行；修身养性，以身作则再通过礼乐教化，启迪人们的自觉，去除物欲，不断更新自己的德行，进而达到至善至美的最高境界。如对《大学》之三纲领有所体悟，自然会有助于立定人生志向，并以此志向为生命的理想方向而孜孜以求。另外，确定了心中志向，便不会轻易地为外物所干扰，有"衣带渐宽终不悔"之信念。不论面对何事何物，都能"正德行思"，明白"明明德"与"亲民"的关系，如同根和末梢的关系。悟证"至善之理"："知止"是开端，"能得"是过程，"至善"是无极。

（2）古之欲明明德于天下者，先治其国。欲治其国者，先齐其家；欲齐其家者，先修其身；欲修其身者，先正其心；欲正其心者，先诚其意；欲诚其意者；先致其知；致知在格物。（《大学》第二章）

【释义】古时候想要使天下人都发扬光明正大的德行，就先要治理好自己的国家；想要治理好自己的国家，就先要管理好自己的家庭；想要管理好自己的家庭，就先要修养自己的身心；想要修养自己的身心，就要先端正自己的心志；想要端正自己的心志，就先要证实自己的诚意；想要证实自己的诚意，就要丰富自己的知识；丰富知识就在于深入研究事物的原理。

（3）物格而后知至，知至而后意诚，意诚而后心正，心正而后身修，身修而后齐家，家齐而后国治，国治而后天下平。（《大学》第二章）

【释义】对事物深入研究以后，知识就能丰富，知识丰富以后，诚意就能证实，诚意证实以后，心志就能端正，心志端正以后，身心就能修养，身心修养以后，家庭就能管理好，家庭管好以后，国家就能治理好，国家治理好以后，天下就能太平。

书法"修齐治平"

（4）为人君，止于仁；为人臣，止于敬；为人子，止于孝；为人父，止于慈；与国人交，止于信。（《大学》第二章）

【释义】作为君主，就要达到仁爱；作为臣下，就要达到恭敬；作为儿子，就要达到孝顺；作为父亲，就要达到慈爱；与国民交往，就要达到诚信。

（5）君子贤其贤而亲其亲，小人乐其乐而利其利，此以没世不忘也。（《大学》第三章）

讲道图

【释义】后代君子尊敬所应尊敬的贤人，亲近所应亲近的亲族，普通一般人享受所得到快乐，利用所得到的利益，所以才终生不忘记前代圣王。

(6) 君子有诸己而后求诸人，无诸己而后非诸人。所藏乎身不恕，而能喻诸人者，未之有也。(《大学》第十一章)

【释义】对于优点，君子要自己身上拥有以后再去要求别人；对于缺点，要自己身上没有以后再去批评别人。自己身上所拥有的不是恕道，却能够去教导别人的，是从来没有的。

(7) 所谓平天下在治其国者，上老老而民兴孝，上长长而民兴弟，上恤孤而民不倍。(《大学》第十二章)

【释义】所说的平定天下在于治理好自己的国家，就是国君敬重老人，人民就会崇尚孝道；国君尊敬长者，人民就会崇尚恭顺；国君怜抚孤儿，人民就不会背弃。

(8) 道得众，则得国；失众，则失国。(《大学》第十四章)

【释义】得到人民的心，就能得到整个国家；丧失民众的心，就会丧失整个国家。

(9) 财聚则民散，财散则民聚。(《大学》第十四章)

【释义】财富积聚了，民众就会离散，财富分散了，民众就会集聚。

(10) 君子有大道，必忠信以得之，骄泰以失之。(《大学》第十六章)

【释义】君子有个大原则，就是必须采用忠诚信义来争得民心，骄横奢侈就会失去民心。

(二)《中庸》

《中庸》一篇主要论述儒家人性修养的文章，原为《礼记》四十九篇中的第三十一篇。相传为孔子嫡孙，曾参①的门徒子思②所作。

文化和思想的特质和魅力在于传承。正如孔子将其思想传于学生曾参，曾参又将孔子和自己的思想传给其学生子思，子思又将其祖父、老师以及自己的思想传于弟子，然后又由子思的门生，将先贤们的思想传于孟子，孟子又传给其门生。如此代代相传，思想

子思

---

① 曾参（前505—前435），字子舆，著《大学》，鲁国人，他和其父亲曾点都是孔子门徒。
② 子思（约前483—前402），又名孔伋。孔鲤之子，孔子之孙。

在传承中发展，在发展中成熟，在成熟中创新，在创新中生成新一轮的发展、成熟、再创新。

由于子思上承孔子和曾参的儒家思想之要，又将其思想传与其弟子和弟子的门生孟子，故后世把以"子思和孟子"为代表的儒家学说并称为"思孟学派"。

《中庸》和《大学》一样，原属于《礼记》中的一篇，在南宋前也从未见有单独刊印。自南宋朱熹作《中庸章句》（朱熹先作《大学章句》和《中庸章句》，后作《论语集注》和《孟子集注》）后，《中庸》和《大学》《论语》《孟子》一起并称为"四书"，成为科举考试的钦定内容。

《中庸》对后世产生重大影响的核心观点有：

1. 中庸

故宫中和殿匾额"允执厥中"

对"中庸"的释义如同"中和"之意，原文曰："喜怒哀乐之未，发谓之中，发而皆中节，谓之和。中也者，天下之大本也，和也者，天下之达道也。"意思是，人的内心没有发生喜、怒、哀、乐等情绪时，称之为"中"。发生喜怒哀乐等情绪时，始终用"中"的状态来节制情绪，就是"和"。中的状态即内心不受任何情绪的影响、保持平静、安宁、祥和的状态，是天下万事万物的本来面目。而始终保持"和"的状态，不受情绪的影响和左右，则是天下最高明的道理。

"中庸"一词由孔子借鉴尧禅位于舜时所强调的治理社会要"允执其中"和周公①治理国家所倡导的"中德"思想提炼而成。后来子思作《中庸》一书，在孔子"中庸"思想的基础上，对中庸做了进一步挖掘，把"中庸"释义为"不偏不倚、无过无不及，保持恒定"。后世多借此意，将"中庸"作为处世为人的信条和道德标准。故宫中和殿内，正上方的匾额"允执厥中"，虽出自《尚书·大禹谟》"人心惟危，道心惟微，惟精惟一，允执厥中"，却也是对"中庸——不偏不倚，中正之意"的精妙解读。意思是，人心危险难安，道心幽微难明，只有精心一意，诚恳地秉执其中正之道，才能治理好国家。

---

① 周公，姬姓，名旦，周文王姬昌的第四子，周武王姬发之弟。

东汉郑玄①对"中庸"做了言简意赅的释义。"中庸者,以其记中和之为用也;庸,用也。"意思是,追求不偏不倚,中正和合。

北宋程颢②对中庸的释义:"中",中正不偏之意,"庸",不变不易、经常之意。

书法"中庸之道"

南宋朱熹③对中庸的解义结合了郑玄和程颢的观点:中者,不偏不倚,无过不及之名;庸者,平常也。

综上,"中庸"可释义为:"不偏不倚,不左不右,无过不及。"

2. 中庸之道

"中庸之道"可理解为,自我道德修养的方法和途径,即处世为人"不偏不倚""中和"的态度和做任何事情"拿捏有度,恰当合适"的状态。也可进一步理解为,人们自觉地进行自我修养、自我监督、自我教育、自我完善,把自己培养成为具有理想人格,达到至善、至仁、至诚、至道、至德、至圣之人。

中庸之道是儒家比较系统的世界观和方法论。具体有以下几个内容:

(1)五达道。五达道,指正确地处理五种基本的人伦关系。此五伦(君臣、父子、夫妇、兄弟、朋友)中的每一种人伦关系,都是由彼此双方(如君臣、父子等)构成的,各方都有其自身的道德标准。如此,五伦就有"十义"的道德标准。儒家将其表述为"君仁、臣忠、父慈、子孝、夫义、妇听、长惠、幼顺、兄良、弟悌"。

(2)三达德。调节五伦、十义关系的三种方式:内心智慧、仁义、勇敢,即"三达德"。此"三达德"简称"智、仁、勇",是天下共同的品德,是调节君臣、父子、夫妻、兄弟和朋友之间关系的灵丹妙药。

《中庸》第二十章有云,子曰:"好学近乎知,力行近乎仁,知耻近乎勇。知斯三者,则知所以修身;知所以修身,则知所以治人;知所以治人,则知所以治天下国家矣。"意思是,爱学习就接近了"智",勤奋好学并力行就接近了"仁",知道羞耻就接近了"勇"。如明白了这三个方面就知道了修身方法,知道了修身方法就知道了治理人的方法,知道了治理人的方法就知道了治理国家的方法。

---

① 郑玄(127—200年),字康成,北海郡高密(今山东高密)人,东汉末儒家学者,经学大师。
② 程颢(1032—1085年),字伯淳,号明道,河南洛阳人,开创新理学,为宋代理学的奠基者。
③ 朱熹(1130—1200年),字元晦,号晦庵,婺源(今属江西上饶)人,儒家集大成者,宋代理学家。

三达德为修身养性提出了具体可操作的方法。首先由好学、力行、知耻这些浅显的事情入手,然后进入"智、仁、勇"的道德修炼,最后进入修身,推己及人,治国的层级。

(3) 九经。九经,指以"中庸之道"治理臣民、国家、天下,以达到"太平和合"的九项具体工作:①修养自身;②尊重贤人;③爱护亲族;④敬重大臣;⑤体恤众臣;⑥爱护百姓;⑦劝勉工匠;⑧优待远客;⑨安抚诸侯。

要做好和实现这九项工作,需秉持中庸之道之"慎独自修,忠恕宽容,至诚尽性"的三大原则。

《中庸》篇幅较长,有33章(约3568字),以下摘录其中12则经典之语:

(1) 中者,天下之正道,庸者,天下之正理。(《中庸》前言)

【释义】"中"就是天下正确的道理,"庸"就是天下固定不变的法则。

(2) 天命之谓性,率性之谓道,修道之谓教。(《中庸》第一章)

中庸之印之一

【释义】上天所赋予人的气质,就叫作人的本性;人能依照这本性去做事,就为天地之正道;在上位的人能修养好这天地间的正道并推而广之,让别人仿效学习,就称教化。

(3) 致中和,天地位焉,万物育焉。(《中庸》第一章)

【释义】如能达到(最理想的境界)中与和,那么天地间的位置、万事万物的位置,就会安排得恰当,世上万物就会阴阳和谐,顺利地生长发育了。

(4) 君子中庸,小人反中庸。(《中庸》第二章)

【释义】君子能做到中庸,能顺常理处事而不偏不倚、无过无不及;小人的行为却是违反中庸之道的。

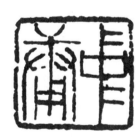

中庸之印之二

【注】君子依乎中庸,遁世不见知而不悔。小人由于缺乏道德修养和知识,不能守中庸之道,其心理和行为往往违反常规,缺乏分寸,无所忌惮,粗野狂暴,故敢于做出逆情违理之事。

(5) 言顾行,行顾言。君子胡不慥慥(zào)尔。(《中庸》第十三章)

【释义】语言要顾及行为，行为要顾及语言；要言行一致。若为"言语的巨人，行动的矮子"，则会被人耻笑的。

（6）故大德，必得其禄，必得其名，必得其寿。(《中庸》第十七章)

【释义】有崇高品德的人，必能得到应有的社会地位，应有的财富，应有的名望，应有的长寿。

（7）夫孝者，善继人之志，善述人之事者也。(《中庸》第十九章)

中庸之印之三

【释义】孝，就是能很好地继承前人的遗志，很好地完成前人未竟之业。

【解读】这里所阐述的孝的含义，已不仅仅是一般生活中的赡养和态度，而是从人生更高的层面上来立论。孔子认为周武王和周公旦均为周文王之子，继承其父之志，完成伟大的事业，此为大孝。

（8）其人存，则其政举；其人亡，则其政息。(《中庸》第二十章)

【释义】如果制定某一政令的人或与他思想观点一致的继任人在位的话，这项政令就能得到贯彻施行；如果制

中庸之印之四

定这一政令的人或与他思想观点一致的继任人不在位了，那么，这项政令就得不到贯彻施行。

【解读】此乃中国政坛上数千年来不断出现的一个通病。解决这一问题的根本途径就是应当摒弃人治，而施行法治。要施行法治，必然要有一部人人都能禀遵，而不是某个人可以随意践踏的宪法和切实可行的制度来加以保证。

（9）为政在人，取人以身，修身以道，修道以仁。(《中庸》第二十章)

【释义】要行善政，必须得贤臣；要得到贤臣，必须先正其自身，则贤人至也；要修正自身，必须先提升道德品质；要提升道德品质，必须以仁义为先。

（10）博学之，审问之，慎思之，明辨之，笃行之。(《中庸》第二十章)

【释义】广博地学习，详尽地探讨，慎重地思考，明确地辨别是非，切实地实行。

【解读】中山大学的校训"博学　审问　慎思　明辨　笃行"此十字训词原文，就出自《中庸》第二十章："博学之，审问之，慎思之，明辨之，笃行之。"孙中山先生摘录此句为国立广东大学（今中山大学）校训的意旨是，立行"诚"之本性，通过学、问、思、辨、行五个环节修身立德，即称"君子"。

孙中山先生为国立广东大学（今中山大学）亲笔题写的校训

（三）《论语》

《论语》是一部由孔门弟子以及再传弟子记载儒家思想的对话集。对话的主人是孔子，对话的群体主要有三类：

一是孔子与其弟子中的佼佼者之间的对话。由于孔门弟子很多，总数达3000多人，但《论语》所记述的对话，多为孔子与其弟子中的佼佼者（所谓七十二贤能）之间的对话，如颜渊、子路、子贡等。

二是孔子与向其问政者之间的对话。如齐景公问政于孔子如何治国。

三是孔子周游诸国时，与各国君、士大夫之间的对话，如《卫灵公》篇、《微子》篇等。

《论语》约成书于战国时期。此说法得到近代哲学家冯友兰、历史学家杨伯峻先生的认可。冯友兰先生在《中国哲学史史料初稿》中提出，《论语》成书于战国初期；杨伯峻先生也认为，《论语》著笔当开始于春秋末期，而编辑成书则在战国初期。

《论语》近16000字，内容涉及哲学、政治、经济、教育、文艺等诸多方面，语言精练，形象生动。全书共20篇，摘取每篇首的两字为标题（偶有三字，如第十五篇为《卫灵公》篇），依次是：

《为学第一》（主讲"务本"之道，引导初学者进入"道德之门"）

《为政第二》（主讲治国安邦的仁德礼教之道）

《八佾（yì）第三》（主讲礼乐之道）

《里仁第四》（主讲仁德之道）

《公冶长第五》（主要评价古今人物及其得失）

《雍也第六》（主要记录孔子和弟子的言行）

《论语·学而》篇

《述而第七》（主要记录孔子的容貌和言行）

《泰伯第八》（主要记录孔子和曾子的言论及其对古人的评论）

《子罕第九》（主要记录孔子言论，重点为孔子的行事风格，提倡和不提倡做的事）

《乡党第十》（主要记录孔子言谈举止，衣食住行和生活习惯）

《先进第十一》（主要记录孔子教育言论和对其弟子的评论）

《颜渊第十二》（主要讲孔子教育弟子如何实行仁德，如何为政和处世）

《子路第十三》（主要记录孔子论述为人和为政的道理）

《宪问第十四》（主要记录孔子和其弟子论修身为人之道，以及对古人的评价）

《卫灵公第十五》（主要记录孔子及其弟子在周游列国时的关于仁德治国方面的言论）

《季氏第十六》（主要记录孔子论君子修身，以及如何用礼法治国）

《阳货第十七》（主要记录孔子论述仁德，阐发礼乐治国之道）

《微子第十八》（主要记录古代圣贤事迹，以及孔子众人周游列国中的言行）

《子张第十九》（主要记录孔子和弟子们探讨求学为道的言论以及弟子们对于孔子的敬仰和赞颂）

《尧曰第二十》（主要记录古代圣贤的言论和孔子对于为政的论述）

了解孔子其人，对更好地理解《论语》的内容和重要观点是非常必要的。

孔子（前551—前479），名丘，字仲尼，春秋时期鲁国陬邑（今山东曲阜人）。孔子父亲叔梁纥（叔梁为字，纥为名）是鲁国有名的勇士。母亲为颜氏。因颜氏曾去尼丘山祈祷怀孕后生育孔子，且孔子出生时头顶中间凹下，故起名为"丘"，字仲尼（仲为第二之意，仲尼之兄长为孟皮。在古代，兄弟间一、二、三、四的长幼顺序，分别有专门的名词描述，即孟、仲、叔、季）。

孔子

孔子三岁时，父叔梁纥病逝，家境愈加贫寒。幼年时，孔子常将祭祀用的礼器摆设起来，作为一种游戏，演习礼仪。

十九岁时，孔子为鲁国贵族季孙氏做文书、委吏和乘田等小吏，管理仓储和畜牧。后娶宋人亓（qí）官氏为妻，第二年亓官氏生子。鲁昭公派人送鲤鱼表示祝贺，孔子便为子取名为孔鲤。

二十三岁时，孔子开始在乡间收徒讲学，学生有颜路（颜回之父）、曾点（曾参之父）、冉求等。大约三十岁左右，孔子开始比较正式、系统地聚徒讲学，开启了一生伟大的教育事业。他首倡"有教无类"①的教育情怀，精进"因材施教"的教育教学方法，让学术下移，开启了私人讲学之先河，故后人尊孔子为"中国私学第一人""万世师表""至圣先师"。

三十五岁时，鲁昭公被鲁国掌权的三桓②击败，逃到齐国，孔子便离开鲁国到齐国。齐景公问政于孔子：如何治理国家？孔子以八字答曰："君君，臣臣，父父，子子。"齐景公甚为仰慕孔子的才华，想把尼溪一带的田地封给孔子，遭到齐相国晏婴进言劝阻。后来，有齐大夫们欲加害于孔子，孔子重回鲁国，继续聚徒讲学。

五十一岁时，孔子被任命为鲁国中都宰（中都地方官，掌管刑事。中都为春秋战国时一地名，今山东省汶上县），因孔子对中都一年卓有政绩的治理，被升为小司空，不久又擢升为大司寇，摄相事，鲁国大治。

五十四岁时，孔子为削弱三桓的政权，采取了堕三都（毁三桓所建城池）的政治军事行动，但受阻而未能顺利进行，却引发了孔子与三桓较深的积怨和矛盾。鲁定公（鲁昭公之弟，鲁国第二十五任君主）十三年，齐国送80名美女到鲁国。鲁定公接受了女乐，君臣迷恋歌舞，多日不理朝政，孔子非常失望。不久鲁国举行郊祭，祭祀后依惯例送祭肉给大夫们时绕过了孔子，表明季孙氏不想再任用孔子。在不得已的情况下，孔子离开鲁国。

五十五岁时，孔子一为寻找出路，二为实现其"仁爱德治"的政治理想，三为挽救礼制崩解、诸侯国恃强凌弱、战乱四起的乱政，开始了14年周游列国的漫漫征程。孔子带弟子先到了卫国，卫灵公开始很尊重孔子，按照鲁国的俸禄标准发给孔子俸粟六万，但并没给他什么官职，也没让他参与政事。孔子在卫国住了约十个月，因有人在卫灵公面前进谗言，卫灵公对孔子起了疑心，派人公开监视孔子的行动，于是孔子带弟子离开卫国。在打算去陈国路过匡城时，被人围困五日；后逃离匡城来到蒲地，又碰上卫国贵族公叔氏发动叛乱而再次被围。解围逃脱后，孔子又返回卫国，卫灵公听说孔子师徒从蒲地返回，非常高兴，亲自出城迎接。此后孔子多次出入卫国，一方面是由于卫灵公对孔子时好时坏，另一方面是

孔子周游列国图

---

① 有教无类，春秋时代学在官府，孔子首开私学，弟子不问出身贵贱敏钝，只要行"束脩之礼"——奉十条干肉示礼并表示愿接受约束和管教即可受教。

② 鲁桓公的三个孙子，季孙氏、叔孙氏、孟孙氏。

孔子离开卫国后,的确无落脚之处,只好返回。

五十九岁时,孔子离开卫国,经曹、宋、郑至陈国,在陈国住了三年后,吴攻陈,兵荒马乱中孔子带弟子离开,楚国人听说孔子到了陈、蔡交界处,派人去迎接孔子。但陈、蔡两国的大夫们怕孔子到楚国后被重用,对他们不利,于是派人将孔子师徒围困在半道。绝粮七日后,子贡(孔子周游列国的主要经济赞助人)游说楚国派兵营救孔子,方免师徒一劫。

孔子周游列国路线图

六十四岁时,又回到卫国。

六十八岁时,在其弟子冉求的努力下,孔子结束了14年的周游,被迎回鲁国,但仍被鲁哀公"尊而不用"。

我们可以粗略地总结一下孔子周游的国家:卫国、宋国、齐国、郑国、晋国、陈国、蔡国、楚国等。按今天的地理位置,孔子周游列国的路线约为:曲阜—濮阳—长垣—商丘—夏邑—淮阳—周口—上蔡—罗山,然后原路返回。

孔子从五十五岁(前497)走到六十八岁(前484),其间的颠沛流离、生死饥饿自然不在话下。虽然孔子四处碰壁,未受到大多数国家礼遇和重用,但他为中国人和中国文化留下了执着、高贵、骄傲、伟大的精神文化遗产。

六十八岁至七十二岁生命终结前的这段时间,应是孔子最幸福的时光。他专心致志地把读过的万卷书、走过的万里路、十四年周游列国的风雨历程、所见所闻、所思所悟,以及更加丰富的人生经验、更加开阔的眼界、更加深厚的学养、更加高深的见解、更加全面的透析用之著书立言、整理古籍(修订六经:《诗》《书》《礼》《乐》《易》《春秋》),进而形成主旨鲜明的儒家思想,建立起时至今日仍对中国产生重大影响的儒学思想体系。

公元前479年,孔子患病,不治而卒,葬于曲阜城北的泗水岸边。众弟子为其服丧三年,子贡为孔子守墓六年。

孔子在《论语·为政》篇中对自己有过一番评述:"吾十有五而志于学,三十而立,四十而不惑,五十而知天命,六十而耳顺,七十而从心所欲,不逾矩。"作为现代人,我们很难回答孔子是一个什么样的人。"圣人贤达、儒学宗师、谦谦君子、万世师表"等答案都是非常普世的。正如毛泽东同志所言"感觉到了的东西我们不能立刻理解它,只有理解了的东西,才能更深刻地感觉它"。只有更多、更深地研读孔子和其著作，才能比较全面地了解其人和思想，也只有理解了孔子和其思想，才能更深刻地感觉"圣人贤达、儒学宗师、谦谦君子、万世师表"等，也才能找到自己心中这位先贤的精神坐标。

孔子不仅在今天的中国无人不知，在异国他乡，也随着中国孔子学院（自2004年11月全球首家孔子学院在韩国成立以来，截至2017年7月，中国已在140个国家和地区建立511所孔子学院，成为传播中国文化和推广汉语教学的全球平台）的发展和影响力而声誉四起。这位中国人心中的"圣贤"创建了已影响中国2500年之久而且久居统治思想地位的儒家学派。其学派的思想无论是对历朝历代的君王，还是臣子庶民都产生了大至治国安邦，中至社会礼教，小至为人处世的重要影响。

孔子的伟大在其思想，孔子思想的伟大又比较集中地体现在记录其言行的著作《论语》中，而《论语》的伟大体现为以下几个核心思想。

1. 仁政

在治国的方略上，孔子反对法家的"武力，征战，法、权、术"的治国思想，主张"为政以德"，即用道德和礼教来治理国家的"德治"和"礼治"。孔子倡导以仁爱之"德"施于民，打破了"礼不下庶人"的传统观念和信条。孔子坚定地认为，仁政是国君治国的天之大道，遵之则国泰民康，逆之则国衰民怨。

2. 中庸

孔子曰："君子中庸，小人反中庸。君子之中庸也，君子而时中。小人之中庸也，小人而无忌惮也。"（《中庸》）意思是，君子的一言一行，所作所为都合乎中庸的道理，小人的所作所为违反了中庸之道。君子之所以能合乎中庸之道，是因为君子能随时守住中庸之道，无过与不及。小人之所以违反中庸之道，是因为小人不明此理，无所顾忌而无所不为。

后来，子思对孔子的中庸思想做了进一步的阐述，谓曰："喜怒哀乐之未发，谓之中；发而皆中节，谓之和。中也者，天下之大本也；和也者，天下之达道也。致中和，天地位焉，万物育焉。"（《中庸》）从而把孔子的中庸思想，凝练为"中庸之道"，即"为人立世"的精神和行动坐标。

3. 和谐

孔子和谐思想的主要体现：一是崇尚人与人、人与人类自身的和谐，并把这种和谐落实到礼治秩序上；二是崇尚人与自然的和谐，并把这种和谐提升到"天人合一"的高度。

这两种和谐观可用孔子的"畏天命"学说解读。孔子曰："获罪于天，无所祷也。"（《论语·八佾》）意指人如果不敬畏天（含天、地、自然），甚至破坏天道

（自然规律等），就没地方可以祷告，会受到天的惩罚。人与天相处的唯一之道，就是敬畏天，然后在敬畏天的基础上进一步探索与认识天（天、地、人、自然）的规律，进而掌握和利用天道为人和人类谋福祉。

以上仁政、中庸、和谐等思想并非截然分开、独立的，而是融合、互通的，具体表述为"仁、义、礼、智、信、恕、忠、孝、悌"：

1. 仁

仁，爱人也，即仁者爱人，孔子思想体系的理论核心，也是孔子在社会政治、伦理道德的最高理想。仁在孔子教育思想和实践上的体现就是"有教无类"；在社会事务中的体现就是"和谐相处"（仁字可拆写为，左面一个"人"，右面一个"二"，表意二个人和谐相处）；在政治上的体现就是"德治"，而"德治"的精神实质就是"泛爱众"① 和"博施济众"。孔子把礼引入仁中，把传统"礼治"升级为"德治"。

2. 义

义，原指"宜"，即行为要适合于"礼"。孔子以"义"作为评判人们的思想、行为的道德原则。子曰："君子喻于义，小人喻于利。"（《论语·里仁》）

3. 礼

孔子及儒家的政治主张，治国安邦之要，伦理之规。礼在孔子眼中，在儒家思想中，应作三个层面的理解：第一个层面——等级（如君臣，不可僭越，尊卑有别）；第二层面——秩序（如父子，长幼有序）；第三层面——礼和仪（如礼仪、礼规）。

齐景公曾问政于孔子，如何管理国家。孔子对曰："君君，臣臣，父父，子子。"（《论语·颜渊》）"君君，臣臣"，就是礼的第一层级——等级，且不可僭越，居于首位。"父父，子子"就是礼的第二等级——秩序，长幼有序，不可紊乱。君臣和父子之间，各行其礼，各尽其礼，不可或缺，居于第三位。如此等级、次序、礼仪并行，国家可大治。

4. 智

"智"同于"知"，但比"知"的层次和境界更高。智是儒家理想人格的重要品质。孔子常把仁、智、勇三个道德规范并重，称之为"君子之道"。子曰："知者不惑，仁者不忧，勇者不惧。"（《论语·子罕》）。孔子认为，通过求知，提升智慧，排解困惑。智是一种道德规范，智慧的人是具有"真、善、美"的道德修为，具备"真假、善恶、美丑、是非"等道德判断和知行能力的人。

---

① 爱人是实行"仁"的基本途径，而爱人又须修身正己，进而推己及人，由亲亲扩大到泛众。

5. 信

信指待人处事，诚实不欺、言行一致的态度。子曰："人而无信，不知其可也。"（《论语·颜渊》）此"信"有两层含义：一是受人信任，二是对人有信用。孔子将"信"作为"仁"的重要体现，是贤者必备的品德，是处理朋友关系、人事关系最重要、最基本的伦理原则。如下例证可见"信"的重要：

子贡问政于孔子。子曰："足食，足兵，民信之矣。"

子贡曰："必不得已而去，于斯三者何先。"

子曰："去兵。"子贡曰："必不得已而去。于斯二者何先。"

子曰："去食。自古皆有死，民无信不立。"（《论语·颜渊》）

上段的意思是，子贡问孔子怎样治理国家。孔子说，要做到以下三点：使粮食充足，使军备充足，老百姓信任执政者。子贡说，如果不得不去掉一项，那么在三项中会先去掉哪一项呢？孔子说，去掉军备。子贡又问，如果不得已，还要从剩下的粮食和民信中去掉一项，该去哪一项呢？孔子答，去掉粮食。自古以来人总是要死的，如果老百姓对统治者不信任，那么这个国家就不能存在下去了。可见，在孔子看来，得到百姓的信任比什么都重要。

6. 忠

顾名思义，忠就是尽力为人谋，忠人之心，忠人之事。

7. 恕

恕就是如人之心，推己及人。孔子精辟地表述"恕"为"己所不欲，勿施于人""己欲立而立人，己欲达而达人"。

孔门后世弟子多将"忠""恕"并用而成为儒家处理人际关系的基本原则和行为方式之一。

书法"忠恕之道"

8. 孝

孔子认为孝悌是仁的基础，尤其是"孝"，是"仁"（人）的根本所在。有（孔子学生有若）曰："其为人也孝弟，而好犯上者，鲜矣；不好犯上，而好作乱者，未之有也。君子务本，本立而道生。孝弟也者，其为人之本与。"（《论语·子罕》）。意思是，有若说，孝顺父母、顺从兄长而去触犯君王或上层统治者的人是很少见的；不触犯上层统治者，喜好造反的人也是没有的。君子专心致力于根本的事务，根本建立了，治国做人的原则也就有了。孝顺父母、顺从兄长，这就是仁的根本。

孔子认为，孝不仅限于对父母的赡养，而应着重对父母和长辈的尊重，认为如缺乏孝敬之心，赡养父母也就视同于饲养犬，乃大逆不孝。

9. 悌

悌指兄弟对兄长的敬爱之情。后世弟子们多把孝与悌并称，视之"为仁之本"。

孝悌也者仁之本

孔子是中国第一个文化高峰期——春秋战国（前770—前220年）时期诸子百家之一的儒家文化的开创者，他"祖述尧舜，宪章文武"，整理编撰六经《诗》《书》《礼》《乐》《易》《春秋》，为中华文化的集大成者。

在战国后的秦朝儒家思想被强调法、权、术的法家思想所取代。到西汉武帝前，以推行"黄老之术"的"无为"治国的道家思想为主导。至汉代，董仲舒"罢黜百家，独尊儒术"的思想被汉武帝推崇，儒家思想第一次被官方确立为占统治地位的指导思想。这一统治地位，在以后的两晋、南北朝、隋、唐、宋、元、明、清诸朝代中，基本未受到大的动摇。未动摇的核心原因是，儒家思想强调的仁爱是有等级的仁爱，是以维护统治阶级利益为出发点和归宿的。

儒家思想也伴随着朝代更迭的步伐沉浮、与时俱进。在社会实践中发展，在发展中进步，在进步中完善，在完善中革新。然后又在发展中进步，在进步中完善……如此循环往复，虽也历经波折，但一直保持着苍劲的生命力，占据着中国统治思想的主体地位。

自古以来，历史名家对孔子的评价很多，择录若干：

孟子曰："自有生民以来，未有孔子也。"

司马迁在《史记》中称孔子为"至圣"。

唐高祖（李渊）尊孔子为"先师"；唐太宗（李世民）先定孔子为"先圣"，又改为"宣父"。唐高宗（李治）尊孔子为"太师"；唐玄宗（李隆基）追谥孔子为"文宣王"。

宋儒朱熹曰："天不生仲尼，万古如长夜。"

明世宗朱厚熜称孔子为"至圣先师"。

清康熙亲自为孔庙写下"万世师表"的匾额。

有中国最后一个大儒之称的梁漱溟先生在1934年讲到，孔子学说的价值，必有一天为人类所发现，为人类所公认，再重光于世界。中国文化以孔子为代表，以儒家学说为根本，以伦理为本位。所以，中国文化是人类文化的理想归宿，比西洋文化要来得"高妙"。梁漱溟预言"世界未来的文化就是中国文化复兴"。

国学大师柳诒徵认为，孔子为中国文化之中心，其前数千年之文化，赖孔子而传;其后数千年之文化,赖孔子而开;无孔子,则无中国文化。

有中国"最后一位士大夫"之称的国学大师钱穆认为,孔子是中国历史上第一圣人。在孔子以前,中国历史文化当已有2500年以上之积累,而孔子集其大成。在孔子以后,中国历史文化又复有两千五百年以上之演进,而孔子开其新统。在此5000多年,对中国历史进程之指示、中国文化理想之建立,具有最深影响、最大贡献者,殆无人堪与孔子相比肩。

外国学者或国际组织对孔子也有很多评价——

法国启蒙运动的代表人物伏尔泰在他的书中写道:"我全神贯注地读孔子的这些著作,我从中吸取了精华,孔子的书中全部是最纯洁的道德,在这个地球上最幸福的、最值得尊敬的时代,就是人们遵从孔子言论的时代,在道德上欧洲人应当成为中国人的徒弟。"

联合国教科文组织20世纪70年代将孔子列为世界十大文化名人之首。

1982年8月27日,为纪念孔子诞辰2533周年,美国各界人士在旧金山举行祭孔大典,时任美国总统的里根先生致函说:"孔子的高贵行谊与伟大的伦理道德思想不仅影响了他的国人,也影响了全人类。孔子的学说世代相传,为全世界人民提示了丰富的为人处世原则。"

1988年1月,75位诺贝尔奖获得者在巴黎聚会,诺贝尔物理学奖得主、瑞典科学家汉内斯·阿尔文博士指出:"人类要生存下去,就必须回到25个世纪之前,去汲取孔子的智慧。"

1998年,全世界100多个宗教组织代表集会发表"普世伦理宣言",将中国儒家"己所不欲,勿施于人"的言论写进宣言。

2001年,美国加利福尼亚州议会通过决议,将孔子的生日9月28日定为"孔子日",并把孔子诞辰日9月28日作为美国教师节,以纪念这位对人类教育事业做出杰出贡献的先贤。

美国最高法院大楼

美国最高法院大楼顶部石刻

美国最高法院大楼建筑的顶部（石柱顶上"呈三角状"的部分）是"司法、自由的护卫者"纪念碑。在碑上刻有三个石像，从左至右分别是穿着长袍、留着长须、以道德理论治国的儒学创始人孔子，颁布《十诫》的摩西，雅典立法家梭伦。

《论语》篇幅较长，共20篇（约1.37万字），以下摘录其15则经典之语：

（1）子曰："学而时习之，不亦说乎？有朋自远方来，不亦乐乎？人不知而不愠，不亦君子乎？"

【释义】孔子曰："学习后，能经常温习它，不也感到很高兴吗？有志同道合的人从远方来，不也感到很快乐吗？别人不理解我，我却不埋怨，不也是一位有教养的君子吗？"（《论语·学而》）

（2）子曰："弟子入则孝，出则弟，谨而信，泛爱众，而亲仁。行有力则学文。"（《论语·学而》）

【释义】孔子曰："后生小辈在家就要孝顺父母，外出就要尊敬长辈，谨慎而且守信用，博爱众人，亲近有仁德的人。这样修行实践之余，还有精力和时间，就再在书本文字上下功夫好好学习。"

（3）子曰："学而不思则罔，思而不学则殆。"（《论语·为政》）

【释义】孔子曰："只知道读书，却不动脑筋思考，就会茫然不解；只是空想而不去读书，就会疲惫而无所获。"

（4）子曰："吾十有五而志于学，三十而立，四十而不惑，五十而知天命，六十而耳顺，七十而从心所欲，不逾矩。"（《论语·为政》）

【释义】孔子曰："我十五岁时，开始有志于学问；三十岁时，说话做事都有把握；四十岁时，我对一切道理都能通达而不再感到迷惑；五十岁时，我明白了什么是天命；六十岁时，我对听到的一切都可以明白贯通、泰然对待了；到七十岁，我便随心所欲，不会有越出规矩的可能了。"

【解读】这是孔子晚年对自己一生学习修养的概括总结，说明他一生从不间断地学习修养，而且每隔一段时间有一大进步，直至晚年达到最高境界。几千年以来，无数的人都把这段话作为勉励自己的座右铭。而其中的而立、不惑、知命、耳顺"，也分别成了三十岁、四十岁、五十岁、六十岁的代名词而广泛流传。

（5）子曰："见贤思齐焉，见不贤而内自省也。"（《论语·里仁》）

【释义】孔子曰："见贤者，就应该想着向他学习；见不贤者，应自己反省，有没有和他类似的毛病。"

（6）子曰："君子坦荡荡，小人常戚戚。"（《论语·述而》）

【释义】孔子曰："君子通常襟怀坦白心气宽广，小人则一般心气局促忧戚。"

（7）子曰："三人行，必有我师焉。择其善者而从之，其不善者而改之。"（《论语·述而》）

【释义】孔子曰："几个人走在一起，其中必定有在某些方面可以做我的老师的人。我选择他们的优点去学习，不好的地方便改正。"

（8）子曰："不愤不启，不悱不发。举一隅不以三隅反，则不复也。"（《论语·述而》）

【释义】孔子曰："教导学生不到他想弄明白而又不能的时候，我不会启发他；不到他想说出来而又阐述不清的时候，我不去开导他。教给他一个方面，他不能由此而推知多个方面，便不再教他了。"

（9）子曰："其身正，不令而行；其身不正，虽令不从。"（《论语·子路》）

【释义】孔子曰："自身品行态度端正，无须号令就能自主施行；自身品行态度不端正，即使号令也不服从。"

书法《见贤》

书法《己所不欲勿施于人》

（10）子曰："己所不欲，勿施于人。"（《论语·颜渊》）

【释义】孔子曰："自己不喜欢的，就不要强加给别人。"

（11）子曰："不患人之不己知，患其不能也。"（《论语·宪问》）

【释义】孔子曰："不要担心别人不了解自己，要担心自己没有才能。"

（12）子曰："躬自厚而薄责于人，则远怨矣。"（《论语·卫灵公》）

【释义】孔子曰："对自己要求严格而少责备别人，就能远离怨恨了。"

（13）子曰："三军可夺帅也，匹夫不可夺志也。"

【释义】孔子曰："三军可以被剥夺主帅，匹夫不可被剥夺志向。"

（14）子曰："知（zhì）者乐（yào）水，仁者乐山。知者动，仁者静。知者乐，仁者寿。"（《论语·雍也》）

【释义】孔子说："智慧的人喜爱水，仁义的人喜爱山；智慧的人懂得变通，仁义的人心境平和。智慧的人快乐,仁义的人长寿。"

(15)子曰:"夫仁者,已欲立而立人,已欲达而达人。"(《论语·雍也》)

【释义】孔子曰:仁爱之人,自己决定对人建立仁爱之心,别人才会对你仁爱,自己决定对人豁达、宽容,别人才会对你豁达、宽容。

"己欲立而立人,己欲达而达人"是孔子的一个重要思想,也是实行"仁"的重要原则。如果能够"修己及人",就做到了"仁"。

(四)《孟子》

《孟子》一书的作者,有不同说法。比较集中的观点有四:一是孟子①所著;二是孟子弟子所著;三是孟子自作,后经门生弟子叙定;四是由孟子弟子所作,再由再传的门生弟子叙定。

一般而言,学者们对第一种说法认可度较高,即由孟子所著,理由是司马迁和朱熹的佐证。《史记·孟子本传》记载:"天下方务于合纵连横,以攻伐为贤,而孟轲乃述唐、虞三代之德,是以所知者不合。退而与万章之徒序《诗》《书》,述仲尼之意,作《孟子》七篇。"此说法比较详细,意思是,天下各诸侯国,合纵连横,兵刃攻伐。孟子向各诸侯国游说自己的政治主张"仁政"。但周游列国后终不得其志,于是回到家乡和学生万章等一起撰著述《孟子》一书。朱熹言:"《孟子》,疑自著之书,故首尾文字一体,无些子瑕疵,不是自下手,安得如此好。"(《朱子大全》)

孟子

孔子出生于公元前551年的春秋战国之交,孟子出生于公元前372年的战国中期。孔、孟二人,在年岁上相差179年,生活的时代环境也大有不同。但儒家思想在孔孟之间近两个世纪里脉脉相继、传承有序。孔子思想传于三千弟子,其中就有《大学》的著述者曾子(曾参);曾子又上承孔子思想,下传学生子思(《中庸》的著述者)。而子思又上承曾子,下传其学生以及学生的学生孟子。(司马迁在《史记·孟子荀卿列传》中记载:"孟子受业子思之门人。"可推知孟子是子思门生的门徒,而非另外一种说法"孟子受业于子思",即孟子是子思的学生。因为子思去世于公元前402年,而孟子出生于公元前372年,所以孟子受业于子思门人比较合

---

① 孟子(前372—前289),名轲,字子舆,战国中期邹国(今山东邹城)人,著名思想家、政治家、教育家,儒家思想的集大成者,后世称"亚圣"。

理、可信）由于孔子和孟子在儒家学派的巨大影响和杰出贡献，后世合称二人为"孔孟"，并将儒家学派代称为"孔孟学派"。

孟子幼年丧父，其母将其抚养成人，"孟母三迁"的典故就是一位伟大母亲望子成才，努力为子营造良好教育环境的典范。故事曰：

> 昔孟子少时，父早丧，母仉（zhǎng）氏守节。居住之所近于墓，孟子学为丧葬，躄（bì）踊痛哭之事。母曰："此非所以处子也。"乃去，遂迁居市旁，孟子又嬉为贾人炫卖之事，母曰："此又非所以处子也。"舍市，近于屠，学为买卖屠杀之事。母又曰："是亦非所以处子矣。"继而迁于学宫之旁。每月朔（shuò，夏历每月初一日）望，官员入文庙，行礼跪拜，揖（yī，拱手礼）让进退，孟子见了，一一习记。孟母曰："此真可以处子也。"遂居于此。

孟子成人后，受业于子思门生，受儒家思想浓厚熏陶，潜心学习孔子思想，并在孔子思想的基础上，建构了自己的儒家学说，可谓是"学前人之学，成一家之言"。

孟子和孔子有一点是同出一辙、高度统一的。即将自己所认知和构建的儒家学说推行于自己所处的国家的治理上，进而推行于天下。当时（战国中期）社会的普遍风气是各思想家为实现自己的政治主张，东奔西走、南走北告，游说于各诸侯国。孟子也积极参与其中，大约在四十五岁时开始长达二十年之久的政治游说，其游说的核心思想是"民贵君轻""仁者无敌"。

孟子率弟子出游，第一站到了齐国。当时齐国是在齐威王（前356—前320年在位）治下。孟子向齐威王积极地宣扬自己"仁政无敌"的政治主张，但齐威王对孟子的政治主张不感兴趣，只是赠金"一百镒"（一镒约合二十两）予以安慰。孟子并未接受赠金，离开齐来到宋国。

宋王对孟子表面上友好尊敬，但对其政治主张也不予采纳，赠金"七十镒"予以安慰。孟子接受了宋王的礼金转而返回自己的母国——邹国。

后来受滕国滕文公之邀，孟子到滕国帮助滕文公治理国家。但滕国只是弹丸小国，不能施展孟子远大的政治抱负。孟子离开滕国来到梁（魏）国。

孟子见梁惠王图

梁国梁惠王及其子梁襄王也没有给孟子施展才华、宣扬其政治学说的机会。孟子碰壁后从梁国转回齐国。此时齐国已是齐宣王（齐威王之子）当政，齐宣王对孟子的主张也不大接受，基本上是八分否定，二分认可。

孟子周游列国二十载，有万乘之大国，如齐国、鲁国；有千乘之小国，如滕国、梁国、宋国、燕国等。但不论国之大小，孟子和他所崇拜的先贤孔子一样，政治主张多不为列国所礼遇。当时更受欢迎的是申不害、商鞅的法家理论和吴起的兵家理论，而孟子所倡导的"仁政"（王道）理论不合乎各国君主称霸（霸道）的需要。无奈之下，不得志的孟子在古稀之年回到自己的家乡邹国，与自己的学生万章、公孙丑等人一起著书立说。

诚如孟子自己所言："故天将降大任于是人也，必先苦其心志，劳其筋骨，饿其体肤，空乏其身，行拂乱其所为，所以动心忍性，曾益其所不能。"（《孟子·告子下》）正因孟子二十载周游之苦，历程之艰，真正践行了"读万卷书，行万里路"，亲历并践行了孔子"明知不可为而为之"的伟大思想，所以才成就了记录孟子言行、汇集孟子一生思想的巨著——《孟子》，从而为中国留下，"富贵不能淫，贫贱不能移，威武不能屈"的大丈夫理想人格；"民贵君轻"的思想圭臬；"老吾老以及人之老，幼吾幼以及人之幼"的道德修为以及"养浩然正气"的民族文化精神。

《孟子》一书，主要记录孟子的言行、政治观点及其伟大的思想，是继《论语》之后的又一儒家大著。其核心观点有：

1. 性善四端，仁义礼智

《孟子·告子上》曰：

> 恻隐之心，人皆有之；羞恶之心，人皆有之；恭敬之心，人皆有之；是非之心，人皆有之。恻隐之心，仁也；羞恶之心，义也；恭敬之心，礼也；是非之心，智也。仁义礼智，非由外铄我固有之也，弗思耳矣。

此为孟子"性善论"主张的重要陈述。

他认为，善是人的基本本性和基本自觉。每一个人都会自然、自发地表现出四个方面的善性，即"性善四端"：恻隐、羞恶、辞让、是非。同时，这四端分别与儒家所倡行的道德价值"仁、义、礼、智"呈一一对应的关系，即恻隐—同情心—仁；羞恶—羞耻心—义；辞让—恭敬心—礼；是非—明辨心—智。由于每个人都有善的根基，并有向善的本性和扬善的自觉，故而应该积极地挖掘善的根基，并将善的根基、善的本性自觉、充分地发扬光大，将人培养成为具备"仁义礼智"或"性善四端"的人。

2. 民贵君轻

孟子"民贵君轻"的思想，放在今天的民主社会也是非常有价值的。而在当时他所生存的礼坏乐崩、弱肉强食、诸侯割据的战国时期，孟子就旗帜鲜明地提出这样惊世骇俗、弥足珍贵的观点，绝不负"圣贤"之誉。他明确地对民、君、江山做出了排序：民为邦本，首列第一；国家土谷、江山社稷为次，居于中间地位；君主为最轻，居于最次的地位。这种"民贵君轻""民为邦本""民可载舟亦可覆舟""得民心者得天下"的"仁政民本"思想是高贵而恒久的。

3. 仁者无敌

仁，指对民有深切的同情之爱。孟子认为，实施仁政是管理国家的根本所在。国君应该把"民为贵、社稷次之、君为轻"的仁政民本思想，贯穿于施政治国的始终，以期达到政通人和、国富民丰、天下一统的终极目标。孟子提出了将仁政之民本思想具体到经济、政治、文化、教育、军事等方面，如省刑罚、薄税敛、不违农时、制民之产、选贤举能、礼治德教等。如果君王能长期地施以上述的仁政，那么没有任何国家是可以战胜他的，即"仁者无敌"。

4. "大丈夫"理想人格

孟子指出，必须依靠"修身养性"才能更大程度地发挥善性，全力扩充存于人内心的性善四端（恻隐、羞恶、辞让、是非），孟子称之为"尽性"。进一步地发展完善尽性，就可培养出既充塞于天地之间，也存在于心中的浩然之气。这种浩然之气就是孟子所言的"大丈夫"理想人格。此大丈夫理想人格，是孟子对性善四端、仁义礼智的道德的再深化和道德价值标准的再升华。

5. 道德天

孟子认为，现实世界是道德的世界，而道德根源背后的标准是天，天表现于人，便是性。只要顺着人性的发展，就合乎道德，逆着人性发展就违背道德。要把存于人心的善足够地发展，合乎道德修养，便能知天、顺天，达致"天人合一"。

6. 化性起伪

孟子认为，善的四端是内在于人的自觉，属于人的本性，即所谓"人之性"。这种人性是善的（人的自然属性），也是"人之性"区别于"兽之性"之所在。但只有单纯的"人之性"是不够的，需要将这种人之初性，改造提升成为更符合社会道德修养的行为。这个改造、提升的动作和过程就称为"伪"。将人之初性"善"（自然属性）改造为符合社会道德修养的"善"（社会属性）就称之为"化性起伪"。

传世的《孟子》共有七篇，每篇各有上下两卷；每篇的标题也同《论语》一样，系从每篇首句摘出几个字而形成的。其目次是：

《梁惠王》（上、下）　　《公孙丑》（上、下）　　《滕文公》（上、下）
《离娄》（上、下）　　　《万章》（上、下）　　　《告子》（上、下）
《尽心》（上、下）

《孟子》在"四书"中属篇幅最长（20篇），字数最多（约3.46万字）。以下摘录其15则经典之语：

（1）老吾老以及人之老，幼吾幼以及人之幼。（《孟子·梁惠王上》）

【释义】在赡养孝敬自己的长辈时不应忘记其他与自己没有亲缘关系的老人。在抚养教育自己的小辈时不应忘记其他与自己没有血缘关系的小孩。

（2）仁者无敌。（《孟子·梁惠王上》）

【释义】仁德的人必然赢得民众的拥戴，上下一心，众志成城，成为无敌于天下的人。

老吾老以及人之老

【注】仁德的思想是孟子对孔子思想的继承和发展。"仁者无敌"是孟子周游列国、游说诸君的核心观点。

（3）乐民之乐者，民亦乐其乐；忧民之忧者，民亦忧其忧。（《孟子·梁惠王下》）

【释义】执政者如果以顺应民众的快乐为快乐，民众就会为执政者的快乐而快乐；执政者如果把民众的忧苦当作自己的忧苦，民众也会为执政者的忧苦而忧苦。

（4）我善养吾浩然之气。（《孟子·公孙丑上》）

【释义】我善于培养我拥有的浩然之气。

【注】孟子认为"浩然之气"的"气"极端浩大有力量，所以就应该用坦荡的胸怀去培养气、滋养气而不加以伤害。

（5）天时不如地利，地利不如人和。（《孟子·公孙丑下》）

【释义】上天给予的时运比不上地理上的优势，地理上的优势比不上人们团结合作、人心相合。

（6）得道者多助，失道者寡助。寡助之至，亲戚畔之；多助之至，天下顺之。（《孟子·公孙丑下》）

【释义】得民心的人会得到很多人的帮助，不得民心的人自然没有人去支持他，就连亲戚也会疏远自己。支持你的人多了，天下也就太平了。

（7）有恒产者有恒心，无恒产者无恒心。苟无恒心，放辟邪侈，无不为己。（《孟子·滕文公上》）

【释义】有一定的产业收入的人才有一定的道德观念和行为准则。没有一定的产业收入的人便不会有一定的道德观念和行为准则。假若没有一定的道德观念和行为准则，就会胡作非为，违法乱纪，什么事都干得出来。

【注】此句话的潜在意义在于，规劝各诸侯君王要给予和保障老百姓一定的生活物质资源，这样老百姓才会安分守己，不胡作非为，国家也会安定。

（8）富贵不能淫，贫贱不能移，威武不能屈，此之谓大丈夫。（《孟子·滕文公下》）

【释义】金钱富贵不能迷乱了我的心，贫贱穷苦不能改变我的志向，权势威武不能屈从我的节操，这样的人才叫作"大丈夫"。

【注】这句话出自孟子与一位叫景春的人的对话。景春认为，战国时魏国著名的说客公孙衍和魏国著名的纵横家张仪能够"一怒而诸侯惧，安居而天下息"，像这样的人可称得上是真正的"大丈夫"。孟子接着景春的话，也提出了自己对"大丈夫"的认识：富贵是人所羡慕的，贫贱是人所厌恶的，威武是人所惧怕的，但能不为之所动，这就表现了一个人坚守节操、大义凛然的高尚品德。孟子提出的此"大丈夫"的认识，成为为后世乃至今天，做人的原则或衡量的一个人的标杆。

（9）不以规矩，不成方圆。（《孟子·离娄上》）

【释义】不用圆规和曲尺，就不能正确地画出方形和圆形。

【解注】孟子由此直观的事物引申，当政者实施仁政时要严谨、要用统一的规章制度，百姓也要自觉遵守国家制定的规章制度。尤其要在以下两个方面严立规，谨遵行：一是法先王；二是选贤才。

（10）爱人不亲，反其仁；治人不治，反其智；礼人不答，反其敬——行有不得者皆反求诸己，其身正而天下归之。（《孟子·离娄上》）

【释义】你爱护别人但人家不亲近你，就反省自己的仁爱够不够；你管理人民却管不好，就要反省自己才智够不够；待人以礼对方不报答，就要反省自己恭敬够不够。任何行为如果没有取得效果，都要反过来检查一下自己，只要自己本身端正了，天下人民就会归顺你了。

不以规矩，不成方圆

【解注】此观点，后来即儒家所倡的"反求诸己"，意思是遇到问题、困难、挫折时切莫责怪他人，而应先反过来从自己身上找出问题的症结，并努力加以改正。

（11）鱼，我所欲也。熊掌，亦我所欲也。二者不可得兼，舍鱼而取熊掌者也。生，亦我所欲也。义亦我所欲也。二者不可得兼，舍生而取义者也。（《孟子·离娄下》）

【释义】鱼，是我想要的东西；熊掌，也是我想要的东西。（如果）两样东西不能同时得到，（只好）放弃鲜鱼而要熊掌。生命，也是我想要的；正义，也是我想要的。（如果）生命和正义不能够同时得到，（只好）牺牲生命来保住正义。

【解注】此观点是孔孟二人观点不同的一个地方，孔子讲"仁德"多一点，孟之讲"仁义"多一点。

（12）世俗所谓不孝者五：隋其四支，不顾父母之养，一不孝也；博弈好欲酒，不顾父母之养，二不孝也；好货财，私妻子，不顾父母之养，三不孝也；从耳目之欲，以为父母戮，四不孝也；好勇斗狠，以危父母，五不孝也。"（《孟子·离娄下》）

【释义】世上人常说不孝的事有五件：一不孝为四肢懒惰，（不事生产）不管父母的生活；二不孝是好下棋、饮酒，不管父母的生活；三不孝是贪恋钱财，偏袒妻子儿女，不管父母的生活；四不孝是放纵耳目的欲望，使父母受到耻辱；五不孝是逞勇力好打架，危害了父母。

（13）恻隐之心，人皆有之；羞恶之心，人皆有之；恭敬之心，人皆有之；是非之心，人皆有之。恻隐之心，仁也；羞恶之心，义也；恭敬之心，礼也；是非之心，智也。仁义礼智，非由外铄我固有之也，弗思耳矣。（《孟子·告子上》）

【释义】同情别人的心，人人都有；知道羞耻的心，人人都有；对别人恭敬的心，人人都有；明辨是非的心，人人都有。同情心属于仁，羞恶心属于义，恭敬心属于礼，是非心属于智。这仁义礼智，不是外人强加给我的，是我们本来就有的，不过是没有去思考追求罢了。

（14）故天将降大任于是人也，必先苦其心志，劳其筋骨，饿其体肤，空乏其身，行拂乱其所为，所以动心忍性，曾益其所不能。（《孟子·告子下》）

【释义】上天将要降落重大责任在这样的人身上，一定要事先使他的内心痛苦，使他的筋骨劳累，使他经受饥饿，以致肌肤消瘦，使他受贫困之苦，使他做的事颠倒错乱，总不如意，通过那些来使他的内心警觉，使他的性格坚定，增加他不具备的才能。

（15）仁，人心也；义，人路也。舍其路而弗由，放其心而不知求，哀哉！

(《孟子·告子下》)

【释义】仁是人的本心；义是人的大道。放弃了大道不走，失去了本心而不知道寻求，真是悲哀啊！

若要对流传至今并对中国产生最大影响的"四书"追根溯源，则可言"四书"皆出自孔门弟子，皆滥觞于中国文化的第一个高峰期——春秋战国时期。《大学》《中庸》《论语》《孟子》并称为"四书"，始于南宋大儒朱熹编撰《四书章句集注》。宋、元、明、清四朝，"四书"一路高歌猛进，逐渐取代了"五经"在中国的领导地位，成为古代中国君王臣民案头的必备书籍，更成为想通过科举走向人生巅峰的读书人的圣典。

"四书"者，国之书、君之书、臣之书、民之书也！

《说文解字》曰:"五,五行也。从二,阴阳在天地间交午也。"意思是,五表示金、木、水、火、土五行(五种物质)。以天地阴阳的"二"为字根,表示阴阳两气在天地间交错。

数字"五",在九个数(一至九)中,正好处于中间位置,此点正合《说文解字》对五"天地之交"的解释之意,也合儒家"中正、中庸"之意以及皇帝"九五至尊"(九表"最大"之意,五表"中正"之意)的称法。

在中国文化中与数字"五"相关的文化名词很多,且具有普遍的熟知度和影响力。如帝王、将相、臣民都推崇的"五伦""五常";庶民百姓津津乐道的"五福";既体现封建的等级礼制,又体现"定亲疏、别内外"的"五服"制度;上通天、下通地,运行天下,解释万物的中国独有智慧——"五行";影响中国历史、社会、文化至深,被中国古代学子、学人、学者尊为圣典的"五经"等。此外,与"五"关联的名词,在中国古代人的生活中俯拾即是,试举五例如下:

(1) 食有五谷:稻、黍、稷、麦、豆。

(2) 声有五音:宫、商、角、徵、羽。对应现在简谱中的宫(1 / do)、商(2 / re)、角(3 / mi)、徵(5 / sol)、羽(6 / la)。

(3) 夜有五更:一更,戌时一刻,晚上7点至9点,对应文学中的"甲夜、黄昏、日夕、日暮";二更,亥时三刻,晚上9点至11点,对应文学中的"乙夜、人定、定昏";三更,子时整,晚上11点至凌晨1点,对应文学中的"丙夜、夜半、子夜(茅盾著有长篇小说《子夜》)、中夜";四更,丑正二刻,凌晨1点至3点,对应文学中的"丁夜、鸡鸣、狗盗";五更,寅正四刻,凌晨3点至5点,对应文学中的"戊夜、平旦、黎明、日旦、鸡鸣"等。

五德

老百姓根据一夜五更的变化特质,总结了一个形象易记的顺口溜:"一更人,二更锣,三更鬼（灯火），四更贼，五更鸡。"

（4）人敬五德、五事。五德：温、良、恭、俭、让；五事：貌、言、视、听、思。《尚书·洪范》对五德、五事记载曰："貌曰恭，言曰从，视曰明，听曰聪，思曰睿。恭作肃，从作乂，明作晢，聪作谋，睿作圣。"意思是，表情要恭敬，言论要正当，观察要明白，听闻要广远，思考要通达。容貌恭敬就能严肃，言论正当就能治理，观察明白就能昭晰，听闻广远就能善谋，思考通达就能圣明。

（5）友自五湖：五湖与四海，一般连用为"五湖四海"，表朋友来自四面八方之意。五湖：洞庭湖、鄱阳湖、太湖、巢湖、洪泽湖；四海：东海、黄海、南海、渤海。（在古代，"中国"可称为"海"，意指中国乃无数高原湖泊汇聚之地，如"四海之内皆兄弟""海内存知己"等。）

在与"五"有关的文化名词中，"五经"在中国文化中占有举足轻重的地位，以下重点谈及"五经"。

五经

"五经"之名问世中国，始于汉武帝（前141—前87年在位）时期。"四书"之名问世中国，始于宋朝绍熙元年（1190）。如此，"五经"的提法于比"四书"的提法早千年。"五经"在中国唐代以前占有优势或领导地位，在唐以后的宋、元、明、清，"四书"略胜一筹，有后来者居上之势。但总体而言，"四书"与"五经"在中国的历史长河中，是相伴而行、并驾齐驱的。自唐、宋后，朝廷都将"四书五经"作为科举取士的必备典籍。尤其在科考倚重八股文取士的明清之际，"四书五经"更是走上了空前绝后的圣坛，成为影响科举考生一生一世的文献典籍。直至清廷于1905年废除延绵1300年之久的科举制度，"四书五经"才走下神坛。

五经，"五"是数字，何为"经"？

"经"由"巠"字演变而来。东汉许慎《说文解字·糸部》曰："经，织也。"意思指纺织品的细纵线。后因用线来栓结书，故经与书联系在一起。春秋战国前，已有学派或个人将自己或别人比较有影响力的著作称为"经"。到汉武帝时，为加强中央集权，在思想文化方面采纳了董仲舒"罢黜百家，独尊儒术"的建议，把以孔子为代表的儒家思想提升至当时统治思想的地位。儒家著作，也随即成为封建政权法定的"经"。由此，"经"字被赋予了重要典籍和正统地位的意蕴。到东汉时，班固把地位急剧上升的"经"解释为"常"（通常之意或不可易动之意）。由此

"经"逐步备有了以下三个特点：

（1）"经"是历代封建统治者所确认的，地位最高的典籍；

（2）"经"是普世的、通识的、不可易动的经典；

（3）"经"是中国封建统治阶层治国安邦的理论来源，是封建统治者为臣民标定的道德和精神坐标。

经的体裁、种类繁多，比较集中的体裁有下列几种：

（1）传：传述的意思。如《易经》，又称《易大传》，还有《春秋左传》《春秋公羊传》《春秋穀梁传》等。"经"是历代封建统治者所确认的地位很高的经典。

（2）记：梳理、疏记、记载的意思。如《礼记》。

（3）注：取义灌注，解释之意。如《礼记注》。

（4）训：解释之意。如东汉高诱为《淮南子》作注时，在每篇题后加一"训"字。

（5）说：解释之意。如《诗》有《鲁说》，《礼》有《中庸说》等。

（6）章句：经师将自己理解的经文之义，概括整理，传授给学生。如朱熹的《四书章句》。

（7）集注（集解）：把众家之说荟萃一处之意。如《论语集解》《四书章句集注》等。

《四书章句》书影

今天的五经，一般指《诗》《书》《礼》《易》《春秋》，但五经之名最早来自六经之说。在《庄子·天运》篇中所叙述的六经为：《诗》《书》《礼》《乐》《易》《春秋》。《庄子·天下》篇中高度概括了六经的内容：《诗》以道志（表达思想情感)、《书》以道事（记录历史事实），《礼》以道行（讲应对、进退、揖让之礼），《乐》以道和（讲音韵和章），《易》以道阴阳（讲阴阳变化），《春秋》以道名分（讲君臣上下之道）。

按照奉行的标准不同，六经的排列顺序有以下两种：

其一，按六经的深浅难易排列为：《诗》《书》《礼》《乐》《易》《春秋》。其中《诗》《书》《礼》《乐》属于较易之范畴，而《易》《春秋》涉及哲学、国政等，属于较难的范畴。

其二，按六经产生时代的早晚排列为：《易》《书》《诗》《礼》《乐》《春秋》。《易经》的八卦由伏羲所画，时代最早，《易》排第一；《书经》中最早的《尧典》也比伏羲晚，《书》排第二；《诗经》中最早的篇章《商颂》比尧舜晚，排第三；《礼》《乐》相传为周公所作，分别排第四、第五；《春秋》是鲁史，经孔子删定，排第六。

从汉代司马迁开始，称"六经"为"六艺"。《史记·滑稽列传》中记载："孔子曰：六艺于治一也。《礼》以节人，《乐》以发和，《书》以道事，《诗》以达意，《易》以神化，《春秋》以义。"

至汉中期，由于《乐》毁于秦焚书而亡佚，"六经"之称逐渐变为"五经"之称。汉武帝时设"五经博士"，立官学为"五经"，即《诗》（周初到春秋时代的乐歌）、《书》（夏商周时期政治文献的汇编）《礼》（礼仪，先秦贵族生活的记录）、《易》（占卜之书）、《春秋》（最早的编年体史书）。

按人们的记忆习惯顺序，分述五经如下。

（一）《诗经》

五经中的《诗》，即《诗经》。

《庄子·天下》篇中言："《诗》以道志。"司马迁在《史记·滑稽列传》中言："《诗》以达意。"从以上两种叙述，可初步感受《诗经》浪漫和抒情达意的风格。《诗经》共305篇，故又称《诗三百篇》，是我国第一部诗歌总集。《诗经》的作者现已无法考证，但从它的内容（所述时代延绵五六百年之长）来推断，非经多人之手的收集、编辑不能成书；其著作者有农民、士兵、官吏、贵族等。是何人收集编撰成书，比较集中的说法有两个：

（1）"王官采诗"而成。即周王朝派专门官员到民间采集民歌民谣。这些官员虽有不同的称谓，如"行人""辀（yóu）轩""轩车使者"等，但他们的任务都相同，即采集各地歌谣、了解各地风土人情、查看政治得失，上报国君。此说法在《汉书·艺文志》中记载为："古有采诗之官，王者所以观风俗，知得失，自考正也。"

（2）"孔子删诗"而成。此说法最早为司马迁提出。《史记·孔子世家》记载："古者《诗》三千余篇，及于孔子，去其重。"意思是，春秋时，诗歌很多，有3000多篇，后来孔子约按照十而取其一的方法，整理、删诗成集305篇。自唐以后，"孔子删诗"成为《诗经》史学的一大公案。

支持"删诗说"者，无疑是对《史记》的信赖。代表人物有欧阳修、程颢、王应麟、马端临、顾炎武、赵坦、王崧等。

反对"删诗说"的阵营要更大一些，有郑樵、朱熹、吕祖谦、叶适、朱彝尊、王士禛、赵翼、崔述、魏源、方玉润等，还有近现代的梁启超、胡适、顾颉刚、钱玄同等。以下辑录几位反对"删诗说"的观点：

（1）宋代郑樵（1104—1162）：公元前544年季札观乐，"诗"的总体面貌和今天的留存相仿佛，孔子时年约八九岁，不可能有"删诗"的能力。

（2）清代朱彝尊（1629—1709）：春秋时期，庠序之讽诵，列国士大夫之赋诗言志，典籍记载多出于今本《诗经》，孔子不可能具有如此之影响。

（3）清代方玉润（1811—1883）：孔子谈到他对"诗"的处理是在"自卫返鲁"之后，而在此前孔子谈到"诗"时，已称诗"三百"。说明在孔子删诗前，《诗经》已成删诗后的300多篇。

今天，"孔子删诗"的公案可以定论谳（yàn）了。学者们普遍认为"孔子删诗"说不成立。《诗经》是由周朝乐官编辑、加工而成。此观点在郭沫若先生对《诗经》的解释中清晰可见、令人信服。郭沫若先生指出：《诗经》虽是搜集既成的作品而成的集子，但它却不是把既成的作品原样地保存下来。它无疑是经过搜集者整理润色过的。"风""雅""颂"的年代延绵五六百年，国风所采的国家有十五国，主要是黄河流域，但也远及长江流域。在这样长的年代里，在这样宽的区域里，而表现在诗里面的变异性却很小。形式上主要是四言，而尤其注意的是音韵差不多一样。音韵的一样在今天是很难办到的，南北东西有各地的方言，音韵有时相差甚远，但在《诗经》里却呈现统一性。这正说明《诗经》经过了一道加工。

现在学者普遍认同这个"加工者"是周朝的诸位乐工。理由有二：

第一，乐歌原来是供统治阶级娱乐的东西，而乐官正是编辑和掌管乐歌、诗歌、音乐、舞蹈等，为统治阶级服务的人。

第二，《诗经》中"风""雅""颂"中记录的时间、事件等约从前11世纪（西周）至前6世纪（东周春秋战国之交），经历了五六百年的漫长岁月。就其记录时间而言，"周颂"大多数记录西周前期的作品，"大雅"大部分出于西周，"小雅"既有西周时期，也有东周（春秋）时期的。如此推断《诗经》出自周朝乐官之手，由其加工而成就顺理成章了。

《诗经》按"风""雅""颂"编排。其中"风"160篇，"雅"105篇，"颂"40篇，共305篇。

（1）风，土风、风谣、声调的意思。"风"多指民间和地方民歌、歌谣、诗歌的汇集。这些民歌、歌谣的来源地主要是齐、韩、赵、魏、秦等地，大约是今天的山西、陕西、河南、河北、山东等黄河流域地区。在这些民间歌谣中，经润色提炼修订后的，成为"十五国风"①。

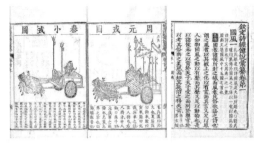

《诗经》书影

"风"是《诗经》的主要内容，共有160篇，占《诗经》一半多的篇幅。

（2）雅，"正"的意思。指用正言来述说政治的兴废得失。由于事有大小，所以又有"大雅""小雅"之别。"大雅"主要收集的是都城和宫廷乐歌，也就是供贵族享宴或诸侯朝会时的乐歌，多为贵族所作，有31篇；"小雅"多为士人所作，有74篇。

（3）颂，宗庙祭祀的乐歌和史诗，内容多是歌颂祖先美德和功业。"颂"分"周颂"31篇，"商颂"5篇，"鲁颂"4篇，共40篇。

《诗经》，中国文学源头之一（中国文学另一源头为《楚辞》），其文学艺术特点主要表现在"赋、比、兴"三种表现手法的运用上。朱熹在《诗集传》②中对"赋、比、兴"分别给予了简洁清晰的解释："赋者，敷陈其事而直言之也；比者，以彼物比此物也；兴者，先言他物以引起所咏之词也。"

（1）赋。"赋者，敷陈其事而直言之也"，意思是平铺直叙，直接表达情感。"赋"在《诗经》中属运用最多的一种表现手法。如《诗经·邶风·击鼓》中诗句："死生契阔，与子成说。执子之手，与子偕老。"此句叙事直接，情感表达非常直白。简意为，生死离合，你我双手相握，立下誓言，相伴着垂垂老去。

又如《豳（bīn）风·七月》首句："七月流火，九月授衣。一之日觱发，二之日栗烈。无衣无褐，何以卒岁。三之日于耜，四之日举趾。同我妇子，馌彼南亩，田畯至喜。"此句连续运用了"赋"的手法，按照季节物候变化的顺序，铺叙了农家生活的场景。简意为，七月星向西落，九月妇女缝寒衣。十一月北风劲吹，十二

---

① 十五国：周南、召南、邶、鄘、卫、王、郑、齐、魏、唐、秦、陈、郐、曹、豳。
② 《诗集传》，朱熹对《诗经》的旧注，注解。它打破前人成说，探求诗篇本意，为人们提供了一个通俗简明的《诗经》读本。

月寒气袭人。没有好衣，也没粗衣，怎么度过这年底。正月开始修锄犁，二月下地去耕种。带着妻儿一同去，把饭送到向阳的土地上去，田官十分高兴。

（2）比。"比者，以彼物比此物也"，意指比喻，含明喻和暗喻。《诗经》中对"比"表现手法的运用非常灵活并富于变化。多用"比"来丑化敌人（以彼物比此物）。如《魏风·硕鼠》中以"硕鼠"的丑恶形象来作比，揭露剥削阶级对民众残酷剥削的面孔以及民众反剥削、向往乐土的愿望。原文曰：

　　硕鼠硕鼠，无食我黍。三岁贯女，莫我肯顾。逝将去女，适彼乐土。乐土乐土，爰得我所。

　　硕鼠硕鼠，无食我麦。三岁贯女，莫我肯德。逝将去女，适彼乐国。乐国乐国，爰得我直。

　　硕鼠硕鼠，无食我苗。三岁贯女，莫我肯劳。逝将去女，适彼乐郊。乐郊乐郊，谁之永号。

简意为：大田鼠呀大田鼠，不许吃我种的黍。多年辛勤伺候你，你却对我不照顾。发誓定要摆脱你，去那有幸福的乐土。那乐土啊那乐土，才是我的好去处！

大田鼠呀大田鼠，不许吃我种的麦。多年辛勤伺候你，你却对我不优待。发誓定要摆脱你，去那有仁爱的乐国。那乐国啊那乐国，才是我的好所在！

大田鼠呀大田鼠，不许吃我种的苗。多年辛勤伺候你，你却对我不慰劳！发誓定要摆脱你，去那有欢笑的乐郊。那乐郊啊那乐郊，谁还悲叹长呼号！

又如《邶风·新台》把好色的卫宣公比作丑陋的癞蛤蟆。原文曰：

　　新台有泚，河水弥弥。燕婉之求，蘧篨不鲜。

　　新台有洒，河水浼浼。燕婉之求，蘧篨不殄。

　　鱼网之设，鸿则离之。燕婉之求，得此戚施。

简意为：建筑的新台，明丽又辉煌，河水洋洋东流淌。本想嫁个如意郎，却是丑得蛤蟆样。新台高大又壮丽，河水漫漫东流去。本想嫁个如意郎，却是丑得不成样。设好鱼网把鱼捕，没想蛤蟆网中游。本想嫁个如意郎，得到却是如此丑的癞蛤蟆。

根据《史记·卫康叔世家》记载，卫宣公是个淫昏的国君。他曾与其后母夷姜乱伦，生子名伋。伋长大成人后，卫宣公为他聘娶齐女，只因新娘子是个大美人，便改变主意，在河边上高筑新台，把齐女截留下来，霸为己有。卫国人对卫宣公的所作所为实在看不惯，便编了这首诗歌挖苦讽刺他违背天伦之德行——截娶儿媳，黄河边上筑造新台。

（3）兴。"兴者，先言他物以引起所咏之词也"，即"触物生情"。"兴"的妙处在于借以起兴的物象，而望兴生情，触物生意。《诗经》中关于"兴"的运用，多借以"起兴"的物象，如大自然花草树木、鸟兽虫鱼、山川河流、日月星辰等，而望兴生情、托物言意、触物生意。如烂漫的桃花（《桃夭》），和鸣的雎鸠（《关雎》），猗猗的绿竹（《淇奥》），皎洁的月亮（《月出》）等。这些物象本身就容易使人产生优美的诗意和想象，在加之"借兴"而触物生情，更是妙不可言、意蕴深远，下举一例《秦风》中的《蒹葭》，原文曰：

　　蒹葭苍苍，白露为霜。所谓伊人，在水一方。溯洄从之，道阻且长。溯游从之，宛在水中央。

　　蒹葭凄凄，白露未晞。所谓伊人，在水之湄。溯洄从之，道阻且跻。溯游从之，宛在水中坻。

　　蒹葭采采，白露未已。所谓伊人，在水之涘。溯洄从之，道阻且右。溯游从之，宛在水中沚。

简意为：芦苇初生青青，白色露水凝结为霜。所恋的那个心上人，在水的另一边。逆着弯曲的河道寻找她，路途艰难又漫长。逆流寻找她，仿佛走到水中间。

芦苇初生茂盛，白色露水还没干。所恋的那个心上人，在水的那岸。逆着弯曲的河道寻找她，路途艰难又坡陡。逆流寻找她，仿佛走到水中的小沙洲。

芦苇初生鲜艳，白色露水还没完。所恋的那个心上人，在水的那头。逆着弯曲的河道寻找她，道路艰难又曲折。逆流寻找她，仿佛走到水中的沙洲。

《蒹葭》是一首非常唯美、浪漫的诗歌。其中难以言表的"伊人之恋"特别适合静静地品颂。这一唱三叹，诉说着对可望而不可及的"伊人"的向往，而那用来起兴的"苍苍蒹葭""清清白露"，和主人公忧伤怅惘的心情互相映衬，使全诗都附着一层淡淡的哀伤。王国维赞誉："诗《蒹葭》一篇，最得风人深致。"（《人间词话》），而《蒹葭》中"兴"文学修辞手法的运用也是最得风人深致之处。

对《诗经》的品读和学习，需要一些耐心和文学基础。今人读起来会有晦涩之感，但细细品味，会越品越有味。以下摘录20则大家熟识度较高的诗句以供赏析。

（1）桃之夭夭，灼灼其华。（《诗经·周南·桃夭》）

【释义】桃树繁茂，桃花灿烂。（此以桃花的鲜艳茂盛比喻新嫁娘美丽成熟的风韵。）

（2）彼采萧兮，一日不见，如三秋兮。（《诗经·王风·采葛》）

【释义】采蒿的姑娘，一天看不见，犹似三季长。

(3) 山有榛，隰有苓。云谁之思？西方美人。彼美人兮，西方之人兮。(《诗经·邶风·简兮》)

【释义】高高山上榛树生，低湿之地长苦苓。朝思暮想竟为谁？西方美人心中萦。美人已去无踪影，远在西方难传情。

(4) 关关雎鸠，在河之舟，窈窕淑女，君子好逑。(《诗经·周南·关雎》)

【释义】水鸟应和声声唱，成双映映河滩。美丽贤德的，正是我的好伴侣。

(5) 青青子衿，悠悠我心。(《诗经·郑风·子衿》)

【释义】你的衣领青又青，悠悠思君伤我心。

(6) 言者无罪，闻者足戒。(《诗经·周南·关雎·序》)

青青子衿

【释义】指提意见的人只要是善意的，即使提得不正确，也是无罪的。听取意见的人即使没有对方所提的缺点错误，也值得引以为戒。

(7) 我思古人，实获我心。(《诗经·邶风·绿衣》)

【释义】译文：我思念我的故人，只有你最合我的心意了！

(8) 知我者，谓我心忧；不知我者，谓我何求。悠悠苍天，此何人哉？(《诗经·王风·黍离》)

【释义】知道我的人，说我心烦忧；不知道的，问我有何求。高高在上的老天，谁造成了这样的局面？

(9) 硕鼠硕鼠，无食我黍。三岁贯汝，莫我肯顾，逝将去女，适彼乐土。(《诗经·魏风·硕鼠》)

【释义】大老鼠啊大老鼠，别再吃我种的黍。多年辛苦养活你，我的生活你不顾。发誓从此离开你，到那理想新乐土。(此处把老鼠比作剥削阶级)

(10) 风雨如晦，鸡鸣不已。既见君子，云胡不喜？(《诗经·郑风·风雨》)

【释义】风雨晦暗秋夜长，鸡鸣声不停息。看到你来这里，还有什么不

诗经意境之一

高兴呢？

（11）有匪君子，如切如磋，如琢如磨。(《诗经·卫风·淇奥》)

【释义】美君子文采风采，似象牙经过切磋，像美玉经过琢磨。

（12）人而无仪，不死何为？(《诗经·鄘风·相鼠》)

【释义】为人却没有道德，不死还有什么意思？

（13）投我以木桃，报之以琼瑶。(《诗经·卫风·木瓜》)

【释义】他送我木瓜，我就送他佩玉。（台湾知名作家陈喆的笔名琼瑶，就出于此句。）

（14）所谓伊人，在水一方。(《诗经·秦风·蒹葭》)

【释义】我思念的人啊，在水的另一边。

（15）它山之石，可以攻玉。(《诗经·小雅·鹤鸣》)

【释义】山上的宝石，同样可以雕刻成精美玉器。比喻别国的贤才可为本国效力，也比喻能帮助自己改正缺点的人或意见。

诗经意境之二

（16）死生契阔，与子成说。执子之手，与子偕老。(《诗经·邶风·击鼓》)

【释义】此句写一位将军在出征前对妻子（也有认为是给战友说的）说的一番话："只要我们没有分开，那就请你握住我的手，不要松开。无论有多短暂，也请你紧紧握住，无论生死聚散，我都与你相悦，牵着你的手，和你一起老去。"

（17）战战兢兢，如临深渊，如履薄冰。(《诗经·小雅·小旻》)

【释义】面对政局我战兢，就像面临深渊，就像脚踏薄冰。比喻行事如走在薄冰上，极为谨慎小心。

（18）兄弟阋（xì）于墙，外御其侮。(《诗经·小雅·棠棣》)

【释义】兄弟在家中争吵，但对外来的入侵和侮辱却共同抵御。

（19）投我以桃，报之以李。(《诗

《诗经》撷句

经·大雅·抑》)

【释义】人家送我一篮桃子，我便以李子相回报。

(20) 靡不有初，鲜克有终。(《诗经·大雅·荡》)

【释义】开始还能有些法度，可惜很少能得善终。

诗经意境之三

《诗经》记载了当时民众的生活状况，社会的民风民俗、民情民意，或讽刺或颂扬了人、事、物的典故（农事、徭役、爱情、爱国等），承载着民众对美好生活的祈愿和国泰君贤的盼望。从这个角度来讲，《诗经》具有极高的人文和社会价值。

《诗经》深度地反映了周朝生活与劳动、战争与徭役、压迫与反抗、风俗与婚姻、祭祖与宴会等内容，甚至还涉及天象、地貌、动物、植物等方面的内容。从这个角度讲，《诗经》对研究周朝以及周以前的社会生活有极高的史学和科学价值。

另外，《诗经》作为中国最早的诗歌总集和中国文学的源头之一，其最大的贡献莫过于对我国后世诗歌的体裁、结构、语言等产生的重大影响。尤其是"赋、比、兴"的表现和修辞手法，对中国古代文学、近现代文学和当代文学，产生了重要而深远的影响。从这个角度讲，《诗经》具有极高的文学价值。

《诗经》朗朗上口、意蕴丰美的特质，让它时至今日仍然高频地出现在人们的文书案头。如《周南·关雎》的"窈窕淑女""求之不得""辗转反侧"；《邶风·击鼓》的"执子之手，与子偕老"；《王风·采葛》的"一日不见，如三秋兮"等。

最后，笔者写下几句很浅显，但又想对《诗经》说的话：

《诗经》，你骄傲地立于古代诗歌之巅，俯视着它的源流，训诂"帝王仁政"，祈愿"国泰君贤"；

《诗经》，你挺拔地站在古代诗歌之腰，平视着它的延伸，吟唱"民风民俗"，陈达"民情民愿"；

《诗经》，你谦卑地伏于古代诗歌之谷，仰视着它的生命，诉说"民间疾难"，颂扬"功德厚业"。

(二)《尚书》

五经中的《书》,即《尚书》。先秦称《书》,到秦末汉初,始称《尚书》。今留存的《尚书》与秦朝博士伏生(前260—前161)有很大的关系。据《汉书·儒林传》记载,秦始皇焚禁《诗》《书》时,伏生把自己的一部《书》藏至屋壁中间,然后离家逃难,直到汉兴乱定重返家乡。他将藏于屋壁的《书》拿出时,已有部分朽坏,后经仔细整理、编排,成书为我们今日所看到的《尚书》。

学术界对《书》之所以称为《尚书》,比较集中的解释有以下三种:

第一,上古之书。"尚"即"上",为"上古"之意。"书"为历史简册,所以"尚书"就是"上古之书"的意思。

第二,"上"是"尊崇"之意,"尚书"即为人们所尊崇的书。

第三,《尚书》记载的主要内容,多数为臣下对君上的言论(如周公对周成王)和君主的言行与事迹。而君上的"上"通"尚",所以记载君上、君主的书,称《尚书》。

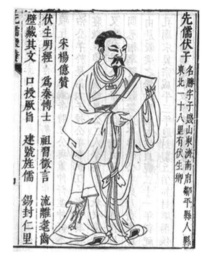

伏生像

《尚书》书影

以上几种说法,第一种"上古之书"的认可度较高。因为《尚书》记载了上至传说中的尧舜时代,下至东周(春秋中期)约1500多年的社会历史、人文事件,留存了一些极为珍贵的先秦政治、文化、思想等方面的历史资料。故称之为"上古之书"。同时,《尚书》还被称为"古代最早的一部历史文献汇编"。第二种说法过于简单。第三种不够全面,有失偏颇。因为尚书除了记载臣下对君上的言论外,还有记载君主的言行与事迹、君主在征战前率队誓师的言词以及君主任命官员或赏赐诸侯时的册命之辞等。

西汉儒学家孔安国根据《尚书》中文体的不同,将《尚书》分为:典、谟、誓、诰、训、命六种文体。

(1)典。记载重要的事实,多为君主的言行与事迹,如《尧典》就是主要对尧帝言论的记载。

（2）谟。记载臣下对君主的讲话以及君臣之间言谈、商议、谋议等，如《皋陶谟》记载舜、禹、皋陶（尧帝统治时的一位贤臣，以正直而名闻天下，曾被舜任命为掌管刑法的"理官"）等人的政治智慧和谋划，如《大禹谟》记叙了大禹、伯益和舜谋划政事的史料。

（3）诰。君主对臣下的诰谕。多为商周统治者对封王、臣民的训诰之词。如《盘庚》三篇，记载了商王盘庚对臣民的三次训话。又如《康诰》记载周公告诫其弟康叔，如何统治被征服的商人。

（4）训。臣下对君主的劝诫之词。意在总结历史教训，劝告当今的君主要以史为鉴，勿要重蹈覆辙。如《伊训》记载商代大臣伊尹对商王太甲所作之训谕。

（5）誓。君主在征伐交战之前率队誓师的辞令。如《汤誓》为商汤伐夏桀之誓师辞；再如《秦誓》为秦穆公在战后向其臣民所宣告的誓词。

（6）命。君主任命官员或赏赐诸侯时的册命之辞。如《文侯之命》是周天子对晋文侯的嘉奖令。

以上六种文体并没有囊括《尚书》的全部内容，但已包含绝大多数篇目。此六种文体也分别出现在《尚书》的四篇目《虞书》《夏书》《商书》《周书》之中。将《尚书》四部分的部分目录，辑录如下：

第一部分　尚书·虞书

《尧典》　　《舜典》　　《大禹谟》　　《皋陶谟》　　《益稷》

第二部分　尚书·夏书

《禹贡》　　《甘誓》　　《五子之歌》　　《胤征》

第三部分　尚书·商书

《汤誓》　　《仲虺之诰》　　《汤诰》

第四部分　尚书·周书

《泰誓上》　　《泰誓中》　　《泰誓下》

《尚书》一直被视为中国封建社会政治哲学的经典,既是帝王、臣民的教科书,又是贵族、士大夫必遵的"大经大法"。以下摘录15则经典语句:

(1) 克明俊德,以亲九族。九族既睦,平章百姓。百姓昭明,协和万邦。(《尚书·夏书·尧典》)

【释义】能发扬才智美德,使家族亲密和睦。家族和睦以后,辨明百官的善恶。百官的善恶辨明了,使得各诸侯国协调和顺。(上下和睦、百姓安居乐业是儒家所倡的理想社会。这段话颂扬帝尧的功德,强调"和"的重要性。)

(2) 克勤于邦,克俭于家。(《尚书·大禹谟》)

【释义】为国家大事不辞辛劳,居家生活要节俭质朴。

(3) 不矜细行,终累大德。为山九仞,功亏一篑。(《尚书·周书·旅獒》)

【释义】不注重细行,终究会损害大德,如筑九仞高的土山,只因少了一筐土而前功尽弃,功亏一篑。

(4) 诗言志,歌永言,声依永,律和声。(《尚书·禹书·舜典》)

【释义】诗是抒发志向的,歌是表达思想情感的,音调要合乎吟唱的音律,音律要谐和五声。

(5) 满招损,谦受益。(《尚书·虞书·大禹谟》)

【释义】自满的人会招来损害,谦虚的人会受到益处。

(6) 民可近,不可下,民惟邦本,本固邦宁。(《尚书·夏书·五子之歌》)

【释义】对待人民只能亲敬,不可怠慢,人民是国家的根本,人民安居乐业,国家才能安宁。

篆刻:民惟邦本 本固邦宁

大禹传位给儿子启,启传位于子太康。太康只图安乐享受,不理朝政,沉迷于酒色,打猎百日不归,丧德失民,怨声四起。有穷国诸侯王后羿,看到人民到了忍无可忍的地步,就废了太康。太康的母亲和几个弟弟聚在一起,追述皇祖大禹的训诫,于是作了《五子歌》:"皇祖有训,民可近,不可下,民惟邦本,本固邦宁。"

(7) 德日新,万邦惟怀。志自满,九族乃离。(《尚书·商书·仲虺之诰》)

【释义】德行日日更新，万国归附；如果骄傲自满，九族亲戚也会疏离。（九族泛指亲属，一般指上自高祖、下至玄孙的九代人。即高祖父、曾祖父、祖父、父亲、己身、子、孙、曾孙、玄孙。）

8. 天作孽，犹可违；自作孽，不可逭。（《尚书·商书·太甲中》）

【释义】亦作"天作孽，犹可违；自作孽，不可活"。意指天降的灾害还可以躲避，自作的孽，逃也逃不了。强调自作的罪孽，无法逃避惩罚。

（9）惟事事，乃其有备，有备无患。（《尚书·商书·说命中》）

【释义】做事情，就要有准备，有准备才没有后患。《左传·襄公十一年》中这句话演化为居安思危，思则有备，有备无患。在安定的时候，要想到未来可能会发生的危险；想到了，就会有所准备，有所准备，就不会发生祸患。

（10）不役耳目，百度惟贞。玩人丧德，玩物丧志。（《尚书·周书·旅獒》）

【释义】不被歌舞女色所役使，百事的处理就会适当。戏弄人就丧德，戏弄物就丧志。

（11）皇天无亲，惟德是辅。民心无常，惟惠之怀。为善不同，同归于治；为恶不同，同归于乱。（《尚书·周书·蔡仲之命》）

【释义】上天对人没有亲疏之分，它只佑助德行高尚的人。民心向背没有定规，它只是归附仁爱之主。做善事的方法虽然各不相同，结果都会达到安治；做恶事的方法虽然各不相同，结果都会走向动乱。

（12）必有忍，其乃有济；有容，德乃大。（《尚书·周书·君陈》）

【释义】一定要有所忍耐，那才能有成；有所宽容，德才算是大。

（13）天视自我民视，天听自我民听。（《尚书·周书·泰誓》）

【释义】上天的看法，出自人民的看法，上天的听闻，出自人民的听闻。

（14）宽而栗、柔而立、愿而恭、乱而敬、扰而毅、直而温、简而廉、刚而塞、强而义。（《尚书·虞书·皋陶谟》）

【释义】此为儒家所倡之"九德"。分别为："宽而栗"指待人宽厚而又谨慎；"柔而立"指处事柔和而又有主见；"愿而恭"指待人随和而又庄重；"乱而敬"指有才干而又认真；"扰而毅"指耐心随顺而又果敢坚定；"直而温"指直率而又温和；"简而廉"指处事通达而又公正廉明；"刚而塞"指刚正而又扎实；"强而义"指勇敢而又有道义。

（15）人心惟危，道心惟微，惟精惟一，允执厥中。（《尚书·虞书·大禹谟》）

【释义】人心难易其诡，道心难得其真，求真总须精纯专一，治世贵在守中固善。

这句话是舜告诫禹：人心危险难安，道心幽微难明，只有精心一意，诚恳地秉执其中正之道，不偏不倚，才能治理好国家。故宫"中和殿"的本旨即此意。

（三）《礼记》

五经中的《礼》，即《礼记》。《礼记》是一部记载中国古代社会（主要是夏商周时期）的社会状况、典章制度（礼制、礼规）以及先秦儒家的哲学思想（如天道观、宇宙观、人生观）、教育思想（教育制度、教学方法、学校管理）、政治思想（以教化政、大同社会、礼制与刑律）和美学思想的著作。同时，《礼记》还记载有孔子与弟子之间关于礼仪的问答。因此，《礼记》被喻为儒家典章、礼规、制度的汇编和儒家修身养性的行为准则。

《礼记》书影

《礼记》最初时有100多篇，后由西汉戴德①简化为85篇，世人称之为《大戴礼记》。后来，戴德的侄子戴圣②在《大戴礼记》的基础上，再一次简化，终为49篇。后来"四书"中的《大学》和《中庸》，都是《礼记》篇章之一。

在古今社会中，"礼"都是维系个人、社会和国家秩序纲常的重要内容。作为社会最小单位的"人"，应学礼、懂礼、守礼、行礼，也就是以"礼"作为个人的行为准则；作为社会基本单位的"家"，也有相应的礼规，谓曰"家规、家法、家礼"等；作为社会的总集成的"国"，亦有礼规，谓曰"国礼"。中国自古以来就被称为"礼仪之邦"。"礼"关乎个人的成长发展，关乎社会的有序运行，关乎国运的昌明繁荣。

但古今对"礼"的理解是不同的。今人对"礼"的理解，多对应于古人对"礼"释义的第三个层级，即礼貌、礼规（如父慈子孝、兄恭弟悌等）。古人所讲

---

① 戴德（生卒年不详），字延君，出生于梁国睢阳（今河南商丘睢阳区）。汉代礼学家。戴德活跃于汉元帝时（前43—前33），是"今文礼学"的开创者。著有《大戴礼记》，后世称"大戴"。

② 戴圣（生卒年不详），字次君，出生于梁国睢阳，西汉时官员、学者、礼学家，汉代"今文经学"的开创者。后世称"小戴"。

的"礼"还有两个更高层级,即第一层级"等级"(如君臣,一至九品官阶等)和第二层级"次序"(如父子、兄弟等长幼次序,祭祀的程序、座次等)。在古人"礼"的三个层级中,最重要的当然是中国封建社会的本质特征和历史产物"等级"。而在"等级"中居于首位的是"君臣"之间的等级,其次为"官员"之间的等级,最后为"臣民"之间的等级。而"君臣"之间等级的最直接体现就是神圣且不可僭越的"君臣"之礼,如《红楼梦》中贵为贤德妃的贾元春回家省亲,其祖母史太君、其父贾政、其母王夫人等所有家、族人,悉数按等级、次序,行"君臣"三拜九叩大礼。即使是祖母、父母,都必须向贵为"皇妃"的孙女、女儿行跪拜大礼。而且,所有的君臣之礼都错不得,少不得,免不得。在中国等级森严的社会体系中,这个维护社会秩序的"礼",带有它天生的特性,即为统治阶级服务,维护统治阶级的利益。

《礼记》记述的内容,涉及礼、仪、教育、哲学、典章制度等。现摘录其中15则如下:

(1) 教学相长。(《礼记·学记》)

【释义】教育者与被教育者的关系是互相增益、互相促进的关系。

本句阐述了"教"与"学"这两个教育过程中的重要范畴的辩证关系。"教"并没有凌驾于"学"之上,平等互助是二者关系的实质。此具有极强的哲理和理论性的教育原则,从古至今都被奉为重要的教育教学原则。

【注】据郭沫若考证,《学记》是由孟子的学生乐正克(前300—前200)所著。全书言简意赅,只有1229个字。但喻辞生动,系统而全面地阐明了教育教学的目的、作用、制度、原则和方法,教师的地位和作用,教育过程中的师生关系、同学关系等。《学记》是中国古代,也是世界上最早的一篇专门论述教育和教学问题的专著。相比西方最早的教育专著——古罗马昆体良(前约35年—前约100)的《论演说家的教育》(又称《雄辩术原理》)要早近300年。

《学记》撷句

《学记》提出来的很多教育理念、教育方法沿用至今。如启发式教学"道而弗牵,强而弗抑,开而弗达",教与学的循序渐进原则"不陵节而教之谓孙";另外,还有激发学生内在的学习动机、培养学生学习的自觉性、重视因材施教等。

(2) 夫子曰:苛政猛于虎。(《礼记·檀弓下》)

【释义】苛酷的政令,繁重的赋税比老虎还要凶猛可怕。本句以生动的比喻说明,人祸比虎患更为残酷,形象而深刻地揭示出苛政吃人的本质,语浅意深。

(3) 不食嗟(jiē)来之食。(《礼记·檀弓下》)

【释义】不接受带有有意侮辱性的施舍。

《礼记》"苛政猛于虎"

春秋时,齐国大饥,有一个叫黔敖的人在路上给饥民施舍饭食。此时,一个衣冠不整的饥民走来,黔敖傲气喊道"嗟,来食",那个饥民抬起眼睛注视着他说:"我就是因为不吃这种'嗟来之食',才落到这种地步。"终不吃,以致饿死。

【注】(毛主席在《别了,司徒雷登》一文中就把新中国成立前夕美国施舍的"救济粉"称为"嗟来之食",认为"吃下去肚子要痛",并高度赞扬这种中国人的民族骨气。朱自清一身重病,宁可饿死,不领美国的救济粮,也是"不食嗟来之食"的中国人民族骨气和民族气节的体现。)

(4) 礼尚往来。往而不来,非礼也;来而不往,亦非礼也。(《礼记·曲礼上》)

【释义】礼所崇尚的是有往有来。得到恩惠而不予报答(有往无来),不合乎礼的要求;得到报答而不予恩惠(有来无往),也不合乎礼的要求。

(5) 入境而问禁,入国而问俗,入门而问讳。(《礼记·曲礼上》)

【释义】到一个地方时要问清当地的禁忌,到一个国家时要问清当地的习俗,到别人的家里要问清这家的避讳。简言之,入乡随俗。

古人之礼

（6）大道之行也，天下为公，选贤与能，讲信修睦。（《礼记·礼运》）

【释义】大道通行的时代，天下都是公正无私的，选拔贤能的人主持政事，讲究信用，推行和睦。

（7）玉不琢，不成器；人不学，不知道。（《礼记·学记》）

【释义】玉不雕琢，不会成为好的器物；人不学习，不会懂得道理。

（8）虽有嘉肴，弗食不知其旨也；虽有至道，弗学不知其善也。学然后知不足，教然后知困；知不足然后能自反也，知困然后能自强也。故曰教学相长也。（《礼记·学记》）

【释义】虽有美食，不去吃就不知道它的美味；虽有极高明的道理，不学习就不知道它的益处。学习以后就会知道不足，教授以后就会知道困难；知道不足，然后就能反过来要求自己；知道困难，然后就能自强不息。这就是所说的教学相长。

（9）礼以道其志，乐以和其声，政以一其行，刑以防其奸。（《礼记·乐记》）

【释义】礼仪用来引导人们的志向，音乐用来调和人们的声音，政令用来统一人们的行动，刑罚用来防止人们的奸邪。

（10）乐也者，圣人之所乐也；而可以善民心，其感人深，其移风易俗。（《礼记·乐记》）

【释义】音乐是圣人所喜欢的；它可以使民心向善，深刻地感动人心，使民风习俗改变。

（11）恶言不出于口，忿言不反于身。（《礼记·祭义》）

【释义】恶意的语言不从口中说出来，就不会招致别人用忿恨的语言回击你。

（12）仁者，天下之表也，义者，天下之制也，报者，天下之利也。（《礼记·表记》）

【释义】仁是天下行为的表率，义是天下行为的准则，知恩图报是天下互惠互利的交往方式。

（13）温良者，仁之本也；敬慎者，仁之地也；宽裕者，仁之作也；逊接者，仁之能也；礼节者，仁之貌也；言谈者，仁之文也；歌乐者，仁之和也；分散者，仁之施也。（《礼记·儒行》）

【释义】温和善良是仁的根本，恭敬谨慎是仁的基础，宽容余裕是仁的体现，谦逊待人是仁的能力，礼貌节义是仁的外表，言谈论说是仁的文采，歌舞音乐是仁的谐和，分财散物是仁的施予。

（14）尊让洁敬也者，君子之所以相接也。君子尊让则不争，洁敬则不慢。不慢不争，则远于斗辩矣，不斗辩，则无暴乱之祸矣。（《礼记·乡饮酒义》）

【释义】尊让、清洁、恭敬，君子们以此互相交往。君子能够尊让就不会争斗，洁敬就不会怠慢。不怠慢又不争斗，就会远离争执诉讼，不争执诉讼就没有暴乱的灾祸了。

（15）君子比德于玉焉，温润而泽，仁也。（《礼记·聘义》）

【释义】君子的德操可以和玉相比，温润而有光泽，这便是仁。

（四）《易经》

五经中的《易》，即《易经》。《易经》是我国一部古老深邃而极富哲学辩证思想的经典，被称为华夏五千年"智慧与文化"的结晶。在《孔子·述而》篇中，孔子言："加我数年，五十以学《易》，可以无大过矣。"意思是，如果再多给我几年时间，像五十岁时这样学习《易》，就不会犯下大过错了。《四库全书总目》对《易经》的评述是："易道广大，无所不包，旁及天文、地理、乐律、兵法、韵学、算术，以逮方外之炉火，皆可援易以为说。"此评述也很好地支持了《易经》为"群经之首，大道之源，中国文化的活水源头，以八卦演绎六十四卦揭示了宇宙万事万物发展规律"的说法。

《易经》最早是夏、商、周三朝三本书的合称，即夏代的《连山》（相传为神农炎帝所作）、商代的《归藏》（相传为轩辕黄帝所作）、周代的《周易》（相传为周文王姬昌作六十四卦的卦辞）三本易书，并称为"三易"。在周朝时，这三本易书由三位卜官掌控，他们以此为依据，对国家大事、军事战争、祭祀活动进行预测、占卜、打卦，故"算卦""观卦象"是《易经》最初的功用之一。

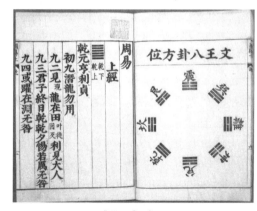

《易经》书影

在古代，《易经》为帝王之学，是阴阳家、政治家、军事家、医家的必修之术。唐代虞世南曾言："不读《易》不可为将相。"（在近代日本，也曾有不学《易》不能入阁的说法。）唐代医学家孙思邈曾言："不知有《易》，便不足以言知医药。"

《易经》的作者是谁，长期争论没有定说。比较集中的有周文王所作、战国初楚人所作、出自众人三种说法。

今学者多赞同"出自众人"之说。但由周文王作《易经》的说法，因有司马迁的记载，也比较通行。《史记·太史公自序》中载曰："西伯文王拘羑里，演《周易》。"西伯就指周文王姬昌。在商末期，以周文王姬昌为首的势力日益强大，引起了纣王的忧虑和戒备。商纣王先将当时和姬昌同朝的三公处杀；继而又以姬昌蓄意谋反为名，将其囚禁于羑里（今河南汤阴县）。此时的姬昌已年高82岁，在狱中潜心治学，以伏羲画的阴阳太极图为蓝本，加注文字，完成了《易经》。由于易经为周代的周文王所作，民间又称《易经》为《周易》[①]。还有一说，《周易》主要记载的是周朝的事件，故称《周易》。《周易》由《易传》和《易经》两部分构成。

《易传》一般指解释《易经》的书籍。其篇目有七个部分：《彖传》《象》《文言》《系辞》《说卦》《序卦》和《杂卦》。由于《彖传》《象》《系辞》各有上、下两篇，《文言传》《说卦》《序卦》《杂卦》各一个篇目，故《易传》共十个篇目。所以《易传》又有"十翼"之称。当代著名画家范曾先生，就是取字"十翼"。在其作品中，多有"十翼范曾"的题款。

本书所提及的《周易》主要指的是《易经》的部分。《易经》分上、下两经。上经三十卦，下经三十四卦，共六十四卦。每卦分别由卦名、卦形、爻题、爻辞、卦辞等部分组成。

《老子出关图》（范曾）

1. 卦

（1）卦名。

八卦中的"乾、坤、离、坎、巽、震、艮、兑"，称为"卦名"。而八卦中卦名都代表自然界中一种物质，如：☰（乾）为天，☷（坤）为地，☲（离）为火，☵（坎）为水，☴（巽）为风，☳（震）为雷，☶（艮）为山、☱（兑）为泽。

（2）卦形。

卦形是由表示阳的横线"—"和表示阴的中间断开的横线"--"，两种基本符号组成。如八卦中，乾卦的卦形就是"☰"；坤卦的卦形就是"☷"，其他卦依次类推。为形象记忆八卦的卦形，人们总结了一个形象易记的口诀：乾三连、坤六断、震仰盂、艮覆碗、离中虚、坎中满、兑上缺、巽下断。

[①] 《周易》里的"周"，指周代。易指变与不变的辩证统一。有一传说，《周易》起源于河图（黄河里出现了背上画有图形的龙马）、洛书（洛水出现了背上有文字的灵龟）。

(3) 卦辞。

每一卦卦名的后面都有一句比较简单、专为说明卦义而设的话语，称为"卦辞"。以乾卦为例，卦辞为"元亨 利贞。"

(4) 爻题。

八卦中的每一卦都各有六行，每一行称"一爻"。以"九和六"标明每一爻的性质，"九"为阳（—），"六"为阴（- -）。自下而上，以"初、二、三、四、五、上"的字样标明每一爻的位置，称"爻位"。每一爻的性质和每一爻的爻位，共同构成了每一爻的"爻题"。以乾卦为例，乾卦中六爻，每一爻的爻题，自下而上分别为"初九、九二、九三、九四、九五、上九"。

兑	乾	巽
离		坎
震	坤	艮

八卦

5. 爻辞。

每一爻题的后面，各有一句话，称为"爻辞"。爻辞是各卦内容的主要部分，每卦六爻的爻辞按"自下而上"的层级排列。以乾卦为例，乾卦每一爻的爻辞分别为：

初九：潜龙勿用；九二：见龙在田，利见大人；九三：君子终日乾乾，夕惕若，厉，无咎；九四：或跃在渊，无咎；九五：飞龙在天，利见大人；上九：亢龙有悔。

《易经》的确不"易"，但可简略地理解为，《易》有八卦，八卦相叠演变成六十四卦，每卦以"六"和"九"作为阴阳的区分，每卦有六爻，共有384爻。

2. 思辨观

《易经》是一部卜筮色彩强烈的书。但也是一部富有丰富哲学思想的书籍。其中反映"变与不变""易与不易"的思辨观点，体现了朴素唯物主义对立统一的辩证观点，表达了"变易、不易、简易"的三大哲学原则。

（1）变易。

《易经》告诉我们：世界上的一切事物都在发生变化，没有一样东西是不变的。就像太阳和月亮一样，是不停地运转的，每天都在变化，每时每刻都在运动。这个用哲学的观点表述为"世界上唯一不变的就是变化"。"变"是《易经》的精髓和灵魂。智慧之人，不仅"知变"，且"识变"，更"顺变"或"应变"。

这就是古人所言"不学《易》就不知变，不知变就不能胜任将相"的道理。《易经》告诉我们，"明变"的智慧："上智之人——适应变；中智之人——跟着变；下智之人——不知变。"

（2）不易。

《易经》里的易指"变"，不易指"不变"，但"变"与"不变"是一个辩证的关系，即对立统一、绝对与相对、运动与静止以及相互转化的关系。"不易"绝不是"不变"的意思，而指万事万物在"变"的大前提下，事物不断发展和永恒变化的规律是"不变""不易"的。如：一个人从生到死，必然要经过婴儿→儿童→少年→青壮年→老年→死亡这样一个不断发展的过程，这个过程就是"变易"。但任何人从出生后必然走向死亡，这是客观规律，是任何人难以抗拒和改变的，这就是"不易"。

变易是推动事物前进的根本动力，没有变易，事物就无法向前发展。但宇宙间的任何事物的发展都存在一定的客观规律，此客观规律不以人的意志为转移，是客观存在的，是不易的。

（3）简易。

宇宙间的任何事物都有其复杂的联系性，不管这个联系是直接的还是间接的。只是因为我们的智慧不够，经验不足，找不出事物之间的规律。而《易经》告诉我们，简易是总结和归纳事物发展的最高原则。当我们的智慧充盈并充分地了解这些"规律或道理"后，任何事物与事物之间的复杂联系、发展规律和蕴含其中的道理，都会变得简单、简易。比如，世界很复杂，也很大，但要用易经来解释的话就非常简单：

世界有多复杂？不复杂，就是阴阳转化，乾坤合和而已。

世界有多大？太极也，其大无外，其小无内。

综上，可将《易经》的深奥义理做如下梳理：

不易是相对的，变易是绝对的，简易是不易和变易的融合和转化。

不易指大道无极，变易指阴阳两极变化，简易指太极简一。

只有"不易"的存在，才会有客观规律的存在，人们才能够认识和利用客观规律来服务人类。

只有"变易"的存在，万事万物、人类和社会才会向前发展。

只有"简易"的存在，才会把宇宙中的事物看得简单而不复杂，才能获得思想的解放。

《易经》是五经中对其他经典横向影响力最大的一部典籍。不管是儒家，还是道家都受到《易经》的影响，这体现出《易经》强大的生命力。

孔子看到《易经》的时候感叹，原来它不是讲算命的，而是讲天命的。说这话时孔子已过半百，故有言："五十而知天命。"（《论语·为政》）孔子解《易经》，作《易传》，既是《易经》中乾卦之"自强不息、刚毅坚韧"精神的体现，也是《易经》文化生命力的体现。

老子虽然在《道德经》里没有直接提到"乾坤"之卦，但老子主张的阴柔、阴阳，就来源于坤卦。如《道德经》第四十二章言："万物负阴而抱阳，冲气以为和。"此亦为《易经》文化生命力的体现。

《易经》是五经中最深奥、最难懂的一部典籍，就连王国维这样的国学大师都叹言：《易经》只能看懂三四成而已。的确如此，若没有相当的历史、哲学、占卜知识的积累，读懂《易经》是相当吃力的。但有些言简意深的句子，其实我们经常遇到，以下摘录几则：

（1）天行健，君子以自强不息；地势坤，君子以厚德载物。（《周易·上经》）

【释义】天体运行，周而复始，刚健有力，君子应效法于天，自觉地努力向上，力求进步。君子也应效法大地，像大地一样以宽厚的德行去负载万物。

清华大学校训"自强不息，厚德载物"就出自《易经》。此校训源自我国近代著名政治家、思想家梁启超先生1914年11月5日在清华的一次演讲。梁先生以《君子》为题，鼓励学生树立远大理想，培养完全人格，要做"真君子"。他在演讲中说：

> 周易六十四卦，言君子者五十三。乾坤二卦所云尤为提要。乾象曰：天行健，君子以自强不息。坤象曰：地势坤，君子以厚德载物。推本乎此，君子之条件庶几

清华大学校徽

近之矣。荟中西之鸿儒，集四方之俊秀，为师为友，相蹉相磨，他年遨游海外，吸收新文明，改良我社会，促进我政治，所谓君子人者，非清华学子，行将焉属？深愿及此时机，崇德修学，勉为君子，异日出膺大任，足以挽既倒之狂澜，作中流之砥柱……

自梁启超此次演讲后，清华就把"自强不息，厚德载物"定为校训，沿用至今。

（2）居上位而不骄，在下位而不忧。（《周易·上经》）

【释义】居上位而不骄傲，处下位而不忧愁。

（3）同声相应，同气相求。（《周易·上经》）

【释义】声调、声音、话语相同，会产生感情的共鸣；气息、气味、气质相同，会互相吸引。

这是孔子对《易经》乾卦之九五爻辞所作的解释。他总结天地间物与物之间同声相应、同气相吸的现象，得出天地间万事万物均"各从其类"、相互聚合的自然法则。反之，如违背这一"各从其类"的自然法则，去相应、相求、相互聚合，都会招致祸害。

（4）君子以成德为行，日可见之行也。（《周易·上经》）

【释义】君子的行为，是以完成品德修养为目的的，并且表现在每天的日常行为之中。

这是孔子对《易经》乾卦中"六爻"的释义。孔子认为君子当以"成德为行"，且应见到"可见之行"。

德与行是一致的，是同一事物的两面。藏在内心未露，就是德；表现为行动，就是行。进德，就是每天都将德表现在自己的行为中。

（5）积善之家，必有余庆；积不善之家，必有余殃。（《周易·上经》）

【释义】积善的人家，必然有更多的吉庆（留给子孙）；积不善的人家，必然有更多的灾祸（遗留给后代）。

（6）直其正也，方其义也，君子敬以直内，义以方外。（《周易·上经》）

【释义】"直"包含"正"，"方"包含"义"，君子当以恭敬的态度使（自己）内心正直，以正义的准则为外在行为的规范。

（7）天地变化，草木蕃；天地闭，贤人隐。（《周易·上经》）

【释义】天地交感，变生万物，则草木茂盛（贤人亦出）；天地隔绝，阴阳不通则贤人隐遁（草木不蕃）。

贤人隐遁，即贤人言不出、智不发、身不现，一方面谨守其身，一方面内充其德，待时而发，如后世诸葛亮之隐于隆中，关键在一个"谨"字。当"天地闭"，贤人隐遁是世道动乱时智者的一种处世之道。

（8）君子以见善则迁，有过则改。（《周易·下经》）

【释义】君子看见善行就倾心向往、努力学习，有了过错就迅速改正。

（9）二人同心，其利断金；同心之言，其臭如兰。（《周易·系辞上》）

【释义】两人心意相同，可以像刀那样锋利地切断金属；心意相通的言语，其气味像兰草一样芬芳。

（10）方以类聚，物以群分，吉凶生矣。（《周易·系辞上》）

【释义】天地间万事万物同类相聚，与另一类事物因相异而区别开来。既然有同有异、有聚有分，吉凶祸福就产生于其间。

（11）穷则变，变则通，通则久。（《周易·系辞下》）

【释义】穷极就出现变化，变化就能畅通，畅通就可以长久。常言"穷则思变"，当有绝处求生的思变、变通、革新之举时，也许会有"山重水复疑无路"之困惑，但终会迎来"柳暗花明又一村"之新境。

（12）善不积，不足以成名；恶不积，不足以灭身。（《周易·系辞下》）

【释义】不积累善行，不足以成就美名；不积累恶行，不足以使自身灭亡。

（13）君子安而不忘危，存而不忘亡，治而不忘乱。（《周易·系辞下》）

【释义】君子要居安思危，不忘存亡，国泰时亦不敢忘治乱。

（14）小人以小善为无益而弗为也，以小恶为无伤而弗去也。（《周易·系辞下》）

【释义】小人认为做的小善事为他带不来益处而不为，认为做的小恶事无伤大雅而去做。一个人成为善恶之人，皆不是一朝一夕所能为。要明白一个基本的道理：大善是由若干小善累积而成，即积小善而成大善。同理，大恶是由若干小恶累积而成，即积小恶而成大恶。诚如老子所言"合抱之木，生于毫末；九层之台，起于累土；千里之行，始于足下"。

（五）《春秋》

《春秋》是鲁国编年史。关于《春秋》，有两种说法值得注意。

第一，《春秋》是一部记载国家大事的编年体史书，一般按春、夏、秋、冬的时序记写，而古代国家重要的事务多在春秋两季筹办和决策；另外，古代很重视农事活动比较集中的"春秋"两季，常以"春秋"表示"春夏秋冬"。故以"春秋"作为书名。

第二，《春秋》记录了从鲁隐公元年（前722）到鲁哀公十四年（前481）的各国大事。由于它所记历史事实的起止年代，大体上与东周三家分晋前的这段历史时期（前770—前476）相当，故后来的史学家将这段时期称为春秋时期。

以上两种说法，第一种比较通行。

关于《春秋》的作者，自古以来就有争议。一般认为《春秋》是鲁国旧史，由孔子修撰而成。孟子首先提出这一说法，他在《孟子·滕文公下》中言："世衰道微，邪说暴行有作，臣弑其君者有之，子弑其父者有之，孔子惧，作《春秋》。《春秋》，天子之事也；是故孔子曰：'知我者其惟《春秋》乎？罪我者其惟《春秋》乎？'"意思是，世道日益衰微，邪僻之说，暴力之行时有发生。出现臣杀君、子杀父的事情。孔子害怕这样的事越演越烈，于是就撰写了《春秋》一书。《春秋》所记载的都是天子的事情，故而孔子说："以后理解我的大概是因为《春秋》，怪罪我的大概也是因为《春秋》。"

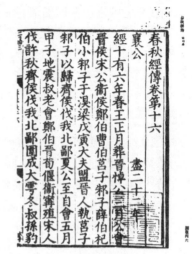

《春秋》书影

西汉司马迁也赞同孟子以上的说法。他在《史记》中记载："余闻董生曰：'周道衰废，孔子为鲁司寇，诸侯害之，大夫壅之。'孔子知言之不用，道之不行也，是非二百四十二年之中，以为天下仪表，贬天子，退诸侯，讨大夫，以达王事而已矣。子曰：'我欲载之空言，不如见之于行事之深切著明也。'"大意为，周朝礼坏乐崩，孔子我述而不作，且所述之言多被认为是空谈，还不如编著《春秋》来表达思想，教化和影响臣民。

民间也有孔子作《春秋》的传说。

一天，很多人传言有"麟"现世。民众不知是吉是凶，便来问询孔子。孔子言，麟是瑞兽，有麟现世是祥瑞之兆，是当朝君王的仁德所致。孔子借"麟现世"之说有感而作《春秋》，记录鲁国的历史大事记，以教臣民，以化天成。故《春秋》，又称《麟经》或《麟史》。

后世学者由于对孟子和司马迁的信任而多不怀疑。但近代以来，学者提出孔子作《春秋》的几个疑点：

（1）《论语》是记述孔子言行较权威的书籍。但《论语》中并无一句提及孔子作《春秋》之事。

（2）《春秋》的书法体例前后不同（在孔子出生前就有《春秋》流传，并已具备约定俗成的一套传统书写体系，即"书法"），说明《春秋》出于众人之手，或可能是鲁国的历代史官相互传承并集体编录而成。

（3）《春秋左传》中，鲁哀公十六年（公元前479年）有"夏四月，乙丑，孔子丘卒"的记载。假如《春秋》出于孔子手笔，他不可能明确地写出"自己死于某日"，这有悖于常理。

据以上疑点，今学者多推断孔子作《春秋》的说法，只是一种附会之言，无确定根据。当然，否定孔子作《春秋》，并非意味着孔子与《春秋》没有关系。孔子曾用《春秋》作为教材教授学生，这是无庸怀疑的。也正是由于孔子对《春秋》的重视，才使《春秋》得以广泛流传，才使《春秋》对后世的史学和政治产生重大的影响。

《春秋》是以君王年代为体例，记载了从鲁隐公元年（前722）到鲁哀公十四年（前481），历十二代君主，约242年的鲁国史。其虽以鲁国史为主线，记述范围却遍及当时整个中国，广泛涉猎政治、军事、经济、文化、天文、气象、生产、社会生活等多方面的内容，系当时有准确时间、地点、人物的原始历史记录。如此，依据章太炎的看法，一部历史书籍必须具备时间、地点、人物这三个条件才能称得上一部历史书籍。那么《春秋》以年记时，以日记月，以日记事，一以贯之，有条不紊，称得上中国最早的编年体史书，堪称"中国史著之源"。以下辑录《春秋》几则，以示例证：

【隐公元年】春王正月。三月，公及邾仪父盟于蔑。夏五月，郑伯克段于鄢。秋七月，天王使宰咺来归惠公、仲子之赗。九月，及宋人盟于宿。冬十有二月，祭伯来。公子益师卒。

【隐公二年】春，公会戎于潜。夏五月，莒人入向。无骇帅师入极。秋八月庚辰，公及戎盟于唐。九月，纪裂繻来逆女。冬十月，伯姬归于纪。纪子帛、莒子盟于密。十有二月乙卯，夫人子氏薨。郑人伐卫。

......

【哀公十年】春王二月，邾子益来奔。公会吴伐齐。三月戊戌，齐侯阳生卒。夏，宋人伐郑。晋赵鞅帅师侵齐。五月，公至自伐齐。葬齐悼公。卫公孟彄自齐归于卫。薛伯夷卒。秋，葬薛惠公。冬，楚公子结帅师伐陈，吴救陈。

《春秋》中，有些表述言辞隐晦，有些句子暗含褒贬或引申之意。此写作特点，被后人称为"春秋笔法"或"微言大义"。

后世也相继出现了诸多诠释《春秋》的书籍，此类书籍称之为《春秋传》。在

《春秋传》中留存下来且比较著名的有：左丘明①《春秋左氏传》、公羊高②《春秋公羊传》、穀梁赤③《春秋穀梁传》，这三部著作合称《春秋三传》。

《春秋三传》的侧重也有区别。宋人胡安国④的解读说："事莫备于《左氏》，礼莫明于《公羊》，义莫精于《穀梁》。"意思是，《春秋左氏传》侧重史实（据实书之）的阐述；《春秋穀梁传》《春秋公羊传》侧重对《春秋》中儒家观点和"微言大义"的阐释，可理解为对义理的阐释和史书的注解，称为"经义"。

从古至今，名家对《春秋》的评价，恰是《春秋》价值的一种体现。

司马迁

西汉司马迁对《春秋》极为推崇，言曰："夫春秋，上明三王之道，下辨人事之纪，别嫌疑，明是非，定犹豫，善善恶恶，贤贤贱不肖，存亡国，继绝世，补敝起废，王道之大者也。……故春秋者，礼义之大宗也。夫礼禁未然之前，法施已然之后，法之所为用者易见，而礼之所为禁者难知。"（出自司马迁《史记·太史公自序》）北宋司马光⑤在《资治通鉴》中称：《春秋》的编年体例，为史学三大体例之一，系日月而为次，列时岁以相续，垂范千秋继之者众，最出类拔萃。清人皮锡瑞，近人徐复观、吕思勉、胡适等认为《春秋》系政治学著作。近人钱玄同、顾颉

司马光

刚、刘节等认为《春秋》为历史学著作。近人钱穆认为《春秋》为"亦经亦史"著作。

综上，《春秋》可谓："史书之著，政治之鉴，帝王之道，人事之纪，微言之表，大义之说也。"

---

① 左丘明（前502—前422），都君（今山东肥城）人，姓丘，名明，因其父任左史官，故称左丘明。曾任鲁国史官，为解析《春秋》而作《春秋左氏传》，又称《春秋左传》《左传》。

② 公羊高，战国时，齐国人，相传为子夏的弟子，治《春秋公羊传》。《春秋公羊传》最初仅有口说流传，传至玄孙公羊寿及齐人胡毋生（一作"胡母生"），才著于竹帛，流传于世，称《春秋公羊传》。

③ 穀梁赤，战国时著名经学家，相传为子夏弟子。《春秋穀梁传》最初只有口说流传，至西汉时才写成《春秋穀梁传》。

④ 胡安国（1074—1138），建宁崇安（今福建武夷山）人。北宋学者，一生潜心研究《春秋》。

⑤ 司马光（1019—1086），夏县（今山西夏县）人。北宋政治家、史学家、文学家。主持编纂编年体通史《资治通鉴》。

在中国，还有一部貌似与《春秋》有关联的经典——《吕氏春秋》，实则不然。

《吕氏春秋》是秦相吕不韦（生年不详，卒于前235年）招集门客辑合百家之说编写而成。成书的时间约为前239年左右。据《史记·吕不韦列传》记载，战国时，魏有信陵君，楚有春申君，赵有平原君，齐有孟尝君，都以喜养门客名闻天下。吕不韦时为强大的秦国之相，认为自己所养之士不如上述四公子是一种羞耻，于是大招门客并厚待之，养士多达三千。吕不韦让他的门客把各自的见识写下来，集论为《吕氏春秋》。其为内含《八览》《六论》《十二纪》等论及"天地古今万物之理"的20多万字著作。此书编成后，吕不韦非常自信，将此书公布于咸阳市门，谓曰："如有诸侯游士宾客，有能增损一字者即赏给千金。"（《吕氏春秋》序言）

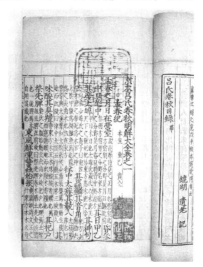

《吕氏春秋》书影

《吕氏春秋》在《序意》中说明了撰写此书的目的："凡十二纪者，所以纪治乱存亡也，所以知寿夭吉凶也。上揆之天，下验之地，中审之人，若此，则是非可不可无所遁矣。"如此，《吕氏春秋》的写作，乃吕不韦依托秦国之势从文化思想上与诸侯争强的产物，其中还不乏吕不韦为秦一统天下而进行的理论准备。

"四书"与"五经"，九部经典在中国传承2000多年之久，共同演绎了中国文化的主要发展脉络，共同见证了中华文明的发展历程，一路上的心路历程，如磋如磨。但时代的变迁，岁月的洗礼都未能抹去其强大的生命力。何其缘由？简述如下：

其一，"四书五经"所倡导的"言、行"之礼规，比较集中地构建了中华民族精神的核心所在。"忠恕、爱国、孝德、自强、礼让、和谐"等文化精髓，为中华民族性格和灵魂的塑造注入了生机活力；对中国社会的制度纲常起到伦理规约的深刻影响；对不同历史时期中国人的价值观、人生观、生命观提供了导向性的引领。

其二，"四书五经"所彰显的儒家文化，在诸子百家中（道、墨、法、兵、阴阳、释等家）一芳独蕙，久居鳌头，占据着中国文化主流的地位。此地位在中国历史长河的延绵中基本没有被动摇。

其三，"四书五经"所传递的儒家思想的主体意识（如忠君爱国、君君臣臣、等级仁爱等思想）是为统治阶级服务且得到统治阶级的认可而被大力推行的。在科举制存在的1300多年间，"四书五经"都是科考的主要内容。明清两朝更是将"四书五经"钦定为科考的必备书目，将"四书五经"推崇至至高无上的地位。这些都为"四书五经"的推广、传承做出了重要的贡献。

今日之"四书五经"，已是人类文明共同的精神和文化双重遗产。它们既是中国的精神财富和中华民族的文化成果，也是世界的精神财富和世界共享的文化成果。"四书五经"不应成为束之高阁的摆设和故纸堆里的常客。恰恰相反，"四书五经"应该是常读常新，应该将其合理、智慧、阳光的部分继续发扬光大。

在住笔"四书五经"前，笔者借用《孟子》（长江出版社、崇文书局，2012年9月出版）一书开篇引言中的一段表达对经典的致意：

> 中华民族的传统文明是世界上最有特色的文明形态之一。了解中华文明，最佳的途径就是阅读这个民族的经典。
>
> 史学的经典常新，在于她让我们用前人的经验来透视当今的纷纭，选择自己的人生坐标；文学的经典常新，在于她让我们用前人的审美来捕捉当今的生机，以享受自己的人生坐标；哲学的经典常新，在于她让我们用前人的智慧来诠释当今的信仰，以培养自己的人生操守。
>
> 所以，阅读这些常新的经典，使我们丢弃那些幼稚和浮华，带给我们理性和高雅，丰富我们的内涵和学养，给我们带来常新的乐趣。

笔者自知对"四书五经"知之甚浅，但又不能自持想对它说几句话："四书五经"，你从远古走来，至今熠熠生辉，你的魅力到底在哪儿？"四书五经"，你到底是历史的、文学的，还是哲学的经典？"四书五经"，我们能汲取什么营养，又需摒弃什么陈旧？"四书五经"需尽心学习和传承，致敬"四书五经"！

五伦

五伦，古代中国儒家所提倡的五种人伦关系。在《尚书·尧典》中已有"慎徽五典"的说法，即以五种美德教导臣民。据《左传》释义，"五典"就是"父义、母慈、兄友、弟恭、子孝"。后来，孔子提出了比较具体的人伦道德规范——"君君、臣臣、父父、子子"。最后，孟子在整理和总结中国古往道德关系和道德规范的基础上，完整地提出了封建社会五种基本的道德关系和相应的道德规范，即孟子在《滕文公上》中所言：使契为司徒，教以人伦：父子有亲，君臣有义，夫妇有别，长幼有序，朋友有信。

此句明确了五种人伦关系：君与臣、父与子、兄与弟、夫与妇、朋与友，也提出可与此五种人伦关系一一对应的道德规范，即五伦：君臣有义、父子有亲、长幼有序、夫妇有别、朋友有信。此五伦可具象化地释义为：

君臣之间有礼义之道，应以"忠"为道德标准；

父子之间有尊卑之序，应以"孝"为道德标准；

兄弟之间乃骨肉至亲，有手足之情，应以"悌"为道德标准；

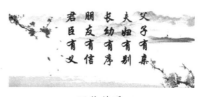

五伦关系

夫妻之间挚爱而又内外有别，应以"和"为道德标准；

朋友之间有诚信之德，应以"信"（善）为道德标准。

人伦中的双方都须遵守彼此的道德规约。如为臣者忠君，为君者礼臣；为父者慈爱，为子者孝顺；为兄者尊弟，为弟者敬兄；为夫者主外，为妇者主内；为友者信义。此五伦可简化为五个字：忠（君臣）、孝（父子）、悌（兄弟）、和（夫妇）、信（朋友）。

宋代大儒朱熹所创理学的核心是"明天理，灭人欲"。此"天理"，指以"三纲五常"为核心的封建伦理道德。朱熹言："所谓天理，复是何物？仁义礼智，岂不是天理？君臣、父子、兄弟、夫妇、朋友岂不是天理？"（《朱子语类》卷一）同时，朱熹非常倡明学校"明人伦"的教育目的，有言曰："古之圣王，设为学校，以教化天下之人，……必皆有以去其气质之偏，物欲之蔽，以复其性，以尽其伦而后已焉。"（《朱子语类》卷七）

在朱熹看来，要克服"气质之偏"，革除"物欲之蔽"，恢复人"本有善性"，就必须"尽人伦"。在他拟定的《白鹿洞书院①揭示》（又称《白鹿洞书院学规》）中，明确地把"五伦"列为教和学的目的且置于首位：

父子有亲。君臣有义。夫妇有别。长幼有序。朋友有信。右五教之目。尧、舜使契为司徒，敬敷五教，即此是也。学者学此而已。而其所以学之之序，亦有五焉，其别如左：博学之，审问之，慎思之，明辨之。笃行之。右为学之序。学、问、思、辨，四者所以穷理也。

---

① 白鹿洞书院，位于庐山五老峰南麓后屏山下。唐李渤读书其中，养一白鹿自娱，人称白鹿先生。由于此地四山环合，俯视似洞，由此得名白鹿洞。南唐升元年间，白鹿洞正式辟为学馆，亦称"庐山国学"，后扩为书院，与湖南长沙的岳麓书院、河南郑州的嵩阳书院和商丘的应天书院并称为"四大书院"。

正是此"父子有亲,君臣有义,夫妇有别,长幼有序,朋友有信"的人伦纲常,构建了古代中国人的世界观、价值观和人生观。

从我们形成到婴儿,到少年,再到成年,都知道谁是父母,谁是兄弟,谁是朋友,谁是夫(妻),谁是子女。自觉不自觉地知道了孰近孰疏、孰亲孰敬。这种"近疏亲敬"的人伦关系,自然而然地在中国人的心中生根成长,形成了人与人之间伦理规则的共同认知,即五伦。反过来说,若人伦紊,则伦理乱,自会受人耻骂,受社会唾弃。

"五伦",无疑带有一定的封建礼教色彩,但其合理的因子是应该汲取和传承的。因为文明的世界不接纳"不伦不类"的道德行为;文明的社会不接纳"五伦不入"的个体。"五伦"中合理的道德操守应该大力地秉承!

五常

在中国的文化体系中,五常除独立存在外,往往与三纲并称,共同组成了中国人熟知的,也是中国儒家思想的一个重要内容——"三纲五常"。

三纲:即"君为臣纲,父为子纲,夫为妻纲"。

五常:即"仁、义、礼、智、信"。

"三纲五常"最早的提出者是西汉董仲舒。他在其著作《春秋繁露》中首次提及"三纲""五常"两个概念。

五常

董仲舒认为,三纲皆取于"阴阳"之道。君、父、夫体现了天的阳面,臣、子、妻体现了天的阴面。阳永远处于主宰、尊贵的地位,阴永远处于服从、卑贱的地位。

在人伦关系中,"君臣、父子、夫妇"存在着天定的、永恒不变的主从关系。分别是:君为主、臣为从;父为主,子为从;夫为主,妻为从。在这样的认知基础上,董仲舒提出了"君为

朱熹

臣纲，父为子纲，夫为妻纲"（《春秋繁露》）的"三纲"理论。

朱熹对"三纲"的认识更加深入。他认为，"君为臣纲"是三纲之首。臣民对君的行为规范是"忠"，君待臣的礼规是"恕"；"忠"体现了"下对上"的规约，"恕"体现了"上对下"的规约。如果君臣各自做好自己的行为规约，天下就会太平安定。由此"君为臣纲"起到了维持社会平衡和调整君、臣、民之间社会关系的作用。

"父为子纲"是三纲之要。子对父的行为规范就是"孝"。"孝"指子女对父母的孝顺和服从。即使父母有过错，做子女的也只能柔声以谏，不能触怒父母，按照"父子相隐，直在其中"的原则，行"父为子纲"的纲常之礼。对父母行"孝"延伸出弟对兄的行为规范——"悌"，也就是常称的"孝悌"。

"夫为妇纲"是三纲之从。妇从于夫，妇对夫的最基本的行为规范是"节"（守节）。朱熹赞同"饿死事小，失节事大"的说法，进而极力赞成相夫教子、恪守妇道的行为，痛斥失节等违反纲常的妇女行为。"夫为妇纲"是中国古代封建社会中妇人道德和人伦关系的基本规范。

近现代，有学者对"三纲"持有一种反向的解读：

君为臣纲，指君主应该成为臣下的表率。

父为子纲，指父亲应该成为儿子的表率。

夫为妇纲，指丈夫应该成为妻子的表率。

这种解读把"纲"理解为"表率"之意。引申之意为，身处某种位置就要先正己并积极主动承担其相应的责任。三纲非但不是主从关系，不带有奴役压迫的性质，反而是对上位者的约束。换言之，三纲并不是为"臣、子、妻"所设定的规约，而是给"君、父、夫"的一种规约。

用哲学的语言分析董仲舒三纲和五常二者之间的关系，可表述为：三纲是五常的认识前提，五常是三纲的实践运用；三纲是五常的理论背景，五常是三纲的应对之策。董仲舒认为，五常是调节三纲"上下、尊卑"关系、规范"五伦"的基本法则和行为规范，治国者应予足够的重视并遵行，臣民应全力地奉行。若上至天子，下至庶民都能尊奉以"五常"之道践行"三纲""五伦"之理，则江山大统，国盛社安，民富康泰。

对于五常，朱熹的认识更加具象和有操作性。朱熹认为，五常各有侧重，但侧重又有次序。如五常中的"仁"表现为恻隐之心，"义"表现为羞恶，"礼"表现为恭敬，"智"表现为明辨事理，"信"表现为忠信。

（一）五常内涵

1. 仁

总体上表现为仁爱，是五常的核心。"仁"是内在的爱心。"仁"字从汉字组成结构上讲，左面是一个单立人，右面是个二，左右合在一起，表示"两个人"或"人与人"的意思，而人与人之间的行为规范要合乎"仁"的社会伦理——"仁者，爱也，是即仁爱"。但有一点需要说明，儒家以及董仲舒、朱熹所倡明的"仁爱"是有封建等级色彩的、有差别的仁爱，非墨家所倡导的无差别的"兼爱"。（此点是儒墨两家的核心区别）

2. 义

总体上表现为羞恶。具体有两层含义，一指承担合理的责任，二指在明辨是非善恶基础上的正义行为。古人讲"君子重义，小人重利"。所以，古人对"重情重义"之人非常称颂。

3. 礼

总体上表现为恭敬，是一种被认可的行为道德规范。儒家的"礼"强调三个层面：一指等级（如君臣）；二指顺序（如长幼）；三指礼规（如礼貌）。

4. 智

总体上表现为明辨事理。狭义地讲，智指知识或精通"四书五经"的智慧之人；广义地讲，智指通治国安邦、明伦理纲常、辨万事之理、擅处世待物的智慧之人。

5. 信

总体上表现为忠信。具体指信任、诚信、忠信。在儒家看来，信是一种高贵的品质。如曾子有言："吾日三省，为人谋而不忠乎？与朋友交而不信乎？传不习乎？"（出自《论语·学而》）再如，今天著名的"上海立信会计金融学院"，其前身为"上海立信会计专科学校"。其创始人潘序伦①为学校取名"立信"，就出自《论语》里的"民无信不立"。潘先生一生奉行"信以立

潘序伦

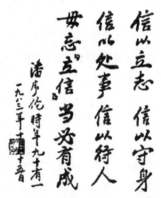

潘序伦手书

---

① 潘序伦（1893—1985），江苏宜兴人，中国现代杰出的会计学家和著名教育家。

志,信以守身,信以处世,信以待人,毋忘'立信',当必有诚信"的理念,办学、育人、办理各项会计事务。

上述五常并非独立存在,而是相依相存、融会贯通的。此点可从明代大学者"王守仁"(即王阳明)的名字中有所窥见。

王守仁的名字是其祖父王天叙所取。"守仁"顾名思义:秉守仁德。但其祖父为其取名"守仁"的意义,除守"仁"之意外,还有守"义、礼、智、信"之意。其名典出《论语·卫灵公》中孔子之语:

> 知及之,仁不能守之,虽得之,必失之。知及之,仁能守之,不庄以莅之,则民不敬。知及之,仁能守之,庄以莅之,动之不以礼,未善也。

王守仁

此孔子之言,是对五常融会贯通的一种表达。意思是,靠聪明获得的地位和知识(智),如不能持守仁德(仁),所得的地位和知识,必会因没有正心正念而失去其意义。获得了地位和知识,也能持守仁德,但不能以庄重严肃的态度体察万物,民众也不会生起恭敬之心。获得地位、知识,仁德也能够坚守,并能以庄重严肃的态度体察万物之幽微(义),但行作时不能以礼来规约(礼),不能达教化臣民(信),这仍没有达到至善。

后来,朱熹把"三纲五常"与"天理"(天理指自然之理、万物之常理、社会秩序之理)联结在一起,进行了一番论述。朱熹认为,"三纲五常"是"天理"体现于社会规范的必然产物,是永恒不变的协调社会纲常人伦的灵丹妙药。如果人们能真正地掌握"天理",恪守"三纲",并持守"五常"之道,生活中,人们会"知恻隐、行恭敬、明羞耻、辨是非、守忠信",社会将会安定和谐,此为朱熹"三纲五常"之说的核心所在。

(二)"三纲五常"的利弊

"三纲五常"作为中国社会最基本的伦理道德。自然存在着利弊两端:

1. 利

"三纲五常"维护封建等级秩序,规范君、臣、民的道德行为,使社会安定。

(1)"三纲"强调封建主义人伦关系的尊卑与高低、主从关系,"五常"强调处理人伦关系的道德准则;

(2)"三纲五常"的核心是确立和维护封建社会尊卑、贵贱的等级秩序,强调不可逾越的等级伦理,从而高度契合统治阶层的利益,被统治阶层所推崇而成为封建时代的正统思想;

(3)"三纲五常"对封建社会的君主专制的政治体制起到了很大的稳定作用。如"君为臣纲",强调统治阶级内部的尊卑秩序,明确他们之间的政治权利和经济关系,使国家处于一种相对稳定的状态,不至于经常性地、随意性地颠覆和骚乱。

2. 弊

"三纲五常"是封建统治者维护其统治的理论武器、奴化人民的工具。

(1)"君为臣纲"中"君叫臣死,臣不得不死"忠君爱君等奴化民众的思想,使封建皇权而得以实施和强化,但也使臣民的"权利和尊严"完全丧失了。

(2)"父为子纲"中,子女必须明确的就是孝敬。虽然这一规范在管教子女方面有很积极的作用,但其过于压制子女的权利以及保守封建的思想是非常明显的。

(3)"夫为妻纲"中,过于压制女性的权利,"男尊女卑"的腐朽道德思想祸国殃民。

"三纲五常"的合理因子确认规约了人们的道德行为,而这些各司其职的规约是治国安邦的需要,是做人处事的需要。另,"三纲"束缚的"五常"之道,之所以能在中国文化的历史长河中流传至今,一定有其强大的生命力和合理性。"五常"之道,绝非突发奇想、一蹴而成,而是基于古代先贤对中国古代社会长期的体察、实践而成的智慧成果。今人切不可全然地否定,亦不可不加批判、选择地全然继承。一言以蔽之,"扬弃"应是有为之道、理性之为。

中国文化中有一特点,就是很多文化概念彼此是相互关联的。如五伦、五常、五行三者之间,可表述为以下的对应关系:

五伦—五常—五行
君臣(义)—义—金
父子(亲)—仁—木
夫妻(别)—智—水
长幼(序)—礼—火
朋友(信)—信—土

上述五伦、五常、五行之间的对应关系反映出封建中国是一个极其注重"人伦纲常"的国家。此"人伦纲常"对上约束帝王,对下约束臣民,而且非常清晰地给出了五种人伦关系之间"亲、别、序、信、义"和"仁、义、礼、智、信"的道德行为规范。作为国家成员的"君、臣、民"都应各司其职,各遵其规,各守其范。如此,君臣民都安守"纲常",社会就会和谐运行,国家就会国泰安康。如用五行的观点来解读：五行和顺调和，形成了自然有序的规则世界。此规则（三纲五常）可预防和应对天灾、人祸、战乱，力促中国人心齐泰、政治昌明、江山万年。

五福

五福，古代中国民间关于幸福的五条标准或关于幸福的五种价值认同。时至今日，中国人道贺道喜时，常言"五福临门"，即希望世间最美好的"五福"登临贵府之意。在传统文化中，"福"字的谐音与蝙蝠的"蝠"相同，所以蝙蝠成了好运、幸福的代称和象征，如在宫廷、民间的绘画、瓷器、服装上（皇帝的龙袍上也绣有代表富贵、万寿的蝙蝠）经常出现由五只蝙蝠组成，寓意美满幸福、吉祥如意的"五福（蝠）"图案。

"五"福临门

五福最早出自《尚书·洪范》，原文载曰："五福，一曰寿，二曰富，三曰康宁，四曰攸好德，五曰考终命。"意思是，五福中，第一福是"长寿"，第二福是"富贵"，第三福是"康宁"，第四福是"好德"，第五福是"善终"。

第一，"长寿"。五福之首。世间最美好的"富贵""康宁""好德"等都是"福"，但都需依托于寿数的绵长才可达成和安享，否则一切"福"都无从谈及。诚如中国人在为长者祝寿时，常用的祝语："福如东海长流水，寿比南山不老松。"

寿徽

第二，"富贵"。有两层含义：一曰富，指物质富足或家财万贯。二曰贵，指家族或个人地位显赫尊贵［在中国古人的语言体系中，有些词的正反义都有固定的搭配，不可错用。如富对贫，贵对贱，吉对凶，善对恶，穷对达（穷则独善其身，达则兼济天下）］。

第三,"康宁"。也作两层理解:其一,身体和心灵的健康;其二,生活状况的安宁(少灾、少难、少战、少乱)和内心的宁静。

第四,"好德"。指心性仁善、品德高尚。"好德"也是五福中最重要的一项。俗言讲"有德之人千古流芳,无德之人千古唾骂"。中国圣贤所尊崇的三不朽"立德、立言、立行","立德"就首居其位。自古以来,"德"是中国人文色彩最浓厚的品德和精神向往。此点,可在三国人物的名字中窥见一二:曹操,字孟德,又称曹孟德;刘备,字玄德,又称刘玄德;张飞,字益德(《三国演义》中作"翼德"),又称张益翼德;程昱(曹操的谋士),字仲德,又称程仲德。

刘海粟"寿"字

第五,"善终"。指安详地离世。每个人无论是富贵还是贫贱都要从出生走向死亡。正如生物学家和社会学家所言:"人类最大的悲哀就是从一出生就知道自己已开始走向死亡。"动物出于本能地活着,不知道自己的终期。而人一出生就知道最终的归宿。毋庸置疑,生死是世人难以抗拒的自然规律。但怎样死去,是五福中"善终"所关注的内容:

(1)为国捐躯的英雄、仁人志士、烈士等。有些为国牺牲、英年早逝的英雄,虽很年轻,但仍归属"善终",如董存瑞、雷锋等。相反,那

寿乐康、富贵图

些晚节不保、命终牢狱、毒害他人性命之人,虽年高而终,却不能称之为"善终";那些生前为国家做出重要贡献却被人陷害死于极刑之人,也不能称之为"善终",如遭车裂(五马分尸)之刑的商鞅和遭腰斩的李斯等;那些当权时飞扬跋扈、失势后恶行被揭发的奸佞之臣、被治罪行"极刑"而终之人,更不可称之为"善终"。

(2)生命自然结束,寿终正寝之人是人们所谓的"善终"。后来由于避讳死亡等原因,由东汉桓谭在《新论·辨惑第十三》中把"考终命",即"善终"改为更祥和、欢喜的"子孙众多"。这样就出现了"五福"的另一种说法:"长寿、富贵、安乐、好德、子孙众多。"但在中国的文化体系和现代人的认知中,人们更愿意遵

从"五福"的原本含义。这也体现了文化在传承中发展，在发展中创新，在创新中传承的特质。

五服

由于中国封建社会是一个以父系家族为主体的社会，亲属范围扩大到九族，即"高祖、曾祖、祖父、父亲、本人、子、孙、曾孙、玄孙"九个世代。在中国人的观念中，只要在九族范围内的人，都属于本宗，都为亲属。

在民间，老百姓还认同一个亲属范围小于九族的"五服"说法，即老百姓俗话说的"出五服了"（其言下之意，就是基本上跟自己没有亲属关系了）。那么，何谓五服？一般有两种说法。

其一，五种血亲关系，即在高祖、曾祖、祖父、父亲、自己这五代血缘关系之内的，就是五服。换言之，五服是高祖之后的子孙五代人。出了这五代人，也就指"出五服"了。由此可知，"五服"的根本所在是家族五代人之间的血缘关系。按照中国一般的礼制要求，"婚丧嫁娶"等重大事务，五服之内的亲属都有义务参加。

其二，五种丧服制度，即在亲人去世以后，所穿着的五种质地不同的丧服。此"五服制度"甚为儒家所重，因为它不仅是儒家所倡"孝道、孝礼"的一种直接体现，而且是中国封建社会等级礼制的一种体现。此五服制度，延续至今，尽管在外在的形式上，随社会的变迁（地域的不同）可能有很大的变化，但其核心的两个原则没有变化：

其一，依据与死者的亲疏关系而定丧服材料。粗麻还是细麻，生麻还是熟麻都是有讲究的。一般的定规是，亲者服粗麻、生麻，疏者服细麻、熟麻。

其二，依据与死者的亲疏关系而定穿着丧服的时间。分别为：三年、一年、九个月、六个月、三个月等。一般的定规是，亲者穿着丧服的时间最长，依亲疏关系依次递减。

这种依据与死者的亲疏关系而确定穿着丧服麻衣的粗细以及穿着丧服时间长短的五种丧服制度，就称为"五服制度"。五服分别是：斩衰、齐衰、大功、小功、缌麻。

1. 斩衰

斩衰（zhǎncuí），五服中最重的丧服。一般用斧头把最粗的生麻斩成长短不一的粗麻孝服。斩成粗麻的断处不缉边（不修边幅），任其凌乱，以示非常哀痛之意。

斩衰的着服时间是三年（有些为27个月），着服对象是最亲近的直系亲属。一般指：子女为父，长房长孙为祖父，妻妾为夫，母为长子。另，诸侯为天子，臣为君也需服斩衰之礼。

2. 齐衰

齐衰（zīcuī）是次于"斩衰"的丧服。用细于斩衰粗麻的生麻，由剪刀剪裁而成。麻衣边缘断处可缉边、修边幅至整齐的状态，故名"齐衰"。齐衰的着服时间是一年，着服对象一般指：男子及未嫁女为母、叔父、伯等；夫为妻；已嫁女子为父母等。

3. 大功

大功是次于"齐衰"的丧服。用较粗的熟麻布制成，断处可缉边，可修整边幅。大功的着服时间是九个月，着服对象是男子及未嫁女为叔伯父母、堂兄弟等。

4. 小功

小功是次于"大功"的丧服。用较细的熟麻布制成，断处可缉边，可修整边幅。小功的着服时间是五个月，着服对象是男子（长子长孙除外）及未嫁女为祖父母、叔伯父母等。

5. 缌麻

缌麻是"五服"中最轻的一种。用细熟麻布制成。缌麻的着服时间是一个月，着服对象是男子及未嫁女为曾祖父母、族伯父母、族兄弟姐妹等。

五服制度有以下几个明显的倾向：

第一，重男轻女。如，妻为夫居丧三年，夫为妻只服丧一年。明代以前，如果父亲还在，儿子为母亲居丧也只是齐衰而不是斩衰。

第二，嫡庶分明。庶子为嫡母服丧三年（明代以后，庶子为自己的母亲也服丧三年），但是嫡子不为庶母服丧，后来改为服年丧。

第三，亲疏鲜明。习惯上以五服以内为亲，五服以外为疏。五服以内又以麻衣的生熟、粗细一眼定亲疏。

五服不管是从血缘亲疏的角度，还是从丧服制度的角度，都反映出儒家强调的等级观念，也反映出儒家注重厚葬的礼制。一言以蔽之，五服制度"定亲疏、明贵贱、别内外、序长幼"的作用，是儒家思想的体现，也是封建等级礼制的彰显和维护。

但与儒家持反对意见的墨家，非常反对如此繁杂的丧葬礼制。墨家强调，非葬以省民力，脱离繁杂丧葬礼规的束缚，解放人性，给活人以最大的解放和更多的自由。

五行

"五行"最早见于《尚书·洪范》①的记载:"五行,一曰水,二曰火,三曰木,四曰金,五曰土。水曰润下,火曰炎上,木曰曲直,金曰从革,土爰稼穑。润下作咸,炎上作苦,曲直作酸,从革作辛,稼穑作甘。"简意是,五行即五种物质,一水、二火、三木、四金,五土。水向下面润湿,火向上面燃烧,木可以弯曲伸直,金属可以加工成不同形状,土可以种植庄稼;向下湿润的水产生咸味,向上燃烧的火产生苦味,可曲可直的木产生酸味,可改变形状的金属产生辣味,可种植庄稼的土产生甜味。

以上记载,说明了五行的两个核心:一是"五",二是"行"。

(一)"五":五种基本的物质构成

宇宙是由五种基本的物质构成并衍生出万物的。

1. 水

居五行之首。《尚书·洪范》言"水曰润下"。润下即指水的两大特性:滋润和下行。如《老子》所言:"上善若水,水善利万物而不争。""水"无私地滋养润泽万物,却不争名利,也不求回报;水能绕开千山万阻,以柔克刚,迂回周转,方下行永流。另外,如荀子《劝学》篇中言:"不积小流,无以成江海。"正是水的包容才能接湖纳河,终成为汪洋大海;正是水的海量,藏污纳垢,才孕育水之生灵;也正是水的低姿态,才有大的胸怀和宽阔。如林则徐所言,"海纳百川,有容乃大"。

2. 火

《尚书·洪范》言:"火曰炎上。""炎"指火热,"上"指向上。"炎上"指火的炎热和上升的两大特性。在人类社会中,没有火的发明,人们只能茹毛饮血,只能与黑暗寒冷为伴。

3. 木

《尚书·洪范》言:"木曰曲直。"曲,屈也;直,伸也。木的本能是可以把曲的变直,把直的变曲。"木曰曲直"引申为像树木的枝条一样,具有生长、柔和、

---

① 《尚书·洪范》,洪的意思是"大",范的意思是"法",洪范即"统治大法"之意。

屈伸、升发的特性。

4. 金

《尚书·洪范》言："金曰从革。""从"指顺从、变革。金属被火烧后可改变其形态，也可利用其锋利、坚硬的本性改变其他东西的形态。"金曰从革"引申之意为：顺天道、行革新、从正人、行正道。如周武王伐纣，顺天意，从民心而革之。

5. 土

《尚书·洪范》言："土爰稼穑。""稼"指种庄稼，"穑"指收庄稼，引申为江山社（土神）稷（粮神）。"土爰稼穑"有三层含义：一曰土之本能，种、收庄稼；二曰引申意"播种才有收获"；三曰"江山社稷"。现北京中山公园，原名社稷坛。按照左祖右社的礼制，社稷坛建于天安门西侧（右侧），天安门东侧（左侧）为祖庙即太庙。社稷坛是明清皇帝祭祀土地神、五谷神的地方，社稷坛中央为放置五色土的五色土台。由于五色土象征着统一的泱泱中国，所以五色土取自中国的四面八方，并依照取土的来向把五色土堆放至五色土台各自对应的区域位置，寓意为"社稷永固，江山一统"。诚如《诗经·小雅·北山》所言："普天之下，莫非王土，率土之滨，莫非王臣。"五色分别是取自中国东面的青土，南面的红土，西面的白土，北面的黑土和中原的黄土。

五行之中，火和水形成一对上下关系（火上升，水下行）；木和金形成一对左右、东西关系（木东金西）；而土居于中间位置，它不占四方（东西南北），却统领四方；它不占四时（春夏秋冬），却统领四时。可见居于中央之"土"的厚重。

在中国文化体系中，五行与诸多事物存在着对应的关系，列组如下：

五行	五常	五伦	五星	五脏	五官	五味	五位	五时	四方	四象	五色	天干	地支	八卦	阴阳
水	智	夫妇有别	水星	肾	耳	咸	下	冬	北	玄武	黑	壬癸	亥子丑	坎	太阴
火	礼	长幼有序	火星	心	舌	苦	上	夏	南	朱雀	赤	丙丁	巳午未	离	太阳
金	义	君臣有义	金星	肺	鼻	辛	右	秋	西	白虎	白	庚辛	申酉戌	乾兑	少阴
木	仁	父子有亲	木星	肝	目	酸	左	春	东	青龙	绿	甲乙	寅卯辰	震巽	少阳
土	信	朋友有信	土星	脾	口	甘	中	日月	中	黄麟	黄	戊己	辰未戌丑	坤艮	半阴半阳

注：地支中的辰、未、戌、丑单个而言都属土，指四方之土，主宰四季最后一个月。

（二）"行"：五种物质相生相克的运转之道

1. 相生

指五行中两类属性不同的事物之间存在的相互滋生、相互促进的关系。具体为：木生火，火生土，土生金，金生水，水生木。五行相生循环，周而复始；五行相济，生生不息。

2. 相克

指五行中两类属性不同的事物之间存在相互制约、相互克制的关系。具体为：水克火，火克金，金克木，木克土，土克水。五行相克循环，周而复始；五行相衡，生生不息。

五行相生相克关系图

我们的祖先能在两千三四百年之前，用三言两语的五行"相生相克"之理道出宇宙之源，已经是非常伟大了。此外，五行广泛应用于儒家、道家、法家、阴阳家、医家、兵家等，如清代八旗军在行军驻营时所居的位置就是按照五行的说法来确定的。《八旗通志》中记载："两黄旗位正北，取土胜水。两白旗位正东，取金胜木。两红旗位正西，取火胜金。两蓝旗位正南，取水胜火，水色本黑，而旗以指麾六师，或夜行黑色难辩，故以蓝代之。"

五行告诉我们一个简单而伟大的道理：五行相生相克，阴阳互变；守则生息，违则必反。

五行学说是中国古代劳动人民独创的智慧成果。其难能可贵之处，在于其丰富的古代朴素唯物主义哲学观，即世界是由木、火、土、金、水五种最基本物质构成的。自然界各种事物和现象的发展、变化，都是在不同条件下，五行相生循环、相克循环、相克相生、相互运动、相互作用的结果。

《说文解字》曰："六，《易》之数，应变于六，正于八。"意思是，六是《周易》中常用的数，阴爻称六，阴爻的变数为六，阳爻的变数为八。由此，我们得知《易经》中的"六"是一个很特殊的数字，"六"代表"阴爻"（其符号为"--"），六个"阴爻"，组成了"坤"卦。在今天，"六"往往代表着"吉祥顺利"之意，如人们常挂口头的祝福语"六六大顺"（取"六"的谐音"溜"，故"六六大顺"亦称为"溜溜大顺"）。在民间，农历的六月六也有祝福丰收安康的寓意。在古代中国，学校教育的内容早于"四书五经""三百千"（《三字经》《百家姓》《千字文》）的就是滥觞于周朝的"六艺"。

六艺

六艺，源于周朝，是周朝教育体系中的核心内容，也是周王官学要求学生掌握的六种基本技能，六艺于东周的春秋战国时期，在各国君王的推动下，得到了很好的发展。《周礼·地官·保氏》中记载"六艺"为："养国子以道，乃教之六艺：一曰五礼，二曰六乐，三曰五射，四曰五御，五曰六书，六曰九数。"

古人将六艺简化为：礼、乐、射、御、书、数。其中书、数为小艺，系初级课程；礼、乐、射、御为大艺，系高级课程。古代中国的"六

六艺

艺"与古希腊哲学家柏拉图①按照"以体操锻炼身体,以音乐陶冶心灵"的原则提出的"七艺",基本上处于同一时期。此"七艺"为逻辑、语法、修辞、数学、几何、天文、音乐七门课程。其中逻辑、语法、修辞系初级学科;数学、几何、音乐和天文学系高级学科。中国的"六艺"和西方的"七艺",虽国度不同、地域不同,却反映了一个教育现象,即在大致相近的历史时期,各国的教育内容大体是相近、相通的。

后来,在欧洲中世纪后期,又出现了类似中国"六艺"的骑士"六艺"。即剑术(锻炼战斗力)、骑术(锻炼战斗力)、游泳(锻炼生存能力)、狩猎(锻炼勇猛精神)、棋艺(锻炼思维)、吟诗(陶冶情操)。

上述三段教育史实又可告诉我们一个重要的文化特性:文化,既是民族的、又是世界的;既是独立的、又是多样的;既是传承的、又是创新的。

以下主要谈谈内容丰富且实用的中国古代教育内容和体系"六艺"。

(一) 礼

六艺中的"礼"与礼记中的"礼"相比,概念和范围较小。礼记中的"礼"涵义丰富,一般指"等级、秩序、礼仪"三层含义。而六艺中的"礼",单指"礼仪"这一层含义。如上述《周礼·地官·保氏》中记载:"养国子以道,乃教之六艺:一曰五礼……"何为"五礼"? 五礼:吉礼(祭祀之事)、凶礼(丧葬之事)、军礼(军旅之事)、宾礼(宾客之事)、嘉礼(冠婚之事)。

1. 吉礼

五礼之冠,主要是对天神(昊天上帝、日月星辰、司中、司命、雨师等)、地祇(社稷、五帝、五岳、山林、山川、四方百物等)、人鬼(先王、先祖和其他小鬼小神)的祭祀典礼。

2. 凶礼

主指丧葬之礼、哀悯吊唁之礼。主要内容为:丧礼哀死亡,荒礼哀凶札,吊礼哀祸灾,以襘(guì)礼哀围败,以恤礼哀寇乱等。

3. 军礼

师旅操演、征伐之礼。多为打仗前的鼓动、激励、誓师之礼。类似《礼记》中的"汤誓"等。

4. 宾礼

多指君臣、宾客之礼,民族异邦外交之礼。

---

① 柏拉图(前427—前347),古希腊,乃至整个西方最伟大的哲学家、思想家之一。著有《理想国》等。

5. 嘉礼

融和人与人之间的关系，沟通、联络情感的礼仪。主要有：饮食之礼、婚冠之礼、宾射之礼、飨燕（特定节日所用食物）之礼、脤膰（shèn fán 祭祀社稷和宗庙用的肉）之礼、贺庆之礼等。

五礼形成于东周（春秋时期，前770—前476），曾一度不受国君和臣民的重视，甚至遭到破坏，即孔子所言"礼崩乐坏"（孔子儒学思想的一项重要内容就是恢复"周礼"）。在孔子等儒家先贤的倡行下，后世华夏子民，谨遵礼教，将"礼"发扬光大，形成了"彬彬有礼"的中华之邦。

（二）乐

古代最早的"乐"含义丰富，有音乐、诗歌、舞蹈等。六艺中的"乐"，如《周礼·地官·保氏》中记载："养国子以道，乃教之六艺：一曰五礼，二曰六乐……"何为"六乐"？

六乐：《云门》《大咸》《大韶》《大夏》《大濩（hù）》《大武》。简而言之，六乐即六套祭祀的舞蹈。《云门》祭天神；《大咸》祭地神；《大韶》祭四望（四方山川及其神灵）；《大夏》祭山川；《大濩》祭周始祖姜嫄（周人始祖后稷之母，帝喾之妻。传说她于郊野践巨人足迹怀孕生后稷）；《大武》祭祀周代祖先。

舞也属于"乐"的教育内容，按照古代《学记》（中国第一部教育专著）中"学不躐等"（量力而行、循序渐进）和"因材施教"的教学原则，因年龄由简到繁而施舞。如十三岁舞《勺》，十五岁舞《象》，二十岁舞《大夏》。《勺》《象》《大夏》三者均为舞蹈的名称，但风格迥异。《勺》指轻柔之文舞，多指徒手或持羽等轻物的舞蹈；《象》《大夏》《大武》等都是比较激进的武舞，多指手持盾、剑等武器，作击、刺等动作，表达作战情节的舞蹈。

音乐、诗歌、舞蹈都具有教化、认知、审美、娱乐的功能。当然，教化的功能首居其要，即对美好心灵品质的培育和提升。如古人言："行乐而伦清，耳目聪明，血气平和，移风易俗，天下皆宁。"（《礼记·乐记》）

邮票上的六艺——射

（三）射

射指射箭（弹弓）的技术，分为军事射箭技术和日常射箭技术。在冷兵器时代，弓箭是战场上的主要攻击武器，具有杀伤力大、攻击性强、不易伤及自己的特点。六艺中的"射"，如《周礼·地官·保氏》中记载："养国子以道，乃教之六艺：一曰五礼，二曰六乐，三曰五射……"何为"五射"？

1. 白矢

对准度和力道的双重考核，要求发矢准确而力道匀适。既要箭穿靶心，又只能让穿透靶心的箭恰露白色的箭头。穿堂而过或箭头不及，皆不称好。

2. 参（sān）连

先发一矢（箭），后三矢连续而去，矢矢相属，若连珠之相衔（四箭相连、相合就像一根箭一样）。

3. 剡（yǎn）注

谓矢行之疾，瞄时短促，上箭即放箭而中（类似于今奥运会射击比赛项目中的飞碟）。

4. 襄（xiāng）尺

君与臣同射，臣礼让君退后一尺而射。

5. 井仪

四矢连贯，皆正中靶心四周的点位，且四箭射中其点位后，上下左右排列，呈规则"井"字形状。

中国历史上，曾有两个特别擅长骑射的少数民族——蒙古族、满族（1636年，皇太极改女真族为满洲）一统中原。这两个能征善战的民族和他们的统治者都非常擅长射箭，尤其是移动状态下的高难度骑射。清康熙帝①要求皇子们每日练习射箭技术并身体力行。康熙帝一般于申时（下午三至五时）亲临射箭场，首先要求皇子们一一射箭，以检验皇子们的学习成果；其次由教习皇子们的射箭老师一一射箭，以验视皇子老师们的射箭本领；最后亲自搭弓射箭。《康熙起居注》记载，康熙帝超群的骑射、步射箭术，无不令皇子和教习称赞叫绝。

康熙

康熙的皇孙，堪称"文武双全"的乾隆皇帝，在其祖父的影响下，尤其喜欢涉

---

① 爱新觉罗·玄烨（1654—1722），即康熙帝，清朝第四位皇帝，清定都北京后第二位皇帝。8岁登基，14岁亲政，在位61年，是中国历史上在位时间最长的皇帝。

猎。意大利传教士、清宫廷外国画师郎世宁①创作的多幅乾隆皇帝的射猎图都表现了乾隆帝负弓射箭的英姿。其中乾隆帝"头戴盔、身着铠、背负箭"全副武装的《乾隆大阅图》，堪为郎世宁的传世佳作。

此外，"射"在古代，不仅是一项杀敌卫国的技能或技术，还是一种修身养性的活动，即古人所讲的"射礼"。

《论语》言："君子无所争，必也射乎，揖躐而升，下而饮，其争也君子。"意思是，君子没有什么可争斗的事情。如果一定有的争斗，那就是射箭比赛。登堂比赛前先互相作揖谦让，赛完后又下堂饮酒相互祝贺。这样的行君子之礼的竞争，就可说是"君子之争"。

《乾隆大阅图》

射礼，究"箭拔弩张"，倡"精进有为"，重"谦和之礼"，求"礼射相和"，启"反求诸己"，达"立德正己"，塑"良好人格"，是华夏先民寓射于礼、寓射于德、寓教于礼的人文实践活动。

（四）御

御通驭，指驾驭马车的本领和技艺。马车是周朝（前11世纪—前256）最重要的打仗、交通、运输工具。所以对马车的驾驭是臣民的重要技能之一。驾驭者不仅要识马性，还要让马、人、车三者融为一体，因马而驭、因地而驭、因战而驭。六艺中的"御"，如《周礼·地官·保氏》中记载曰："养国子以道，乃教之六艺：一曰五礼，二曰六乐，三曰五射，四曰五御……"何为"五御"？

六艺之"御"

东汉郑玄②注解五御为：

---

① 郎世宁（1688—1766），意大利人。清康熙帝五十四年（1715）作为天主教耶稣会的修道士来中国传教，随即入宫进入如意馆，为清代宫廷十大画家之一，历经康、雍、乾三朝，在中国从事绘画50多年，并参加了圆明园西洋楼的设计工作，极大地影响了康熙之后的清代宫廷绘画和审美趣味。主要作品有《百骏图》《乾隆大阅图》《瑞谷图》《花鸟图》《百子图》等。

② 郑玄（127—200），东汉末年儒家学者、汉代经学的集大成者。

1. 鸣和鸾

行车时鸣和鸾（车上的铃铛）之声要相应谐调，以调试驾车的节奏。

2. 逐水曲

车随曲岸疾驰而不坠水，以训练驾驭者在路况恶劣情况下驾驭和控制马车的能力（类似于今驾照考试科目：单边桥）。

3. 过君表

经过君主的表位（标示国君位置的旗帜）时行礼。过君表还有另一说，驾车要通过竖立的标杆中间的空隙而不碰到标杆（类似于今驾照考试科目：倒车入库、侧方位停车）。

4. 舞交衢

驾车在交道上旋转时，要合乎节拍，又美如舞蹈。

5. 逐禽左

田野行猎，追逐禽兽时，要把猎物驱赶向左边，以便坐在左边的主人射获。

（五）书

如《周礼·地官·保氏》中记载曰："养国子以道，乃教之六艺：一曰五礼，二曰六乐，三曰五射，四曰五御，五曰六书……"何为"六书"？

关于六书有两种说法。其一，指六种造字方法；其二，为《诗》《书》《礼》《易》《春秋》及诸子百家著作。一般而言，六艺中的"六书"，指古代造字的六种方法。

西汉刘歆①在《七略》中对六书（六种造字法）做了最早的解释："古者八岁入小学，故周官保氏掌养国子，教之六书，谓象形、象事、象意、象声、转注、假借，造字之本也。"

东汉许慎②受刘歆影响，在《说文解字》③中对六书，即文字的构成规则做了进一步概括和归纳。

一曰指事：指事者，视而可识，察而见意，上、下是也；

许慎

---

① 刘歆（前50—23），古文经学的继承者，曾与父亲刘向编订《山海经》。
② 许慎（约58—约147），东汉著名经学家、文字学家，后世尊称"字圣"。
③ 《说文解字》是中国第一部分析字形、辨识声读和解说字义的字典，按540个部首排列，开创了部首检字的先河。

二曰象形：象形者，画成其物，随体诘诎，日、月是也；
三曰形声：形声者，以事为名，取譬相成，江、河是也；
四曰会意：会意者，比类合谊，以见指㧑，武、信是也；
五曰转注，转注者，建类一首，同意相受，考、老是也；
六曰假借，假借者，本无其字，依声托事，令、长是也。

1. 指事

指一眼看去可认识大体，细观察就发现或探知其意义所在。如"刃"字是在"刀"的锋利处加上一点，以作标示；"凶"字则是在陷阱处加上交叉符号。指事的造字方法已含有抽象和推导的智慧创造。常用的指事造字还有"上、下、中、亦、本、末、未、寸、甘"等。

2. 象形

即直接画出词义，其鲜明的特点是"依葫芦画瓢"。许慎《说文解字》曰："画成其物，随体诘诎。"意思是，用线条或笔画把物体的外形特征勾画出来。例如"月"字，像一弯明月的形状；"龟"字像一只龟的侧面形状；"鱼"字像一条有鱼头、鱼身、鱼尾的游鱼；"门"字像左右两扇门的形状；"日"字像一个圆形，中间有一点，很像我们直视太阳时所看到的形态。象形字来自图画文字，是一种最原始的造字方法。它的局限性在于，对那些不好画或死活画不出来的事物，就束手无策。常见的象形字有：止、目、人、车、行、牛、瓜、眉、虎、高、夕、犬、女等。

《书文解字》书影

3. 形声

属于"合体造字法"，由两部分组成。一部分是表示意思或形状的，成为意符（或形符）；另一部分是表示音韵的，称声符。换言之，形声合体造字法的基本特点就是取两个已造出的形体字，一个取意，一个取声，二者合成一个新词。如"樱"字，形旁是"木"，表示它是一种树木，声旁是"婴"，表示它的发音与"婴"字一样。常用的形声字有：江、河、杨、柳等。

4. 会意

也属于"合体造字法"，是用两个字形或字义都不相同的独体字，合起来表示一个新词的含义。例如"酒"字，以酿酒的瓦瓶"酉"和液态"水"合起来表达酒的含义；"鸣"字，是用说话的"口"和鸣叫的"鸟"合成"鸣"，表达鸟鸣之意。

5. 转注

古人制造同义字的方法。转注就是用同义字辗转相注的方法造字。许慎《说文解字》曰："转注者，建类一首，同意相受，考老是也。"同意相受就是以一个字为根基（或引子），造出（引出）一个字形、意义相近的字。如"老、考、耆、耋"，就是用"老"来作"基础"或"引子"，造出意义、字形相近字的"耆（六十岁以上）、耋（七八十岁以上）"等字。又如"至、到、臻"等。转注字的一个最大特点就是形义密合，视其形即可知其义。

转注字和形声字不同之处在于：转注字同意相受，形和义是相近的；而形声字，只是字义的类属或关联，形和义不一致。

6. 假借

如上所述，部分汉字可以借用其事物的外形用以描述，这种字称为"象形"；部分汉字可以利用其字形或字意加以描述，称为"象意"。但有的汉字不易或不能用象形、象意的方式来表现或描述，于是睿智的古人，就假借已有的音同、音近或形同、形近的字来形成一个新字，但"假借后的新字"与"被假借的旧字"的"意"大多不同，只是"音或形"相同或相近。这种与"被假借旧字"的"音合或形合"而"意不合"的新字，就称为"假借字"。假借字一般又有两类：一类：本有其字的假借；另一类：本无其字的假借。

第一类，本有其字的假借。即某个字已有固定的书写形式，但是在使用中不用其本来的字形而写为另外一个意义不相涉，但"音同或音近"或"形同或形近"的字。如借"汤"为"荡"，这类假借为"形同"假借；如借"壶"为"瓠"，这类假为"音同"假借。

第二类，本无其字的假借。如北方的"北"无形可像，就借"音同"的"背"来表示"北"之意。被假借的"背"和假借后的"北"，意思互不搭界。许慎《说文解字》所言"假借者，本无其字，依声托事"，就属此类。

总结而言，以上六种造字法中，指事，象形，形声，会意四种造字法是生成一个新字，而转注和假借两种造字法是借用已创好的字进行重新组合，搭配而生成一个字。

字的创造和发明是中华文化产生、繁衍的根基，有了字，就有了文，有了文，就有了文化，有了文化，就有了"一个人、一个国家、一个民族"的文化性格和文化信仰。六艺中的"六书"虽为古人之小艺，初学之科目，但不通字，何通文？不通文，何通文化？不通文化，何通国家和民族的性格和文化信仰？诚如古语所言："小艺不成，何成大艺乎？"

（六）数

指古人学习的数学基本知识。如算筹、算术以及难度更高的几何等。掌握"数"的技能，便于计数、丈量土地、征收粮草、稽纳税赋，在建筑、军事等方面也有重大功用。六艺中的"数"，在《周礼·地官·保氏》中记载曰："养国子以道，乃教之六艺：一曰五礼，二曰六乐，三曰五射，四曰五御，五曰六书，六曰九数。"何为"九数"？

九数，狭义地讲，即九九乘法表法。广义地讲，指中国古代数学专著《九章算术》[①]中的九个细目：方田、粟米、差分、少广、商功、均输、方程、盈朒（nù，不足、亏损）、勾股。

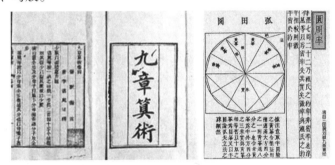

《九章算术》书影

1. 方田

主要讲述平面几何图形面积的计算方法。包括长方形、等腰三角形、直角梯形、等腰梯形、圆形、扇形、弓形、圆环这八种图形面积的计算方法。另外，还系统地讲述了分数的四则运算法则、求分子分母最大公约数以及通分等方法。

2. 粟米

指谷物、粮食按比例折换的算法。

3. 差分

指比例分配的法则。

[①] 《九章算术》之作者已不可考。一般认为，《九章算术》系历代各家增补修订而成，成书于1世纪东汉。该书系统总结了战国、秦、汉时期的数学成就。《九章算术》在数学上有其独到的成就，不仅最早提到了分数问题，记录了盈不足（亏损）等问题，还在世界数学史上首次阐述了负数及其加减运算法则，并首次记载了我国数学家所发现的勾股定理。它是一本综合性的历史著作，是当时最简练的应用数学，它的出现标志着中国古代数学已形成了比较完整的体系。

4. 少广

指已知面积、体积，反求其一边长和径长等并介绍开平方、开立方的方法。

5. 商功

指土石工程、体积计算；除给出了各种立体体积公式外，还有工程分配方法。

6. 均输

指合理摊派赋税，用衰分术解决赋役的合理负担问题。

7. 盈朒

又称盈不足，一般指盈不足、盈适足、不足适、两盈、两不足等问题。

8. 方程

指一次方程组问题。

9. 勾股

指利用勾股定理求解的问题。

《九章算术》是我国著名的数学著作，这本书不仅首次阐述了负数及其加减运算法，还首次记载了我国数学家所发现的勾股定理。以下有一个趣谈，刚好与"九章"和"勾股"两个概念有关：

1953年，我国两弹元勋钱三强率科学考察团出访，团员有华罗庚（数学家）、张钰哲（天文学家）、赵九章（物理学家）、吕叔湘（语言学家）等人。途中闲暇，少不了谈古论今。华罗庚即景生情，得一上联，请几位对出下联。上联曰："三强韩魏赵。"

此上联很有意思，"三强"说的是战国时期韩、魏、赵三个强国，却又隐喻代表团团长钱三强的名字。

华罗庚请大家对下联，此举让诸位一时无言以对。隔了一会儿，华罗庚嬉笑着对出下联："九章勾股弦。"

此下联中的"九章"既指《九章算术》，也隐喻在座大物理学家赵九章的名字。此上下联，工整有趣，实乃妙对。

"六艺"是中国古代最早的专门化的课程内容，其基本特点是"文武并重，知能（知识、技能）兼求"。诚如孔子所言："君子不器。"（《论语·为政》）这句话不能理解为"君子不是一个器物"，而是孔子比德移物的一种表达，指君子不能和器物一样只具有一种功能，而应该是具有多种技能，文武并重、知能（知识、技能）兼求的人。此六艺之"文武并重，知能兼求"的特点，可谓是中国古代"人文课程体系"的雏形和源头。同时，也为后世中国教育的课程体系铺就了基本的范式，它已接近于今天学校教育的目标之一"德、智、体、美、劳"综合全面的发展。

此外，"六艺"中每一艺，虽各有偏重，却相互融合，相互促进。"礼""乐"承担着政治、宗法、伦理、道德教化和性情陶冶的功能，系"六艺"之要；"射""御"承担着射箭、驾驭马拉战车的技术训练，属军事教育范畴，具有强身健体之用；"书""数"承担着识字和算术等教育，属基本常识的范畴。"书""数"是"射""御"的基础，"礼""乐"是"射""御"的升华，"六艺"间相互依存，和谐并存。

当然，由于封建社会阶层的历史局限性，称之为六艺中"大艺"的"礼""乐""射""御"，更多的是被贵族所享。只有称之为"小艺"的"书""数"多流落民间，为庶民所享。一般百姓很难享受到"六艺"的完整教育，难以系统地走完从"小艺"至"大艺"的学业过程。但"六艺"所涉猎的教育内容、反映的教育规律、总结的教育经验、对人伦理纲常的教化、对文武综合全面发展培养、对后世中国人文课程模式的建设和发展都产生了直接、积极、深远、广泛、可持续的影响。

六亲

提及六亲，很多人脱口而出的一个词，可能是"六亲不认"。在普世的认知中，六亲不认，可直观释义为四大名捕中两捕快之名——"冷血"和"无情"。实则并非如此。只有把"六亲不认"放在不同的语言环境或特定的时空时，方能做出"六亲不认"是褒义还是贬义的客观判别。例如，传统戏剧《秦香莲》（又名《铡美案》）中，家境贫寒的陈世美与发

京剧《秦香莲》：陈世美六亲不认

妻秦香莲恩爱和谐。后来，十年苦读的陈世美进京赶考，中状元后被宋仁宗招为驸马。秦香莲久无陈世美音讯，携子上京寻夫。打听到陈世美已贵为当朝驸马时，秦香莲虽痛心于丈夫为追求荣华富贵而抛弃妻子，但仍抱有携子（冬哥与春妹）相认的希望。

可陈世美为保其当下的荣华富贵，不仅六亲不认，还派韩琪半夜追杀母子。韩琪不忍下手，只好自尽以求义，秦香莲反被误认为凶手入狱。在陈世美的操作下，

秦香莲被发配边疆，陈世美还指派官差在半途中择机杀之。秦香莲在发配途中，被包拯手下护卫展昭所救。秦香莲将自己的遭遇向包拯如实相告，并请"包青天"为她主持公道。包拯多方严查，找得人证物证，欲定驸马之罪，但遭到公主与太后以皇权相压。包拯下定决心，宁可丢官，甚至丢其性命，也要"六亲不认"（不认皇亲国戚：太后和公主），将"六亲不认"的陈世美问斩"龙头铡"。

京剧《秦香莲》：问斩陈世美

中国古代对于亲属的认同标准有三：其一，九族；其二，五服；其三，六亲。

何为六亲，说法不一，略有以下几种：

（1）指曾祖父、祖父、父、子、兄弟、同族兄弟。汉代贾谊在《新书·六术》言："戚属以六为法，人有六亲，六亲始曰父，父有二子，二子为昆弟；昆弟又有子，子从父而为昆弟，故为从父昆弟；从父昆弟又有子，子从祖而昆弟，故为从祖昆弟；从祖昆弟又有子，子以曾祖而昆弟故为曾祖昆弟；曾祖昆弟又有子，子为族兄弟。务于六，此之谓六亲。"

（2）指父子、兄弟、姑姊、甥舅、昏媾（嫁女娶妻）、姻娅（婚姻关系的亲戚）。《左传·昭公二十五年》："为父子、兄弟、姊姑、甥舅、姻亚，以象天明。"

（3）指父、子、兄、弟、夫、妇。《老子》："六亲不和有孝慈，国家昏乱有忠臣。"王弼对《老子》所讲六亲注解为："父子、兄弟、夫妇也。"唐李贤也注曰："六亲，谓父子、兄弟、夫妇也。"

在封建社会，六亲还有一个脱离了血缘亲属关系的范畴。即：天、地、君、亲、师、友。正如人常言："为了利害，自古弑父者，兄弟相残者，口诛为'六亲不认'。但更为'六亲不认'者，为无情于天、地、君、亲、师、友之人。"

今日，大家普遍认同的六亲指：

父亲为一亲（含父亲一方的亲戚，如祖父母、叔伯、姑姑）；

母亲为二亲（含母亲一方的亲戚，如外祖父母、舅、姨）；

兄弟为三亲（含嫂子、弟媳）；

姐妹为四亲（含姐夫、妹夫）；

夫妻为五亲（含公婆、岳父母）；

子女为六亲（含儿媳、女婿）。

六部（三省六部制）

历朝历代，在维护皇权和中央集权思想的主导下，实行了不同的中央行政管理制度，设置了不同的行政管理机构。如三公、三省、六部、九卿等，这些中央机构的核心使命是协助皇帝处理国家政务，达到"政通人和，国运昌盛"的理想状态。然而，这些制度、机构有的应朝代而生而灭，有的随朝代更迭而自我发展并保有持久而强大的生命力。

在中国封建社会的历史和政治舞台上，留下浓墨重彩一笔的是隋唐时形成的三省六部制（隋、唐、宋盛行，元、明、清虽有改制，但其根基仍为三省六部制）。它不仅为维护大唐的国运昌盛、安定团结做出了重要保障，也对宋、元、明、清乃至当今中华人民共和国行政机构的设置和中央机构改革产生了深远的影响。

任何一个朝代的行政制度和机构，都是对前朝行政机构的延承和发展。三省六部制亦是如此，它同其他机构和制度一样非横空出世，而是在某个特定的历史时期和人文环境下产生的。

以下列陈三省六部制承前启后的大致历史脉络：

中国比较正规的行政管理机构可追溯至西周。西周主要的行政机构有：司徒、司马、司空、司寇、大冢宰、宗伯，这六个官职代表了六个部门。担任这些官职的人一般都是大夫。

秦朝：实行三公九卿制。三公九卿均由皇帝任免，概不世袭。三公是丞相、太尉、御史大夫，分管政务、军事、监察之事务。三公之间互不统属，相互制约，都直接为皇帝负责。三公之下，设有九卿：

(1) 奉常（九卿之首）：掌管宗庙礼仪；
(2) 卫尉：掌管皇宫保卫；
(3) 郎中令：掌管宫廷警卫；
(4) 太仆：掌管宫廷车马；
(5) 典客：处理少数民族事务及外交；
(6) 廷尉：负责司法、京城警卫；
(7) 治粟内史：负责租税、钱谷、全国财政；
(8) 宗正：管理皇室亲族内部事务；
(9) 少府：掌管全国山河湖海税收和官府手工业制造。

九卿之外，还有执金吾，掌管京师治安；将作大匠，掌管宫室、宗庙、陵寝及其他土木营建；大长秋，掌管宣皇后旨意、宫中事务。上述九卿加上此三者，即为十二卿。

西汉：基本上承袭了秦朝的皇帝制度和三公九卿制。西汉中后期形成了大司马、大司空、大司徒鼎足而立的新三公。东汉开国皇帝光武帝刘秀（25—57年在位）仍建三公之制，但名称和职掌都发生变化。大司马改太尉，大司空改司空，大司徒改司徒，分别管军事、土木工程、民政等，权力比过去大大减小。同时还规定，国家大事必须三公通而论之、共同负责，一人有罪，三人同当。尚书台的权力渐渐加重。历史上称光武帝刘秀此举是"矫枉过直，政不任下，虽置三公，事归台阁"。

魏晋南北朝：从三公九卿开始逐渐向三省六部过渡，九卿之职慢慢转移至六部手中。

隋唐：三省六部制发展成型，并得到十足的发展。

宋朝：实行宰相和枢密两府制。

元朝：实行中书省制。

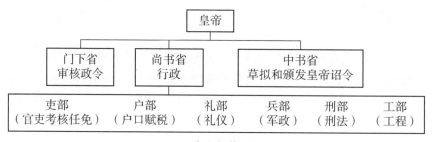

三省六部简图

明清：实行内阁制（大学士制）。

总结而言，承前启后的"三省六部制"，始于魏，历经魏晋南北朝发展，成形于隋，完善和中兴于唐，承传于宋元明清（此四朝对三省六部制做了与时俱进的革新），影响至今。从纵向的历史角度讲，三省六部制奠定了中国行政机构和制度的基本格局。

三省：中书省、尚书省、门下省。三省是隋唐至宋的中央最高行政机构，直接对皇帝负责。三省的最高长官称为"宰相"，但各有分工、相互监督。其中，中书省负责起草诏书、草拟政令，是决策机构；门下省负责审核政令、政策、诏书，是审核机构；尚书省负责执行政令、决策、诏书等，是行政机构（类似于今国务院）。

六部：统设在尚书省下，即吏、户、礼、兵、刑、工六部，各部的最高长官称

为"尚书",各部各掌其职,分工协理,具体如下:

1. 吏部

掌管全国文职官吏的任免、考课、勋封等事(约相当于今人力资源部、组织部);

2. 户部

掌管全国户口、土地、赋税、钱粮、财政收支等事(约相当于今财政部、国家税务总局);

3. 礼部

掌管礼仪、祭祀、科举、学校等事(约相当于今教育部、文化部);

4. 兵部

掌管武官选用及军事行政(约相当于今国防部);

5. 刑部

掌管全国司法行政(约相当于今最高人民法院、最高人民检察院);

6. 工部

掌管各项工程、工匠、屯田、水利、交通等事(约相当于今水利部、交通部)。

三省六部制有以下几个主要特点:

(1)防止丞相专权。在秦汉,丞相协助皇帝处理全国政事,处于"一人之下,万人之上"的位置。每当皇帝无能,丞相就可能专权。三省六部制的设立,使三省之间分工明确,既互相监督牵制,又相互补充合作,在一定程度上起到了三权分立、防止个人专权的作用。

(2)维护皇权。由于权力三分,有利于解决皇权与相权的矛盾,皇权得到进一步巩固和加强。

(3)提高效能。因扩大了议政人员的范围和层级(宰相、尚书、侍郎等),集思广益,决策国家事务的效果有所凸显。此外,六部职责的分化,有利于皇帝的集权和政令的贯彻执行,客观上提高了行政机构的执行力和行政效率。

　　《说文解字》曰："七，阳之正也，从一，微阴从中衺（xié）出也。"意思是，七，阳的正数，七的字形采用"一"作字根，"一"表示阳气，折笔表示微弱的阴气从阳气中斜屈冒出。

　　在中国文化中，与"七"相关的耳熟能详、脱口而出的文化名词有：中国四大民间爱情故事①之一"牛郎织女"的桥段"七月七　鹊桥会"（今天七月初七已成为我国民间的七夕情人节），还有人们常说的七情六欲中的七情。各家各学派对"七情"的解释大同小异：《礼记·礼运》表述七情为"喜、怒、哀、惧、爱、恶、欲"；《三字经》中七情表述为"曰喜怒，曰哀惧，爱恶欲，七情具"；医家表述为"喜、怒、哀、乐、爱、恶、欲"；佛教表述七情为"喜、怒、忧、惧、爱、憎、欲"。

　　可能还有一些与"七"有关的文化名词，不被人们所熟知。如佛门七宝（有诸多说法，认同度较高的说法：金、银、琉璃、珊瑚、琥珀、砗磲、玛瑙）；文学史的"建安七子"［建安时期（196—220年）除曹操、曹丕、曹植父子之外的七位文学家：孔融、陈琳、王粲、徐幹、阮瑀、应场、刘桢］；三国魏正始年间（240—249），常在山阳县（今河南辉县）喝酒、纵歌、赋诗的"竹林七贤"：嵇康、阮籍、山涛、向秀、刘伶、王戎、阮咸；还有起源于楚辞和汉代的民间歌谣，全诗每句七字或以七字句为主的七言诗、七言律诗②、七言绝句③等。

　　以下笔者谈及的战国七雄，介乎于人们熟知与半熟知之间。熟知的，指战国七雄之名以及出自七雄的成语故事等为人们所熟知，如完璧归赵、毛遂自荐、负荆请罪等；不熟知的，是指七雄中各个国家君王的名字、称谓以及与之相关的历史事件比较复杂，还易混淆，如齐国有两个齐桓公，一个是春秋时的齐桓公，一个是战国

---

　　① 民间四大爱情故事：梁祝、孟姜女哭长城、白蛇传、牛郎织女。
　　② 七言律诗，简称七律，即以七言八句，合乎律诗规范的诗。
　　③ 七言绝句，简称七绝，有"截律之半"的说法，即将以七言八句的七律截取一半，成七言四句，合乎律诗规范的诗。

时的田齐桓公①（前370—前360年在位）；再如战国时秦国的君王有秦孝公、秦惠文王、秦武王、秦昭襄王、秦孝文王、秦庄襄王、秦始皇。

战国七雄

中华历史源远流长，经过漫长的远古社会，距今大约5000年左右。随着农耕经济的发展，黄河流域和长江流域的原始居民开始迈入早期国家起源的阶段。

约公元前2070年，夏禹因治水有功，以禅让方式成为部落首领，取得最高政治权力，诞生了古代第一个国家政权——夏朝。大约在公元前1600年，商族首领成汤灭夏，建立商王朝。商王朝后期，生活在西部（今陕西关中地区）的古老部落——周族兴起。公元前1046年，周武王东征，灭商纣，建周朝。周朝是三代时期统治时间最长的王朝，历经800载。后世又将其划分为西周（前1046—前771）和东周（前770—前256）两个时期。就西、东周而言，西周时期，各诸侯国基本安分守己，俯首称臣于周天子。由此，周文化得以在黄河流域，尤其是中下流域广泛传播。到了东周春秋时期（前770—前476），王室衰微，礼崩乐坏，周天子的统治已开始名存实亡。到东周战国时期（前476—前221），周天子治下已全然名存实亡，各诸侯国争霸称雄之势此起彼伏，各诸侯国之间或合纵或连横，烽烟四起，兵刃相见，上演了一幕幕弱肉强食、武林争霸的大戏。

在这场大戏中，小诸侯国自然承担着跑龙套的角色。为求生存，他们不得不依附于这场大戏的主角——势力强盛的大诸侯国，他们的命运与这场大戏的主角已然千丝万缕地连在一起，但寄人篱下的苦楚以及看主角脸色过活的悲哀自然也是要承受的。更为不堪者，如果投靠的主角陷入"泥菩萨过河——自身难保"之境，那么这些龙套小角色的命运也可想而知了。

当然，这场大戏的主角也相当不易。他们只有通过一次又一次的征伐、厮杀，才可杀出重围，脱颖而出，成为战国时期更有军事实力、更多地盘、更有势力的七大主角之一，即历史上著名的"战国七雄"：齐、楚、燕、韩、赵、魏、秦。

此战国七雄，谈起来云淡风轻，但必然充斥着勾心斗角、互利对抗。但恰恰就是这样的纷乱勾斗、世事战乱，孕育了对中国文化产生重要影响的诸子百家思想并

---

① 齐国历史上有两个齐桓公，一个是姜齐时代的齐桓公小白，一个是田齐时代的齐桓公田午。为区分二者，一般，称小白为齐桓公，称田午为田齐桓公。

呈百花齐放之态，衍生和集结了诸多治世、处事、兵法军机之道和众多警世典故。如文后将述及的庄子"民贵君轻"的思想，齐国"稷下学宫"的发展之道，赵国"胡服骑射"的变革之举，吴起、商鞅、屈原的图强之变法等。

文化思想一定不是横空出世的，也不是孤立存在的。它一定寄居，也集聚于特定的人、事、物之中，既是对社会现实的一种反映，也会对社会历史产生重要的影响。故而，诸子百家的思想一定与治世、兵法、军事、处世之道以及警世典故相伴而生，形影不离。

诸子百家思想虽萌芽或产生于春秋时期，但主要集结、成熟于战国时期。由于战乱，各国都图强称雄，甚至想称霸于诸国。反过来，因为都想称雄、称霸，所以集结了治世、兵法、军事、处事、权谋、谋略之道的诸子百家思想，并使各家各派思想有了用武之地。如此，中国文化的第一个高峰——"诸子百家及其思想"呼之欲出，水到渠成。历史就是这样，没有预知，却一定有积累储备，天人合一般地巧合而成一些重大的历史事件、文化事件。但能在战乱中，凸显多种文化（思想）并存，呈现出如近代社会学家费孝通先生所言"各美其美，美人之美，美美与共，世界大同"（也是中央民族大学的校训）的文化交融荟萃、百花齐放的盛况，实属千载难逢，因缘际会。究其缘由，大略有四：

其一，战乱使养士之风盛行。俗言讲："养兵千日，用在一朝（日）。"战国时期各诸侯国为战事、国政、称雄之需，纷纷如屯田般蓄养门客、招贤纳士，使其为之出谋划策，从而促使养士之风盛行。如毛遂就是赵国平原君手下的一员门客。另外，由于这些士人比一般庶民有学养、有能力，从事如西汉司马迁在《史记》序言中所述的"究天人之际，通古今之变，成一家之言"之能事，因此议论时事、阐述哲理、著书立说，成为其常态。更难能可贵的是，士人们的"一家之言"是独立而自由的，他们并非完全成为某政治或权势集团的附庸和说客，而是积极地葆有学人对"自己学说"骄傲的、独立的、自由的气节，葆有一种对"自己学说"的忠贞信仰。同时，他们能够从容地到达和孔子、颜渊一样的处世豁达之境——"用之则行，舍之则藏"（《论语·述而》）。

其二，战乱不仅使各家之言有了用武之地，还让一些有才但以往没有机会参与国家政事的能言善辩者有了施展才华的平台，客观上为"百家争鸣，百花齐放"提供了孕育的土壤。战国时"天子失官，学在四夷"，打破了"学在官府"的局面，使原来被贵族垄断的文化学术向社会下层扩散（此现象称为"文化下移"），从而使"私学勃兴"，也使原本没有资格参与政治的能人、庶民可以发表自己的政见，对现世治国、社会、人生等问题提出一己之见或拥立学派之见。如庶民出身的孟子，邹衍等。

其三，各家之言不受母国之羁绊，可自由行走，为他国献言献策，形成战国时期"邦无定交，士无定主"的状况。此点甚为重要和友好，士人可脱离本国游说他国而不会被道德绑架为叛国之人，可毫无羁绊，自由游说，这为文化的交流、互鉴乃至于融合起到了推波助澜的重要作用。如吴起先游说魏国并在魏国变法图强，后来又行至楚国变法；又如商鞅本是卫国人，却效力于秦国。

其四，出现并云集了一批非常执着且有思想见地的各学派代表人物。如孟子、荀子、庄子、商鞅、韩非、李斯、公孙龙、墨子、孙膑、庞涓、邹衍、屈原、吕不韦、苏秦、张仪等。纵观中外历史，非常巧合的一点就是杰出的历史人物总是"相约"在相近的历史时空中出现。如中国的墨子（约前468—前376）、孟子（约前372—前289）、庄子（约前369—前286）与"古希腊三贤"的苏格拉底（前469—前399）、柏拉图（前427—前347）、亚里士多德（前384—前322）基本上处于同一时代；又如，中国的康熙大帝（1654—1722）与俄国的彼得大帝（1672—1725）、法国的路易十四（1638—1715）基本属于同一时代。而且这三位君主还有一个共同的地方，都属幼年继位，在位时间超长，都带领自己的国家走向强大。康熙8岁登基，在位61年；彼得大帝10岁继位，在位43年；路易十四5岁继位，在位更是长达72年。

历史上，一般把"三家分晋"视为春秋之终、战国之始的分水岭。三家分晋①的直接结果是，春秋五霸之一的晋国灭亡，产生了未来战国七雄中的韩、赵、魏三国。由此，伴随着奴隶社会春秋霸权政治的落幕，中国开始向封建社会过渡，七雄兼并的战国序幕正式开启。

其实，战国时远非只有七雄之大国，还有越国、巴国、蜀国、宋国、中山国、鲁国等此类中大型的国家。还有郑国、卫国、滕国、邹国、费国等此类小国。当然，它们的实力与影响力，远不及这些通过变法、征战、连横合纵等强大起来的七个大国，且最终被七雄所灭。

（一）魏国

战国时，最早进行变法的是魏国。自公元前403年，魏文侯被周威烈王册封为诸侯，由于魏国地处中央四战之地，忧患的环境和勃勃雄心的君王魏文侯促使魏国最先成功变法图强的国家。魏文侯重用翟璜为相，改革弊政；以乐羊为将，攻掠中

---

① 从公元前633年晋文公编三军设六卿起，六卿就一直把持着晋国的军政大权。到晋平公时，韩、赵、魏、智、范、中行氏六卿相互倾轧。后来范氏、中行氏被赵灭掉。公元前453年，赵又联合韩、魏灭掉了智氏，晋国公室名存实亡。公元前403年，周威烈王封韩虔、赵籍、魏斯为诸侯。到公元前376年，魏武侯、韩哀侯、赵敬侯瓜分了晋国王室剩余土地，史称"三家分晋"。

山国；以李悝教授法经，变法强国。魏文侯在政治、经济、文化、军事上的策略为魏国后世和他国君王所推崇。到魏文侯之孙魏惠王时，魏国已先后灭掉中山，连败秦、齐、楚诸国，开拓大片疆土，一跃为中原的霸主。

战国七雄地理图

魏国强大的一个核心原因就是魏文侯的知人善任，这为魏国的强大奠定了坚实的基础。如：

1. 启用吴起

魏文侯重用吴起，吴起采取武卒制，精选士兵进行训练，建立了一支高度职业化的军事力量，对魏国初期的强盛发挥了重要作用。

2. 任用李悝

魏文侯任用李悝，让他主持魏国的变法和法制建设。李悝以化解"谷贱伤农，谷贵伤民"（米价太贱对农人则有害，米价太贵对百姓有害）为切入点，推行重农抑商的"平籴法"。即由国家控制粮食的购销和价格。丰年，政府以平价收

李悝变法

购农民余粮，防止商人压价伤农；灾年，政府则平价出售储备粮，防止商人抬价伤民。这样"虽遇饥馑水旱，籴不贵而民不散"。只有"民不散"，政权才能巩固。此平籴法既稳定了民生，又稳固了国家政权，达到一箭双雕的效果，故而行之，魏国民安国安、国富民富。李悝除变法使魏国强盛外，最重要的贡献就是制定了中国最早的一部成文法典，命名为《法经》[①]。

《法经》共有《盗》《贼》《囚》《捕》《杂》《具》六篇。其主要内容是惩办盗贼，以保护地主阶级的人身和财产安全，维护封建统治秩序。虽然其基本特点是保护新兴地主阶级的私有财产和人身安全，维护君主专制制度和封建统治秩序，但又开明地提出了"一断于法"，打破"刑不上大夫"的传统，体现了法家"重刑轻罪"的思想，也最早地体现了法律面前人人平等的精神（后来商鞅于公元前356年，以魏国李悝的变法和《法经》为蓝本，在秦国第一次推行变法，并改法为律，颁行秦国）。

3. 拜师子夏

魏文侯拜子夏为师，帝王尊儒，把儒家的地位提到了前所未有的高度。同时，他也笼络了知识分子阶级，达到了收取士人之心的政治目的。

公元前343年，魏惠王率领诸侯朝见周天子，史称"逢泽之会"，标志着魏国跃居为新一代霸主之一。公元前334年，魏惠王和齐威王在徐州会盟，互相承认对方为王，史称"徐州相王"。此时期的魏国还保持着一定的辉煌，让他人仰望。但在以后的战事中，魏国"东败于齐，西丧秦地七百余里，南辱于楚"，一步步走向衰落。

有一点先予以说明，战国时期各诸侯国之间的战争，说不清楚谁是谁非，说不清楚谁是正义谁是非正义，也很难说清楚谁与谁是同盟军，谁与谁是敌人。也许今天某两国称兄道弟、联谊结盟，明朝就会手足反目、相互厮杀。衡量联谊、反目、战争的唯一尺码是军事实力，决定联盟或背约的唯一标准是利益。此点，正如德国"铁血宰相"俾斯麦[②]的名言："没有任何国家不可以结盟，也没有任何国家不会成为本国的敌人。"也如二战时期丘吉尔之言："世界上没有永远的朋友，也没有永远的敌人，只有永远的利益。"（此言最早由19世纪中期，英国首相巴麦尊提出）

---

① 迄今世界上最早的一部较为完整地保存下来的成文法典是古巴比伦国王汉谟拉比（约前1792—前1750年在位）约于公元前1776年颁布的法律汇编，也是最具代表性的楔形文字法典——《汉谟拉比法典》。

② 俾斯麦"铁血宰相"称谓的由来：1862年9月23日，俾斯麦被任命为普鲁士首相兼任外交大臣，在普鲁士议会首次演说。他在演讲中大声宣称："当代德意志的重大问题不是议论和多数人投票能够解决的，有时候不可避免地，要通过一场斗争来解决，一场铁与血的斗争。"由此人们依俾斯麦统一德国"铁和血"纲领和信条，称其为"铁血宰相"。1896年6月堪称"东方俾斯麦"的清朝大员李鸿章出访德国拜会了俾斯麦。

战国时期,自然少不了战事。与魏有关的著名战事有两个:一是桂陵之战围魏救赵;二是马陵(今山东省郯城县马陵山)之战。这两次战事,不仅是军事智谋的体现,还具有"梅开二度"的相似性。

1896年6月,李鸿章和俾斯麦在德国

第一,桂陵之战(围魏救赵)。

公元前354年,赵国进攻卫国,迫使卫国屈服于它。卫国原来是入朝魏国的,后改向亲附赵国。魏惠王十分恼火,于是决定派庞涓讨伐赵国。不到一年时间,庞涓便攻到了赵国的国都邯郸,邯郸危在旦夕。

赵国国君赵成侯一面竭力固守,一面派人火速奔往此时与之友好结盟的齐国求援。齐威王任命田忌为主将,孙膑①为军师,率军救赵。

起初,田忌准备直奔邯郸。孙膑认为,要解开纷乱的丝线,不宜"强拉硬扯",就如劝架之人不宜参与打架以劝和,派兵解围,要避实就虚。于是向田忌建议,此时魏国的精锐部队都集结于邯郸,魏国城内空虚,如带兵进攻魏国都城大梁,它必然弃赵班师自救。齐军可在魏回营途经之地——桂陵(今山东菏泽东北)设伏攻魏。如此不仅可大败魏军,邯郸之围也可随之而解。田忌听从。魏国大将庞涓听说大梁吃紧,领兵回救,星夜赶路。魏军行军至桂陵时,由于长途奔波,人困马乏,又遇齐军埋伏,在桂陵之战中全线崩溃,齐军大获全胜。此后,避实就虚的"围魏救赵"成为有名的战例,亦被列为兵法"三十六计"之一。

第二,马陵之战。

围魏救赵13年后,即公元前341年,因韩国不再愿意从附于以前的盟友魏国,魏国怒攻韩国。韩国速遣使者求救于齐。齐威王在征求孙膑的意见后,决定坐山观虎斗,待魏、韩火拼一番后才出兵救援。如此,"尊名"与"重利"皆可不失。

韩拼死抗魏,五战皆败后,再次向齐求援。齐威王看到魏、韩元气大伤,认为

---

① 孙膑与庞涓早年为同门师兄弟,一起师从鬼谷子学习兵法。庞涓先受魏惠王之邀任魏国大将和军师,后来,魏惠王听闻孙膑名声,便让庞涓请孙膑一起效力魏国。庞涓担心师兄孙膑才华在自己之上,策划孙膑私通齐国并以"阴谋"活动向魏王诬告。魏王欲处死孙膑,庞涓为窃取孙膑的兵法著作,假意向魏王求情,结果免除孙膑一死,但受"膑刑"(断其两膝),并贱为"刑徒"。孙膑起初不知实情,为感庞涓求情和受刑后悉心照顾,便答应庞涓把《孙子兵法》13篇写在竹简上。在写作过程中,孙膑从童仆处得知自己的遭遇实乃庞涓所害,便装疯卖傻以避庞涓的怀疑和灭杀。终一日,齐国大夫淳于髡(kūn)出使魏国,孙膑设法以犯人身份偷会淳于髡,请求为其脱身,淳于髡密藏孙膑于车中,将其带回齐国,并被齐王重用为军师。从此庞涓、孙膑各为其主,相互为敌。

时机成熟，委任田忌为主帅、孙膑为军师、田婴为副帅，率军直逼魏国都城大梁，准备再度施展一次"围魏救韩"的战术。而魏国也是吃一堑长一智，为避免重蹈桂陵之战的覆辙，魏惠王将攻韩的魏军撤回，并任命太子申为上将军，以庞涓为将，统率十万魏军攻向齐军。

此时齐军已深入魏境，欲退不能，只得与魏军决一雌雄。孙膑献计：针对魏军强悍善战、轻视齐军的弱点，可施"兵不厌诈"之"减灶诱敌，设伏聚歼"之计——先向魏军示弱，引诱魏军深入，再出其不意，反攻魏军。

主帅田忌再次采纳孙膑的战术。齐军与魏军对垒后，立即佯装战败后撤并以减灶之策诱敌。第一天挖十万人煮食用的灶，第二天减至够五万人用的灶，第三天又减至仅足三万人用的灶，并制造出齐军士卒四散逃走，兵力不足的假象。庞涓被假象所蒙蔽，乘胜穷追齐军。孙膑推定，庞涓追到林木丛深、地势险阻的马陵时应是夜晚时分。遂将路旁一棵很大的树木的树皮剥掉，在上面刻写"庞涓死于此树之下"的字样，命一万弓兵埋伏于马陵的道路两侧，且约定，如魏军至此，一有火光，便朝火光方向万箭齐发。

两位同门师兄弟的生死对决，一"火"即发。

正如孙膑所料，庞涓的骑兵于夜晚赶至马陵的树林中。那棵被孙膑下令剥掉树皮的大树，在晚上异常明显。兵卒报告树上还写有字，庞涓命人点火照看。当他刚看清楚"庞涓死于此树之下"的字样后，齐军万箭齐发，庞涓中箭，魏军溃乱。庞涓眼见大势已去，大叹一声"遂叫竖子成名"后，愤愧自杀。齐军乘胜追击，歼魏军十余万人，俘房魏军主帅太子申。

马陵之战后，魏国元气大伤，军事实力从根本上被削弱。后又被秦国乘虚而入，从此丧失了独霸中原的实力，开始寻求组建联盟以共同抗击齐国、秦国的夹击，走上了合纵的道路。

秦王政即位后，对魏国的攻伐不断加强。公元前225年，秦将王贲以水淹之计攻破大梁，魏王假（姬姓魏氏，名假）投降，魏国灭亡，国祚179年（前403—前225）。

（二）齐国

齐国本是周朝开国功臣姜子牙的封地，姜齐奉行"尊贤尚功"的国策，促使齐国很快强盛。春秋时期，在齐桓公（前685—前643年在位）的治下，任管仲为相，推行改革，实行"军政合一、兵民合一"的制度，为齐国成为春秋五霸之首奠定了坚实的基础。到公元前386年，姜姓公族因失去支持而丧失政权，被得到齐国上下广泛支持的田氏所取代，田和成为齐国君主。日趋衰微的周王朝及其他诸候国都对田和予以承认。这一事件史称"田氏代齐"。由此,姜氏齐国终结,田氏带领齐国走进战国七雄之列。

在齐国逐渐崛起,走向强大的过程中,两位父子君王即齐威王、齐宣王做出了重要贡献。父子二人有个共同点,即在初为人君时浑浑噩噩,但在贤臣的劝谏下,又都改过自新、奋发图强,做出了"不鸣则已,一鸣惊人"之举。

齐威王初任君王时不问国事,不理朝政。在认识到自己的错误后,从谏如流,任人唯贤。重用邹忌为相,对国内进行政治改革;任用田忌为主帅、孙膑为军师,对外进行军事征伐,先后于公元前353年大败魏军于桂陵,公元前341年大败魏军于马陵,使齐国走向强大并开始称雄于其他诸侯国。

可好景不长,齐威王晚年时(前322),他的"左膀"相邦邹忌与"右臂"将军田忌发生内斗,致使齐国国力衰减。内斗的原因,正是两人名字中相同的那个"忌"字。这场内斗由凭"美貌和纳谏"闻名的文臣邹忌谋划、击倒以"赛马和征战"闻名的武将田忌而告终。故事简略如下:

田忌因屡战屡胜而在齐国威风八面。俗话讲"树大招风",他遭到相邦邹忌的"忌"恨。邹忌想要扳倒田忌的最大障碍在于田忌是齐国的王族,于是邹忌便利用此障碍来做文章。他深知王族和普通人重要的不同点在于,普通人或许能够为自己的兄弟子侄有出息而感到欣慰自豪,但在王族中,君王要有个强大的兄弟子侄,就只能让君王恐惧了。于是,邹忌以此为由头,策划了田忌"谋反"案。

邹忌让人拿了340两黄金到街上请人算卦。大家一听竟然有人用340两黄金来算卦,纷纷聚拢过来看热闹。邹忌的手下当众告诉算卦的人:我们的主人是齐国的大将军——田忌。我们大将军连年征战,三战三胜,为齐国建立了不世之功。现在我们将军欲图谋大事,麻烦你看看是凶是吉。街上众人一听,原来是田忌将军要算命啊,怪不得这么大手笔。但紧接着又一片哗然,田忌将军已经是一人之下万人之上,他还要图谋什么大事呢?

邹忌看到京城里的人都在传播这件事情了,就立刻派人到田忌府中捉拿田忌。田忌得知消息,想进宫面见齐威王,可是宫门戒严,守卫说齐威王不想见田忌。田忌没有办法,但也不能坐以待毙,于是召集人马,准备迎战。可田忌的一些亲信已被邹忌抢先控制。田忌只能率卫队杀出重围,逃至楚国。直到齐宣王即位,方才重回齐国。

至齐宣王时,燕国发生"子之之乱"(国相子之与燕太子平之间的一场争夺王权的内乱)。齐宣王趁燕国大乱,以"讨伐子之,匡扶正义"的旗号发兵攻燕。燕国臣民由于痛恨子之篡位,对齐的进攻不仅不抵抗,反而大开城门夹道欢迎。齐军很快攻占燕国都城。燕王哙自缢身亡,子之被擒获后,被押解到齐国处以醢(hǎi,

剁成肉酱）刑。至此时，齐国基本坐上了战国七雄中的"第一把交椅"。

到战国晚期，齐仍保持着强盛的态势：

公元前301年，齐联合韩、魏攻楚，大胜；

公元前298—前296年，齐联合韩、魏连年攻秦，入函谷关，迫秦求和；

公元前288年，齐、秦并称东、西帝；

公元前287年，苏秦联合赵、齐、楚、魏、韩攻秦无功，罢于成皋；

公元前286年，齐灭宋，此后齐国开始衰落；

公元前284年，燕联合秦、韩、赵、魏攻齐，攻入临淄，连下七十余城；

公元前221年，秦灭韩、魏、楚、燕、赵后，以齐拒绝秦使者访齐为由，遣秦将军王贲从燕地南攻齐国，齐王建出城投降，齐国灭亡。

战国时的齐国，在文化领域最大的贡献，莫过于稷下学宫。

稷下学宫，又称稷下之学。"稷"指战国时期齐国国都临淄（今山东淄博市）一处城门的名称。稷下学宫，即指靠近齐都临淄城稷门附近的学宫。它是由田齐桓公田午为聚集人才所创办的一所高等学府。汉代徐幹在《中论·亡国》中记载："齐桓公立稷下之官，设大夫之号，招致贤人而尊宠之。"

稷下学宫模拟图

到齐威王、齐宣王执政时，稷下学宫获得了空前发展，出现了人才济济、学派林立的盛况，成为诸子百家学术和文化交流的中心，从而直接推动了战国时期"百家争鸣，百花齐放"的文化盛况。换言之，稷下学宫就是战国时期百家争鸣的策源地、发生地、集散地。

稷下学宫从公元前370年创立至公元前220年，伴随着齐国被秦国所灭而终结，共存在了约150年。以今天的眼光来看，稷下学宫是世

稷下学宫遗址

界上第一所由"官方举办，私家主持"的高等学府，是演绎中国五千年文明最蔚为壮观的百家争鸣的中心。它不仅为诸子百家思想的交流、互鉴、争鸣提供了学术园地和交流场所，也为中国古代学术、文化和教育的发展以及后世中国文化的发展做出了重要贡献。

稷下学宫之所以出现在齐国，主要原因有二：

（1）齐国有强大的经济实力。

（2）齐国几代君王开宗明义、思想开化、尊重知识、尊重人才，尤其是在齐威王、齐宣王父子两代君王执政时，在招贤纳士方面做得最为彻底。如待遇优厚、尊贤尚能、学术自由等，由此学者们纷沓而至，迎来了稷下学宫学者最多、著述最丰、学风最淳的辉煌时期。

稷下学宫的特点和文化贡献，主要有以下三个方面：

1. 网罗各家、各学派、各学者

稷下学宫实行"不任职而论国事""不治而议论""无官守，无言责"的方针，学术氛围浓厚，学术思想自由，各个学派相互争鸣、争辩、诘难、吸收和借鉴。也正因为学术派别的独立和自由，才会有百家之学的竞呈。正如司马光在《稷下赋》中记载："致千里之奇士，总百家之伟说。"

稷下学宫最兴盛时期，几乎容纳了当时诸子百家中的所有学派（百家中有影响力的十家：儒、道、法、兵、墨、农、阴阳家、纵横家、名家、小说家。除去小说家，其余九家就是我们所说的"三教九流"中的"九流"）。同时，会集的天下贤士，有千人之多。比较著名的稷下先生（老师），姓名可考者有：儒家的孟子、荀子；道家的彭蒙、宋钘、尹文、接子、季真、环渊（涓子）；法家的慎到、田骈、申不害；名家的田巴；阴阳家的邹衍、驺奭；还有博学而无所归属的杂家淳于髡、鲁仲连等。尤其是荀子，曾三次担任稷下学宫的祭酒（学宫之长），另有稷下四大名嘴［炙毂过髡（淳于髡）、谈天衍（邹衍）、雕龙奭（驺奭）、田骈（田口骈）］等。他们都曾先后在稷下，擅一时之风流，受学生之尊崇。

2. 集讲学、著述、育才为一体，兼有咨询作用的学术机构、高等学府

稷下学宫的创设以"招致贤人""得士以治之"为目的。这一目的决定了学宫不是一所以普及文化知识为己任的基础学校，而是一所以学术活动为主要任务的高等学府。学宫里的稷下先生可自由讲学和自由择徒；稷下学士（学生或门徒）亦可随处求学和自由择师。由此促使自由的"游学、讲学、求学"风行一时，加上宽松的学术氛围和较为安静的教、学、研的环境，士人们不仅谈天说地、争鸣学术，而且著书立说也蔚然成风。依据《汉书·文艺志》记载，《孙卿子》《公孙固》《宋子》《管子》《田子》《捷子》《蜗子》《捷子》《邹子》《慎子》《尹文子》等都为稷下学者所著。其中著名的《管子》是托名管仲所作，实则是以法家为主的稷下先生的论著汇集，故人称"稷下丛书"。还有由稷下先生整理，以春秋末晏婴的逸闻轶事为内容而汇编的《晏子春秋》。甚至连《周礼》这样一部汇集了从周到战国各国典章制度的典籍，也可能是由以淳于髡为首的一批稷下先生整理而成的。

稷下学者的著述，虽表现为学派之见、一家之言，而且多以个人的名字命名，但大都汇聚了儒、道、法、兵、名、阴阳等诸家诸派的思想，其著述所体现的内容

体系博大精深,广涉政治、经济、军事、哲学、历史、教育、道德、伦理、文学、艺术以及天文、地理、数学、医学、农学等众多自然科学知识。这些著作的问世极大地促进了战国时代思想多元的发展,也深刻地影响了后世各家各派学术思想的发展。

此外,稷下学宫还是齐国君主咨询问政和学者们议论国事的场所。齐国执政者在"人君之欲平治天下而垂荣名者,必尊贤而下士……致远道者托于乘,欲霸王者托于贤"等思想的助推下,不惜财力、物力创办稷下学宫,实行各种优惠政策(如尊师重道,待遇优厚,师生来走自由,可自由择师选徒)以招揽天下有识之士,其根本目的就是利用天下贤士的谋略智慧,完成其富国强兵、争雄天下的政治目标。而被吸引来的稷下学者,也非常契合稷下学宫创建的目的,他们积极参与"治世、济民,强国"的思考,高议阔论间竞相献策,期望自己的政治主张能被执政者采纳,从而使"喜议政事,以干世主"成为稷下学者之常态。与之相应,稷下学者们的言论、思想、主张,势必会附有政治色彩,从而对君王的执政理念和决策产生直接或间接的影响。但最为难能可贵的是,如果这些稷下学者的言说不被君王所采纳,他们不会改旗易帜、屈膝迎合,而是宁肯选择离开也要坚守自己的学说和主张。可谓"大仁者,不失其学者风骨也"。

这些稷下学者中的出类拔萃者,往往会成为君王政治智囊团的重要成员,有的甚至被奉为君王的座上宾。如号称"稷下之冠"的淳于髡,被贵列上卿;孟子被列为客卿;荀子则三为祭酒。齐宣王时,邹衍、田骈、接予、慎到、环渊之徒七十人等被赐列为上大夫。稷下学者对君王产生影响,最典型就是中学语文教材中文言文的名篇《邹忌讽齐王纳谏》。齐威王初执政时好逸享乐,不治国政。在邹忌进谏下,齐威王从谏如流,改过自新,奋发图强,成为一代明君强主。以下摘录《邹忌讽齐王纳谏》其中一段:

于是(邹忌)入朝见威王,曰:"臣诚知不如徐公美。臣之妻私臣,臣之妾畏臣,臣之客欲有求于臣,皆以美于徐公。今齐地方千里,百二十城,宫妇左右莫不私王,朝廷之臣莫不畏王,四境之内莫不有求于王:由此观之,王之蔽甚矣。"

邹忌讽齐王纳谏

王曰:"善。"乃下令:"群臣吏民,能面刺寡人之过者,受上赏;上书谏寡人者,受中赏;能谤讥于市朝,闻寡人之耳者,受下赏。"令初下,群臣进谏,门庭若市;数月之后,时时而间进;期年之后,虽欲言,无可进者。

燕、赵、韩、魏闻之，皆朝于齐。此所谓战胜于朝廷。

还有成语典故"不鸣则已，一鸣惊人"的主人公，稷下学者淳于髡，就曾用隐语进谏齐威王，使齐威王从消极悲观中振作起来，戒"长夜之饮"，亲理国政，奋发图强。节选如下：

> 淳于髡者，齐之赘婿也。长不满七尺，滑稽多辩，数使诸侯，未尝屈辱。齐威王之时，喜隐，好为淫乐长夜之饮，沉湎不治，委政卿大夫。百官荒乱，诸侯并侵，国且危亡，在于旦暮，左右莫敢谏。淳于髡说之以隐曰："国中有大鸟，止王之庭，三年不飞又不鸣，王知此鸟何也？"王曰："此鸟不飞则已，一飞冲天；不鸣则已，一鸣惊人。"于是乃朝诸县令长七十二人，赏一人，诛一人，奋兵而出。诸侯震惊，皆还齐侵地。威行三十六年。

再如，王斗曾直面批评齐宣王"好马、好狗、好酒"，但独不"好士"，直到宣王认错、改错为止。

摘选《战国策·齐策》中《王斗讽齐王好士》的一句：

> 宣王谢曰："寡人有罪国家。"于是举士五人任官，齐国大治。

凡上种种，都为稷下学者"喜议政事，以干世主"之举，亦可窥见稷下学宫"政治咨议"的特色。

3. 士人独领风骚

战国时期，群雄并起，各国于外狼烟四起，于内新旧势力斗争，民众反抗斗争也风起云涌。在那个战乱激荡的时代，"士"作为一种最活跃的阶层出现在政治舞台上，并成为一道靓丽之彩虹。他们以自己的才学、思想、主张、政解，游说于各国之间。这些被史学家称为"策士"或"纵横家"的士人，不管是主张"连横"，还是主张"合纵"，也不管他们在博弈中成功与否，顺利与否，采纳与否，他们都是幸福的。因为成败是结果，而结果必先要以"有用武之地"为前提和基础。他们为时代展现才华，为自己展现才华。达则治国安邦，兼善天下；穷则修身养性，阐明思想。达、穷皆独领风骚也！

郭沫若先生在《十批判书·稷下黄老学派的批判》中言：

> 这稷下之学的设置，在中国文化史上实在有划时代的意义……发展到能够以学术思想为自由研究的对象，这是社会的进步，不用说也就促进了学术思想的进步。周秦诸子的盛况是在这儿形成的一个最高峰的。总之，稷下学宫的创建与发展，在中国文化发展史上树起了一座丰碑，开创了百家争鸣的一代新风，促成了中国历史上第一次思想大解放、学术文化大繁荣的黄金时代的到来；同时，稷下之学开启秦汉文化发展之源，对秦汉以后文化的发展与繁荣产生了深远影响。

（三）楚国

楚国，又称荆，荆楚。楚国先祖为五帝之一的颛顼，即高阳氏（古书记载：高阳者，黄帝之孙，昌意之子也）。颛顼帝传至第六代陆终，生有六子，幼子曰季连，芈（mǐ）姓。季连之后曰鬻（yù）熊，是周文王姬昌的老师，其曾孙熊绎，以王父字为氏，称熊氏。周成王（姬诵，前1021—前1000年在位，周武王之子）分封先王功臣时，封熊绎于丹淅之地，建都于丹阳（今湖北秭归，有争议），建立了楚国。

春秋时期，楚国一路南征，灭掉了随国（今湖北随州），迫使随侯投降。春秋三小霸之一的楚武王熊通（前740—前690年在位）实行铁腕政策，使楚国形成了一套初具规模的国家政权组织。楚国由此渐强，开启了称霸的序幕。

1. 吴起变法

历史告诉我们，一个国家的强盛往往与明君的出现和诸位贤臣的辅助紧密相连，即谓曰"天人之和，君臣而成"。正当一心想大有作为的楚国国君楚悼王处在内（大臣权势太大和封君过多）外（连年遭到魏、赵、韩等国的进攻，不断丧失土地，不得已用重礼贿赂秦国，在秦国的帮助下才与魏、赵、韩讲和）交困时，得到了曾效力于魏文侯并为魏国立下汗马功劳，但在魏武侯（魏文侯之子）执政时期遭魏国贵族谗言而无立足之地的吴起的加盟。经过对吴起"试探真心"和命其"赴宛治理"两个环节的考核后，楚悼王开始真正启用吴起，任命吴起为令尹，实行变法。吴起也没有辜负楚悼王的信任和知遇之恩，大刀阔斧地改革图强，把楚国推向战国七雄的行列。

吴起变法的主要内容有：

（1）削减大臣、贵族的特权。

措施有：颁布"减爵禄之令"（降爵位，减俸禄）；使封君子孙三世而收其爵禄（对封君的贵族，已传三代的取消爵禄，不再世代享有）；罢无能、废无用、损不急之官（裁汰无能、无用、无关紧要的官员）。

（2）整顿吏治，明法审令。

措施有：塞私门之请（堵塞和杜绝私下里行贿受贿，禁止结党营私，勉励百官奉公守法）；变楚国之俗（改变楚国的不良习俗）；反对为了一己私利而损害国家利益，制止奸佞之辈用谗言掩盖忠臣之心。

（3）开发边远地区。

命减爵减禄的贵族"往实广虚之地"。即把减爵减禄的贵族迁到地广人稀的地区，特别是楚国的南方。此一举得三利：其一，新开垦出许多耕地，增加楚国的粮备；其二，将这些失去俸禄的贵族由以往的寄生虫变成自食其力的劳动者；其三，贵族原有土地收归国（王）有，租给无地、少地的农民。这不仅增加了国家收入，也缓和了阶级矛盾。

（4）改革军制。

措施有：砥砺甲兵，以时争利于天下（把所有收回贵族和官员的俸禄以及裁减官员省下来的钱，用来抚养士兵，扩充军备）；将自己的军事专著《吴起兵法》（简称《吴子》）再次实践于楚国（来楚国前，在魏文侯的支持下，吴起在魏推行武卒制，建成一支高度职业化的军事力量并取得显著效果）。如招募兵员，选择年轻力壮之士，视其身材和特长分类编队。对善于使用五种兵器——戈、矛、戟、殳、弓箭，且身强力壮、行动敏捷、志在吞敌者，严格训练，广以提拔；强化单兵技艺训练、阵法训练、编队训练以及联络记号训练等。

另外，吴起还禁止纵横家到楚国来游说，以便使楚国不受外界干扰，一心变法图强。

经"削权、安民、富国、强兵"等变法，楚国国力大增。但吴起在楚国变法后的结果，与其在魏国变法后的结果如出一辙，呈现出一好一坏的结果。好的结果是让魏、楚两个国家走向强大；不好的结果是都触动了贵族阶层的利益。尤其是吴起在楚国的变法，招致楚国贵族的怨恨，也为自己埋下了杀身之祸。公元前381年，楚悼王去世，楚国贵族趁机发动兵变反对吴起，并用箭射杀吴起。楚肃王继位后，吴起的尸身还被处以车裂之刑。

到楚威王后期（约公元前300年前后），楚国进入鼎盛时期，成为七雄中唯一能与秦国抗衡的大国，疆土空前广阔，西起大巴山、巫山、武陵山，东至大海，南起南岭，北至今安徽北部。

公元前246年，秦王政即位，随即开始统一全国的进程。诸侯国纷纷割地事秦，但仍不能改变他们被秦灭亡的命运。在攻灭韩、赵、魏后，秦军于公元前224年大举伐楚，楚国只有招架之功，而无反击之力。

公元前223年，秦军席卷淮北淮南，攻陷寿郢，俘获负刍，绵延800年（前1000—前223）的楚国就此灭亡。

2. 楚辞

楚国对中国文化的贡献莫过于《楚辞》。

楚辞，战国时代我国南方楚地出现的一种新的诗体，也可理解为楚地的歌词。楚辞一般指以伟大的爱国主义诗人屈原为代表的文人所创的一种诗体。"楚辞"这个称谓最早出现在西汉。由西汉著名的目录学家、古典文献学家刘向把屈原以及模仿屈原手法创作而成的作品编辑成诗歌集，称为《楚辞》。《楚辞》收录了战国时屈原、宋玉（屈原的学生，古代四大美男之一），汉代贾谊、淮南小山、东方朔、王褒、刘向、王逸等人模仿《离骚》的作品，共十七篇，成为后世通行本。十七篇即《离骚》《九歌》《天问》《九章》《远游》《卜居》《渔父》《九辩》《招魂》《大招》《惜誓》《招隐士》《七谏》《哀时命》《九怀》《九叹》《九思》。

《楚辞》具有以下三个鲜明的特点：

第一，具有浓厚的楚地色彩。古代学者概述楚辞曰："楚辞，书楚语，作楚声，纪楚地，名楚物。"即楚辞采用楚地（今湖北）方言声韵、言辞歌词、文学样式，叙写楚地山川人物、历史地理、风俗情志。另外，由于楚辞是在楚国民歌的基础上经过加工、提炼、发展而成的一种文学形式（诗体），即使不能像楚歌一样歌唱楚辞，如能用"楚声"来朗读，也是意蕴有如。

第二，是春秋战国时期楚文化的荟萃和创新。《楚辞》不仅荟萃和传承了楚地民歌言辞、地理风物、方言声调及巫风文化，还因楚国在战国时期逐渐强盛，在问鼎中原、争霸诸侯的过程中，受到北方中原文化的影响。此外，《楚辞》的创新性也非常可表，如奇特的构思，丰富的想象，善于运用比喻、夸张等手法和神话故事来传情达意，创新性地加入语气词"兮"，增强了情感的厚重和抒发，也更具有了浓郁的浪漫主义色彩。

第三，《楚辞》的句式参差不齐，言辞活泼自由，语句曼长流利，转合顺达，灵活多变，有停顿，有延伸，有委婉，有情致。

《楚辞》的扛鼎之作，就是屈原的《离骚》（离：通假"罹"，罹难、遭受的意思；骚：忧愁的意思。离骚即遭受忧愁、忧患之意）。《离骚》又称"骚体"或"骚体诗"，骚体的典型特征是大量使用语气词"兮"，且在"兮"之前一般有六个字，这样形成了"6+1"的七字体例。如"路漫漫其修远兮""长太息以掩涕兮"等（骚体的风格逐渐发展出汉代的赋）。另外，此"兮"字还有一种用法，即在"兮"字前后各有三个字，这种诗体，称为"楚歌体"（日后发展成为七言诗）。如《越人歌》中云："山有木兮木有枝，心悦君兮君不知。"再如西楚霸王项羽，败亡之前吟唱的《垓下歌》中有言："力拔山兮气盖世。时不利兮骓不逝。骓不逝兮可奈何！虞兮虞兮奈若何！"

比较屈原以前的诗歌形式，骚体主要有以下特征：

（1）句式上的突破。屈原以前的诗歌句式，基本上是如同《诗经》一般的四言体。屈原在早期写作《橘颂》时，所采用的还是这种四言体。但遭受谗言被逐后，他胸中积满了忧愁、痛苦和悲愤。四言诗体节奏短促、容量有限，严重束缚制约了他的抒情达意，于是屈原大胆地仿学民间的"俗歌俚句"，不拘于四言的形式，有意识地采用民歌中常常出现的五言、六言、七言的新句式，保留咏唱中的语气词

"兮"，创造了一种以六言为主，掺进了五言、七言等，大体比较整齐而又参差灵活的长句句式。

表面上看起来，屈原所创骚体句式只比四言句式多了二三字，但这二三字的增加，不仅使全句的容量得以扩充，而且使句意"转折而不迫促"，更易于"言情出韵"。故而"骚体"长句式的创造，实则是对四言体的一个重大突破。《九章·惜诵》（此诗名取自篇首二字，屈原以痛惜的心情，追忆叙述了自己因直言进谏而遭谗被疏之往事。全诗语言真挚生动，朴素自然，以细腻的笔调描摹了主人公的意志活动和感情冲突，直抒胸臆，想象丰富，洋溢着浓郁的浪漫主义色彩）就是屈原突破四言体式而创造的第一首"骚体诗"。摘录一二句原文如下：

> 惜诵以致愍兮，发愤以抒情。
> 所非忠而言之兮，指苍天以为正。
> 令五帝以折中兮，戒六神与向服。
> 俾山川以备御兮，命咎繇使听直。
> 竭忠诚以事君兮，反离群而赘肬。
> 忘儇媚与背众兮，情与貌其不变。

大意为：

痛心啊，由于进谏而招来不幸，我要倾诉心中的激情和怨情。
如果我的话不是出于忠诚啊，我愿上指苍天让他来作证。
让五方神帝来公平裁决吧，我愿面对六宗神祇把事理说清。
请山川众神都来听审啊，命法官皋陶把是非曲直判明。
我竭尽忠诚来侍奉君王啊，反被小人看作是多余的毒瘤。
我不懂奉迎谄媚而惹恼小人啊，我忠君爱国言行表里如一，从不变更。

仅读完以上寥寥几句，便被屈原高尚正直的人格，以及虽爱国不遇但仍坚贞不渝的精神和情怀所折服，敬拜！

（2）章法上的革新。屈原以前的诗歌，如《诗经》里的国风，一般都采用分章迭唱、反复咏叹的形式。许多诗只在每章中变动几个字来表现场景的推移或感情的递进。这种形式有其简约之美妙，便于记唱和合乐的特质，但也不可避免地束缚了诗的容量和言情出韵。举例摘录《诗经·国风·木瓜》中的几句如下：

> 投我以木瓜，报之以琼琚。匪报也，永以为好也！
> 投我以木桃，报之以琼瑶。匪报也，永以为好也！
> 投我以木李，报之以琼玖。匪报也，永以为好也！

屈原所创制的骚体诗也有合乐，但章法却革新为文思放纵并自由奔泻，或陈述，或悲吟，或呼告，或斥责；情之所至，笔之所到，全不拘古诗的章法。然骚体诗虽不拘于古诗的章法,却有自己的章法:其一,骚体诗,对全诗的内容或主旨的概括和总结,脉理分明;其二,骚体诗有发端,有展开,有回环照应,有采用"乱曰"的形式结尾等。如此,以屈原为代表的骚体诗既具有"凭心而言,不遵矩度"的创造精神,又具有"以意运法"的特点。

(3)多种形式的交互为用。骚体诗在屈原手上并不是凝固不变、单调划一,而是极其灵活、极富变化的。屈原适应不同内容的表现需要,无论在句式上,还是在体式上,都不断有新的变化和创造。

从体式上说,离骚表现了时间、空间上的跨度,以表述其身世的遭际和浪漫主义的神游。

从体制上讲,屈原以前的诗歌,一般多为直抒己怀的抒情诗,往往是就眼前景、身边事,述胸于怀,表现一时、一地的某种感触和心境。反映在诗歌体制上,大多只是十多行、数十行的短章。但骚体诗,特别是《离骚》,虽仍属抒情诗,但其所表现的非一时、一地的感触和心境,而是爱国主义的长远之志。反映在诗歌体制上,长达三四百句(《离骚》有377句,2476个字),开创了我国古代诗歌的长篇体制。

离骚

屈原"以一人之手,创千古文学"。这样的评价,屈原"当之而无愧!"

以下,节选屈原《离骚》中的一小个片段,感受骚体之魅力。

  长太息以掩涕兮,哀民生之多艰。余虽好修姱以鞿羁兮,謇朝谇而夕替。既替余以蕙纕兮,又申之以揽茝。亦余心之所善兮,虽九死其犹未悔。怨灵修之浩荡兮,终不察夫民心。众女嫉余之蛾眉兮,谣诼谓余以善淫。固时俗之工巧兮,偭规矩而改错。背绳墨以追曲兮,竞周容以为度。忳郁邑余侘傺兮,吾独穷困乎此时也。宁溘死以流亡兮,余不忍为此态也。鸷鸟之不群兮,自前世而固然。何方圜之能周兮,夫孰异道而相安屈心而抑志兮,忍尤而攘诟。伏清白以死直兮,固前圣之所厚。

简译为:止不住的叹息擦不干的泪水啊,可怜人生道路多么艰难。我虽然爱好高洁又严于律己,但早上进献忠言,晚上就被废弃。尽管因我佩戴美蕙而遭斥退,但我还要加上芳香的白芷。爱慕芳草是我内心的信念啊,虽九死也绝不悔恨停止。怨只怨君王是这般放荡糊涂,始终不理解人家的心意。众美女嫉妒我的娇容丰姿啊，说我善淫大肆散布流言蜚语。本来时俗之人就善于取巧啊，违背法度把政令改变抛弃。他们背弃正道而追求邪曲啊，争相把苟合求容当作法则规律。忧愁、抑郁、烦恼我是这样失意啊，只有我被困厄在这不幸的世纪。宁愿立即死去变成游魂孤鬼啊，我也不忍心以媚态立足人世。凶猛的鹰隼不与众鸟同群啊，自古以来就是如此。方和圆怎能互相配合啊，不同道的人怎能相安相处？暂且委屈压抑一下自己的情怀吧，忍受承担起那耻辱和编造的罪过。怀抱清白之志为正义而死啊，本来就是前代圣贤所嘉许的。

《楚辞》是《诗经》后又一部对我国文学产生深远影响的诗歌总集。这两部经典共同谱写了中国古代文化的序章，成为中国古典文学的两大源头。并对后世的文学形式：汉赋、唐诗、宋词、元曲、明清小说，产生了重要影响。

楚国对中国文化的最大贡献者，莫过于屈原。

屈原（前340—前278），战国时楚国诗人、政治家。芈姓屈氏，名平，字原，又字灵均；约公元前340年出生于楚国丹阳（今湖北秭归，有争议）。在《离骚》的开篇语中，屈原开门见山地，骄傲地介绍了自己的身世："帝高阳之苗裔兮，朕皇考曰伯庸。摄提贞于孟陬兮，惟庚寅吾以降帝。"意思是，我是五帝中的颛顼高阳氏的子孙，我已去世的父亲字伯庸。我出生于寅年寅月寅日。寅年寅月寅日即三寅在天，是古人心中大吉大利的好日子。

古人认为生逢大吉，预示此人必是不寻常，将来必有美好前途和伟大作为。

屈原不仅是伟大的诗人，也是楚国重要的政治家。公元前319年，二十一岁的屈原受楚怀王信任和重用，任左徒、三闾大夫，兼管内政外交大事。公元前317年，继吴起后，屈原又在楚国推行和实施了变法。他变法的核心内容有：提倡"美政"；主张对内"举贤任能，修明法度"，对外"联齐抗秦，联纵抗秦"，对内反壅蔽，破除君臣与老百姓之间的沟通障碍；禁朋党；命赏罚；移风易俗等（当时秦国逐渐强霸，时常攻击六国。名士苏秦提出合纵，即联合六国一同抗秦。屈原积极参与此事，与苏秦一起促成楚、齐、燕、赵、韩、魏六国君王齐集楚国的京城郢都，结成联盟，并推楚怀王为联盟领袖。但以楚国公子子兰为首的贵族，因屈原变法触动他们的利益而忌恨于心，时常在楚怀王面前说谗言，怀王遂对屈原渐渐疏远。由于齐楚联

屈原

盟，秦国跃跃欲试，却不敢动手。但听闻楚怀王疏远屈原，内斗四起，秦王立召相国张仪进宫商议攻略。张仪献言，六国中齐、楚两国最有力量，只要离间这两国，六国联盟也就不攻自破）。

屈原在楚怀王支持下的变法，对楚国国力的提升和不正之风的纠偏作用是明显的。但不能避免地受到变法利益碰触者——贵族、上官大夫等的排挤、诋毁和打压。他们不遗余力地向楚怀王进谗言。公元前313年起，屈原的一片赤诚报国之心受到冷落、否定，纷至沓来的是左徒、三闾大夫之职先后被罢黜。到后来，他又遭到两次流放。但正如人生之"舍得"之意，屈原正是在被国君流放的人生低谷时，热情地写就了遭受罹难、忧愁的千古名篇，也是中国文学的经典之作《离骚》。

公元前279年，屈原结束第二次流放回楚都郢（今湖北江陵）。公元前278年，秦将白起攻破楚都郢。屈原为自己国家的失守而悲愤交加，为自己的爱国忠心无处言报而悲悯绝望，于五月五日怀石自沉于汨罗江，以死捍卫了自己的尊严。后世为纪念屈原，丰富了端午文化。

据郭沫若先生考证，屈原的作品流传下来的有23篇。《九歌》11篇，《九章》9篇，《天问》《招魂》《离骚》各1篇。这些作品，可简略分为三类：

第一，有事可据，有义可陈，重在表现作者内心的情愫。屈原以自己的理想、遭遇、痛苦、热情以至整个生命所熔铸而成的宏伟诗篇，闪耀着鲜明的个性光辉（《离骚》《九章》《招魂》属于此类）

第二，经屈原加工、润色而成的楚国祀神乐曲。在人物感情的抒发和环境气氛的描述上，充满浓厚的生活气息。（《九歌》属于此类）

第三，根据神话、传说材料创作的诗篇，着重表现屈原的学术思想及其历史观和自然观。（《天问》属于此类）

屈原是中国历史上第一位伟大的爱国诗人，中国古典文学的奠基人，被誉为"中华诗祖""辞赋之祖"。他开创了"香草美人"式的楚辞诗体和文学手法（旧时诗文中用以物言志，以物表德的类比、联想的诗文手法，如以香草表美人，以美人表忠君爱国之大德之人）。其创作的以《离骚》为代表的骚体诗，有浪漫主义和写实主义的特色。屈原的出现，标志着中国诗歌进入一个由集体歌唱到个人独唱的新时代。

屈原的一生是悲壮悲悯、怀才不遇、壮志未酬、忠贞耿介的一生。唐人孙邰（？—约906）对屈原做了经典的评述：

屈子生楚国，七雄知其材。介洁世不容，迹合藏蒿莱。
道废固命也，瓢饮亦贤哉。何事葬江水，空使后人哀。

除了《楚辞》之外，战国时期的楚国，在艺术方面也取得了光辉的成就，主要表现在以下两个方面：

（1）音乐。春秋时期，楚国音乐已经很发达。楚国已设置乐官，专门掌管音乐事务。如钟建被楚昭王任命为乐尹；乐师扈子也是以司乐为职的乐官。在乐官的管理下，楚国的音乐达到了很高的水准。楚国当时已有钟、磬、鼓、瑟、竽、排箫等乐器。1978年在湖北随县出土的，也是目前已知的全世界最大、最重、音乐性能最完好的青铜礼乐器——曾侯乙编钟（全套编钟重5吨，共65件钟，分三层八组悬挂在呈曲尺形的铜木结构钟架上，最大钟通高152.3厘米，重203.6千克）就是战国时楚国大型乐器的例证。此外，楚地的歌曲种类非常繁多，如在《宋玉对楚王问》中所记载的，能和者有千人之多的《下里》《巴人》，能和者有百人之多的《阳阿》《薤露》以及曲高和寡的《阳春》《白雪》等，从侧面反映了楚国乃音乐之邦。

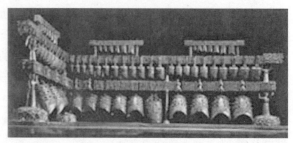

曾侯乙编钟

（2）绘画、漆器、雕刻。楚国的绘画有很高的成就，如帛画、壁画、漆画等。由于楚人尊"凤"为本民族的图腾，也客观上促进了寓意为"金凤腾飞"等雕刻技艺的发展。楚人崇尚凤的习俗一直沿袭至今。今天湖北荆州很多建筑的大门上耸立凤的雕塑，在青石栏杆上也雕刻有多种凤形纹饰的图案。

（四）燕国

燕国，中国春秋战国时期诸侯国，战国七雄之一。

公元前1044年，周武王灭商后，封其弟姬奭于燕地，是为"召公"，开始立国。公元前7世纪，燕向冀北、辽西一带扩张，吞并蓟国后，建都蓟（今北京）。燕国逐渐崭露头角。公元前380年，秦、魏两国进攻韩国，韩国向齐国求救，齐国表面上答应救韩，实际上却秘密集结军队，向燕国发动突然袭击，一举攻占了桑丘（今徐水县东南）。公元前379年，燕国向三晋求援，三晋出兵伐齐，兵至桑丘。

公元前355年，齐国侵掠燕国易水之地，燕国反击，大败齐国。公元前335年，燕、赵、韩、魏、齐、楚六国合纵抗秦。苏秦担任纵约长，并佩带六国相印。公元前333年，燕文公死，太子燕易王继位。齐宣王借给文公办丧事的机会攻打燕国，夺取了十座城池。苏秦赴齐国游说，说服齐王把十座城池归还燕国。

公元前323年，燕国参加公孙衍发起的韩、魏、赵、燕、中山"五国相王"活动，燕国在此年称王。

公元前321年，燕易王去世，子哙继位。公元前318年，燕王哙将燕王的君位禅让给相国子之，并把三百石以上高官的玺印全部收回交由子之执掌，燕国一切政务均由子之裁决。公元前314年，太子平与将军市被起兵攻击子之而失败，市被死于乱军之中。但燕国由于内乱而实力大减，齐宣王趁机伐燕，燕王哙和子之被杀，结束了燕国著名的"子之之乱"。

公元前284年燕昭王拜乐毅为上将军，率倾国之兵联合秦、韩、赵、魏五国伐齐，获得大胜。五年内，齐国共失七十城，只剩余莒、即墨二邑，燕国报了当年齐国入侵之仇。

公元前265年，秦国乘赵国国君新旧交替，政局不稳之际，连取三城。后又联合燕形成秦燕联盟夹攻赵国。赵国请齐国援救，齐国派田单率军救赵。田单西拒秦军之后，又率赵、齐联军反过来对燕国进行报复，占领燕地中阳。

虽然燕国与赵国在以上战事中结下梁子，但在彼此国家利益和战事实力强弱的驱使下，国与国随时会和好，也随时会翻脸。公元前251年，燕王派国相栗腹为赵王置酒祝寿，并送上五百镒黄金。赵国与燕国订立友好盟约。

但一转眼，栗腹回国后向燕王报告了自己对赵国实地察看、摸盘查实的情况（赵国年轻力壮之人多死于长平，现在是进攻赵国的最好时机），燕王遂速派栗腹带军攻赵。赵国派廉颇率兵抵御，栗腹遭斩，廉颇趁势包围了燕国的都城。燕国急派将渠议和，赵国听了将渠的调处，解除了对燕国的包围。

公元前243年，赵国派李牧进攻燕国，夺取了武遂和方城。但赵国因屡困于秦国，又逼走大将廉颇，以庞暖代将。燕王喜以为有机可乘，任命剧辛为帅，伺机进袭赵国。结果剧辛轻敌，率军冒进，被赵军统帅庞暖击败，剧辛被俘杀，燕军惨败。

公元前236年，赵再次率军伐燕，攻取狸、阳城。燕国屡屡战败，秦国则以救燕为名，顺势攻赵略地，扩大自己的地盘。

公元前227年，随着战事的辗转，燕国迅速认识到秦、燕联盟危机四伏。以前帮自己攻打赵国的盟友秦国，已呈虎视眈眈之态欲吃掉自己。两国虽未开打，但结果已一目了然。一方是不可一世、横霸六国的军事强国，一方是尽管位列六强，但从未真正占有强势地位的国度。无奈之下，燕太子丹暗派荆轲刺秦王，最终失败，荆轲被杀。

荆轲（出生年不详—前227），战国末期卫国朝歌（今河南鹤壁）人，喜读书、击剑，为人慷慨侠义。后游历到燕国，由田光推荐给燕国太子丹。秦国灭赵后，剑锋直指燕国南界，太子丹震惧。危难之际，忠勇之将荆轲献计于太子丹——拟以燕督亢（今河北涿州、荆轲刺秦易县、固安一带）地图和叛秦投燕的大将樊於期的首级，进献秦王，相机行刺。

燕太子丹认为此计可行。但不忍杀了叛秦投燕的樊於期。于是荆轲私见樊於期，告以实情，樊於期为报效燕国，成全荆轲，随之自刎。

公元前 227 年，荆轲和副手秦舞阳，携带燕督亢地图和樊於期首级赴秦国。临行前，燕太子丹等众臣在易水边为他们送行，场面十分悲壮。荆轲悲壮地吟出了千古名句："风萧萧兮易水寒，壮士一去兮不复还！"入秦后，秦王在咸阳宫召见荆轲与秦舞阳，在交验樊於期头颅、献督亢地图之际，图穷匕首见，荆轲刺秦王不中，被秦王拔剑击成重伤后为秦侍卫所杀。

荆轲刺秦王

荆轲刺秦之事，令秦王嬴政大怒，命王翦发兵攻燕。公元前 226 年，秦攻破燕都蓟城，燕王喜及太子丹率公室卫军逃辽东。秦将李信带兵乘胜追击至衍水（今辽宁浑河），再败太子丹军，消灭了燕国卫军主力。燕王杀太子丹向秦求和，秦国未允。

公元前 222 年，秦王派王贲率军进攻逃亡辽东的燕王喜，俘虏了燕王喜，国祚 822 年（前 1044—前 222）的燕国覆灭。

（五）韩国

韩国，周朝的诸侯国之一。公元前 403 年，三家分晋，周威烈王承认韩、赵、魏三家正式位列诸侯国，韩国由此建立，建都阳翟（今河南禹县）。

公元前 375 年，韩哀侯灭郑国，迁都新郑（今河南郑州新郑）。公元前 362 年，韩召侯（前 362—前 333 年在位）继位，韩国迎来了国势最强的时代。韩昭侯前期，韩国政治混乱，法律、政令前后不一，群臣吏民无所适从。公元前 351 年，韩昭侯拜申不害为相，并大力支持申不害变法图强。

申不害变法的第一步就是整顿吏治，加强君主集权统治。在韩昭侯的支持下，首先向挟封地自重的侠氏、公厘和段氏三大强族开刀，果断收回其特权，推毁其城堡，清理其府库财富以充盈国库。这些举措不但稳固了韩国的政治局面，而且使韩国实力大增。与此同时，大行"术"治，整顿官吏队伍，对官吏加强考核和监督，"见功而与赏，因能而授官"，有效提高了国家政权的行政效率，使韩国显现出一派生机勃勃的局面。

随后，申不害又向韩昭侯建议整肃军兵，并主动请命，自任韩国上将军，将贵族私家亲兵收编为国家军队，与原有国兵混编，进行严格的军事训练，使韩国的战斗力大为提高。特别值得一提的是，申不害为富国强兵，还十分重视土地问题。他说："四海之内，六合之间，曰奚贵，土，食之本也。"又说："昔七十九代之君，法制不一，号令不同，然而俱王天下，何也？必当国富而粟多也。"（《申子·大体》篇）

申不害极力主张百姓多开荒地，多种粮食。同时，他还重视和鼓励发展手工业，特别是兵器制造。所以战国时代，韩国冶铸业是比较发达的。当时就有"天下之宝剑韩为众、天下强弓劲弩，皆自韩出"的说法。

申不害的变法取得了很好的成效，让韩国国力迅速提升至战国七雄之列。《史记·老子韩非列传》记载："申不害相韩，修术行道，国内以治，诸侯不来侵伐。""终申子之身，国治兵强，无侵韩者。"

公元前325年，魏惠王与韩宣惠王（韩威侯）在巫沙会面，并尊为王。但由于韩国国土是战国七雄中最小的一个，且地处中原，北有魏赵，东有齐，南有楚，西有秦，发展空间极为受限，时有四面受敌之危难。也正是由于韩国国小而军事实力弱以及地理之限等原因，在公元前230年，韩国成为第一个被秦国所灭的国家，国祚173年（前403—前230）。

（六）赵国

赵国，春秋战国时期诸侯国，战国七雄之一。公元前403年，韩、赵、魏三家分晋，周威烈王始命赵烈侯赵籍为侯，正式承认其位列诸侯。赵国建立，建都晋阳（今山西太原）。

公元前425年，赵迁都中牟邑（今河南鹤壁境内），公元前386年，赵敬侯再迁到邯郸（今河北邯郸）。

战国时，乃至于古今中外的国家都有一个规律，即国家的强盛始终伴随着明君的治理和贤臣的忠心；国家的衰弱必然是昏君的不治和佞臣的作奸所致。诚如诸葛亮在《前出师表》中所言："亲贤臣，远小人，此先汉所以兴隆也；亲小人，远贤臣，此后汉所以倾颓也。"赵国彪炳史册的国君当属赵武灵王及其子赵惠文王；贤臣有蔺相如，名将有廉颇等。赵武灵王一生最大的功绩有五国会葬、胡服骑射等；一生最大的悲哀就是沙丘宫变。

1. 五国会葬

公元前326年，赵武灵王的父亲赵肃侯去世，魏、楚、秦、燕、齐五国各派锐师万人来参加会葬。但会葬之礼为虚，假借会葬之礼，行五国联盟灭赵为实。年仅15岁继位的赵武灵王（前325—前296年执政）与托孤重臣肥义认识到葬礼的凶险，采取针锋相对的强硬措施：其一，命会葬的五国军队不得进入赵国边境，只许五国使者携带各国国君的吊唁之物入境；其二，赵国重兵待客，戒备森严，精锐兵将云集邯郸。五国使者入赵，察观所到之处，赵国已有战争一触即发之备，不敢轻举妄动，在厚葬完赵肃侯后便匆匆离去。年少的赵武灵王初涉君位就有勇有谋地化解了由魏惠王发起的居心叵测的"五国会葬"的图谋。

2. 胡服骑射

赵武灵王是一位天资卓越、胆识过人、抱负远大的君主。由于受到中山之战失败的羞辱，

赵武灵王胡服骑射

卧薪尝胆，在信宫（今邢台）大朝五日，发布了影响深远的胡服骑射政策：第一，改中原人的宽衣博带为短衣紧袖、皮带束身、脚穿皮靴的胡服；第二，改以传统的步兵为主体的军队结构为以骑兵和弓弩兵为主体的军队结构。由于赵武灵王首开汉人学胡人之先河，实施胡服骑射的政策，促使赵国国力大增，先后攻灭了中山国，征伐了林胡、楼烦两族。在北边新开辟的地区设置了云中（今呼和浩特托克托县）、雁门（今山西代县）、代三郡（今河北蔚县），并从今天的河北张家口到内蒙古巴彦淖尔市五原县修筑赵长城。如此，赵国虽不敌于当时强大的中原霸主魏、齐等，但也可称雄为北方的草原霸主。

3. 沙丘宫变

在汉以前的历史上，有三个著名的事件发生在沙丘（今河北邢台市广宗县）。第一，商纣王曾在沙丘苑大兴土木，扩建苑台、放置各种鸟兽、设酒池肉林，狂歌滥饮，通宵达旦。第二，战国时期，赵国发生的沙丘之乱。第三，公元前210年，秦始皇出巡途中病死于巨鹿郡沙丘台，少子胡亥和左丞相李斯、中车府令赵高秘不发丧，篡改始皇诏，立胡亥为太子，史称"沙丘之谋"。

这里只谈赵国的"沙丘之乱"。赵惠文王四年（前295），赵国大会群臣，公子章（公元前301年，赵武灵王废掉原太子公子章，改立王子何为太子，何即为赵惠文王）也来朝见。赵惠文王听朝，其父赵武灵王坐在侧面，旁观群臣和宗室贵族对赵惠王行礼。其间，赵武灵王看到原为太子的公子章向幼小的弟弟——赵惠文王俯首称臣，心生怜悯，打算把代郡从赵国分出去，让公子章在代建国称王。后来，赵武灵王将此事通过大臣肥义之口告知赵惠文王。赵惠文王和肥义等大臣敏感地意识到，此事暗藏玄机。表面上是赵武灵王为公子章讨封地，实则目的有二：一是赵武

灵王是借公子章削弱赵惠文王的实力,二是赵武灵王壮年让位,心生后悔,想重夺王位。所以赵惠文王迟迟没有应允此事。

后来,赵武灵王以在沙丘选看墓地为名,让公子章与赵惠文王随行。到沙丘后,赵惠文王居一宫,赵武灵王与公子章居一宫。公子章的谋士田不礼劝公子章可借此机会抢先动手:先杀掉赵惠文王,再控制赵武灵王,最后以"奉赵武灵王之命"的名义称王。

于是公子章借用赵武灵王的令符,请赵惠文王到主父(赵武灵王)宫议事。肥义感觉不对,要赵惠文王加强防卫,自己先入宫一探虚实。一旦发生变乱,自己被杀,立即通知公子成与李兑勤王。肥义入主父宫后,果不见主父——赵武灵王,却见到了公子章和田不礼。公子章与田不礼杀了肥义后,决定再遣使者调赵惠文王入主父宫议事。

赵惠文王见肥义未归,而使者又至,知道发生变乱,反转逼问使者,果然肥义被杀。赵惠文王派大将信期率军包围主父宫,李兑与公子成也很快率军赶到沙丘参与平叛。公子章与田不礼战败,田不礼逃亡宋国,公子章败退到主父宫。李兑与信期派兵攻入主父宫,诛杀公子章及其党羽。但对主父赵武灵王如何处置?众人不知所措。公子成命令严守入宫人员,不让主父出宫。赵武灵王欲拼一死,但由于无人敢承担刺杀主父的罪名。故公子成等人只围不战,主父被围在内宫里,在断粮断水达三个月之后,被活活饿死。

赵惠王对主父之事一直不问,直到公子成来报主父饿死,才痛哭一场,命令厚葬,全国举哀。此为赵国之"沙丘宫变",亦称"沙丘之变"。

清康熙年间,吴存礼的一首七律《沙丘台怀古》,即为对这段事实的述评。诗云:

> 武灵遗恨满沙丘,赵氏英明于此休。
> 年来月去春寂寞,故宫雀鼠尚含羞。

人这一辈子,有时确实说不清楚,比如赵武灵王,想当年发布胡服骑射政策,神威显赫、威震北疆、灭中山、败胡族、辟三郡,让匈奴不敢南牧,燕兵不敢西行,强秦不敢东进,"克定祸乱,乱而不损"的赵王,临终却被自己的儿子幽禁于沙丘,最后还被活活饿死。真可谓:"世事沧桑,人生多变!"

经沙丘之变后,赵国虽安定下来,但国力在此次内乱中受到严重损失。

公元前283年,赵国得到楚国的一块和氏璧。秦昭王听闻,给赵惠文王书信一封,说意欲以十五城换和氏璧。赵王跟大将军廉颇和众大臣商量,献璧于秦国怕得不到城池,不献又怕强大的秦国以此为由攻城略地。有宦官推荐门客蔺相如,言其可担携璧出使秦国之重任。蔺相如复命携璧来到秦国。秦王手捧和氏璧爱不释手,但一点儿兑现承诺的意思都没有。蔺相如见此，向秦王说"璧上有点毛病，请让我指给大王看"。秦王把和氏璧交给蔺相如。蔺相如捧璧迅速后退至柱子，对秦王说，要么请秦王兑现承诺——用城换璧，要么他将携璧撞柱，璧碎人亡。秦王和大臣们面面相觑。秦王想，如杀了蔺相如，璧碎人亡，终究是得不到和氏璧，反而会与赵结仇，最后决定放行蔺相如"完璧归赵"。

完璧归赵

但秦昭襄王因"完璧归赵"一事积怨成怒。公元前282年，秦借赵不与他一同进攻齐国为由，攻伐赵国。先后取得赵国赵兹氏、离石等城。公元前279年，秦昭襄王约请赵惠文王于渑池（今河南渑池）相会修好。史称"渑池之会"。

赵惠文王又陷入二难之中，赴约怕秦国诈奸，不去又给秦国留下口舌举兵伐赵。无奈之下，慑于秦国的强大，赵惠文王携蔺相如赴约。席间，秦王在酒酣之时对赵王道：我听说您非常喜欢弹瑟，而且弹得很好，烦请弹一曲给我听听。赵王没有办法推辞，便在筵席上弹了一曲。秦国的史官当时便写道："某年某月某日，秦王在渑池与赵王会饮，并令赵王为其弹瑟。"

蔺相如看到这情景，心里十分气愤，便上前对秦王说：赵王听说秦王擅长演奏秦国的音乐，现在我献盆缶，请秦王敲击作为娱乐。秦王非常生气，拒不答应。蔺相如捧盆缶进言：我距离大王不到五步，如果大王不答应我的请求，那我将以死相拼。秦王无奈，只得勉强在缶上敲了一下。蔺相如回头叫赵国的史官写道："某年某月某日，秦王为赵王击缶。"

渑池之会

稍后，秦大臣言："请赵王送十五座城池给秦王作为献礼。"蔺相如马上答曰："那请秦王把国都咸阳作为献礼回赠赵王。"直到酒筵完毕，秦国始终未能占上风。由于来渑池前，赵国已在边境部署重兵，时刻准备接应赵王，秦国没敢轻举妄动，双方以平等地位重修旧好。此为"渑池之会"。

渑池之会后，赵王因蔺相如屡立功绩，授官蔺相如为上卿，官位在老将廉颇之上，廉颇不服气，以至于有了后来的"负荆请罪"。

下面再来看发生在赵国的另个一典故：毛遂自荐。毛遂（前285—前256），战国时赵国人（今河北省鸡泽县人），是赵公子平原君赵胜的门客，虽居平原君处有三年之久，却未有锋芒展露。赵孝成王九年（前257），秦昭王派兵围攻赵国都城邯郸。赵孝成王派平原君去楚国求援，临行前平原君准备挑二十名文武门客随同前往，已选中十九人，尚缺一人。这时，门客毛遂自告奋勇，愿与平原君同往。平原君问，毛先生至赵国几年？遂答：三年。平原君又道："先生若为圣贤之辈，三年未曾被人称颂，是先生无才能也。"毛遂答："吾乃囊中之锥，未曾露锋芒，今日得出囊中，方能脱颖而出。"

毛遂自荐

平原君一向开明，于是率毛遂等二十人前往楚国。至楚国后，平原君与楚王会谈，求其出兵援赵。半日已过，会谈仍不见成效。毛遂手握宝剑登阶而上，向楚王陈言："秦国久存虎狼之心，并吞天下之意早已昭然若揭，赵亡，楚亦不会长久。想当年，苏秦首倡合纵，六国结为兄弟，致秦十五年不敢东进一步。今秦虽围邯郸年余，二十万精兵日夜进攻，却未能损邯郸毫厘。且魏素交好于赵，必遣救兵，若楚赵合纵成功，联合魏、韩，灭秦精锐于邯郸城下，乘势西进，则楚可报先仇，收复失地，重振楚威。"言罢楚王连连点头称是，遂与平原君歃血为盟，决心楚赵联合，共同抗秦。

从此，毛遂声威大振，并获得了"三寸之舌，强于百万之师"的美誉。公元前229年，秦攻赵国，赵王迁（又称赵幽缪王，战国时期赵国最后一位国君，公元前235—前228年在位）派李牧、司马尚率军抵抗。秦将使用反间计使幽缪王杀李牧、司马尚。

公元前228年，秦将王翦率大军攻赵，攻陷邯郸，俘虏赵王迁，国祚175年的赵国（前403—前228）覆灭。

（七）秦国

公元前770年，秦襄公派兵护送周平王东迁，被封为诸侯，又被赐封岐山以西之地。自此，秦国正式成为周朝的诸侯国。

秦穆公（前659—前621年在位）时，先后灭掉西方戎族所建立的十二个国，开辟国土千余里，使其入列春秋五霸①。战国初，魏国连年进攻秦国，夺取了河西之地，秦国被迫退守洛水以西。

---

① 春秋五霸，一说为齐桓公、晋文公、秦穆公、楚庄王、宋襄公；另一说为齐桓公、晋文公、楚庄王、越王勾践、吴王阖闾。

公元前356年至公元前350年，秦孝公（前361—前338年在位）时，对内任用商鞅进行变法，对外与楚和亲、与韩订约，联合齐、赵攻打魏国。自此，内外并举，尤其是秦孝公对内启用商鞅变法之后，秦国国力大增，逐成为战国中后期最强大的国家，并为秦统一中国奠定了基础。

公元前325年，秦惠文王称王。公元前316年，秦灭巴、蜀、苴，继续屡胜魏军，又连破三晋合纵抗秦的联军，再联合韩、魏攻打齐、楚，大败义渠国，掌控了对山东诸侯作战的战略主动权。经过孝公、惠文王、昭襄王三代努力，蚕食三晋，席卷荆楚，已初露一统中国之端倪。

公元前246年，秦王嬴政即位，于前230年至前221年十年间依次灭掉六国，建立起中国历史上第一个统一的专制王朝——秦朝，嬴政①创立皇帝制度，自称"始皇帝"。

1. 商鞅变法

纵观秦的崛起和强大，根基就在于商鞅变法。商鞅（约前395—前338），卫国人，姬姓公孙氏，故又称公孙鞅、卫鞅。因在河西之战中立功，获秦孝公赏封商地十五邑，号为商君，故称"商鞅"。商鞅先后于公元前356年、公元前350年进行了两次变法，直推秦国走向七雄之列。

第一次变法（前356）的主要内容有：

（1）颁布效行魏国李悝的《法经》，增加连坐令，轻罪用重刑。

（2）废除旧世卿世禄制，奖励军功，禁止私斗，颁布按军功赏赐的二十等爵制度。

（3）重农抑商，奖励耕织，特别奖励垦荒；规定生产粮食和布帛多的，可免除本人劳役和赋税，以农业为"本业"，以商业为"末业"，并且限制商人经营的范围，重征商税。

（4）焚烧儒家经典，禁止游宦之民。

（5）强制推行个体小家庭制度。扩大了国家赋税和兵徭役来源，为秦国经济实力和军事实力的壮大奠定了坚实的基础。

第二次变法（前350）的主要内容有：

---

① 嬴政（前259—前210）。秦庄襄王之子，13岁（前247）继承王位，39岁（前220）称帝，成为中国2000多年封建王朝的第一个皇帝，史称"秦始皇"。嬴政在位达37年之久，是中国历史上著名的政治家、战略家、改革家，是第一位完成封建王朝华夏大一统的铁腕政治人物。在中央，创建皇帝制度，实行三公九卿，管理国家大事。在地方上，废除分封制，代以郡县制。完成了书同文、车同轨、统一度量衡的壮业。对外北击匈奴，南征百越，修筑长城，筑灵渠，为建立专制主义中央集权制度开创新局面。他对中国和世界历史产生深远影响，奠定中国两千余年封建政治制度的基本格局。明代思想家李贽称誉秦始皇为"千古一帝"。

（1）废除贵族的井田制，"开阡陌封疆"，废除奴隶制土地国有制，实行土地私有制，国家承认土地私有，允许自由买卖。

（2）推行县制，设置县一级官僚机构；"集小都乡邑聚为县"，以县为地方行政单位，废除分封制，凡三十一县，设县令以主县政，设县丞以辅佐县令，设县尉以掌管军事。县下辖若干都、乡、邑、聚。

商鞅变法

（3）迁都咸阳，修建宫殿。

（4）统一度量衡制，颁布度量衡的标准器。

（5）编订户口，五家为伍，十家为什，规定居民要登记各人户籍，开始按户按人口征收军赋。

（6）革除残留的戎狄风俗，禁止父子、兄弟同室居住，推行小家庭政策。规定凡一户之中有两个以上儿子到立户年龄而不分居的，加倍征收户口税。

两次变法的核心内容，可简略总结为三十二个字：严法律令，重农抑商，奖励耕织，地户税改，军功爵位，移风易俗，焚烧儒典，迁都咸阳。

商鞅变法的成就是明显的，但如果离开了秦孝公的重用，依然是英雄无用武之地。正如在来秦之前，商鞅投靠魏惠王所受冷遇一般，无所作为。无法求证，商鞅变法的成功，对不曾重用商鞅的魏惠王是否有刺激和打击。也许魏惠王不在意商鞅获得秦孝公的重用，但一定在意商鞅变法把秦国推向战国七雄之前列并成为他强大对手这一事实。

如果说魏惠王错失的是一个人、一个强国的机会，那如此相似的传奇事件，在1800年后的西欧再度上演。同样的历史际遇、同样的阴差阳错，不同的是1800年后，这次错愕的损失更大。如果说魏国失去商鞅，损失的是战国七雄的霸主地位，那么1800年后这次错愕，不仅失去了一个人，更失去了世界霸主的地位。

事件发生在15世纪欧洲伊比利亚半岛两个相邻的国家——葡萄牙和西班牙。葡萄牙国王若昂二世一生功绩不凡，但全部的功绩被一个不经意的错误所掩埋，那就是拒绝了在自己的国家已有8年航海经验，苦苦寻求他的支持而实施其伟大航海计划（如果从西欧向西横渡大西洋，可以到达印度、亚洲的东海岸）的意大利热那亚人——哥伦布。但正是若昂二世的拒绝，把历史的机遇转身给了他的邻国——西班牙。受到冷遇的哥伦布离开葡萄牙来到西班牙寻求支持，在伟大的西班牙伊莎贝尔女王的支持下，哥伦布成就了震惊全球的航海大发现，也成就了西班牙，取代葡萄牙成为世界的新霸主。

最为讽刺的是，当哥伦布带着发现地——"新大陆"的六个印第安人凯旋时，途经葡萄牙，半信半疑的葡萄牙国王若昂二世亲自接见了哥伦布，并让新大陆的印第安人用豆子摆出美洲新大陆的大致样子（地图），然后捶胸顿足地后悔道："愚蠢的人啊，我怎么能让这么重要的事情，从我的身边溜走了呢？"

商鞅和哥伦布有两个相似点：其一，他国冷遇，异国效忠。其二，人生价值都得以最大化的实现，一个使效忠的国家走向强大，未来一统中国；一个使效忠的国家走向强大，未来称霸全球。

但商鞅和哥伦布有一个致命的不同点，一个以车裂而终，一个富享而终。

商鞅的确是中国法制精神的典范。他推行法令的决心是非常彻底和决绝的，甚至以自己的生命为代价推行法令。刚实行变法时，由于触动秦国贵族的切身利益而遭到他们的极力反对，甚至还有太子犯法等，令其法令之推行举步维艰。商鞅一针见血地指出：法令行不通在于宫室贵族的干扰。国君果真要实行法治，就要先从太子开始。太子犯法不能受墨刑，就用墨刑①处罚太子的老师。这就是"王子犯法与庶民同罪""法治面前人人平等"的最早说法和法制精神的体现。太子犯法后，太子的老师替太子伏法墨刑，虽令法令推行得更为顺畅，令秦国越治越好；但打了太子的脸，得罪了太子也是客观事实。但当时有太子之父秦孝公的支持，太子未敢轻举妄动。理由非常简单，如果他在那时动手杀了父亲重用的商鞅，保不齐会因小失大，即杀商鞅而惹怒父王，太子之位被废。那行为显然是愚蠢的，那代价显然是不能接受的。

公元前338年，秦孝公去世，公元前337年，秦惠文王（前337—前311年在位）继位。由于怀恨自己为太子时商鞅严推法令让自己的老师遭受刑罚之辱，加之此时家家户户都晓"商君之法"，商鞅威望极高，秦惠文王对商鞅的私仇国恨油然加剧。外加公子虔等一帮人等捏造谣言"商鞅造反"，于是，秦惠文王便将有功于秦国的商鞅治罪谋反，车裂并族灭其家。

商鞅虽死，但商鞅变法的措施和法治思想得以延存，并直推秦走向七雄之列，辅推秦一统天下。与商鞅有关的成语典故得以言传，如"立木取信""作法自毙"等。

（1）立木取信。商鞅变法已酝酿成熟，为赢得百姓对变法的信任，树立守法、尊法的风尚，商鞅命人在南门立了一根三丈高的木头并贴出告示，有将其从集市南门搬到北门者，赏十两黄金。百姓对此半信半疑，无人尝试。商鞅又出一布告：若

---

① 墨刑，在犯人的脸上或额头上刺字或图案，再染上墨，作为受刑人的标志。墨刑对犯人的身体状况实际影响不大，但脸上的刺青会令犯人失去尊严。

能搬动的，赏五十两金（古时的金实际为黄铜）。后有一壮士将木头由南门搬至集市北门，商鞅立刻兑现五十两黄金。此"立木为信"之事被百姓们口耳相传，树立了"言必行，行必果"的典范，赢得了秦国臣民的信赖。

（2）作法自毙。秦惠文王以商鞅反叛为由下令抓捕商鞅，商鞅闻讯仓促逃至边关。待夜宿客栈时，客栈主人不敢收留，指着墙上所贴的法令说："收留国家缉拿的逃犯会受连坐之刑，此等规定皆为商君法令之禁。"商鞅无处安身，终获车裂（五马分尸）之刑。此典故，后世称为"作法自毙"。但从另一个方面来讲，也许商鞅看到自己所推行的变法和制定的律令已深入人心，可谓死而无憾或最起码于心有所告慰了。

商鞅投宿

战国末期，秦国最大的伟业就是扫六合，一统天下。而这一历史重担落在了秦王嬴政身上。公元前247年，秦庄襄王驾崩，十三岁的嬴政被立为秦王。由于年少，尊国相吕不韦为仲父，国政皆由吕不韦把持。公元前239年，秦王嬴政年已二十一岁，即将亲政，但此时秦国朝廷中却掀起了激烈的政治斗争。吕不韦和嫪毐（lào ǎi）把持朝政、惑乱后宫。秦王嬴政于公元前238年平定嫪毐之乱，利用此机会初步向臣民证明了其强大的治国能力。后于公元前237年，免除吕不韦的相职，命其举家迁蜀，吕不韦之后饮鸩而终，一代英豪终不能善终。这一系列动作，都是嬴政年轻有为的佐证。

秦王嬴政掌权后，任用尉缭、韩非、李斯、王翦等，开启了吞并六国，一统霸业的征程。

2. 秦始皇统一中国

（1）灭韩。

公元前230年，秦派内史腾攻韩（腾之前为韩国南阳郡代理郡守，因向秦献出他所管辖的属地，腾被秦王政任命为内史），俘虏了韩王安。秦在韩地建置颍川郡（今河南禹县），韩国灭亡。

秦首灭韩国，标志着秦一统六国战争的全面爆发。

秦始皇嬴政

(2) 灭赵。

公元前229年，赵国接连发生大地震和大饥荒，秦王政命王翦、杨端和向赵国发动全面进攻。王翦施行反间之计，用重金收买赵王宠臣郭开，大肆诽谤李牧等人谋反，促使赵王冤杀李牧。赵国军力大减。公元前228年，王翦大破赵军，攻克邯郸，俘获赵王迁。秦在赵都邯郸建立邯郸郡，赵国灭亡。

秦灭六国形势图

(3) 灭燕。

公元前226年，秦军攻下燕都蓟城。燕王喜迁都到辽东。秦将李信带兵追击，燕王喜听从代王嘉的计策，杀了太子丹，把太子丹的人头献给秦求和。公元前222年，秦王嬴政派王贲率军进攻辽东，虏燕王喜。

秦在燕地设渔阳郡、右北平郡、辽西郡及辽东郡等，燕国灭亡。

(4) 灭魏。

公元前225年，秦王嬴政派王翦之子王贲率领十万大军攻打魏国。王贲看到大梁城地势较为低下，又离黄河、鸿沟不远，遂令秦军开渠，将黄河、鸿沟之水引至大梁城下。三个月后，城垣崩塌，秦军攻入大梁。魏王假投降，不久被杀，秦在魏东部地区建立砀郡，魏国灭亡。

(5) 灭楚。

公元前225年，秦王政派李信率军攻楚。李信轻敌冒进，先胜后败。公元前224年，秦始皇亲派老将王翦率六十万大军伐楚。大破楚军于蕲南，杀楚将项燕，占领楚国大片领土。公元前223年，王翦与蒙武合攻楚都寿春，俘获楚王负刍。公元前222年，王翦又率军渡过长江，平定了楚国的江南地区，降服百越之君，设置会稽郡，楚国灭亡。

6. 灭齐。

公元前221年，秦王在灭亡韩、赵、魏、楚、燕之后，以齐拒绝秦使者访齐为由，命王贲率秦军伐齐。秦军避开齐军西部主力，由原来的燕国南部南下直奔齐都临淄。齐军面对秦军突然从北面来攻，措手不及，土崩瓦解。齐王建出城投降，秦在齐地设置齐郡和琅琊郡，齐国灭亡。

自公元前230年起，秦用十年的征战一统六国，结束春秋战国500多年（前770—前221）割据混战的局面。公元前221年，秦王嬴政建立中国第一个统一的封建王朝——秦朝。

后世多用秦王嬴政一统六国来形容他的强大和霸业。以下穿插一个宋代大文豪苏轼赶考之际，受他人刁难，急中生智，用"秦始皇一统六国"为自己解围且大获全胜的故事。

1057年，二十岁的苏轼欲到京城汴梁（开封）赶考。在京师候考期间，有六个自负的举人认为苏轼不自量力，才学不够，于是议定摆设"鸿门宴"，在席间羞辱、戏弄苏轼一番。

苏轼接到邀请，欣然前往。入席坐定，尚未动筷。一举人提议行酒令助兴，条件是每人说一句七言诗，诗中须含历史人物、事件。而且此历史人物和事件，要与桌上的六盘菜：鱼肉、马肉、羊肉、红烧肉、排骨、蔬菜一一对应。如酒令通过后，便可端走和独享自己诗句中所提及的那道菜。

酒令开始，年纪较长的一位说"我先来"，于是赋诗："姜子牙渭水钓鱼。"姜子牙是人物，钓鱼指事件且与"一盘鱼"对应，酒令被大家叫好，年长者说完，将一盘鱼捧走了。第二位神气地对曰："秦叔宝长安卖马。"然后端走了马肉。"苏子卿北海牧羊"，第三位毫不示弱地拿走了羊肉。"张翼德涿州卖肉"，第四位急忙把红烧肉抢走。第五位快速对曰"关云长荆州刮骨"，端走了排骨。最后一位慢条斯理地吟道"诸葛亮隆中种菜"，清完了桌上的最后一碟青菜。

转眼间，六个人把桌上的美味扫劫一空。正当六个人自得其乐，准备独享美味和嘲笑苏轼时，苏轼不慌不忙地吟道："嬴政咸阳并六国。"说完把六盘菜全部收到自己面前，微笑道："诸兄，请啊！"六个举人顿时呆若木鸡，汗颜以对。

公元前221年，秦王政灭六国后，以王号不足以显其业，在三皇中取"皇"字，在五帝中取"帝"字，组成"皇帝"。由此，嬴政成为中国2000多年封建王朝的第一位皇帝，自命"始皇帝"，史称"秦始皇"。

秦始皇作为中国历史上第一个统一的多民族封建中央集权制国家——秦朝的开

创者,在政治、军事、文化上,不愧为"千古一帝",其政绩卓著,列陈如下:

(1) 强化中央集权。中央实行三公九卿制,地方实行郡县制,所有官员均由皇帝任免,无权世袭,官僚政治取代了贵族政治。此封建专制的中央集权制度,对我国后世产生了深远影响。

(2) 实施严刑峻法。秦朝在秦国原有的法律基础上,修订严刑峻法——《秦律》,颁行于全国。

(3) 修筑长城。把战国时燕、赵、秦三国所筑长城补筑连接在一起,并增筑新长城,建成坚固屏障——万里长城(实有五千里,万里长城与秦始皇陵、秦直道、阿房宫并称为"秦始皇四大工程")。

(4) 统一货币、度量衡、车同轨。禁止使用六国各自的龟、贝、玉等币。规定全国统一使用金、铜两种圆形货币,其中金为上币,多用赏赐,铜为下币,用于流通;以商鞅时的秦国度、量、衡器具,作为全国计算长短、大小、轻重之标准;全国统一车轨的宽度为六尺。

(5) 统一文字。战国时期,田畴异亩、车途异轨、律令异法、衣冠异制、言语异声、文字异形,秦始皇令李斯把原来秦国之大篆整理简化成小篆,后来在民间又出现了更为简洁的隶书。

(6) 土地私有。秦自商鞅废井田、开阡陌以来,即逐渐允许土地私有和自由买卖。秦统一全国后,更加重视农业生产,让占有土地之百姓呈报占田数并纳税,正式承认土地私有制之合法。

(7) 北伐匈奴、南平百越,使中国版图大定,西自陇蜀,东至辽东,北起大漠,南抵南海,形成后来中国疆域之基础。

不可否认,秦始皇也因暴虐而饱受争议,亦列陈如下:

(1) 钳制思想,焚书坑儒。为防止百姓反抗,秦始皇在思想上也实行了严厉之统制,如颁布禁书令,大肆焚毁儒家书籍,统制和禁锢臣民思想,坑杀非议朝政的儒生、方士460余人,史称"焚书坑儒"。

(2) 征敛无度,赋税奇重。为维持庞大军费开支与工程建设,满足穷奢极欲之生活,始皇不惜对民众课以重税,全国出现"男子力耕,不足粮饷,女子纺织,不足衣服,竭天下之资财以奉其政"的惨况,以致民不聊生,百姓"衣牛马之衣,食犬口之食"。

(3) 好大喜功,滥用民力。秦始皇急功近利、不恤民情,连年大兴土木、四处征战,为了自己之奢欲,在咸阳附近造阿房宫、修骊山墓,所耗民夫竟70万人以上。据估计,当时服兵役之人数远超200万,占壮年男子1/3以上。如此重税苦役,实非百姓所能忍受。

（4）严刑峻法，民怨鼎沸。秦自商鞅变法以来，法令即十分严苛，一人死罪诛及三族，一家犯法邻里连坐，百姓动辄被罚充苦役或惨遭酷刑。

从中国文化的角度来讲，秦始皇最大也是最深远的贡献就是统一了文字。同时，最大也是最深远的文化破坏就是禁锢思想，焚诗书，坑儒生方士等（焚烧儒家经典是秦朝建立封建专制主义政治体系的需要，但未焚医学、农学、占卜、法家等书籍）。

焚书坑儒

随着秦朝统一，经历了大分裂、大动荡、大变革（变法革新）的战国七雄就此在历史舞台上落幕。七雄间有时相互侵伐，有时相互联盟；有时不得已而侵伐或联盟，有时故意侵伐或联盟；有时坦诚相见，有时你欺我诈；有时合纵抗秦，有时又被秦连横分纵。一切国策和战略的选择、变化，取决于本国的利益和本国对战争态势的把握和判断。

战国的历史结局告诉我们，君王的文韬武略，本国的军事实力，主导本国的治国思想是取胜之根本。但是，秦国的一统天下，给后世也留下了一个千年的拷问：为何以儒家"仁政爱民"为主导思想的国家未能一统天下，而是以法家"严刑酷法"为主导思想的国家成就了霸业？

"百家争鸣"开启了中国文化第一个高峰期，并形成中国文化多元丰沛的源流；浪漫而极其具有楚地特色、成为中国文学源头之一的《楚辞》；开创注重实用，锐意改革风尚，启中国军事变革之先河的"胡服骑射"；更利于文化传播，去除民族间文化交流障碍，促进民族融合，也第一次在中国历史上实现了比较统一的民族心理认同、民族归属认同、民族文化认同的秦始皇"统一文字、度量衡"，都将成为战国时期对中国文化的巨大贡献而彪炳史册，流芳千古！

呜呼哉：

天下之人，三十年河西三十河东！

天下之事，你方唱罢我登场！

天下大势，分久必合，合久必分！

附：诸子百家代表人物

在中国文化史上，战国时期出现了诸子百家思想的争鸣和百家诸子的云集。毫无疑问，百家争鸣的出现凝结着各派各家思想家或代表人物集体智慧的结晶和传承，以下就诸子百家中各家各派最主要的代表人物做一简述。

1. 儒家代表人物——孟子

孟子（前372—前289），名轲，字子舆，邹国（今山东邹城）人。系孔子的嫡孙子思的再传弟子，也是孔子之后儒家又一位集大成者。

孟子在"孟母三迁"的教育下，勤勉用功。学成后以继承孔子学说为己任，招收弟子传道授业，并游历列国，宣扬"仁政""王道"的主张，提倡"民为贵，社稷次之，君为轻"的思想。他到过齐、宋、鲁、滕、梁等国，见过梁惠王，齐宣王等君主。虽受到诸国国君的尊敬和礼遇，但其思想多被"尊而不用"，只有滕文公曾经试图推行他的政治主张。

孟子

历经二十载周游列国，孟子已至晚年。然后回乡讲学并和弟子万章，公孙丑等从事著书立传，写成了《孟子》七篇：《梁惠王》《公孙丑》《滕文公》《离娄》《万章》《告子》《尽心》。由于每篇的分量很多，又将每篇分成上、下两篇，故而《孟子》全书有十四篇。《孟子》一书，不仅在后世被单列为"四书"之一，而且是儒家的重要代表之作。

2. 道家代表人物——庄子

庄子（约前369—前286），名周，字子休，宋国蒙人（今河南商丘），与道家始祖老子并称为"老庄"。庄子原系楚国贵族，楚庄王后裔，与梁惠王、齐宣王同时代，后因乱迁至宋国。庄子早年曾在蒙做过漆园吏，后一直隐居，生活贫困，淡泊名利。楚王闻其贤德，曾派使者赠以千金并请他作宰相，被他拒绝。遂终身不复仕，隐居抱犊山中。庄子学识渊博，想象力极为丰富，语言运用灵活自由，能把一些微妙难言的哲理说得直白易懂且引人入胜。著述有承老子思想、创独到见解的《庄子》

庄子

一书。主要思想：一是《逍遥游》所生动阐明的"绝对自由"思想；二是"天人合一"和"清静无为"的思想。（庄子的哲学中，"天"是与"人"相对相合的概念，"天"代表着自然，而"人"就是"人为"的一切。"人""为"两字合起来，就是一个"伪"，故而主张人不可有背离、违反自然之所为，而应"顺天道""弃人为"。庄子将此主张凝练为很高的思想境界和行为追求："人法地，地法天，天法道，道法自然。""清静无为，无为而治。"）

3. 墨家代表人物——墨子

墨子（约前468—前376，另一说，约前476—前390），名翟（dí），宋国人（还有说鲁阳人、滕国人）。墨子出身微贱，曾学儒术，因不满儒家的礼仪纲常、繁文缛节，自创墨家学派以抗衡，成为墨家主要代表人物。

墨子

墨子的思想主要有二：其一，"兼相爱，交相利"的主张；其二，"非攻（倡导和平，反对战争）、尚贤、尚同"的政治主张；"节用、节葬、非乐"的经济主张；既主张"尊天事鬼"，又倡导"非命"的思想主张（针对儒家"天命"思想和贵贱等差观念而提出，提倡人定胜天、事在人为的生存态度，鼓励人们强力从事、改变现世中的不平等状态）。另外，"墨子救宋"的著名典故，既反映了墨子比鲁班技高一筹的攻城战略，又反映了墨子以及墨家学派的侠士风范。

4. 法家代表人物——韩非、李斯

拟定法家主要的代表人物，是比较困难的。因为诸多先贤为法家思想的集大成做出了重要贡献，如中国第一部法典——《法经》的编撰者李悝（kuī），还有变法图强的吴起、商鞅、慎到、申不害等。

韩非

有一点需说明，商鞅的思想重"法"，即"法令、律令"；慎到的思想重"势"，即"权势"；申不害的思想重"术"，即"课群臣之能"，也就是对群臣进行监督、考查，防范臣下篡权的"阳术"（即明术）和"阴术"（即暗术）。从而形成了法家中的三派，即商鞅重"法"，慎到重"势"，申不害重"术"，但这只是三位法家思想上的偏重，总体上，三位都认可"法、势、术"。也正是由于先贤思想的引领和分化，才成就了师出同门，后兵

刃相见的两位"法、势、术"思想的集大成者和法家主要代表人物——韩非（约公元前280—前233）和李斯（约前284—前208）。韩非主张"废先王之教""以法为教"，强调制定了法令，就要严格执行，任何人也不能例外，做到"法不阿贵""刑过不避大臣，赏善不遗匹夫"。韩非认为，只有实行严刑重罚，人民才会顺从，社会才能安定，统治才能巩固。概言之，韩非思想有五重：重"法、权、术"、重赏、重罚、重农、重战。

李斯的一生，绝大部分时间是法家思想的推行者和实践者，并将法家的思想推向了极端化。如依法治国，律令军政，崇法尚刑，吞灭六国。秦一统后，他又提出禁私学、焚书、以吏为师，并以法令的形式强制推行，还统一了法律。但这位以"老鼠的哲学"①为初心而起家，高登丞相之位后，终难逃如同自己曾"妒杀韩非"之厄运。秦始皇死后，李斯与赵高合谋，伪造遗诏，迫令始皇长子扶苏自杀，立少子胡亥为秦二世皇帝。后李斯位高权重，为赵高所忌。赵高借机向秦二世谗言"李斯与其子谋反"。公元前208年，李斯被腰斩于咸阳闹市，夷三族。

5. 阴阳家代表人物——邹衍

邹衍（约前324—前250），战国末期齐国人（今济南章丘），稷下学宫著名学者，著有《邹子》一书。《史记·孟子荀卿列传》言："邹衍之术，迂大而宏辩……故齐人颂曰'谈天衍'。"系阴阳家主要代表人物，五行学说的创始人。

邹衍的主要思想有三：其一，五行生胜说。邹衍言，"木生火，火生土，土生金，金生水，水生木"。此五行相生相克的理论，说明事物之间有着对立统一的关系，对中国后世的哲学（朴素唯物主义万物对立统一的观点）、医学、历法、风水、建筑等都有直接的影响。如汉代董仲舒就借五行之说支持其"君权神授"学说。其二，五德终始说。五德指"木、火、土、金、水"所代表的五种德性；"终始"指"五德"周而复始、循环运转。邹衍以此学说来辩说历史的变迁、王朝的兴衰和更替。其三，大小九州说。邹衍认为《禹贡》中所说的九州，只是整个地球的一部分。中国这个称作"赤县神州"的九州，只是针对中国而言，可称之为"小九州"。而在中国这个九州之外，还有另外八个和中国这个九州相同的州，合起来共九州，谓之曰"大九州"。邹衍提出的大、小九州说，给后世开启了"大和小"的

---

① 李斯见到茅厕里吃粪便的老鼠，一听到人的脚步声，马上就跑开了。当他到仓库时，却发现那里的老鼠，大摇大摆地吃粮食，即使有人来了，也不跑开。由此，李斯从老鼠身上悟出"老鼠的哲学"，即人的成功和失败与老鼠相似，同样的人，处在不同的环境就有不同的作为。于是，他拜别老师荀子，到遥远但实力最强的秦国去谋求一番伟业。

相对地理概念。在邹衍两千多年后，世界才能确定了地球有几个大洲。由此，我们不得不佩服古人先贤的智慧和预言。

6. 名家代表人物——公孙龙

名家，以辩论"名和实"的关系或概念为中心，并以善辩著称的一个学派，故又称"辩者"。他们同样是在"思以其道易天下"的过程中，播其声，扬其道，释其理。他们最先围绕"刑名"问题，以研究刑法概念著称；以后逐渐从"刑名"研究伸延到"形名""名实"的研究；最后定格"名"和"实"为名家的代表学说。但由于名家辩说的方法奇特，按汉代司马谈所言"控名指实"。因此，名家虽擅长论辩，但其论辩时有剑走偏锋，流于诡谲奇异。以下简略介绍名家代表人物——公孙龙。

公孙龙（约前320—约前250），字子秉，华夏族，赵国人，名家重要代表人物。公孙龙能言善辩，曾经做过平原君的门客，其主要著作为《公孙龙子》，其中最重要的两篇是《白马论》和《坚白论》，分别论辩了"白马非马"和"离坚白"两个辩题。以下分解这两个辩题，来感知公孙龙的诡辩奇才。

公孙龙

公孙龙对"白马非马"，从以下三个方面立辩：其一，白马是马的形态加上白的颜色，而马只是指形态，白马与马是两个不同的概念，故白马非马。其二，马的外延包括一切马，如黄马、黑马、红马等，而白马的外延仅限于白颜色的马，其他颜色的马皆不能称为白马。此处，马的外延广，而白马的外延只能是自己本身。白马与马不仅是颜色上的差别，还指外延和包含关系的不同，故白马非马。其三，白是一切白色的共性（可理解为白通体的个性），马是一切马的共性（可理解为马通体的个性）。白马是白色的共性，加上马的共性（可理解为两个个性加在一起的共性），而马单指马的共性（即马通体的个性）此处，白马与马是共性和个性关系上的不同，故白马非马。

公孙龙对另一著名辩题"离坚白"也从两个方面立论：其一，白色的石头，眼看不到石之坚硬，只能看到石之白色，此为"无坚"。其二，白色石头，手摸不到石之白色，只能触及石之坚硬，此为"无白"。

由此得出结论：一块坚硬的白石，用眼看看不出它是否坚硬，只能看到它是白色的；用手摸不能感觉其白色，只能感觉到其坚硬，所以世界上只有白石和坚石，没有坚白石。石头中的"坚"和"白"不可并存，相互分离，故曰"离坚白"。

7. 杂家代表人物——吕不韦

吕不韦（前292—前235），姜姓，吕氏，名不韦，卫国濮阳人（今河南滑县）。战国末年著名商人、政治家、思想家，杂家主要代表人物。

公元前249年，由于扶植秦庄襄王继位有功，吕不韦被封文信侯。庄襄王去世后，嬴政继位，拜吕不韦为相邦，吕不韦号称"仲父"并权倾天下。他主持编纂了《吕氏春秋》（又名《吕览》），共20余万言，汇合了先秦各派学说，"兼儒墨，合名法"，故史称"杂家"。《吕氏春秋》书成之日，将其书悬于国门，声称能改动一字者赏千金。这就是"一字千金"的出处。吕不韦对秦王嬴政兼并六国的事业有重大贡献。后因嫪毐集团叛乱事受牵连，被免除相邦职务，秦王嬴政命其举家迁蜀，后饮鸩而终。

吕不韦

8. 纵横家代表人物——张仪、苏秦

纵横家是中国战国时以纵横捭阖之策游说诸侯，从事政治、外交活动的谋士。主要代表人物是鬼谷子的两个弟子苏秦（？—前284）和张仪（？—前309）。苏秦主张合纵抗秦，最辉煌时曾身佩六国相印。

张仪首创连横的外交策略，游说入秦。秦惠王封张仪为相，后来张仪出使游说各诸侯国，以"横"破"纵"，使各国纷纷由合纵抗秦转

苏秦"锥刺股"

变为连横亲秦。汉代刘向在《战国策》中记载："苏秦为从（纵），张仪为横，横则秦帝，从则楚王，所在国重，所去国轻。"战国时，南与北合为纵，西与东连为横，苏秦力主燕、赵、韩、魏、齐、楚合纵以拒秦，张仪则力破合纵，连横六国分别事秦，纵横家由此得名。

9. 农家代表人物——许行

许行（约前372—前289），楚国人，战国时期思想家，农家代表人物。

许行的主要思想有二：第一，君民并耕。"贤者与民并耕而食，饔飧而治"，贤德的国君应该和百姓一同耕种，获得自己的粮食。这也是许行的核心思想，反对任

何人不劳而食。第二，市贾不二。同种商品数量相同，则价格相等，市场上的各种物品的价格都有了统一的规定。这样，在市场上的同种商品只有一种价格，没有第二种价格。

10. 小说家

据班固所著《汉书·艺文志》："小说家者流，盖出于稗官；街谈巷语，道听途说者之所造也。"意思是，小说家以采集和记录民间传说议论、民情风俗、街谈巷语，并呈报上级等为主。小说家虽自成一家，但多被视为不入流者，故有"九流十家"之说。小说家者能代表平民社会之四方风俗。然亦因其之小道，而不为世人所重，终致弗灭。

以上只是简要列举了诸子百家中各家的主要代表人物，其实各家还有众多代表人物，且都有不同凡响的成就。

综合而言，百家中的诸子皆为时代之先锋。诸子中的代表，皆为学派之翘楚。百家中的诸子共同成为战国时期"百家争鸣"的风云人物，而"百家争鸣"和"百家争鸣"中的诸子也离不开那个战乱的时代。反过来，那个战乱的时代也离不开"百家争鸣"和"百家争鸣"中的诸子。

诸子、诸子百家、百家争鸣以及承载他们的那个战乱的时代，共同谱写了中国文化第一个高峰期的美丽华章，也正由此，诸子、诸子百家、百家争鸣，彪炳史册，流芳千古！

呜呼哉：

百家诸子，学人之典范！

百家诸子，士人之风骨！

百家诸子，世人之榜样！

呜呼哉：

战国，时也；

诸子，人也；

百家争鸣，事也；

战国诸子百家争鸣，中国文化之大观也！

《说文解字》曰："八，别也。象分别相背之形。"此句意指，八是由"一撇一捺"写成，即八像"背离"的形状。今日，数字"8"是一个广受民众喜欢的数字。缘由是"8"的谐音有"发"之意。两个八，即"88"表"发大财"之意。

在中国文化中，与数字"八"关联的文化名词，最深奥的可能是"八卦"；最普世的可能是被中国古代君王、朝臣所倡明的儒家人生之道"八条目"，即"格物、致知、诚意、正心、修身、齐家、治国、平天下"。但在中国，尤其是明清两代，从广泛性和影响力的角度来讲，影响社会、文化、历史、世风、百姓生活最深刻、最深远的可能要数科举制以及寄生于科举制的"八股"文体。另外，代表中国文明、映射中国文化、体现中国高超制瓷技艺的"八大名窑"及其瓷器，也有不凡的影响力。

八股文

"八股取士"是明清时代科举制的创举。八股文①在明清科举制的舞台上扮演主角，出尽风头，大红大紫，站在舞台中央，轰轰烈烈地演绎了从明成化二十三年（1487）至光绪三十一年（1905）近420年的盛行壮举。

八股文，又称四书文、八比文、制义、时艺、经义等。它的渊源可追溯到唐代的"试帖诗"。但八股文的雏形是北宋王安石变法科举，"废诗赋而取经义"之举。到南宋时，科考的文章中已初现八股结构样态，如论头、破题、承题、小讲、缴结

---

① 八股文是明清科举考试的一种文体，也称制义、制艺、时文、八比文。八股文章就四书五经取题，内容必须用古人的语气，绝对不允许自由发挥。而句子的长短、字的繁简、声调高低等也都要相对成文，字数也有限制。

等。有学者指出：八股文是从唐宋以来逐渐形成的，唐宋两代的试帖诗和经义文科可在不同程度上看作八股文的鼻祖，以试帖诗而言，试帖诗所包含的首联、次联、颔联、颈比、腹比、后比几个部分，讲求对仗工整，其行文结构已是八股文之雏形。事实上，一种文体的产生是由多种因素促成的，既有文法方面的要求，也有约定俗成的过程。① 元代多沿承经义的文体，时称"八比"。至明代成化二十年（1487），八股文正式以"八股"的文体走上历史舞台，并逐渐走入科考士人的心中。如此可大略地归纳八股文的发展脉络：源于唐，发展于宋、元，成于明，盛于清。就八股文，略述如下。

（一）题目

明清两代的科举分为两类，第一类是正式的科举，即乡试、会试、殿试三级。第二类是在乡试之前，为获得乡试参考资格的三级考试，它们由低到高分别是县试（县）、府试（州）、院试（府）。但无论哪一级科考，即从县试至殿试，八股科考贯穿始末。

明清科举考试的题目均出自儒家经典"四书五经"（《明史·选举二》载曰：科目者，沿唐、宋之旧，而稍变其试士之法，专取四子书及《易》《书》《诗》《春秋》《礼记》五经命题试士）。科考的题目可长可短，五花八门。一般而言，八股文章的题目难度随着考试层级的提高而提升。八股文的题目一般有三种命题方法：

第一种，只出一处。即题目只出自"四书五经"中某一"篇目"中的"字、词、句、篇目名等"。

第二种，出自多处，彼此搭连。即题目出自"四书五经"中任何两篇目中的"字、词、句、篇目"，并混合搭配。这种混搭虽出自相同或不同的典籍篇目，但二者之间有搭连的关系，故这种题目又称"截搭题"。

第三种，出自多处，彼此不搭连。这种题目是最难的，也是最无厘头的。由于科举要求"每次"和"每级"科考的题目不能雷同，反而先给出题的主考官出了一个很大的"考题"。怎么出题、出什么题目的困惑主要有二：其一，以前考过的题目不能出，这是定规；其二，简单的题目不能出，否则有失颜面，有损水准，更有失为国家甄选栋梁人才之"初心"。

在重重困难前，"智慧"的主考官"灵机一动，计上心来"。相比之下，无"智慧"的主考官可要"挖空心思，费尽周折"了。但应了古语"车到山前必有路"，在规定的时间前，"考题"自然"殊途同出"。所言"殊途"，是各有神通，

---

① 刘海峰、李兵：《中国科举史》，东方出版中心2004年第6版，第305页。

各有思量。所言"同出",指创造题目的手法和套路基本相同,即都在"四书五经"任一篇目中"想当然"地对"字、词、句、篇目"进行截上、截下、冒上、冒下的自由混合,这种题目俗称"割裂题"。

此类割裂题,可谓"一箭三雕",解决三个关键性的问题:考题不重复,考题有水准,为国甄选栋梁。当然还可有效地防止考生作弊(想作弊也是心有余而力不足,无处下手)。但这种割裂题的弊端也昭然若揭:要自由混搭,就只能将完整的原文掐头去尾,将几句内容互不关联的字、词、句、段落或篇目等搭连成一个新的题目。自然会出现"不该搭连的地方连起来,不该断的地方断开"的情况,结果必然是"断章取义""断句取义"。因此,出题考官美其名曰有创意的"新奇题目",实则为"诡异冷僻"的题目。对这种割裂题,有考生气愤地说:可能只有出题者本人,方可解读二者之间的"搭连"关系;更为甚者,如过上几个时日,可能连出题者本人对"搭之意"都语焉不详。顾炎武在《日知录·拟题》中感叹道:"今日科场之病,莫过于拟题。"

举一割裂题目为例:乾隆三十九年(1774),四川乡试头场考试的第一道题目为"又日新康诰曰"。此题目原文出自四书之《大学》篇:"汤之盘铭曰:苟日新、日日新、又日新。康诰曰:作新民。"这种组合虽出自《大学》同一篇目且是相邻段落:从前一句中抽取最后三个字"又日新",从后一句中抽取前三个字"康诰曰",组成一个新的题目"又日新康诰曰",但"又日新"与"康诰曰"之间无任何联系,也不是一句通顺的句子。部分考生可能连题目都看不懂,只能凭着自己的理解乱写一通。可想而知,如此应答,怎能写出好的八股文章?怎能成为国家栋梁?

后来朝廷认识到此种题目的弊端,颁发《钦定科场条例》:"经书题目严禁割裂牵搭,致碍文义,予以取缔。"

总体而言,明清乡试和会试中科考的题目还是比较中规中矩的。但殿试的题目不同于乡试和会试,一般为皇帝钦定或由大臣备好几个题目由皇帝钦点。乾隆二十六年(1761),改为读卷大臣密议八个题目,皇帝圈中四道为题。殿试的题目较长,但无定规。有几十字的,有一百多字的,还有二百多字的(类似今天的材料作文)。康熙时,题目字数曾长达五六百字。

(二)文体

八股文的结构由破题、承题、起讲、入手、起股(出题)、中股、后股、束股(收结)八部分组成。

第一,破题。破题指对题目的主体意思,破解是否准确、清晰。阅卷官第一眼看到的就是破题，故有"破题定优劣"之说。

第二，承题。承题指承接破题之意，具有进一步阐明破题之意或起到补充阐发主题的作用。

第三，起讲。起讲又称"原起"，指阐明题目典出并模仿圣人之言进一步阐发题意。

第四，入手。入手又称"入题""领上"，指用一两句或两三句过渡性的句子将文章引入正题。

第五，起股。起股又称"起比""提比"，指用几个排比的句子阐发其议论，起到提起全篇气势的作用。

第六，中股。中股又称"中比""中二比"，指充分展开议论，将题目的主旨说透，系全文的核心。其字数多少没有规定，可比起股长，也可比起股短。清代有一位读书人以《不以规矩》为题写成的一篇八股文中，有一段严谨、工整、对偶的中股句式，辑录如下：

大而言之，则天道为规，则地道为矩，虽两仪不能离规矩而成形。

小而言之，则袂①必应规，则袷②必如矩，虽一衣不能舍规矩而从事。

第七，后股。后股又称"后比""后二比"，将中股所没有完全阐明的意思说得更加透彻。其句式和字数不定，但一般是中股长则后股短，中股短则后股长。

第八，束股。束股又称"束比""束二比"，一是阐明前六股没有阐发完全的意思，二是总结文章大意，前后呼应，落笔结文。

就以上八股文结构而言，一般把破题、承题、起讲三部分合称"帽子"，入手作为过渡，起股、中股、后股、束股四部分为全篇的中心。

很多人对八股文的认识存在偏差。误认为由于每篇八股文由破题、承题、起讲、入手、起股、中股、后股、束股八部分组成，故称"八股文"。实则不然，正确认识和理解八股文，"股"字是关键。这个"股"又称"比"，指两者相对、相比之意。所谓"八股"，并非文章的八个组成部分，而是八个组成部分中，有"股"字的"起股、中股、后股、束股"四部分中的每一股需派生形成两股具有排比、对偶关系，两两相对双股行文的句子。这样形成了起股、中股、后股、束股、起二股、中二股、后二股、束二股，共计八股的文体，即称为"八股"。

---

① 袂，指衣领和袖口。
② 袷，指衣领的交合。

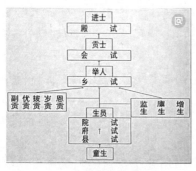
清科考系统简图

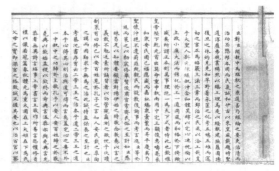
清代考生"八股文"试卷

(三) 字数

明成化1487年后,在乡试、会试中,对八股文的字数,按照"题目出处"设置下限而不设上限。如题目出自"四书",字数下限为200。如题目出自"五经",字数需在300以上。

由于对八股文只设字数的下限,不设上限。如遇到考试的时间比较充裕,考生们为求胜出,往往愈写愈多,才气优秀者更是写成洋洋洒洒的上万字长文,如此令考官、阅卷官不胜其苦,不胜其冗。

清代顺治二年(1645)规定,八股文每篇不得过550字。

康熙二十年(1681),考虑到550字,有词意未尽,草草结尾之嫌,影响文章的质量和考生的发挥,于是增至650字。

乾隆四十三年(1778),对八股文字数做了上下限规定,要求乡试、会试的文章在300字以上,700字以下,考生不可越雷池半步。

殿试考试的字数与乡试、会试的要求不同。殿试是黎明而入,日暮交卷。由于殿试的内容多为时务策论,字数可在1000~2000字。

此外,殿试除文章本身对时务政策进行论述外,书写也很重要。有时,书写甚至会超越文章本身而成为评定等级的第一指标。殿试的书写体,明代称为"台阁体",清代改称"馆阁体"。一般指规范的楷书,以"方正、光洁、乌黑、大小齐平"为上等。近代著名学者熊希龄①先生1892年参加进士考试,会试及第。但由于殿试要求馆阁体,而熊希龄此类书法不佳,于是放弃在当年参加殿试,回去苦练馆阁体书法,待1894年才参加殿试,高中二甲进士,被钦点为翰林院庶吉士。

---

① 熊希龄(1870—1937),字秉三,湖南凤凰人。民国时期著名教育家、社会活动家,北洋政府第四任国务总理。

（四）答卷

考生的考卷必须以"圣贤孔孟之语和朱熹（程朱理学）的注释"作答。明清两代科举，尤重视宋人朱熹对"四书五经"的注解，并直接将朱熹的《四书章句集注》作为评卷的标准（甚至是唯一标准），美其名曰"代圣贤立言"。换而言之，考生的答卷绝不可自我发挥，以自己之语作答，更不可用风花雪月之语作答，以免有亵渎圣人之嫌。

另外，科举考试的答卷必须使用考场统一发放的试卷，并妥善保管（一场考三天），不得打湿、弄污。必须用墨笔作答，不可在试卷上肆意涂污，乱写乱画，否则以做标识、记号等作弊处罚。处罚酌情而定，轻则以废卷论处，取消本次科考资格；重则永不得参加科考，甚至以刑罚治罪。

（五）阅卷

明清科考结束后，试卷的评阅沿用宋朝创用的糊名（弥封）誊录制度。北宋时，人称"青天大老爷"的包拯［仁宗天圣五年（1027），经层层科考，考中进士而走向仕途］曾对糊名（弥封）誊录制度有客观的评价：如果废止了糊名誊录制度，反而会助长徇私舞弊，科举的公正性会因此而丧失殆尽。在科举史上，糊名誊录制度被认为是科举制走向成熟的重要标志之一。

糊名制度要求将试卷卷首处考生的姓名、籍贯、三代履历等信息，用纸糊住。这样主考官、阅卷官（同考官）就无法看到考生的个人信息，以防范考官营私舞弊的行为。

糊名誊录制度是在糊名的基础上更严格的一种制度。考试结束后，组织专门人员将所有考生的原卷誊录（重新抄写）一遍，为区别于原卷，誊录的试卷称为"副本"。将誊录的副本交给阅卷官评定等级，以防止阅卷官员根据原卷的字迹、标记、暗语（事先约定）等舞弊。

至元代，为防止考生串通阅卷官共同作弊的规定更加严格。考生答卷一律用墨笔书写，其答卷称"墨卷"，然后再由考场内的专门人员用红笔把考生的"墨卷"完整准确地抄写一遍，称"朱卷"。朱卷作为墨卷的副本交给阅卷的主考官和同考官之前，每一份墨卷和朱卷要一一认真核对。如考生在墨卷上有涂写、改划等，抄写人员在誊抄墨卷时，要在朱卷上的对应位置处贴上纸条，在纸条上注明此处有涂写、改划等。这样就在很大程度上，进一步杜绝了阅卷考官根据笔迹、书写记号、暗号等舞弊的行为，更好地保障了考试的公平、公正。

以上是为防止作弊而采用的保障措施。就八股文章本身来讲，为公平、公正地评阅乡试、会试的试卷，一般有"理、法、辞、气"四个标准。

"理"考查考生对儒家经典的掌握和对宋儒精神理解的程度；

"法"考查考生对八股文行文方法的运用；

"辞"考查考生的文字组织能力和表达能力；

"气"考查考生的思想、见解。

对"理、法、辞、气"也有衡量的标准，简而言之为四个字："清、真、雅、正"。即八股文章应用简洁、畅达、典雅、正统（以圣人之言阐题意）的言语阐明题意。

依据上述标准，阅卷人将自己评阅上等的试卷用蓝笔加以标记，并在专门用于荐卷的纸条上写上推荐理由，呈送乡试、会试的第二号关键人物——副主考官，此程序称"荐卷"或"出房"。

副主考官收到同考官推荐上来的试卷后，若认可同考官的评定结果，则会在试卷上面写一个"取"字，然后将此试卷交由乡试、会试的最关键人物——正主考官做最后评定。

正主考官是真正手握"生杀大权"的核心人物。考生多年的寒窗苦读以及前程命运全系在正主考官身上。如正主考官也同意副主考官的录取意见，就在试卷上写一个"中"字，这样考生的命运被定格为"及第"；如若正主考官不同意副主考官的录取意见，考生的命运就被定格为"落第"。

殿试的阅卷就更为精细、繁杂。在殿试后的第二天，由八位阅卷大臣对所有参加殿试的考生的试卷依次单独做出等级的评定。阅卷的程序采用轮流阅卷的形式。每位阅卷大臣单独对每份试卷做出等级的评定后，由专人将评阅好的试卷传递到另外一位阅卷大臣的桌上，如此依次循环，俗称"转桌"。[阅卷的评定等级，由高到低分别用"○""△""、""｜""×"（圈、尖、点、直、叉）五种符号来表示。阅卷大臣将评定结果写在试卷的背面，先写评卷人的姓但不写名，然后在姓下写上评定等级和评语]这样下来，每份试卷相当于"八评"，每张考卷上会有八位评卷官员评定的八个结果。最后将"○"最多的考生的试卷呈送皇帝，由皇帝钦定御批一甲三人（状元、榜眼、探花），二、三甲若干人。

（六）录用

殿试又称"御试""廷试""廷对"，是科举考试的最高一级。能参加殿试的贡士（会试及第者），无疑是出类拔萃者，已属于社会的精英阶层。而能在殿试中脱颖而出获得三甲者

殿试场景图

（一甲三人，二、三甲若干人），更是凤毛麟角；如还能在一甲三人中拔得头筹——"状元"，绝对是"人中龙凤"，是天下读书人顶礼膜拜的偶像。历经乡试、会试、殿试三层激烈角逐而万里挑一的状元，自然受到君王和社会给予的极大尊荣。当然，此尊荣与难如登天的层层科考历程是匹配的，毕竟三年全国才出一个。

殿试考核并不做残酷的筛选（元以前殿试有淘汰），只是对会试及第者评定一、二、三甲三个等级。其评定结果一般在殿试两日后公布，第三日，皇帝设琼林宴嘉赏新科状元和进士等，一般只有殿试前十名方能获此殊荣。

殿试所录一、二、三甲皆称"进士"。但具体名称不同。

一甲录三人，赐"进士及第"。第一名称"状元"，第二名称"榜眼"，第三名称"探花"。由于状元是科举考试的最高荣耀，天下考生梦寐以求的终极目标，故状元的含金量、社会地位、声誉极高，一般直接授官为翰林院修撰（从六品）；榜眼、探花直接授官为翰林院编修（正七品）。

二甲录若干人（约占录取者三分之一），赐"进士出身"。

三甲录若干人（约占录取者三分之二），赐"同进士出身"。

录中的二、三甲进士，经再次考核，选才华出众者授官为翰林院庶吉士（七品），俗称"点翰林"或"选官"。其实翰林院庶吉士已经是人中翘楚了。毕竟全国一甲只有状元、榜眼、探花三个名额，其余人等只能列入二、三甲，但其实力与一甲三人相差无几。所以被"点翰林"也是一种殊荣。其实，在明清时已基本上形成了"非进士不入翰林，非翰林不入内阁"约定俗成的惯例。

明朝被钦点为翰林院庶吉士的著名人物有：参与修订《永乐大典》的陈敬宗；被梁启超誉为"明代唯一的大政治家"张居正；政治家、文学家杨廷和（杨慎之父）等。清朝被钦点为翰林院庶吉士的著名人物有：政治家、书法家、有"浓墨宰相"之称的刘墉（即影视剧里的刘罗锅，二甲第三名进士）；湘军统帅、武英殿大学士，历任两江

刘墉（影视剧里的刘罗锅）

张居正

曾国藩

总督、直隶总督的晚清名臣曾国藩；被毛泽东誉为"学界泰斗，人世楷模"的北京大学校长蔡元培等。

没有被"点翰林"的其余二、三甲进士人等，分发各部、各地，任主事、中书、行人、评事、国子监博士、推官、知州、知县等职。

（七）影响力

明清两代，科举每三年一考，每考分三场（头场考八股文，权重很大，起非常重要的作用，甚至是决定作用；第二场考论、判、诏、表等当时朝廷应用之文；第三场考经史时务策）。正副考官在审阅所推荐的试卷时，特别重视头场考试的等级，第二、第三场的试卷，一般文理通达即可，不为考官所看重，甚至忽略不计，而头场所考的就是八股文。因此，八股文的优劣成为考生及第、博取功名、走向仕途的"敲门砖"，甚至是唯一的"敲门砖"。故八股文在明清时，成为所有官学、私学的必修课，影响考生的一生。

（八）可取之处

哲学家有言："存在的都是合理的。"那么，八股文从明正式登上历史舞台算起，延存了400多年，其存在的合理性在哪里？

1. 统治之需

科举是隋至清，读书人光耀门楣，走向仕途的正途（也可说是唯一途径）。学子们为中举及第而忙碌一生。在明清之际，由于科举倚重八股取士，学子们纷纷以八股文为命运之稻草，一生心无旁骛，只为八股。而这个被考生视为救命稻草或门槛的八股文就是统治者为其统治之需而设置的。

科举放榜

统治者利用八股文科举取士，用意有二：其一，利用"四书五经"中的儒家思想教化臣民，挑选符合其统治利益的国家栋梁，进一步加强中央集权以固江山一统；其二，利用八股科考笼络和控制人心，让读书人成为一生一心为科举层层投考的安顺良民，而不是轻则闹事，重则暴动、起义之乱民。实际上，八股科考在很大程度上达成了这一目标，因为八股科考从心理和时间上，笼络、控制了读书人，使其别无二心，无暇闹事，难成起义之机。历史事实也证明，通过科考选拔出来的官员，基本上没有反叛之举。

2. 练就本领

要写就一篇精辟的八股文，非过硬的功底难成。一般而言，做好八股文有几个必备要件：

（1）基础扎实，能把四书、五经（共计约 41 万字）背得滚瓜烂熟。

（2）把四书的"书义"和五经的"经义"理解得透彻深入。

（3）苦练八股文固定格式。通过无数八股范文的学习和锤炼，能在一定的时间内以圣人之言写出合乎文体、结构、字数且八股严格对仗并有思想、有见解的文章。

（4）游刃有余地应对以四书、五经为内容所命题的任何八股文章。

只有通过大量高强度、长时间的系统历练，方能经过乡试、会试的层层选拔。这是应对科考的必经历程和必须具备的功力。反过来可推知，如此大量的习文，必然让学子在思想上遵从和倡行符合统治阶级利益的儒家思想；必然让学子对中国古典文字、语言、文学手法（对仗、排比等修辞手法）和技巧的运用驾轻就熟；必然让学子在文学上（读书人必备哲学、史学、文学、风俗等方面的丰富知识）、文化素养上达到很高的水准。正如吴敬梓在《儒林外史》中所言：八股文若做得好，随你做什么东西，要诗就诗，要赋就赋，都是一鞭一条痕，一掴一掌血；若是八股文章欠讲究，任你做出什么来，都是野狐禅，邪魔外道。

明清大部分著名的文人（有科举顺畅的，有科考屡受挫的）正是经过这样的文学训练，成为明清小说的巨擘。如汤显祖（《牡丹亭》）、蒲松龄（《聊斋志义》，蒲松龄系科举仕途非常不畅者）、徐弘祖（《徐霞客游记》）、吴承恩（《西游记》）、曹雪芹（《红楼梦》）等。

3. 写作典范

明清两代，对八股文的字数、格式做了严格限制，考生不得不在有限的字数里，字斟句酌地以圣贤之言立论阐发，这样便催生了一大批文简意赅、对仗工整、合于声韵、气势宏厚、起承转合、严丝合缝的经典八股文章。如明代王阳明的《志士仁人，无求生以害仁，有杀身以成仁》（题目出自《论语·卫灵公》）；明成化年间，乡试、会试第一名王鏊的《百姓足，君孰与不足》（题目出自《论语·颜渊》）；清代韩菼的

状元答卷

《子谓颜渊曰:"用之则行,舍之则藏,惟我与尔有是夫"》(题目出自《论语·述而》)等。

毛泽东在《反对党八股》中指出:"应该研究一下文章怎样写得短些。"此句虽为毛泽东借八股而言他,但也从侧面说明八股文短小精悍、文简意赅的特质。

另外,八股科举对士人书写、书法能力的培养是功不可没的,其中不乏传世经典的书法和文采两绝伦的佳卷典范。

4. 易于评判

八股科考的结果是所有寒窗苦读学子焦心期盼的,无论如何,结果只能有两个:及第和落第。而评定两个结果的主要因素,除考生运用真才实学答出高水平的考卷外,评卷自然也很重要。唐科举倚重的诗赋,具有文体、内容、形式自由和多元的特点,但由于缺失统一客观的评卷标准,只能依阅卷官的知识、兴趣以及

科举考试复原图

个人价值的取向作为评定等级的标准。相反,八股文有严格的文体和字数限制、固定的程式且题目均出自"四书五经",还有考生必须以圣贤孔孟之语、朱熹学派(程朱理学)的注释作答,反而使评卷的主观性减少,客观性增加。另外,明清科考在阅卷环节,沿用为了防止徇私舞弊的糊名誊录制度,从而使考卷的评定总体上实现了客观、公正、公平。

(九)不足之处

哲学有"一分为二"的理论,即运用辩证(正反两面、对立统一)的观点,来分析和看待事物。八股文的弊端,在其合理性延存过程中愈来愈凸显。

1. 禁锢思想

从内容上讲,八股文的题目皆出自"四书五经",考生所答必须以圣人之言以及朱熹《四书章句集注》为理据;从形式上讲,八股文的文体有严格的字数要求,有严格的固定程式(必须有对偶、排比的八股句式)。如此,八股文在内容和形式上的僵化,不可避免地禁锢了考生的思维力、想象力、创造力等。

2. 腐蚀一生

明清两代科举,每三年一考,每考分三场。正、副考官在审阅所推荐的试卷时,特别看重头场所考八股文的评定等级。八股文的优劣成为考生走向仕途的第一道门槛。故天下读书人真可谓应了读书人"两耳不闻窗外事,一心只读圣贤书"的古语。耗其一生于八股文的钻研、考官出题方向和内容的揣摩,对政治、社会时务

漠不关心。更有甚者,连日常人情世故都缺乏基本的应对能力,一旦这种"高分低能"的考生通过科考为官,那么吏治无能、百姓遭殃、朝廷受损是必然的结果。

清初学者徐灵胎[①]在其著作《洄溪道情》中,对终生钻研、揣摩八股文反而忽视儒家经典以及连基本的文史知识都不懂的酸腐迂拙之人,用民间小调的形式进行了生动描绘:

> 读书人,最不济,背时文,烂如泥。国家本为求才计,谁知道变做了欺人计。三句破题,两句承题,摇头摆尾,便道是圣人高第。可知道三通,四史是何种文章?汉祖、唐宗是哪一朝皇帝?案头放高头讲章,店里买新科利器。读的来肩高背低,口角嘘唏。甘蔗渣儿嚼了又嚼,有何滋味?辜负光阴,白白昏迷一世。就教他骗得高官,也是百姓、朝廷的晦气!

八股文成为考生走向仕途、博取科举功名的"敲门砖",但就八股文自身的魅力而言,其刻板的内容和形式,加之脱离现实,使之天然地对当代和后代的文学价值、思想价值缺乏影响力。相较而言,明清科举倚重的"八股文"比不上唐、宋科举所倚重的诗词赋。尽管诗词赋失势并被八股取代至此时已有千年之久,但诗词赋本身所具有的魅力,如无拘无束的开怀畅谈,自我认知和思想的抒意表达,简明和谐的音韵以及对社会现实的反映、揭露和批判,都是八股文难以企及的。故而,更久远的诗词赋至今仍保有强大的生命力并历久弥新。诚如李白在《江中吟》中赞美屈原和辞赋之美的诗句:"屈平辞赋悬日月,楚王台榭空山丘。"但距今并不久远的"八股文"却被深深地埋进历史的黄土里,被当成如同缠足、纳妾、吸鸦片一样的历史污垢,扔进历史的垃圾堆里,也许永远不会再见天日。

八股文作为明清科考的主要文体,能在中国的历史上存在四百余年,必有其存在的社会环境和土壤,也必有其自身的优势。当然,也必有很多痼疾和自身的弊病,所以"取其精华,去其糟粕"是我们对八股文学习、传承的应对之态。

以下抄录两篇著名八股文解题。

---

① 徐灵胎(1693—1771),名大椿,号洄溪,清代著名医学家,文学家。

子谓颜渊曰:"用之则行,舍之则藏,惟我与尔有是夫。"(题出《论语·述而》)

清·韩菼①

圣人行藏之宜,俟能者而始微示之也。【破题】

孔圣人对于何时出去施展才能、何时深藏不露这个问题,只有遇到合适的人,才会稍微透露一些自己的看法。

盖圣人之行藏,正不易规,自颜子几之,而始可与之言矣。【承题】

韩菼

孔圣人对于"行藏"问题坚持自己的观点,因为颜回(颜渊,名回)紧跟自己,才可跟他说这个话题。

故特谓之曰:毕生阅历,只一二途以听人分取焉,而求可以不穷于其际者,往往而鲜也。迨于有可以自信之矣。而或独得而无与共,独处而无与言。此意其托之寤歌自适也耶,而吾今幸有以语尔也。【起讲】

所以孔夫子特地对颜回说:"我毕生的阅历,只有十分之一二可与别人分享,而想要无拘无束地交流,那很难得,只能靠我自己坚信自己的想法了。假如自己的心得无法与别人共享、一个人独处而无人可以交谈,难道就在睡觉时唱唱歌自我安慰吗?还好我现在可以跟你说说。"

回乎,人有积生平之得力,终不自明,而必俟其人发之,人有积一心之静观,初无所试,而不知他人已识之者,神相告也,故学问诚深,有一候焉,不容终秘矣。【入手】

"颜回呀,有的人积累了一身的本事,却一直不了解自己,必须等别人发现他;有的人很有修养和内涵,本来并未一试身手,却不知道别人已经赏识他了,因为老天爷会告诉别人的,所以只要学问真的很深,总会有机会的,不会永远被埋没的。"

回乎,尝试与尔仰参天时,俯察人事,而中度吾身,用耶舍耶,行耶藏耶?

"颜回呀,我曾经和你一起仰头看天象,低头看人世,并且考量自己,到底别人是重视你还是不想用你,到底应该出去施展才能还是应该深藏不露呀?"

汲于行者蹶,需于行者滞,有如不必于行,而用之则行者乎?此其人非复功名中人也。【起股一】

渴求施展才能的人会栽跟头,为谋生而做事的人缺乏活力。有没有那种对施展

---

① 韩菼(tǎn,1637—1704)。康熙十一年(1672)八月,韩菼在顺天府乡试中考取第一名(解元);康熙十二年(1673)二月,考取会试第一名(会元);康熙十二年(1673)四月,考取殿试第一名,成为清朝的第十四位状元。

才能无所谓，只是因为被重用才出去做事的人呢？这种人就不再是热衷于功名的人了。

　　一于藏者缓，果于藏者殆，有如不必于藏，而舍之则藏者乎，此其人非复泉石中人也。【起股二】

　　"只想隐逸的人太涣慢，终身深藏不露就耽误了自己。有没有那种不坚持隐逸离世、只是因为不被重用才深藏不露的人呢？这种人其实不是逍遥无为的人呀！"

　　则尝试拟而求之，意必诗书之内有其人焉。爰是流连以志之，然吾学之谓何。而此诣竟遥遥终古，则长自负矣。窃念自穷理观化以来，屡以身涉用舍之交，而充然有余以自处者，此际亦差堪慰耳。【中股一】

　　"我曾经想找到这样的人，我想诗书里会提到这样的人，于是一直流连其中，去弄明白我学他们什么，但这个目标竟然遥不可及，原来我一直自以为是呀。我想自己自从明白了道理、看清了人世之后，一次次在受重用与被轻视之间折腾，但是还有足够的空间让我做我自己，这样我也可以自我安慰了。"

　　则又尝身为试之，今者辙环之际有微擅焉，乃日周旋而忽之，然与人同学之谓何，而此意竟寂寂人间，亦用自叹矣。而独是晤对忘言之顷，曾不与我质行藏之疑，而渊然此中之相发者，此际亦足共慰耳。【中股二】

　　"我曾经亲自去实践，现在经过周游各地有了一些经验。但整天应酬、身不由己，却忘了出来做事究竟为了什么。跟别人探讨这个问题，却得不到任何反应，真让我叹息呀！特别是无话不谈的那种交流，也从来没人探讨'行藏'这个问题。但是颜渊你知道其中缘由，这也可让我们都得到宽慰了。"

　　而吾因念夫我也，念夫我之与尔也。

　　"所以我就想到了我自己，想到了我与你。"

　　惟我与尔揽事物之归，而确有以自主，故一任乎人事之迁，而只自行其性分之素。此时我得其为我，尔亦得其为尔也，用舍何与焉？我两人长抱此至足者共千古已矣。【后股一】

　　"只有我和你能够把握世界的规律，而自信自己的见解，所以任凭境遇的变迁，都坚持自己的个性。这样我就能做我自己，而你也就能做你自己，受不受重用又有什么关系呢？你和我就一直抱着这个信念到永远吧！"

　　惟我与尔参神明之变，而顺应无方，故虽积乎道德之厚，而总不争乎气数之先，此时我不执其为我，尔亦不执其为尔也，行藏又何事焉？我两人长留此不可知者予造物已矣。【后股二】

　　"只有我和你能揣摩天意的变化而顺应一切，所以我们虽然在道德上有深厚修养，但决不与别人争高下，这样我就不固执己见，你也不固执己见，施展才能还是深藏不露又有什么关系呢?我和你就把这些不可知的事情留给老天爷去管吧!"

有是夫,惟我与尔也夫,而斯时之回,亦怡然得默然解也。【束股】

"有这样的见识的人,只有我和你而已呀!"此时的颜回也在喜悦中默默领会了老师的教诲。

百姓足,君孰与不足（题出《论语·颜渊》）

明·王鏊①

民既富于下,君自富于上。【破题】

如果在下的百姓已经富足,那么,在上的国君也就自然会富足。

盖君之富,藏于民者也;民既富矣,君岂有独贫之理哉?有若深言君民一体之意以告哀公。【承题】

王鏊像

国君的富足,是隐藏在老百姓那里的。百姓已经富足了,怎么会有国君独自贫穷的道理呢?孔子弟子有若深刻地指出了"国民一体"的道理,并把(这个道理)告诉鲁哀公。

盖谓:公之加赋,以用之不足也;欲足其用,盍先足其民乎?诚能百亩而彻,恒存节用爱人之心;什一而征,不为厉民自养之计,则民力所出,不困于征求;民财所有,不尽于聚敛。【起讲、入手】

孔子说:鲁哀公之所以加重税赋,是因为国用不足;若要使国用富足,为什么不先使其百姓富足?如果能做到一人受田百亩,百姓取其九,国君取其一,并且国君常存节约用度爱护百姓之心,按十取一来征税,不用严厉的税赋对待百姓以养活自己,那么,百姓的劳动果实就不会被征税所困,百姓的财富也就不会因聚敛而尽。

闾阎之内,乃积乃仓,而所谓仰事俯有者,无忧矣。【起股一】

闾巷之内积蓄富足,粮食满仓,那么,对那些上要侍奉父母,下要养育妻子儿

---

① 王鏊(ào,1450—1524),字济之,号守溪,吴县(今江苏苏州)人。明代名臣、文学家。成化十年(1474)考取乡试第一名;成化十一年(1475)考取会试第一名;考取殿试"探花",授翰林编修。

女的人来说就不会有忧虑了。

里野之间，如茨如梁，而所谓养生送死者，无憾矣。【起股二】

田野之间谷物满野，高粱遍布，那么，对那些既要养生又要送死的人来说，也就没有什么缺憾了。

百姓既足，君何为而独贫乎？

百姓已经富足了，国君怎么会独自贫困呢？

藏诸闾阎者，君皆得而有之，不必归之府库，而后为吾财也。【中股一】

那些藏在闾巷之内的财物，国君都能得到并拥有，不必非得归藏于府库之中，然后才是国君的财富。

蓄诸田野者，君皆得而用之，不必积之仓廪，而后为吾有也。【中股二】

那些贮存在田野之间的谷物，国君都能得到并使用，不必非得储藏在仓库之内，然后才为国君所有。

取之无穷，何忧乎有求而不得？【后股一】

如果财物取之不穷，有什么要用而不得用的忧虑呢？

用之不竭，何患乎有事而无备？【后股二】

如果财物用之不竭，还有什么？没有准备的忧虑呢？

牺牲粢盛，足以为祭祀之供；玉帛筐篚，足以资朝聘之费。借曰不足，百姓自有以给之也，其孰与不足乎？【束股一】

供祭祀用的家畜和谷米足以供祭祀之用，玉帛以及盛物之器足以满足会见天子的费用。如果费用不足，百姓自然会用度不足，百姓自然会将自己所有供给，国君又怎么会用度不足呢？

饔飧牢醴，足以供宾客之需；车马器械，足以备征伐之用，借曰不足，百姓自有以应之也，又孰与不足乎？【束股二】

食用物品足以供养宾客之需，车马器械足以供征战之用。如果用度不足，百姓自然会将自己之所有满足供应，国君又怎么会用度不够呢？

吁！彻法之立，本以为民，而国用之足，乃由于此，何必加赋以求富哉！

啊！十取一税法的确立，本来就是为百姓着想的，国家用度的满足也是因为有这个税法，又何必加重税赋来求得国君富足呢？

附录：

科举制

八股文是明清两朝科举考试的一种主要文体。毋庸置疑，八股文的存在，要依托于科举制，否则"皮之不存，毛之焉附"？

隋唐以后，科举是中国古代读书人通过"学而优则仕"，用考试（知识）改变命运，走向仕途的康庄大道。尤其在明清两代，科举可能成为读书人走向仕途的唯一正途。

科举制是中国文化区别于世界文化的一个重要标识，它是中国社会和历史的独特文化之创造。科举制浩浩荡荡地在中国大地上走完了1300年的风雨历程，有时高歌猛进，势不可挡；有时沉沦低迷，举步维艰。它滥觞于何时，如何发展，落幕于何时，略述如下。

（一）创立

605年，中国进入隋朝第二位皇帝隋炀帝（杨广）执政时期。隋炀帝虽只有短短14年的执政期（605—618），却"子承父业"（隋文帝未尽事宜），做成了两件彪炳史册的大事。第一件是开凿了以洛阳为中心，北至涿郡（今北京）、南达余杭（杭州），沟通南北经济的交通命脉——京杭大运河。第二件是创立了科举制。这位频繁发动战争，滥用民力的皇帝，因上述两件功绩而赢得世人"功大于过"的评价。

科举制的产生是隋朝国家治理的需要。它是在汉魏选官制度"察举制"和荐举制以及魏晋南北朝选官制度九品中正制的基础上逐渐演变而成的。隋文帝即位后，废除了魏晋时期由世家大族垄断的——九品中正制，在开皇七年（587）开设"志行修谨"①"清平于济"②两科，是为科举制"开科取士"之肇始。[《隋书·高祖纪》记载，隋文帝开皇七年（587）正月"乙未，制诸州岁贡三人"。]隋炀帝在605年设"进士科"以试策取士（从开科举到废科举的1300年间，进士科是唯一留存沿用的科目。其余科目如明经科、明算科、明法科等都有中断）。《太平广记》卷一七八引唐李肇《唐国史补》："进士科，始于隋大业中……"；《明史·选举二》载："隋炀帝始建进士科。"明陈继儒《群碎录》："进士科，隋炀帝大业元年始，后世因之。"

这种以朝廷开设科目，读书人自由报名，依考试成绩择优选官的制度，称为

---

① 志向、操行、行事或处世谨慎，恪守礼法。
② 清廉，百姓和乐，做事干练而有成效。

"科举制"。若用最简单的一句话解释科举制,即"选官制度"。

隋创立的科举选官制度,与魏晋南北朝选官制度九品中正制,汉朝选官制度察举制和荐举制,先秦的选官制度世卿世禄制相比,最大的不同,主要有以下几点:

第一,选拔标准。不再依据血缘、家族、门荫(世卿世禄制)、人脉、关系(察举制、荐举制)、门第、出生(九品中正制)为选拔官员的标准,而是以"开科考试成绩"作为选拔官员的标准,即"以程文定去留,非以门第高下定弃取"。

第二,选拔理念。改变了以往朝廷以"德"和以"能"选官的理念,转向以"文"(学问、成绩)选官。

第三,选拔范围。打破以往由血缘、人脉、门第为主导的选官制度,从而也打破了九品中正制"上品无寒门,下品无士族"的选拔范围,让更多中下层地主、平民有机会通过科考走向仕途,光耀门楣,实现参与政治和报效国家的人生价值(此点也标志着中国封建社会政治制度的成熟)。故在科举的时代,"朝为田舍郎,暮登天子堂"绝非一句空话。

第四,选拔目的(此点甚为重要)。科举制消除了南北朝九品中正制带来的最大危害——世家门阀势力的扩散(出现机构重叠,人浮于事,存在"官多民少,十羊九牧,清干良才,百分无一"的现象),从而使皇帝的中央集权得以强化。另外,公平、公正的开科取士制度,深得民心,高度契合了社会和国家发展的需要。

(二) 发展

由于隋朝只有38年(580—618)的短暂国祚,肇始于隋的科举制迎来它大发展的时代是唐朝。唐袭隋制,但凭借其强大的国力、长寿的国祚以及皇帝对科举制的推崇,促使科举制在唐朝得到迅猛发展,科举考试的诸多环节得以逐步规范。

唐太宗(李世民)广开选官的途径,下令科举每年定期举行。常设的考试科目(常科)扩充至秀才科、明经科(通晓经书者)、进士科(通晓时务策论者)、明法科(通晓法令者)、明字科(通晓书法者)、明算科(通晓术算者)、俊士科(才能俊秀者)等。在诸多科目中,以"明经""进士"二科为重,受当时社会的重视程度也最高。尤其是进士科,更是重中之重,每年应举者少则八九百人,多则一两千人,而及第者不过二三十人,录取比例也不过百分之二。民间广传的"三十老明经,五十少进士"(30岁的读书人考取明经科算是年龄比较大的,称"老明经";而50岁能考取进士,都算比较年轻的,称"少进士")的说法就是对登进士科之难的一种直观表述。也正是由于进士科登科极难,有很多读书人终生孤注于进士科,但结果却是落第者云云,登第者寥寥。民间广传"太宗皇帝真长策,赚得英雄尽白。芸台四部添新库,秘殿三年学老郎"(出自唐代诗人赵嘏《残句》),应是对当时难登进士科(考到白头到老）的一种真实写照。相反，统治者看到士子们对科举如此热衷和投入，却很满意。如唐太宗目睹士子对科考如此踊跃和倾注时，内心的喜悦和得意溢于言表："天下英雄入吾彀（gòu）中矣！"（出自《唐摭言·述进士上》篇）

正是由于唐代登进士科不易，皇帝和社会给予两类新科进士（明经科、进士科及第者）极大的荣耀，光宗耀祖、光耀门楣、飞黄腾达自不在话下。民间对这些新科进士的称谓，更是夸张："头有七尺焰光，天上的文曲星。"登第者也如"鲤鱼跃龙门"般，一登龙门，则身价十倍。"十年寒窗无人问，一举成名天下知"应是对学子们"科举之艰，登科之喜"的一种真实写照。

登第后的新科进士，通常以泥金帖子附于家书中，将登科之喜捷报快传。一些亲朋好友闻知此喜讯后，多以声乐相庆。后来又发展到曲江宴会、杏园探花、雁塔题名等风尚。当新科进士泛舟于曲江之上宴饮时，不仅宫中教坊派出乐队演奏助兴，而且皇帝有时也会大驾光临。一时间，曲江两岸男女簇拥、人头攒动、万人空巷，成为唐代京城难得一见的人文景观。

进士及第后，除亲朋络绎不断的祝贺外，新科进士也按捺不住激动的心情，作诗志贺。唐代几位著名的诗人在他们进士及第后写下了脍炙人口的诗作。如我们比较熟悉的孟郊的"及第诗"。诗云：

　　昔日龌龊不足夸，今朝放荡思无涯。
　　春风得意马蹄疾，一日看尽长安花。

张籍进士及第后，赋诗《喜王起侍郎放榜》：

　　东风节气近清明，车马争来满紫城。二十八人初上牒，百千万里尽传名。
　　谁家不借花园看，在处多将酒器行。共贺春司能鉴识，今年定合有公卿。

白居易进士及第后，也写了一首五言《及第后归觐留别诸同年》：

　　十年常苦学，一上谬成名。擢第未为贵，贺亲方始荣。
　　时辈六七人，送我出帝城。轩车动行色，丝管举离声。
　　得意减别恨，半酣轻远程。翩翩马蹄疾，春日归乡情。

唐朝先后登第进士科的文学家、官员还有王维、王勃、张九龄、颜真卿、韩愈、柳宗、狄仁杰、姚崇、宋璟等。

由于应举者多而录取名额少，唐太宗李世民为扩大进士科，扩充国学院的规模，扩建学舍，增加学员。此举对唐前中期科举的兴盛无疑起到了推波助澜的作用。

唐高宗李治于显庆四年（659）亲自在大殿开科取士，由皇帝亲自监考选拔人才，此为殿试之先河。

载初元年（690），武则天亲自"策问贡人于洛城殿"，此为殿试之承传。

武则天于长安二年（702）创设武举科考（考试内容有：马射、步射、平射、马枪、负重、摔跤等，还有军事策略如孙吴军法等），让文武韬略之人都有机会得以选拔，此为开武举之先河。

唐玄宗李隆基即位后，在用人上比较偏重以文辞（这与他本人喜研文化并有较高造诣有关）进身的进士，策论被诗赋取代，成为唐后期科考的主要形式。

此外，唐代建立了科举考试的专门机构——贡院。《唐国史补》卷下《礼部置贡院》记载："开元二十四年（736），考功郎中李昂，为士子所轻诋。天子以郎署权轻，移职礼部，始置贡院。"贡院的创立将科举考试纳入科举制度的系统工程之内，从形式和制度规范上实现了科举应试的正规化、严密化、公正化，是科举考试在公正选士方面进步于荐举制、九品中正制的重要体现。

（三）完善

宋代科举多沿承唐制，但也通过以下几项大的革新举措，让科举制更加完善。

第一，提高待遇。宋代科举及第者的待遇，比起唐代在政治地位和社会地位上都有所提升。反过来，及第者待遇的提升也促进科举制的发展和完善。

第二，放宽录取。宋放宽了进士的录取人数和范围，尤其是在宋太宗赵光义(976—978年在位)时期，录取进士多达二三百人。唐录取进士，多则不过二三十人，少则十几人。对招录如此多的进士，当朝昭文馆大学士薛居正[1]曾言："取人太多，用人太骤……宠章殊异，历代所未有也。"（《宋史全文》卷三）同时，对年岁已高而屡考不第者，由礼部另立名册奏上，参加附试，称"特奏名"。此为"恩科"之肇始。这两种开恩的录取，虽被录者人数很少，但社会效应很好，促使更多士人终生奋斗于科场。

第三，减少科目。宋代科举承袭了唐科举的类型：常科[2]、制科[3]和武举。但宋代常科的科目比唐大为减少（逐渐取消秀才、明经、进士、明法、明字、明算等科），相应地对进士科的重视程度与唐相比是"有过之而无不及"。宋进士科及第者，多数可官至宰相，故宋代进士科有"宰相科"之说。如吕蒙正[4]状元及第，六年后晋升副宰相，十一年后晋升为宰相。朝廷其他要职等也多由科举出身者担任，如副宰相、翰林学士等。

---

[1] 薛居正（912—981），开封浚仪（今河南开封）人。北宋年间大臣，史学家。
[2] 常科，固定年月时间举行的科考。
[3] 制科，皇帝临时下诏举行的科举。除元、明未开设制科外，其他朝都有开制科。如孝廉方正科、博学鸿词科等。
[4] 吕蒙正（944—1011），字圣功，河南洛阳人。太平兴国二年（977），吕蒙正被录取为进士第一名，任命为将作监丞、升州通判，后担任宰相。

第四，确立殿试。宋初科举仅有两级考试制度。一级是由各州举行的"解试"，一级是尚书省礼部举行的"省试"。但以下事件的发生，促使殿试正式确立（唐高宗李治和武则天虽有亲临或主持科考，但没有形成定制）。

宋开宝六年（973），翰林学士李昉①主持在东京贡院进行的全国科考。之后取进士及第者38人。但最后在问答召对时发现有两人"材质最陋，对问失次"，故而被黜落。最后实际录取36人。

此事让很多觉得在本次科考中有失公允的落第考生萌发了上访之心。其中一名叫徐士廉的落第者击登闻鼓，控告李昉"用情取舍"，要求殿试，以求公道。

宋太祖赵匡胤下诏，从落第者中选出195人和已及第的36人，在讲武殿亲自主持复试，结果又有127人及第（包括落第的徐士廉），而原录取的36人中有10人落选。张榜后朝野大哗，李昉降职。这次科场案后，正式确立了殿试制度，并对殿试相关事宜做了规约。如殿试及第者，不须再经吏部考试而可直接授官，不可对考官称"师门"或自称"门生"，只能称"天子门生"；殿试的结果分一甲、二甲、三甲放榜等。同时，形成了州试、省试、殿试的三级科举考试制度。

第五，革新体制。

（1）宋代科举最初是每年举行一次，有时不定。宋英宗（赵曙）治平三年（1066）体察读书人每年"赶"考之苦，改一年一考为三年一考，以后各朝仿效，遂成定制。

（2）从宋代开始，为防止徇私和防止考官通过辨认考生字迹，实行了糊名（淳化三年，992年确立）和誊录（1005年首次实行）制度，此两项制度，元、明、清都相沿不改。

（3）宋初科举进士科考帖经、墨义和诗赋，弊病很大。进士以声韵为务，多昧古今；及第者多"强记博诵，但又不明其义理"。熙宁八年（1075），宋神宗（赵顼）采纳王安石变法主张，下令：第一，废除了秀才、明经、进士、明法、明字、明算等科，只留存"进士"一科；第二，改"诗赋、贴经、墨义"取士为"经义②和论、策"取士；第三，进士考试为四场，一场考大经，二场考兼经，三场考论，最后一场考策。殿试仅考策，限千字以上。

经宋代对科举制层级、场次、内容和阅卷等方面的变革，科考的公平性和公正性得以加强，从而使科举制从各个环节逐步走向成熟。但到了擅长于马背上打天下，却不擅长于马背上治天下的元朝，科举制经历了跌宕起伏。

元太宗（窝阔台，元太祖成吉思汗的第三子，元朝第二位皇帝）灭金，向南宋

---

① 李昉（925—996），字明远，深州饶阳（今河北饶阳县）人。北宋初年名相、文学家。
② 经义，应考士子的必读书，含大经：《官义》《诗经》《书经》《周礼》《礼记》和兼经：《论语》《孟子》。

所在的中原进发之时,中书令耶律楚材认识到掌握儒学的士人在汉人中的地位,建议"以儒治国,以佛治心",并认为"制器者必用良工,守成者必用儒臣",要求优待、选择、任用汉儒。为选拔汉儒进入统治阶层,耶律楚材请求朝廷仿效汉人,实行科举制度选拔儒士官员。

元太宗窝阔台于至元九年(1237)下诏,诸路以"论、经义、辞赋"开科取士,作三日程。如专治一科,能兼者听,以不失文义为中选。对于中选者,次年(1238),朝廷进行正式考试,优则被任命为本籍议事官。由于1238年为戊戌年,史称这次考试为"戊戌选试"。而这次考试,从严格意义上说,与传统的科举考试还存在很大差距,一是此"戊戌选试"只是一次路试而无会试;二是从选取儒生的质量角度看,"以不失文义"为中选的要求不算太高。

元仁宗(孛儿只斤·爱育黎拔力八达,元朝第四位皇帝)登基后(1311),为了整顿吏治,改革"由吏入仕"制度带来的弊端,他主张以儒治国,重新提出"求贤取士,何法为上",重用儒臣,施行新政。皇庆二年(1313),元仁宗要求中书省议行恢复科举。延祐元年(1314),全国举行乡试,一共录取300人。次年,三百名乡试合格者在大都举行会试取中选者100人,之后100名会试中选者,在大都皇宫举行殿试(廷试),最终录取56人为进士。此次科考仿唐宋旧制,尊崇朱熹之学,史称"延祐复科"。

元顺帝(孛儿只斤·妥懽帖睦尔,元朝第十五位皇帝)在至元元年(1335)下令废除中书左丞相一职,以伯颜一人担任中书右丞相,独揽朝廷大权。伯颜有相当狭隘且强烈的唯蒙古贵族独尊的意识,尤其对人口众多的汉人、南人充满鄙视和猜忌,在他专权的当年便下令停止科举考试。原定于至元二年(1336)和至元五年(1339)在大都举行的两次科考都被迫停止,史称"至元废科"。

(四) 鼎盛

科举制在明朝步入鼎盛期。但此鼎盛却有两种不同的情景,一是历经前几朝的发展,促使科举制查漏补缺,从制度的层面更加趋于成熟和完善;二是明朝采用非常严苛的以八股文取士的科举制度,让科举制走入寒冬并为清科举制的衰亡埋下了伏笔。用"冰火两重天"来形容明朝科举制的情形可能比较应景。所谓"火",指的是朝廷高度重视,科举制鼎盛至极;所谓"冰",指的是八股科考的寒冷。以下分而简述:

1. "火"

(1) 人丁兴旺。明代统治者对科举高度重视,科举之严密、严苛超过了以往历代。明代以前,学校只是为科举输送考生的途径之一。到了明代,读书人先入国子监（官办学校），再走向科举是必由之路。入国子监学习的读书人通称"监生"①。监生又可大致分为四类：贡监（生员入监）、荫监（官僚子弟入监）、举监（举人入监）、例监（捐资入监）。

（2）制度体系更加完善，形成了乡试、会试、殿试的三级科举制度。乡试是由南、北直隶和各布政使司举行的地方考试。地点在南京、北京府、布政使司驻地。每三年一次，乡试定于子、卯、午、酉年的八月举行，由于八月正值秋季，故乡试又被称为"秋闱"。凡本省科举生员与监生均可应考。乡试的具体场次、时间、内容、要求等规制可见《明史·选举志二》记载："初九日为第一场，又三日为第二场；又三日为第三场。""初场设经义二道，四书义一道；二场，论一道，三场，策一道。""科目者（考试命题），沿唐、宋之旧，而稍变其试士之法，专取四子书及《易》《书》《诗》《春秋》《礼记》五经命题试士。""其文略仿宋经义，然代古人语气为之，体用排偶，通谓之制义。"主持乡试的有主考官二人，同考官四人，提调官一人，其他官员若干人。乡试及第者称举人，俗称"孝廉"，第一名称"解元"（唐伯虎曾为乡试第一，故有"唐解元"之称）。乡试中举称乙榜，又称乙科。放榜之时，正值八九月桂花飘香，故将放榜称之为"桂榜"。放榜后，由巡抚主持鹿鸣宴，席间唱《鹿鸣》诗，跳魁星舞以表庆贺。

"连中三元"图②

会试是由礼部主持的全国考试，又称"礼闱"，于乡试的第二年，即逢丑、辰、未、戌年举行。全国举人在京师会试，考试时间在春季二月，故称"春闱"。会试也分三场，分别在二月初九、十二、十五日举行。由于会试是较高一级的考试，设主考官二人，同考官八人（比乡试多一倍），提调官一人，其他官员若干人等。主考官、同考官以及提调等官员，都由较高级的官员担任。会试及第者称"贡士"，俗称"出贡"。会试的第一名称"会元"。

殿试在会试后当年举行，时间最初定在三月初一。明宪宗成化八年（1472）起，改为三月十五。殿试由皇帝亲自主持，对新进贡士就"时务策"再次考核。贡士在殿试中均不落榜，只是由皇帝重新安排名次。殿试毕，次日读卷，又次日放榜。录取分三甲放榜，进士榜

---

① 监生可以直接做官。特别是明初，以监生而出任中央和地方大员的不在少数。明成祖（朱棣）以后，监生直接做官的机会越来越少，但可直接参加乡试，通过科举选为官员。

② 古代连中三元的绘画图案，一般由荔枝、桂圆、核桃三种圆形的果实组成，象征"连中三元"的美好寓意。

又称"甲榜",因用黄纸书写,又称金榜,故进士及第者都可称"金榜题名"。

解元(乡试第一)、会元(会试第一)、状元(殿试第一),合称"三元"。能够连续在乡试、会试、殿试中考第一名者,称"连中三元"。连中三元不仅是科举场上的佳话,也是古代读书人渴望得到的最高荣誉。明代,连中三元者仅有洪武年间的黄观、永乐年间的李淇、正统年间的商辂和嘉靖年间的尹凤四人。整个科举史上,在1300年间"连中三元"者仅有21人,其中文科(文三元)18人,分别是唐朝的张又新、武翊黄、崔元翰;宋朝的孙何、王曾、宋庠、杨寘、王岩叟、冯京;辽代的王棠;金朝的孟宋献;元朝的王宗哲;明朝的黄观、商辂、李骐;清朝的陈沆、钱棨、陈继昌。还有武科(武三元)3人,分别是明朝的尹凤、王名世;清朝的王玉璧。

2. 寒冬

评卷、取士的标准转向以八股文章的优劣为主要(甚至是唯一)标准。

明代洪武时期,科举考试就已采用四书义的方式,已部分带有八股文的意味,但还不是后来的八股制义。至明宪宗成化(朱见深,1465—1488年在位)二十三年(1487)开始,对乡试、会试的试卷评定,主要倚重头场"八股文"(八股制义)的考试成绩。正如明末清初史学家顾炎武言之:"经义之文,流俗谓之八股,盖始于成化以后。"正是如此,想要通过科举走向仕途的读书人,不得不将毕生精力耗尽于八股文。而八股文又以"四书五经"为题目,文章只能遵题义用圣人之言而阐明其义理,不可自由发挥。当时士子们对此言曰:"今教人取士一依城主之言,不许妄为叛道不经之书,私自传刻,以误正学。"

此外,八股文的格式、程式、字数、句法都有严格的限制。如此,八股文严重束缚人们思想的结果也是必然的。同时,也自觉不自觉地,有意无意地把科举引向绝路和衰落。诚如顾炎武①痛批八股之弊端:"八股盛而六经微,十八房兴而二十一史废。愚以为八股之害,甚于焚书。"(出自《日知录·拟题》)

顾炎武

但有一点要予以说明,明推行八股取士的制度,将科举从隋、唐、宋以来的开放、民主、自由引入严苛、固化、刻板的寒冬时代。但就八股文本身来说,它并非

---

① 顾炎武(1613—1682),明末清初杰出的思想家、经学家、史地学家和音韵学家,与黄宗羲、王夫之并称明末清初"三大儒"。本名绛,乳名藩汉,别名继坤。因仰慕文天祥学生王炎午的为人,改名炎武。其主要作品有《日知录》《天下郡国利病书》《肇域志》《音学五书》《韵补正》《古音表》《诗本音》《唐韵正》《音论》《金石文字记》《亭林诗文集》等。

一无是处，相反它还有很多独特之处。因此，客观地解读科举制和八股文，方为理性之举。

（五）衰落

清代承袭明代的科举制度。但清朝起初执行的是带有民族歧视政策的科举制度。满族人享有种种特权，做官不必经过科考。在雍正时期，科举分满、汉两榜取士，旗人在乡试、会试中享有特殊的优待，只考翻译一科，称"翻译科"。以后，虽更改为满人、汉人同试，但参加考试的仍以汉人为多。科举制发展到清代，日趋没落，弊端也越来越多。清代统治者对科场舞弊的处分虽然特别严厉，但由于科举制本身的弊病，舞弊现象越演越烈，废科举之声此起彼伏。

康熙帝于1663年以八股文"空疏无用，实于政事无涉"为由废止八股科考。两年后（1665），礼部侍郎黄机以"先用经书，使阐发圣言微旨，以观心术；不用经书为文，人将置圣贤之学于不讲"之言上疏恢复八股科考。1668年，因找不到更好的方法替代八股科考，康熙帝又恢复八股科考。

此波虽平，波澜又起。1738年，兵部侍郎舒赫德上书乾隆皇帝："科举之制，凭文而取，按格而官，已非良法，况积弊日深，侥幸日众。应将考试条款改弦更张，别思所以遴拔真才实学之道。"乾隆组织讨论之后，也因无替代科举之方法而将提议搁置。

1842年鸦片战争后，中国的大门被西方的坚船利炮猛轰，国内太平天国的反抗斗争此起彼伏，如李鸿章所言：中国遇到了数千年来未有之变局，非改革不足以生存。在清王朝处于"内忧外患"之际，迫切需要人才培养和选官制度的革新，培养经世应变之才以维持国之大统。然八股取士的科举制度不能适应这种时代的要求，在这种情况下，科举制度的革新更加强烈地被提上议事日程。

1898年戊戌维新运动中，光绪帝发布上谕："以八股文不能励实学而拔真才，下令自下科为始，乡会试及生童岁科各试，向用'四书'文者，一律改试策论。"然戊戌政变失败后，慈禧下令废除各项新政，上述科考革新之举一并被废除。

1901年，清政府宣布废除武举科考。同年八月颁布上谕："自第二年起在乡试会试中废止八股文，首场改试中国政治史事论五篇，第二场改试各国政治艺学策五道，第三场改试'四书'义二篇，'五经'义一篇；其他考试均依此例。"

1903年三月，袁世凯、张之洞联衔上奏："科举阻碍新教育制度的实行，请求将科举中额按年递减。"

1905年九月，袁世凯、张之洞又上奏："科举一日不废，士人皆有侥幸得第之心……学堂决无大兴之望，请求从次年丙午（1906）科开始，将所有乡会试、各省岁考、科考一律停止。"

此议得到批准，1905年，清光绪帝宣布废除科举，实行了1300年（606—1905）的科举制度带着往日的辉煌和荣耀，带着今日的伤感和指责，走下了历史的神坛。

纵横千年科举史，成就古代中华栋梁。科举制之功过得失，自有历史评说。但有一点要予以说明，任何制度都有其两面性，都只是在一定的历史时期较为相对地体现出合理性或不合理性。客观地讲，科举制以下两项伟大之处：

（1）科举制影响之广、之深，超越中国古代任何一项典章制度。科举制在其存在的1300年间，不仅决定了每一位参加科举之人的前途和命运，也关乎祖辈的荣誉和家族的兴衰；同时，还改变了当时人们的价值观念、婚姻观念以及社会价值取向；此外，还左右了当时的教育（明清两代把学校教育与科举考试直接联系在一起），影响当时的政治、经济、文化、世风等。它不仅仅是一个狭义的文化制度或教育制度，而因其科举选官的政治内容，因其科举取士的广泛性，也成为一种社会政治制度。

（2）科举制承担了君王与臣民、王朝安定与紊乱的纽带。从君王的角度讲，选拔德才兼备的官员是朝政和国家的需要，所谓"得天下贤良英才者得天下"，而科举制既可为君王选拔贤达官员，又可起到笼络、控制天下士人的效用。此"一举两得"的制度非其他制度可以比拟。因此，可以想象唐太宗李世民看到学子们对科举考如痴如醉的依赖和倾注时，高兴地脱口而言："天下英雄入吾彀（gòu）中矣。"

从读书人的角度来讲，没有血缘、门第之限，可自由报名并凭借自己的勤学苦读、金榜题名、入仕做官、报效国家，达至人生的巅峰。而这条体现国家君王的意志，受到社会绝对推崇和认可为"康庄大道""阳光正途"的人生之路是科举制铺就的。参加科举是读书人之首选，也可以说是唯一之选。

科举制就像一座桥梁，使君王选拔官员的意图与读书人金榜题名的意愿，达成高度的统一和契合。

纵观古今，能超越存在于中国历史舞台上1300年之久、并有如此强大生命力的科举制的典章制度，别无二例。诚如唐人陈子昂之言："前不见古人，后不见来者。"

以下就以图文的形式对科举的考场贡院做简要介绍。

贡院，是古代乡试、会试的考场，即开科取士的地方。"贡"指通过考试选拔人才贡献给皇帝或国家之意。

贡院最早始于唐朝。现存有江南贡院、北京贡院、定州贡院、川北道贡院等遗址，其中南京的江南贡院作为中国古代最大的科举考场最为出名。

江南贡院始建于宋乾道四年（1168）。清同治年间，江南贡院达到鼎盛，仅考试号舍就有20644间，加上附属建筑数百间，占地超过30万平方米。其规模之大、占地之广居全国各省贡院之冠，创中国古代科举考场之最。明清两代诸多历史名人均为江南贡院的考生，如唐伯虎、吴敬梓、袁枚、施耐庵、林则徐、郑板桥、方苞、翁同龢、张謇、陈独秀、刘春霖（为中国最后一位状元），等。其中林则徐曾为江南贡院的主考官，制定、完善了江南贡院的细则并主持修缮了江南贡院。后来曾国藩也担任过江南贡院的主考官。

江南贡院　　　　　　1910年的江南贡院　　　　江南贡院明远楼

江南贡院明远楼。"明远"二字，取自于《大学》中"慎终追远，明德归厚矣"的含意。此楼高三层，底层四面为门，楼上两层四面皆窗，站在楼上可以一览江南贡院，是考试期间主考官和执事官员发号施令、指挥、警戒全考场的地方。

江南贡院号舍分布在明远楼东部和西部，为士子连续九天的考试食宿之所。

飞虹桥是古代科举防止营私作弊的特别建筑，即科举时考试和阅卷的分界点。此桥架设在江南贡院帘门外宽约十余米的清水池上，将江南贡院拦腰分作两部分，一部分为考场，一部分为阅卷场。飞虹桥宽6米，长约15米，用巨石筑成。两侧的桥栏护板之上，以高浮雕的手法，铭刻着象征"一路连科""青云直上"的吉祥纹饰。

号舍　　　　　　　　　　　　飞虹桥

棘闱是为防止考场内外的串联作弊而设。江南贡院的外面建有两道高墙，两墙之间留有一丈（约3.33米）多宽的间距，形成一圈环绕贡院的通道。围墙的四角又建有四座两丈多高的岗楼，围墙的外面也留有一圈空地，严禁百姓靠近和搭建房屋。

棘闱

至公堂堂中悬"天开文运"匾额，两侧悬挂杨士奇撰写的昭示科考之"公平、公正、公开"的楹联：

　　号列东西，两道文光齐射斗
　　帘分内外，一毫关节不通风

至公堂

八大名窑

中国的英文译名书写为大写的"China"，而小写的"china"译作瓷器。瓷器是以瓷石、高岭土、石英石、莫来石为原材料，高温烧制（1200～1400℃）而成，外表施有釉或彩绘的器物。中国瓷器因高超的烧制和上釉技术，高雅的文化品位，还有实用、赏玩、装饰等多元融合的功能，具有很高的历史、文化、艺术、收藏价值备受君王、臣民的喜爱。

同时，瓷器是文化概念中"物质文明"，即"物"的主要代表和体现。瓷器作为古代中国的一张世界名片，古陆上丝绸之路、海上丝绸之路（郑和下西洋随船所带最大宗的物品为瓷器）的主要商品而誉满全球。中国特有的瓷土、特有的人文环境、特有的烧制技术、特有的对瓷器的痴爱，成就了承载着中国文化，被称为"东方艺术珍品"的中国瓷器。其实，瓷器本身就是劳动文明的物质体现和文化成果；而附着于瓷器之上的山水花鸟、虫草兽石、人文诗词、图文章刻等，更是中国文化在不同历史时期社会、历史、艺术的烙印和彰显。

古代中国人习惯上，依据烧制瓷器的地域（原产地）来定名瓷器的种类，如人们所称的八大名窑。当然，这种命名也易于造成一个误区，即著名的是八大窑口，而非所产瓷器。其实正确地理解八大名窑，应该是既包括烧制瓷器的窑口，又包括该窑口烧制的瓷器。所以一般有称"某窑"为"某瓷"之说，如汝窑亦称"汝瓷"，钧窑也称"钧瓷"。

龙泉窑青瓷

如果今天家里存有从祖辈传下来的中国古瓷器，绝对是财富的重要体现。尤其是出自名满天下的"八大名窑"的古艺术珍（真）品，更是价值连城，甚至是无价之宝。就八大名窑的界定而言，也是说法不一。一说为汝窑、官窑、定窑、钧窑、哥窑、磁州窑、耀州窑、景德镇窑；还有一说为汝窑、官窑、定窑、钧窑、哥窑、耀州窑、景德镇窑、龙泉窑①。

当然还有其他诸多窑口，如越窑、瓯窑、建窑、婺州窑等，都在中国瓷器史上榜上有名，为中国瓷器的百花争艳、名品迭出贡献了自己的智慧和技艺。

汝窑

（一）窑口

以下只介绍认可度较高的"八大名窑"之汝窑、官窑、定窑、钧窑、哥窑、磁州窑、耀州窑、景德镇窑。

---

① 龙泉窑，中国历史上一大名窑，宋代归入六大窑系：定窑、钧窑、磁州窑、耀州窑、龙泉窑和景德镇窑。因其主要产区在浙江龙泉而得名。它开创于三国两晋时期，生产瓷器的历史长达1600多年，是中国制瓷历史最长的一个瓷窑系。

1. 汝窑

又称"汝瓷",烧制于汝州(今河南省平顶山市汝州市),居宋代五大名窑(汝、官、定、钧、哥窑)之首。其烧制工艺因宋金战乱而失传,传世真品不足百件。汝瓷胎质细腻较薄、工艺考究,以名贵玛瑙入釉,色泽独特,随光变幻。其经典釉色为粉青、月白、天青,还有豆青、卵青、虾青等色;其釉面如诗形容:"雨过天晴云破处,千峰碧波翠色来。"意思是其釉面如雨过天晴,碧波翠色。汝窑虽釉厚但声如磬,明亮而不刺目,具有蝉翼纹般小开片;其坯体最大的特色是"如玉般温润古朴",被世人称为"似玉、非玉,而胜玉"。

南宋官窑青瓷花瓣碗

2. 官窑

由官家督造和采办的瓷器,民间统称"官窑瓷",即历朝官府烧造的瓷器。但在古代,"官窑"只指南宋时期专为宫廷烧制的瓷器。官窑分两种:御窑瓷和官窑瓷。

御窑瓷指专供皇家使用的瓷器。在器型、纹饰上均有严格的礼仪规定,等级森严,错用或擅用均为重罪。如清雍正的"正黄瓷"就是皇家专用色彩,仅皇帝和太子可以使用。皇帝所用龙纹为五爪金龙,亲王则只能用四爪行龙且称为"蟒"。

官窑瓷主要是庞大的官僚群体使用,型制要求相对较低,多限于花、鸟、虫、鱼、神话等礼制之外的题材,有时皇家会作为"趣味把玩器"采购,这一类瓷器,一般由内务府采办。在景德镇设有专门的督陶官,长年烧造,在扬州等地也有烧制。故有"毛公洞(今江苏扬州)官窑第一"之说。

南宋官窑瓷器沿袭北宋风格,规整对称、宫廷气势、高雅大气、一丝不苟。官窑瓷器选料精细,一般为含铁量极高,手感沉重,呈深黑褐色的胎土,所以其胎色呈紫黑色,足边及口沿釉薄处呈紫褐色,后称"紫口铁足"。另外,官窑釉面沉重幽亮,釉厚如堆脂,温润如玉。官窑釉面反复细刮,釉光下沉而不刺眼,纹理布局规则有致,造型庄重大方。

3. 定窑

定窑的烧制地主要在"定州"(今河北省曲阳县),故而称"定窑"。定窑瓷器以白瓷为主,也烧制酱、红、黑等其他名贵品种,如黑釉(黑定)、紫釉(紫定)、绿釉(绿定)、红釉(红定)等,都是在白瓷胎上罩上一层高温色釉。定窑烧制的瓷器胎质坚密,釉色透明,柔润媲玉。外形由刻花、印花、剔花、堆花等技术手法塑造。流传至今的北宋"孩儿枕"(现收藏于故宫博物院),堪称定窑的绝世佳品。

宋定窑孩儿枕

"孩儿枕"是瓷枕的一种样式,以定窑、景德镇窑烧制的最为精美。匠师把瓷枕处理成一个伏在榻上的男孩,男孩的头斜枕于交叉的手臂上,脸向右侧,表情稚朴天真,大眼睛、宽脑门、肥大的双耳、饱满的耳垂和小巧挺直的鼻子构成了中国理想的"富贵"形象。"孩儿枕"是当时流行的瓷枕的一种形态,其他样态的瓷枕也五花八门。据说瓷枕当时受民众的喜欢,主要是由于它的功用:清凉沁肤,爽身怡神。有人还认为瓷枕最能够明目益睛,常枕至老年还可阅读字体很小的书籍。

4. 哥窑

宋时有章生一、章生二兄弟。哥哥生一在处州(今浙江丽水市)建一窑,称为琉田窑,所产瓷器多为开片状,民间称"哥窑"(由于胎体原料受热时膨涨系数大于釉层的膨胀系数,在瓷器烧成后冷却时,胎体将表面玻璃釉层拉碎,即为"百圾碎")。弟弟生二在龙泉(今浙江丽水)建一窑,所产的瓷器多为不开片的龙泉青瓷,民间称"弟窑"。

哥窑的特点:胎色较深,胎质细腻,足边及口沿釉薄处也可见深色胎,制作工艺精湛,装烧方法亦采用支钉支烧或垫烧。釉色以青灰、米黄居多,釉质肥润饱满,釉面呈

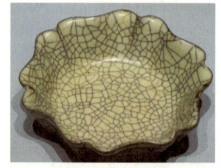

"金丝铁线"哥窑

不同形态的"百圾碎"状片纹,在黑色片纹中又开有细小的黄色片纹的"百圾碎"(俗称"金丝铁线");细小如鱼子的称"鱼子纹";开片呈弧形的称"蟹爪纹"。由于胎釉密合极佳,釉层不剥落,也不划手,除了出现奇特自然的片纹,没有任何有碍观瞻及不光滑的涩涩之感。

5. 钧窑

钧窑烧制于古钧州（今河南禹州市），故称"钧窑"。钧瓷分两次烧成，第一次素烧，出窑后施釉彩，二次烧。以釉色窑变见长，同样的釉色入窑，在经1350度高温烧制过程中，配料掺入铜的气化物造成中国制瓷上的一大发明——"窑变"（釉料自然流淌以填补裂纹，出窑后形成有规则的流动线条），所以造成每件瓷器出窑时，成色皆不相同，并出现人们意想不到的窑变效果。故而钧窑的最大特点为：入窑一色，出窑万彩，钧瓷无双。

玫瑰紫釉海棠式花盆托

6. 磁州窑

磁州窑是中国古代北方最大的民窑体系，窑址在宋代时称"磁州"（今河北省邯郸市磁县）一带，故名"磁州窑"。磁州窑创烧于北宋中期并达到鼎盛，南宋、元、明、清仍有延续。磁州窑的烧制以白釉黑彩瓷器居多，最以白地黑花①、刻划花、窑变黑釉、黑釉剔花瓷著称。开创了我国瓷器绘画装饰的新途径，也为宋以后景德镇青花及彩绘瓷器的大发展奠定了基础。

宋磁州窑白地黑花梅瓶

7. 耀州窑

耀州窑刻花碗

耀州窑，位于唐、宋时的耀州（今陕西铜川），是北方青瓷的代表。在唐代时开始烧制黑釉、白釉、青釉、黑彩以及三彩陶器等。在宋、金时以青瓷为主并达到鼎盛。金代延续北宋继续发展。元代开始转型，经明、清，逐渐走向没落。

耀州窑瓷装饰技法以刻、印、划、雕、堆、镂空为主，其中，以刀代笔的刻花装饰最为精湛。运刀挥洒如行云，刀下线条如流水，讲究一气呵成，刻成后纹饰奔放遒劲，线条活泼流畅，立体感极强，再施以透明的青绿色釉，烧成后更显器物淡雅秀丽，高峻的格调。

---

① 白地黑花，俗称铁绣花。在上有黑釉的瓷胎上剔刻纹饰，将纹饰以外的黑釉剔去留出原始白地，烧成后黑白比分明，具有极强的视觉冲击力和艺术装饰效果。

8. 景德镇窑

景德镇窑自唐代开始烧制青瓷,至北宋时烧制景德镇窑新创的"青白瓷"并一度成为"贡品"。青白瓷的釉色白而略带青、白中泛青、青中见白,其釉质透明如水,胎体质薄轻巧,其色调给人以清新爽快之感。青白瓷以光素者居多,像耀州窑一样有刻花的瓷器也不少。到

景德镇窑青白瓷·斜倚仕女瓷枕

了元代,景德镇窑成功地烧制出了青花、釉里红、红釉等品种,并逐渐成为全国的制瓷中心。

明清时期,景德镇窑获得了空前发展,由于原材料的丰富和工匠技艺的高超,所制瓷器在花色品种、器物类型,以及造型、装饰等方面较之前代均有极大的丰富、提高和创新,因此,明清时期成为中国古代制瓷工艺的鼎盛期。

(1)明代著名的品种。

明代永乐(1422—1424)、宣德年间(1426—1435)的青花、红釉、青釉。

成化年间(1465—1487)的斗彩①,以其绚丽多彩的色调,形成了一种符合明人审美情趣的装饰风格。如天价成交的明成化斗彩鸡缸杯:2014年香港苏富比的秋拍上,收藏家刘益谦以2.8亿元天价购得此明成化斗彩鸡缸杯。此鸡缸杯,高3.4厘米,口径8.3厘米,足径4.3厘米,属明代成化皇帝御用酒杯。杯身有两组图组成:一组绘雄鸡昂首傲视,一雌鸡与一小鸡在啄食一蜈蚣,另有两只小鸡玩逐;另一组绘一雄鸡引颈啼鸣,一雌鸡与三小鸡啄食一蜈蚣,画面形象生动,情趣盎然,表现了"大吉大利"以及"尽享天伦"的祥和景致。另外"窠"与"科"谐音,喻含在科举考试中如"五子(杯身两组图,各为五只鸡)登科"般金榜题名的美好愿望。

明成化斗彩鸡缸杯

景德镇青花

---

① 斗彩,预先在高温(1300℃)下烧成的釉下青花瓷器上,用矿物颜料进行二次施彩,填补青花图案留下的空白和涂染青花轮廓线内的空间,然后再次入小窑经过低温(800℃)烘烤而成。

（2）清代景德镇主要品种。

清代景德镇窑在沿承青花、釉里红、青白瓷等瓷器烧制的基础上，在康熙、雍正、乾隆年间烧制的粉彩、珐琅彩、釉上彩、釉下彩更是绚丽多彩、竞相争辉，产品行销全国，远销海外，成为中国瓷器的主要产地，景德镇也被誉为"瓷都"至今。

①粉彩：清宫廷创烧的彩瓷。在烧好的胎釉上施含砷物的粉底，涂上颜料后用笔洗开，砷的乳蚀作用使颜色产生粉化效果。

②珐琅彩：又名"瓷胎画珐琅"，也是清宫廷创烧的彩瓷，在康熙、雍正、乾隆时为珐琅彩之巅峰时期，堪称釉上彩瓷中最为精美的彩瓷器。

③釉上彩：用各种彩料在已经烧成的瓷器釉面上绘制各种纹饰，然后二次入窑，低温固化彩料而成。

④釉下彩：用色料在已成型晾干的素坯即半成品上绘制各种纹饰，然后罩以白色透明釉或者其他浅色面釉，入窑高温（1200～1400℃）一次烧成。烧成后的图案被一层透明的釉膜覆盖在下边，表面光亮柔和、平滑不凸出，显得晶莹透亮。其特点是色彩保存完好，经久不退。

景德镇釉里红

粉彩牡丹纹口瓶

珐琅彩

釉上彩

釉下彩

民间把景德镇窑所烧制的景德镇瓷器总结了一个体现其风格的顺口溜："白如玉、明如镜、薄如纸、声如磬。"

（二）釉色、器型、纹饰

八大窑烧制的瓷器的釉色丰富多彩，主要有：青釉、天青釉、冬青釉、豆青釉、粉青釉、梅子青釉、青白釉、白釉、黑釉、油滴釉、玳瑁釉、兔毫釉、乌金釉、黄釉、酱釉、紫金釉、茶叶末釉、红釉、绿釉、孔雀绿釉、蓝釉、霁蓝釉、洒蓝釉、紫釉、釉下彩、青花、釉里红、青花釉里红、铁锈花、黑底白花、釉上彩、五彩、黄地青花、粉彩、墨彩、黑彩、金彩、古铜彩、斗彩、珐琅彩、广彩等。

青色釉

紫色釉

孔雀绿釉

八大窑口烧制的常见器型有碗、盘、壶、瓶、罐等五类。（器物的外观形状，如口部、颈部、肩部、底部以及足部的形状，是判断该瓷器烧造时代和窑口的重要依据。）

尽管八大窑烧制瓷器的地域、窑口、釉色、器型、技术、创新等因时代而有所区化，但各窑口瓷器所选用的图文却得到了很好的认同和传承。而这些图文又多选用中国传统文化中表示祥瑞、祝福、祈愿等寓意的图文元素为主题或素材。如"福""禄""寿""喜""和""合""吉祥""如意"等图文字样；如蕴含美好寓意的山水、鸟兽、虫鱼、花卉、诗文、民间传说、故事等。

以下列举一些常见的纹饰：

1. 珍禽类

凤凰：百鸟之王。象征大富大贵、大吉大利，另凤凰一般与龙相配，寓意龙凤呈祥，幸福美满。

白鹤：有清高、纯洁、长寿之喻。

白头翁：相濡以沫，白头偕老。

喜鹊：报春、报喜，喜庆之意。

鸳鸯：两情相悦，相依相伴。

锦鸡：前程似锦，大吉大利。

福寿双全粉彩

2. 花卉类

牡丹：百花之王，象征富贵繁荣。

芙蓉：象征雍容华贵。

梅：经霜傲雪，坚忍不拔。

兰：幽雅高洁，谦谦君子。

竹：虚心有节，节节高升。

菊：清丽淡雅，芳香怡人。

松：长寿延年，苍劲挺健。

3. 瑞果类

寿桃：象征长命百岁。

榴：石榴开百子。

4. 异兽类

龙：帝王、皇权、吉祥的象征。

狮：狮与"师""诗"同音，象征权势和诗书传家。

鹿：鹿与禄同音，表财产富贵之意。

蝠：蝠与"福"同音，取美满幸福之意。

5. 寓意美好的民间故事、传说类

莲生贵子：婴儿抱莲花。

五子登科：宋代窦禹钧的五子：仪、俨、侃、偁、僖，相继及第。

福寿双全：蝙蝠寿字。

龙凤呈祥：龙、凤寓意新婚美满幸福。

竹报平安：小儿放爆竹。

喜上眉梢：梅花喜鹊。

八仙过海：八仙过海，各显神通。

五福捧寿：五蝙蝠围寿字。

连年有余：莲花、鱼。

吉祥如意：小儿骑白象执如意。

福、寿：老人骑鹿持桃。

麒麟送子：小儿骑麒麟。

多福多寿：一群蝙蝠、一堆桃。

麻姑献寿：麻姑担桃篮。

珐琅彩碗

雕漆鼻烟壶

……

以下举例说明瓷器纹饰的祥瑞文化：

一路连科：白鹭，谐音"路"。莲花，谐音"连"。旧时科举考试，连续考中谓之"连科"。一路连科，寓意应试求连、捷，仕途顺遂。

一品清廉：一品，为古代朝廷之大官。青莲，谐音"清廉"，又有出淤泥而不染之意。故民间多用一茎莲花象征一品清廉，希望从政者廉洁清正。

二龙戏珠：一般为两条云龙戏一颗宝珠，有可避水火之寓意。

三阳开泰：三阳开泰出自《易经》。三阳，取"三羊"之谐音，阳气日盛，万物复苏。开泰则表示吉祥亨通，有好运即将降临之意。

一路连科　　　　一品清廉　　　　二龙戏珠　　　　三阳开泰

三星高照：古称福禄寿三神为三星，传说福星司祸福，禄星司富贵贫贱，寿星司生死。三星高照象征着幸福、富有和长寿。

四海升平：四个小孩（谐音"海"）抬起一瓶，表示四海升平，寓指天下太平。

五福捧寿：蝙蝠，蝠与福同音，寓意福到。常与桃、鹿、铜钱等图样搭配。五只蝙蝠围着寿字或围着桃子，寓意五福献寿。

八仙过海：八位仙人（张果老、吕洞宾、韩湘子、曹国舅、铁拐李、汉钟离、何仙姑、蓝采和）在庆贺完王母娘娘寿辰归途中，路过东洋大海，各持法宝，竞相过海，各显神通。

　　三星高照　　　　四海升平　　　　五福捧寿　　　　八仙过海

龙凤呈祥：又称"龙祥凤瑞"。传说龙是鳞虫之长，凤为羽虫之尊。哪里有龙出现，哪里就有凤来仪，哪里就会天下太平，五谷丰登。龙凤是人们心目中的祥兽瑞鸟，一龙一凤指代祥瑞和吉祥。

鱼龙变化：鱼化龙是中国传统寓意纹样，喻金榜题名。图样常见的有，龙头鱼身，鱼跃龙门等。

松鹤延年：松，是长寿和有志有节的象征，鹤为长寿之鸟。与松鹤延年意思类同的还有松龄鹤寿、松鹤长春、松鹤延年等。

马上封侯：马上飞一蜜蜂骑一猴，寓意马上封（蜂）侯（猴），即可飞黄腾达之意。

龙凤呈祥

鱼龙变化

松鹤延年

马上封侯

年年有余：图中莲花或莲藕，取其谐音代表"年"，鱼取其谐音"余"，合意"年年有余"，表生活富足，年有余庆之意。

麒麟送子：麒麟身上骑一娃娃。麒麟为毛虫之长，为四灵之一，是祥瑞、吉祥如意的象征。麒麟背上有一娃娃，表意人们得子的愿望。

喜上眉梢：喜鹊表"好兆头"。取梅花的谐音为"眉"头之意。喜鹊登梅则寓意喜上眉梢、喜报春光、喜报佳传。

太师少师：古代宫名中有太师，瓷器图文中以"狮"与"师"同音，一大一小两头狮子表教子成龙，辈辈高官之意。

年年有余

麒麟送子

喜上眉梢

太师少师

鹤鹿同春：鹿取"禄"之音，鹤取"合"之音，表六合（天地东南西北）之意，泛指天下。鹤鹿同春即寓指天下六合同春，万物欣欣向荣。

麒麟献瑞：麒麟，祥瑞之兽，传说只在太平盛世时现身，外形是鹿身、牛尾、马蹄、头上有肉角，设武备而不用，因而被称为"仁宠"。麒麟出没处，必有祥瑞。

状元及第：状元及第，象征功名和高官厚禄。纹样为一戴冠（与"官"同音）童子手持如意，骑于龙上（鲤鱼跳龙门）。表金榜题名，鲤鱼跃龙门之意。

福在眼前：钱与"前"同音，与蝠纹搭配，寓意福在眼前、眼前是福。

鹤鹿同春

麒麟献瑞

状元及第

福在眼前

刘海戏蟾：刘海戏金蟾是中国民间传说故事。刘海以铜钱为饵，嬉闹一只三腿金蟾，寓意财源茂盛，财源广进。后衍生出"刘海戏金蟾，步步钓金钱"的说法。

刘海戏蟾

福禄寿

福禄寿：与三星高照类似，民间也常以"蝙蝠、鹿、寿星"为图样，各取其谐音组成"福、禄、寿"。

太平有象：象，瑞兽，厚重稳行。太平有象寓意天下太平、五谷丰登。有时瓶上有"插有三戟"的图案，表示平升三级，官运亨通。

麻姑献寿：麻姑，古代神话中的仙女。相传三月三日西王母寿辰，麻姑在绛珠河畔以灵芝酿酒，为王母祝寿。故旧时祝女寿者，多以绘有麻姑献寿图案之器物为佳礼。

寿比南山：也称"寿山福海"。语出《诗经》"如南山之寿"。一般以仙桃、寿桃喻福康长寿之意。

太平有象　　　　　麻姑献寿　　　　　　寿比南山

以上只是简要介绍认同度较高的八大窑。其他窑口，如磁州窑、龙泉窑、建窑、越窑、婺州窑等都有优美而丰富的瓷器，多为世人称颂的是清丽素雅的汝窑瓷艳丽夺目、纹饰精致的定窑白瓷、莹润如堆脂的官窑瓷、满布"金丝铁线"的哥窑瓷、釉彩绚丽斑斓的钧窑瓷、黑白刻划的磁州窑、雕镂精巧的耀州窑、技烧多元的景德镇窑。

任何窑口烧制的瓷器，都有瓷器所呈现或表达的共性：小经典（精工制造），大效用（实用、观赏、商贸、收藏）；小区域（地域烧制），大世界（风靡国内外）；小物品（尺寸之间），大文化（彰显中国丰富的历史、艺术、文化）；小天地（瓷器行业），大格局（中国智慧）。

瓷，名也！

瓷器，物也！

中国瓷器，中国文化之大观也！

黑釉剔花瓷

《说文解字》言:"九,阳之变也。象其屈曲究尽之形。"意思是,九,代表阳的最大数,外形像弯弯曲曲直至终尽的样子。"九"在中国文化中是一个寓意、韵味极其深远的数字。

在古代数字体系中,"九"为单数中的最大数。古人言:"天地之至数,始于一,终于九。天道以九制,九九归一。"便是对"九"为最大数的例证。若两个九即"九九"或"九个九",便指"最多"或"至极"的意思,如《西游记》中师徒四人历经至极的"九九八十一难"后终成正果。

在古代哲学中,"九"也是天数中的最大数。如大禹治水后,把他所治下的天下分为"九州",并铸造"青铜九鼎"意寓"九州";在《易经》中,"九"为最大的阳数和阳的表征。("六"为阴的表征。)

在古代文学中,对"九"为最大数的表意非常多,如屈原在《离骚》中表达自己的忠君爱国之言:"九天以为正兮,夫唯灵修之故也。"《庄子·逍遥游》中言:"鹏之徙于南冥也,水击三千里,抟扶摇而上者九万里,去已六月息者也。"李白《望庐山瀑布》中诗句:"飞流直下三千尺,疑是银河落九天。"

在古代建筑,尤其是宫廷建筑的设计理念中,"九"除了表"极数"之意,还表"权力""至尊"之意。如在故宫中,有九龙壁、9999间(还有一说为9999间半)房,只有权力中枢的前朝三大殿的台阶(太和殿,保和殿,中和殿)才能有"一台九级"的阶数,其他宫殿、楼阁的台阶数量依次递减,不可僭越"九"这个封建等级观念中皇权至尊无上的等级。

在民间,"九"有善变之意。如人们常言的善变的"九尾狐",天上的"九头鸟","龙生九子、各变其形""天下黄河,九十九道弯"等。

另外,在民俗文化中,"九"与"久"同音,常表"长长久久""天长地久""长寿"等寓意。2017年5月5日,中国首款按照国际最新适航标准,具有自主知识产权的大型喷气式民用客机成功首飞。这款在中国民用航空史上具有里程碑意义的大飞机被命名为"C919",全称"COMAC C919"。其中 C 是 China(中国)的首字母,也是中国商飞英文缩写 COMAC 的首字母,第一个"9"的寓意是天长地久,"19"代表的是中国首型中型客机最大载客量为 190 座。以下简述几个与数字"九"相关的文化名词。

中国自主知识产权的大型客机 C919

九五至尊

中国古代把数字分为阳数和阴数,奇数(一、三、五、七、九)为阳,偶数(二、四、六、八)为阴。阳数中"九"在所有单数中为最高、最大数,"五"居正中,因而以"九"象征帝王的权威,以"五"象征帝王的中正、中庸、中和,故"九五"被冠以帝王之专属,称"九五至尊"。

"九五至尊"的说法,在《周易》中可找到其理论依据。《周易》六十四卦的首卦为"乾卦","乾"者象征天,天又象征着帝王(皇帝称"天之子"或"天子"),因此,乾卦乃帝王的卦象。

乾卦由六条阳爻组成,称"极阳",表极盛之相。乾卦的六爻,从下向上数,分别为,第一爻"初九",第二爻"九二",第三爻"九三",第四爻"九四",第五爻"九五",第六爻

乾卦

"上九"。其中初九、九二、九三合称为"乾卦之下乾";九四、九五、上九合称为"乾卦之上乾"。易经有"阴阳转化,盛极必衰"之说。故"乾卦"第六爻"上九"为"亢龙有悔"。卦辞解释"上九"是最阳,极盛之爻,再无上升的余地,从而必然要走向衰落,会呈凶相。而"乾卦"中的第五爻"九五"为"飞龙在天,利见大人"。卦辞解释,飞龙在天是君子处尊贵之位,于是"九五"成为乾卦中最好的一爻,也是六十四卦、三百八十四爻(每卦为 6 爻,64 卦 × 6 爻 = 384 爻)中最好的一爻。

封建社会，世上最好的都归帝王所专享，故乾卦的"九五"（九五之爻）成为帝王之相，一则契合了代表帝王极好、极盛之相；二则契合中国传统文化中"中正""中庸"之意（在九个数中，"五"正居中央，有九五中正之意）。

民间还有一传说（可信度不高），中国有十四条龙，九条地龙、五条水龙。古代皇帝认为"龙吟威武下拜，天下唯我独尊"，都自称系龙的化身，即"真龙天子"。皇帝的身体称为"龙体"，即为"九五至尊"。

另外，"九""五"两数字，在中国宫廷建筑中除体现出帝王"至高无上"地位之外，还非常符合"中庸""对称"的美学原则。如天安门城楼设五个门洞（三正门+二掖门），面阔九间；颐和园著名的"十七孔桥"中，第九孔最高，居于正中，左右对称，各居八孔，依次缩小排列。

此外，象征着高贵皇权的"九五至尊"在皇室建筑、生活器具等方面都有所反映。如绣有"九条五爪金龙"的清朝皇帝龙袍。很多人看过龙袍实物后产生一个疑惑：前身、后背、两肩数来数去，只能找到八条，怎么找不到第九条？其实，这里有几个玄机：

其一，九是奇数，很难把"九条龙"在前身、后背、两肩，做到均衡、

"九龙五爪"龙袍

对称的布局。所以就出现八条龙（八是偶数，可做到前后、左右对称）的布局，即前身绣三条五爪金龙，后背绣三条五爪金龙，两肩绣两条五爪金龙。

其二，龙袍从正面和背面看，都能看到五条龙（前身3条+左右肩各1条；后身3条+左右肩各1条）。

其三，皇帝贵为"九五之飞龙在天""九五至尊之身"，是天下最高权力的执掌者，天下万物的所有者，故而必以最大数"九条龙"相配。而这表面看不到的第九条龙，被认为是皇帝本身，绣织在衣领内襟处，秘不见人。这样，龙袍仍为九条龙，而从正面看或背面单独看时，所见都为五条，这正好吻合"九五至尊"之意。

故宫中，紫禁城宁寿宫区皇极门外有一影壁①，称"九龙壁"，为乾隆三十七年（1772）改建"宁寿宫"时烧造。九龙壁（九表极数，龙表天子）的设计，深藏象征"皇权"和"天子之尊"的九五之数。

---

① 影壁，用于遮挡视线，保护隐私，挡风聚气的墙壁，取"隐避"两字谐音演变而成。

故宫九龙壁

九龙壁第五条：黄色正龙

九龙壁第一、第九条：黄色升龙

九龙壁第三、第七条：白色升龙

九龙壁第二、第八条：紫色降龙

九龙壁第四、第六条：蓝色降龙

九龙壁中，居于正中的第五条为"正龙"，在正龙左右两侧各有四条"行龙"，如此布局，体现了"众行龙捧正龙"的"九五"之意。

同时，九龙壁也体现了中国建筑艺术的"对称"之美。面朝九龙壁，正居"九五之数"的是中间第五条：黄色正龙（代表皇帝自己）。面朝九龙壁从左至右（从东向西）数起，第一条、第九条对称，为黄色升龙（龙头在上方，龙尾在下方）；第二条、第八条对称，为紫色降龙（龙头在下方，龙尾在上方）；第三条、第七条对称，为白色升龙；第四条、第六条对称，为蓝色降龙。九龙以正龙为中心，升龙、降龙为两翼，呈翻腾、刚猛之状，神态威严而尊贵，寓意"龙腾天地，盛世辉煌"。

此外，中国的象棋深刻地反映了"九五至尊"的思想。如三十二个（红黑各十六个）棋子中的"将"和"帅"就是"皇帝"或"王"。在"将"（帅）所居的底端九格中，无论从左向右，还是从右向左数起，"将"（帅）始终居于"九五至尊"之位（九宫正中间第五格的位置），左右各四个棋子（车、马、相、士），全力护卫着"将"（帅）。

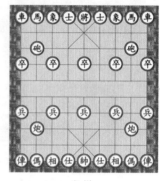

象棋

九州

在古代中国，"九州"是"天下""华夏"的代称。九州中的"九"表示"最大""一切"的意思，而"州"指水边的土地。"九州"就表示最大的居住地或者涵盖了一切有水土的地方。而只有"天下"才能囊括一切水土，所以大禹治水定国后，把他治下的天下分为"九州"。大禹之子启建国后，又聚天下之财力铸"九鼎"，以记载夏王朝的功德，并将"九鼎"作为至高无上的王权和国家统一昌盛的象征。

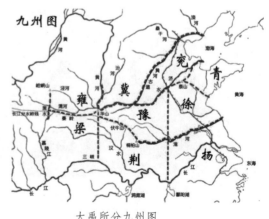

大禹所分九州图

九州在古代中国有两层含义：一、地理区划；二、行政系统（级别）。

1. 地理区划

大禹治水定国后，分天下为九州，即冀、兖、青、徐、扬、荆、豫、梁、雍。

冀州：起自黄河壶口，涉及今山西、河北、河南等省部分地区，地为白壤；

兖州：起自黄河下游、济水，涉及河北、河南、山东，地为黑壤；

青州：起自渤海、泰山，涉及河北、山东半岛，地为肥沃白壤；

徐州：起自黄海、泰山、淮河，涉及山东、江苏、安徽，地为红色黏土；

扬州：起自淮河、黄海，涉及江苏、安徽、江西及其以南的地方，地为潮湿泥土；

荆州：起自荆山、衡山，涉及湖北、湖南，地为潮湿泥土；

豫州：起自中原、黄河下游，涉及河南、山东，地为柔软的土，下层为肥沃而硬的黑色；

梁州：起自华山、黑水，涉及陕西、四川、甘肃、青海，地为黑色松散的土；

雍州：起自黑水、西河，涉及陕西、内蒙古、宁夏、甘肃、新疆，地为最上等的黄壤。

2. 行政系统

九州，是根植于黄土大地上的中华先民依据自我的智慧和生活实践创造的一个具有本土化、民族化的概念。从中国行政系统的角度讲，当时的大禹时代，只有天下和九州两级行政系统。大禹时代之后，此两级行政系统逐渐在历朝历代中得以传承和演变，先后出现了三级（府、州、县）、四级（路、州、府、县）等行政系统。直至今天，我们仍沿中央、省（直辖市、自治区、特别行政区）、市（自治州、地区、盟）、县（区、自治县、旗、自治旗）、镇（乡、民族乡）的五级行政系统。以下将我国历朝的行政系统做一简要梳理。

秦朝，秦始皇一统天下，我国开始有了较为正规的地方行政区划制度。秦代推行郡县制，将天下分为三十六郡，郡下设若干县，由中央政府委派官吏管理地方各项事务。

汉代，实行国、郡并行制。汉朝成立初期，给有功的朝臣和刘姓宗室封有领地，但封地太多容易形成地方割据的局面。为了加强皇权和中央集权，汉武帝主要通过对内减少封地、对外开拓疆土的举措，于元封五年（前106）将全国分成十三州刺史部，简称"十三部"或"十三州"，各州设置刺史代表中央管理地方事务。如此，首次采用"州"的行政概念。

东汉至魏晋南北朝，沿用州制。尽管在此历史期间，州的划分、名称、数目不尽相同，但基本格局没有大的变化，仍以"州"（相当于今天的"省"）作为较高一级地方行政机构，下辖郡、县。

隋炀帝时，废除州制，恢复推行郡、县二级地方行政制度。中国的行政区划制度，经历了八百多年的演变后又轮回到了原点——秦实行的"郡县"两级行政制度。真可谓"历史的车轮回转了一圈"。

唐、宋、辽、金几朝，基本上推行"道、州、府、路、县"的行政系统。

元代，确立行省制度。元代疆域辽阔，为了便于管理，除设置中央一级的中书省外，将全国划分成十个行省①，形成每个行省下辖路、府、州、县的四级地方行政系统。元朝创设的行省制度，是我国历史上政治制度和地方行政系统制度的一次重大改革。行省制度的建立，不仅加强了元朝的中央集权统治，巩固了我国多民族国家的统一，而且对明、清以及近当代中国的政治制度和地方行政制度产生了重大影响。

明初，沿袭元朝的行省制。在洪武九年（1376）改"行省"为"承宣布政使司"，承宣布政使司下设府和直隶州，在府下又设有县和属州，各直隶州下设有县，形成了布政使司、府（直隶州）、县的行政系统。

清朝在1662年统一全国后，划前朝的十三布政使司为十八个行省，省下设道、府（州）、县，形成了省、道、府（州）、县的四级行政系统。

秦至清，中国二千多年的封建王朝中，单以"州"作为行政级别而言，其高低的层级伴随着社会的发展而有所跳跃，但"州"的行政概念存活了下来（路、道、府的行政概念已不使用），并沿用至今。

"九州"代指"华夏""天下"的概念，在中国古代文人心中留下了深刻印痕。此点，可从历代文人墨客的诗词中窥见一二：

示儿（陆游）

死后元知万事空，但悲不见九州同。
王师北定中原日，家祭无忘告乃翁。

己亥杂诗（龚自珍）②

九州生气恃风雷，万马齐喑究可哀。
我劝天公重抖擞，不拘一格降人才。

陆游

---

① 岭北行省、辽阳行省、陕西行省、甘肃行省、河南江北行省、江浙行省、江西行省、湖广行省、四川行省、云南行省。

② 龚自珍（1792—1841），仁和人（今浙江杭州）。清代思想家、诗人、文学家和改良主义的先驱。

马嵬（李商隐）

海外徒闻更九州，他生未卜此生休。
空闻虎旅传宵柝，无复鸡人报晓筹。
此日六军同驻马，当时七夕笑牵牛。
如何四纪为天子，不及卢家有莫愁。

题潼关楼（崔颢）

客行逢雨霁，歇马上津楼。山势雄三辅，关门扼九州。
川从陕路去，河绕华阴流。向晚登临处，风烟万里愁。

赠禅师（薛能）

嗜欲本无性，此生长在禅。九州空有路，一室独多年。
鸣磬微尘落，移瓶湿地圆。相寻偶同宿，星月坐忘眠。

九品中正制

九品中正制，又称"九品官人法"，是魏晋南北朝时期甄选人才的选官制度之一。此制度最早由魏文帝曹丕（220—226年在位）采纳尚书令陈群的意见，约于220年始创，至西晋南北朝时渐趋完备，到隋朝时，九品中正制被科举制逐渐取代，走完了近四百年的历程。

魏晋实行的九品中正制，也是在承传前朝的选官制度的基础上发展而来的。以下对多魏晋以前的选官制度做简要的梳理：

五帝时期的中国实行部落首领的禅让制。

夏、商、周实行的选官制度是世卿世禄制（以血缘关系为享受待遇的唯一标准。比如，一个人是王公，那么他的儿子、孙子、曾孙，都可以做官，享受朝廷的俸禄）。

秦朝主要实行的是官吏世袭的选官制度，少数采用推荐、举荐选官和提拔人才的方式，另外，秦朝的军队多采用"累军功"的方法，依功绩授予二十级爵①。

到汉代时，仍沿用秦官吏世袭的选官制度，但逐渐被大力推行的察举制、荐举制所取代。至汉武帝元光元年（前134），察举制作为汉代的选官制度正式确立。以下就察举制略做分述。

察举选官的科目有岁科（又称常科，即常设科目）和特科。岁科又分四类，特科不定（一般以"贤良方正"为重）。

察举岁科的四类为：

（1）孝廉：指孝敬清廉者。孝廉出身的官吏，被认为是清流正途最为看重的一科。

（2）茂才：指才能优秀者。起初称秀才，东汉时为避光武帝刘秀之讳，改称"茂才"。

（3）察廉：指勤政廉洁者或已任管吏。

（4）光禄四行：质朴、敦厚、逊让、有行的四种品行。

察举制是一种自下而上推选人才的选官制度，其最进步的特点是：个人的社会背景、家族家庭出身（血统）不再是选士任官的唯一依据。许多出身卑微的人才如东方朔、司马相如、董仲舒等通过察举纷纷受到朝廷的重用。在秦汉"世卿世禄""官职世袭"的制度下，像这些没有王族血统和家族背景的贤能之士是极其不容易得到朝廷重用的。

但察举制的弊端在后期却愈发凸显，主要表现在举荐者和被举荐者两个方面。

其一，举荐者。到东汉中后期，地方举荐权被公卿大臣、名门望族所控制，他们往往推荐贵族、名望家庭的子弟而不问其学问、品质，出现了比较大面积的被察举者名不符实的现象。如"举秀才不知书""察孝廉父别居""寒素清白浊如泥""高第良将怯如鸡"的状况。

其二，被举荐者。由于对考察对象平时的表现了解不够，致使很难对衡量人才的两个重要指标，即道德品质和文学声誉做出准确、客观的评价。也恰恰因此，很多考生利用这一缺陷为谋取功名利禄而急功近利，弄虚作假。道德品质常常表里不一者、矫言饰行者层出不穷。以下列举两则弄虚作假，欺世盗名，谋求推荐的例子。

---

① 二十级爵由低到高的顺序为：一公士，二上造，三簪袅，四不更，五大夫，六官大夫，七公大夫，八公乘，九五大夫，十左庶长，十一右庶长，十二左更，十三中更，十四右更，十五少上造，十六大良造，十七驷车庶长，十八大庶长，十九关内侯，二十彻侯。

故事一：赵宣"守孝"

古时，将父母去世，子女守孝的说法称为"丁忧"①。在丁忧期间，不允结婚生子，要断绝一切娱乐和交际活动。更孝顺的举动是在父母墓地旁结庐而居，以表达自己的哀思。

东汉末期有一个人叫赵宣，他家中长辈下葬后，为了表现自己的孝顺，直接住在墓道里为其父守孝，一住就是二十年。这样的行为难道不能称为孝顺吗？但此人这样做的目的是传播"孝顺"之名，扩大影响而被举荐当官。果不然，不枉二十年墓道生涯，乐安太守陈蕃慕名而来查看这位"大孝子"，准备举荐授官，但意外发现赵宣在这二十年却育有五子。陈蕃拍案而起，指出赵宣违背圣人礼制，在守孝期间结婚生子，不但没有真心追思父母，而且欺骗民众、朝廷。最后以"欺世盗名"问罪赵宣。

故事二：许武投机

《后汉书》卷七十六《循吏传》记载了一件挖空心思投机之人的事。

孝廉是指汉代察举制度中选拔出道德水平优秀之人。许武就是一位利用"孝廉倚重道德品质荐举为官"的投机钻营之人。

许武与两个弟弟许晏、许普一起生活。他想出一个办法，三兄弟分家，他自己拿走大部分家产，两个弟弟分到的极少。他让两个弟弟在世人面前表现出没有任何怨言，并假装很高兴接受这样不公正、不公平的分家结果。于是同乡人都称赞许晏、许普的谦让，同时鄙视许武的贪婪。随后，许晏、许普因"谦让"的美德被推举为孝廉。

两个弟弟被推为孝廉当官之后，许武又策划了一个"高招"。一天，他把宗族亲戚们请来，声称自己之前分家的方式是自己贪欲所为，现在非常后悔。当初分家时的家产如今已翻了三倍，为弥补过错，他愿意将现有所有家产分给两个弟弟，自己分文不留，特请宗亲做个见证。于是人们又称赞许武"知错能改、对弟弟非常友爱"。许武因此而声明远扬，被举为孝廉，获得升迁机会，官至长乐少府。

许武利用察举制漏洞投机钻营，先让俩弟弟受益；再用欺世盗名之法，急功近利，让自己走上仕途。推而想之，姑且先不论察举制度本身之漏洞，如此有心机之人，可忠国爱民，仁德施政乎？

上述弊端，已完全背离了察举制的初衷。亟待一种新的选官制度取而代之。

九品中正制就是在这样的特定历史时期，由魏文帝曹丕（187—226）为消除两

---

① 根据儒家传统的孝道观念，朝廷官员在位期间，如若父母去世，则无论此人任何官何职，从得知丧事的那一天起，必须辞官回到祖籍，为父母守制27个月。

汉察举制的弊端而采纳吏部尚书陈群的意见，应运而生的一种新的选官制度。这个制度主要有以下三个内容。

1. 设置中正

这是九品中正制的关键环节。所谓"中正"，就是掌管对某一地区人物进行品评的负责人，也就是中正官。中正官又有大小之分，州设大中正官，掌管州中数郡人物之品评；各郡则另设小中正官。中正官最初由各郡长官推举产生。晋以后，改由朝廷三公中的司徒选授。一般情况下，州郡的大小中正官是由司徒举荐的现任中央官员兼任。为了保证中央对选官的直接控制，司徒或吏部尚书有时还直接兼任州的大中正官。

2. 品评人物

这是中正官的主要职责。中正官负责察访本州、郡、县散处在各地的士人，综合德才、门第定出"品"和"状"，供吏部选官参考。中正官品评的内容主要有三。

（1）家世：即家庭出身和背景。指父祖辈的资历，仕宦情况和爵位高低等。这些材料被称为簿世或簿阀，是中正官必须详细掌握的。

（2）行状：即对个人品德、才能的总评，类似于当今对品德、才能的评语。魏晋时的总评一般都很简括，如天才英博、亮拔不群、德优能少等。

（3）定品：评定九个品级。定品原则上由州、郡所设的大小中正主要依据行状（道德）、乡誉，参考家世，对所考核士人做出九个等级的评定。这九个等级不是按通常的"从一等到九等"的次序排列，而是先把士人分为上、中、下三个大的等级，然后在上、中、下三个大等级中，各再分上、中、下三个等级，这样"三三得九"，形成了九个等级，即：上上、上中、上下；中上、中中、中下；下上、下中、下下。

九品中正制

3. 选拔程序

定品后的结果，上交司徒府复核批准，然后送吏部作为选官的根据。中正评定的品级和被评者的仕途密切相关。品级高者（如上上品，一般对应五品官职，上中品，一般对应六品官职），做官起点高、升迁快、受人尊重，一般称为"清官"；

品级低者（如下下品、下中品），做官的起点低，升迁慢，一般称为"浊官"。

任何制度都有其两面性。九品中正制亦不例外。其优点：一是评议人物的权重比较科学、客观，依次为行状、才能、家世，三者权重匹配，起到了甄选朝廷所需的"品德才能"之人；二是由中央选派的中正执掌定品之权（中正对中央负责，不受州郡长官约束），剥夺了州郡长官自辟门阀、僚属的权力，将官吏的人事任免权收归中央，有利于加强中央的权力和维护皇帝的绝对权威。

九品中正制创立之初，评议人物的标准是"家世、道德、才能"三者的权重。但其弊端在晋初已露端倪。正如晋初刘毅①在《请罢中正除九品疏》中对"九品中正制"之流弊做了一语中的地揭露和批判，即"上品无寒门，下品无士族"。这句话的意思是，只要你出生在上等人家，不管你品德如何，有无才能都能做到大官。如果你出生在下等人家，尽管才能、品德出众，也难做大官。

这样恶性发展的结果，到了东晋后期，正应了一句俗语"上面偏出一寸，下面就会偏出一尺"。由于掌握定品大权的中正官，多由具有二品官职的门阀世族担任，随着他们评议人才和选官标准的偏差，社会上举荐舞弊、弄虚作假蔚然成风，于是出现了和两汉察举制一样的结果：门阀世族利用评议大权徇私舞弊，结党拉帮，官官相护，丑陋不已。"行状""德才"的评定标准被束之高阁，"家世门第"成为评议定品的唯一标准，"上品无寒门，下品无士族"的扭曲局面已覆水难收，只能走向"湮灭"的命运。

九九重阳

农历九月初九，称"九九重阳"。《易经》中，阴数称为"六"，阳数称为"九"。九月九日，日月并阳，两九相重，故称"重阳"，又曰"重九"。民间取"九"在数字中最大、最长、最久之意，又结合"九九"的谐音"久久"，故赋予重阳为长久、长寿的美好寓意。

重阳

溯及九九重阳之缘流，最早可见春秋战国时屈原在《远游》篇中道："集重阳入帝宫兮，造旬始而观清都。"意思是聚集九重

---

① 刘毅（？—285），字仲雄，西晋名臣，后官至司隶校尉、尚书、尚书。

阳气，进入帝宫，探访旬始星，参观清都天庭。

汉代，《西京杂记》①记载："九月九日，佩茱萸，食蓬饵，饮菊花酒，云令人长寿。"说明汉朝重阳节已有"求寿"之俗和"佩茱萸、赏菊、饮菊花酒（据说可延年益寿）、祭祖、避疫"之俗。关于祭祖（始于桓景祭祖）的风俗，南朝梁文史学家吴均在《续齐谐记》（古代神话志怪小说集）中有所记载，简译如下：

传说东汉时，汝南县里有一个叫桓景的人，他所住的地方突发大瘟疫，桓景父母也因此瘟疫病死。之后他到东南山拜师学艺，仙人费长房给桓景面授技艺并赠一把降妖青龙剑。桓景早起晚睡，披星戴月，勤学苦练，终成大器。一日，费长房对恒景言，九月九日，瘟魔又会出没，你可下山为民除害并给他茱萸叶子一包，菊花酒一壶。九月九那天，恒景把茱萸叶、菊花酒分发给父老乡亲，并让大家登上附近的一座高山避祸。待瘟魔出没时，奇香的茱萸和菊花酒气令瘟魔不敢近身。桓景和瘟魔进行了殊死搏斗，最后杀死了瘟魔。

三国时魏文帝曹丕在《九日与钟繇书》中描写重阳饮宴之乐："岁往月来，忽复九月九日。九为阳数，而日月并应，俗嘉其名，以为宜于长久，故以享宴高会。"意思指，九月九日是一个与日月长寿的好日子。

晋人陶渊明在《九日闲居》诗序文中，曾有一段境遇苦楚的表达，但也客观地反映了重九赏菊、吃酒的习俗。陶渊明言："余闲居，爱重九之名。秋菊盈园，而持醪靡由，空服九华，寄怀于言。"大意是，此年的重九之日，在陶渊明的宅边，虽有一丛丛颜色各异的菊花，然苦于无钱沽酒，只能空食菊花，此有菊无酒之况，让他生出了无限的感慨。

唐朝时，重阳节被定为正式节日。此后的宋、元、明、清，无论宫廷，还是民间，都沿用"重阳节"，并在节日期间进行各种各样庆祝活动，如登高、晒秋、赏菊、饮酒、食糕、祭祖、敬老等。

2012 年，全国人大常委会表决通过新修改的《老年人权益保障法》，把每年农历"九月初九"定为"老年节"。

对于"重阳"，今天的中国人最熟知的诗词，可能当属唐人王维借重阳节登高、插茱萸等习俗，表达游子思乡、怀亲之情的诗《九月九日忆山东兄弟》：

独在异乡为异客，每逢佳节倍思亲。

遥知兄弟登高处，遍插茱萸少一人。

767 年，唐代大诗人杜甫在夔州（今重庆奉节）重阳节时登高望远，抒怀写下了感时伤世、寄寓异乡、年迈悲苦的名篇《登高》：

---

① 《西京杂记》，古代历史笔记小说集。汉代刘歆著，东晋葛洪辑录抄。西京指西汉的都城长安。

风急天高猿啸哀，渚清沙白鸟飞回。
无边落木萧萧下，不尽长江滚滚来。
万里悲秋常作客，百年多病独登台。
艰难苦恨繁霜鬓，潦倒新停浊酒杯。

菊花酒

835 年，晚年的白居易在一个重阳日与客饮酒、赏菊有感而作《重阳席上赋白菊》：

满园花菊郁金黄，中有孤丛色白霜。
还似今朝歌舞席，白头翁入少年场。

1929 年，毛泽东在闽西征途中，欣逢重阳佳节，触景生情，写下了反映汀秋战地风光，对革命前途充满必胜的信心，豪迈乐观的《采桑子·重阳》：

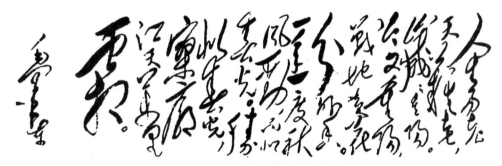

毛泽东书法《采桑子·重阳》

人生易老天难老，岁岁重阳，今又重阳，战地黄花分外香。
一年一度秋风劲，不似春光，胜似春光，寥廓江天万里霜。

今天，"重阳"被赋予"爱老、敬老"的意思就来自"九九"的谐音"久久"的长寿之意。长寿是中国人所向往的五福"长寿、康宁、富贵、好德、善终"之首。无论帝王将相，庶民百姓都期盼长寿延年。以下穿插一些关于"长寿"的故事。

乾隆千叟宴图（局部）

乾隆五十年（1785）正月初六日，四海承平，天下富足。适逢乾隆喜添五世元孙，乾隆也进入古稀之年。为表示其皇恩浩荡，在乾清宫如期举行了近 3000 人的千叟宴。千叟宴为满汉全席六大宴（蒙古亲藩宴、廷臣宴、万寿宴、千叟宴、九白宴、节令宴）之一，此宴始于康熙，盛于乾隆，是清宫中规模最大，与宴者最多的御宴。千叟宴的主旨是"爱老、敬老，强调孝德"。按照清廷惯例，每五十年才举办一次,宴请对象为全国古稀之年(七十岁)以上老人。

席间,乾隆召一品大臣及九十岁以上者至御前,亲赐饮酒,还赐予诗刻、如意、寿杖、朝珠、缯绮、貂皮、文玩、银牌等物以示皇恩。赐酒后,乾隆又命皇子、皇孙、皇曾孙在殿内依次向一品大臣及九十岁以上者敬酒,行尊老孝德。故民间形容千叟宴为"恩隆礼洽,为万古未有之举"。

当时推为上座的是一位141岁的最长寿老人。见到如此高寿且行动轻便的老人,乾隆非常高兴,即兴为这位老人作了一句诗,然后请赴宴者对出下句。

乾隆曰:"花甲重开,外加三七岁月。"

众人纷纷沉思以对,但都难成佳对。唯有纪晓岚所对,堪称绝对。

纪晓岚曰:"古稀双庆,内多一个春秋。"

此奇问妙答不仅彰显君臣之智慧,也尽显"中国数字文化"之美妙。

花甲重开,外加三七岁月(花甲重开:60×2 = 120岁,三七岁月:3×7 = 21岁,120 + 21 = 141岁)

古稀双庆,内多一个春秋(古稀双庆:70×2 = 140岁,一个春秋:1岁,140 + 1 = 141岁)

纪晓岚

冯友兰

"花甲"对"古稀";"重开"对"双庆";"外"对"内";"加"对"多";"三七"对"一个";"岁月"对"春秋"。不仅句句、字字对仗且最后得数相等,即兴而问,即兴而答,严丝合缝,工整对仗,情投意合,岂不"绝对"乎?妙哉,妙哉!

无独有偶,冯友兰先生(1895—1990,近代哲学家)与好友金岳霖先生(1895—1984,中国逻辑学家)同庚。1983年,两位先生都至八十八岁。冯先生给金先生庆贺八十八岁生日时,题写了一副对联:

道超青牛,论高白马

何止于米,相期于茶

上联:道超青牛(老子出关所骑),论高白马(公孙龙著名观点"白马非马"),

是冯先生称誉金岳霖的学术造诣,超古代的老子与公孙龙。下联:何止于米(指米寿八十八岁),相期于茶(指茶寿一百零八岁),是两位老人对长寿的美好期许。

"米"字从上至下可拆开写为:上面"八",中间"十",下面也为"八",故"米"字可释义为"八十八",故"米寿"为八十八岁。

"茶寿的"茶"字从上至下拆写为:上面草字头"艹"读作二十,中间和下面为"八十八",上下相加总和为"一百零八",故"茶寿"为一百零八岁。

金岳霖

九九消寒歌

在民间,除了"九九重阳"的文化活动之外,还有中国农耕文化的智慧代表——《九九消寒歌》。

冬至(12月22日左右)一到,便进入人们所称的"数九寒天"。民间将"冬至"称为"交九"或"数九"。"数九"就是指每九天为一个"九",总共要数九个"九",从"一九"数到"九九八十一天"时就称"出九"。"九九再加一九",刚好就是90天,便迎来春意盎然的"九尽桃花开"的时节。

如何"数九",朴素的先民自有妙趣的智慧。如"绘制梅花法"。即先画一枝素梅,然后在素梅的枝条上画九朵梅花,每朵梅花上再画上九个花瓣,这枝素梅就共有"九九八十一个"花瓣。每天染色一瓣,等染完最后一瓣花,就说明寒冬已过、暖春以来,"出九"了。又如"写大字法",即写九个大字,每字九画,用笔把每个字的每笔双勾,留下空白,成为九个空心字体。逐日逐笔表填黑,等填完第九个字的最后一笔,说明春暖花开,"出九"了。这九个大字不仅朗朗上口,还形象如意境:"庭前垂柳珍重待春风";还有一个很多人喜欢、也很直白的九个大字:"真是活财神来到咱家"。

此外,还一种很强大的方法,称"绘制铜钱法",它不仅可以"数九",还可以记录每天的天气变化。怎么画呢?横竖交叉各画十条线,成为九九八十一个方格,每个方格中画一个古铜钱,然后按照下面的简易歌诀:"上点天阴下点晴,左风右雨雪当中",逐日画一个方格。同前两个方法一样,等画完最后一格铜钱时,就"出九"了。

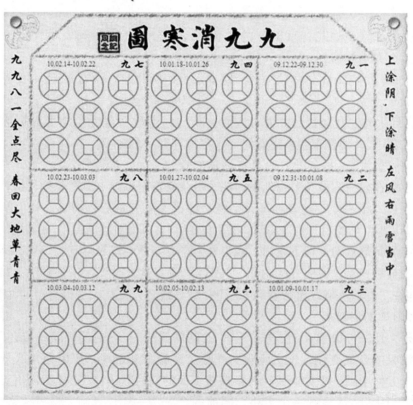

九九消寒图

民间广为流传的《九九消寒歌》，俗称《九九歌》，是人们根据"数九"的时间来进行相应的农事活动的智慧创造。《九九歌》约起源于宋代，至明代时已广传。明代《五杂俎（zǔ）》①对《九九歌》记载曰：

一九二九，相逢不出手；三九二十七，篱头吹声箄②；四九三十六，夜眠如露宿③；五九四十五，太阳开门户；六九五十四，贫儿争意气；七九六十三，布纳担头担④；八九七十二，猫犬寻阴地；九九八十一，犁耙一齐出。

这一记载比较详尽、形象地说明了从"一九"到"九九"的气候变化以及人们生活的趣味。从字面意思来看，没有提及北方寒冷的标志——"冰"，故而此《九九歌》可能为我国南方地区"数九寒天"的写照。

今天我国江浙地区流行的《九九消寒歌》应是对《五杂俎》所记《九九歌》的传承。但因中国地域广袤，东西南北气候有较大的差异，故人们总结的《九九消寒歌》也有所差异，但都很精炼，富有趣味。

全国范围，尤其在北方地区广泛流传的《九九消寒歌》是：

一九二九不出手，三九四九冰上走，五九六九沿河看柳，七九河开，八九雁来，九九加一九，耕牛遍地走。

河北等地流传的《九九歌》为：

一九二九不出手；三九四九缘凌走；五九半，凌碴散；春打六九头，脱袄换个牛；七九六十三，行人把衣宽；八九不犁地，只待三五日；九九杨花开，以后九不来。

湖南等地流传的《九九歌》为：

冬至是头九，两手藏袖口；二九一十八，口中似吃辣；三九二十七，见火亲如蜜；四九三十六，关住房门把炉守；五九四十五，开门寻暖处；六九五十四，杨柳树上发青绦；七九六十三，行人脱衣衫；八九七十二，柳絮满地飞；九九八十一，穿起蓑衣戴斗笠。

江苏等地流传的《九九歌》为：

头九二九，相逢不出手；三九四九，冻得索索抖；五九四十五，穷汉街上舞；六九五十四，蚊蝇叫吱吱；七九六十三，行人着衣单；八九七十二，赤脚踩烂泥；九九八十一，花开添绿叶。

四川等地流传的《九九歌》为：

---

① 《五杂俎》，明代谢肇淛（zhè）所著的随笔札记。
② 大风吹篱笆发出很大的响声。声箄是古代少数民族的乐器名。
③ 天冷时在屋内睡觉却像露天睡觉一样冷。
④ 天热了脱掉衣服挑着担。

一九二九,怀中插手;三九四九,冻死猪狗;五九六九,沿河看柳;七九六十三,路上行人把衣担;八九七十二,猫狗卧阴地;九九八十一,庄稼老汉田中立;数完九九,春花就灿然。

浙江等地流传的《九九歌》为:

　　一九二九,相呼不出手;三九二十七,篱头吹好篥;四九三十六,夜宿如露宿;五九四十五,穷汉街头舞;不要舞、不要舞,还有春寒四十五;六九五十四,苍蝇躲层次;七九六十三,布衲两肩摊;八九七十二,猪狗躺海地;九九八十一,穷汉受罪毕;刚要伸懒腰,蚊虫虼蚤出。

《九九消寒歌》是劳动人民对从冬至到来年春分的气候、物候变化情况的生动、形象的记录。反映了人们随气候而变的吃穿住行的动态以及当地的民风民俗,也科学地总结了利用气候、物候变化进行农事活动的客观规律。《九九消寒歌》朗朗上口、通俗易懂、便于记忆,是劳动人民对天地自然变化的智慧认识,也是中国农耕文化、乡土文化、地域文化的一种记忆和表达。

后　记

　　愚作《杂谈数字里的中国文化》，拉拉杂杂地说了些与数字一、二、三、四、五、六、七、八、九相关的富有中国意蕴，刻有中国烙印的文化名词、文化事物、文化现象。由于本人知识所限，书中难免有诸多不足和纰漏之处，在此，笔者怀着虔诚之心和闻过见喜之态，望读者不吝赐教、批评指正。

　　另外，书中还有一些一孔之见。这些一孔之见，虽真实反映了笔者的思想和认识，但难免有失当之处，也望读者一并赐教、指正。

　　如若本书有些许图文并茂的特点，那么，图片的点缀之美是妙不可言的。笔者在感动、钦慕、感谢图片作者捕捉美、拍摄美、呈现美的审美能力和审美情趣的同时，真诚地向部分图片的作者致以诚挚的歉意（因图片信息不明和渠道所限等因素，未能与作者取得联系），并诚请本书中部分图片的作者见书后与本人联系（邮箱：posthuangyu@163.com QQ：562501637），以致敬意和谢忱！

　　本书得到了很多朋友的帮助，他们不厌其烦地为本书的成稿默默地做了很多工作，如一遍又一遍地"平语序、查史实、纠错误、提高度"等。在此，笔者诚挚地予以感谢。他们是：钟贵荣、熊寿斌、陈德高、李培、郭强、黄常贵、肖世明、张志伟、陈勇、李磊、卢刚、邓正兰、张巧莉、吴佳莉、周裕琼、左金容、韩忠莉、赵兰等。他们共有一个非常可敬的名字——老师，在此，请允许我道一声：老师，您好。老师，您辛苦了！

　　最后，感谢父母，感谢恩师（马继刚教授），感谢生活，感谢这个美好的时代，你们赋予我生命，赋予我知识，赋予我智慧，赋予我成长！

黄　钰

己亥年初夏

（二〇一九年五月）